성경문제집

한세대학교 신학부 교수진 편저

김홍근 교수
미)오랄 로버츠(Oral Roberts) 대학교 영성신학 박사(D. Min.)
호서대학교 대학원 심리상담 박사(Ph. D.)

신문철 교수
영) 애버딘(Aberdeen) 대학교 조직신학 박사(Ph. D.)

이기성 교수
독) 본(Bonn) 대학교 조직신학 박사(Dr. theol.)

이영호 교수
아세아연합신학대학교 신약학 박사(Ph. D.)

조귀삼 교수
아세아연합신학대학교 선교학 박사(Ph. D.)

차준희 교수
독) 본(Bonn) 대학교 구약학 박사(Dr. theol.)

최광현 교수
독) 본(Bonn) 대학교 목회상담학 박사(Dr. theol.)

최문홍 교수
영) 웨일즈(Wales) 대학교 신약학 박사(Ph. D.)

한세대학교출판부

| 개역개정판 |

성경문제집

초　　판　1쇄 발행 | 2002년 7월 20일
수 정 판　3쇄 발행 | 2005년 11월 25일
제2수정판　1쇄 발행 | 2007년 4월 30일
제3수정판　1쇄 발행 | 2008년 3월 15일
　　　　　2쇄 발행 | 2009년 2월 26일
제4수정판　1쇄 발행 | 2010년 9월 30일
제5수정판　1쇄 발행 | 2012년 7월 30일

발행인 | 백화기
편집인 | 최상준
편저자 | 한세대학교 신학부 교수진
편집처 | 한세대학교 영산신학연구소
발행처 | 한세대학교 출판부
435-742 경기도 군포시 한세로 30
TEL | (031) 450-5069, 5012
FAX | (031) 450-5068

값 18,000원

ISBN 978-89-85857-30-7 93230

추천사

성경은 하나님의 영감으로 기록된 생명력 넘치는 하나님의 말씀입니다. 성경을 연구한다는 것은 하나님의 뜻을 올바로 이해하는 것뿐 아니라 우리의 삶과 생명까지 풍요롭게 합니다. 성경은 인류를 생명과 진리의 길로 인도하는 유일한 안내서입니다. 그러므로 모든 그리스도인들이 성경을 올바로 이해하고 연구하는 것은 매우 중요한 일입니다.

성경을 효과적으로 공부할 수 있는 방법 중의 하나는 성경문제집을 통하여 성실히 문제를 풀어보는 것입니다. 이 방법은 성경의 내용을 오랫동안 기억나게 하며 또한 우리의 삶에 적절히 적용시켜 주기 때문입니다. 성경문제집은 바쁜 삶 가운데 있는 그리스도인들에게 하나님의 말씀을 유효적절하게 이해하며 실천하게 하는 훌륭한 길잡이가 될 것입니다.

성경문제집이 벌써 5판의 인쇄에 들어갑니다. 아홉 분의 한세대학교 신학부 교수님들이 심혈을 기울여 방대한 분량의 성경문제집을 발간하게 되어 매우 감사하게 생각합니다. 바쁜 와중에도 이 책이 순조롭게 발간될 수 있도록 수고하신 신학부 교수님들과 영산신학연구소 소장 및 연구원들에게 깊은 감사를 드립니다.

한세대학교 총장

머리말

“여호와의 율법은 완전하여 영혼을 소성시키며 여호와의 증거는 확실하여 우둔한 자를 지혜롭게 하며 여호와의 교훈은 정직하여 마음을 기쁘게 하고 여호와의 계명은 순결하여 눈을 밝게 하시도다” (시 19:7-8).

이 말씀에는 율법의 특별한 효력이 잘 나타나 있습니다. 하나님의 말씀은 메마른 영혼을 소성시켜주고, 지혜와 기쁨을 주며, 눈을 밝혀주어 깨닫게 해 줍니다. 그러므로 하나님의 백성에게 가장 중요한 것은 바로 하나님의 말씀입니다.

이 성경 말씀은 우리의 삶과 신앙과 신학의 기반이 되어야 합니다. 하나님의 백성은 성경 말씀을 통해 날마다 이 세상을 살아갈 영의 양식을 얻으며, 하나님의 뜻을 따라 살아가야 합니다. 우리의 믿음도 성경 말씀에 기초해야 하고, 성령의 체험 또한 성경에 근거해야 합니다. 우리가 매일 성경을 묵상하고 연구해야 하는 이유가 여기에 있습니다. 성경을 모르면 사상누각(砂上樓閣)의 신앙과 신학이 되고 맙니다.

본 문제집은 성경시험을 대비하기 위한 학습 자료로도 사용되지만, 그 궁극적인 목적은 성경의 내용을 보다 잘 알게 하는 데 있습니다. 문제를 통하여 말씀을 찾다 보면 익히 알던 말씀도 보다 더 정확하게 기억하게 되고, 그냥 지나쳤던 말씀도 새롭게 깨닫게 될 것입니다.

본 문제집은 성경전서 개역개정판에 맞추어 수정, 보완되었습니다. 또한 많은 독자들의 요청에 의해 성경해답집을 별책으로 만들어서 보다 편리하게 이용하실 수 있도록 하였습니다.

본 문제집 출간에 물심양면으로 배려해 주신 한세대학교 김성혜 총장님께 감사드리며, 바쁜 가운데서도 귀한 시간을 내어 문제를 출제해 주신 한세대학교 신학부 교수님들께도 감사드립니다. 그리고 출판을 위해 여러모로 수고해 주신 영산신학연구소 연구원들과 한세대학교 출판부에 심심한 사의를 표합니다.

영산신학연구소장

Contents

[신 약]

[해 답]

창세기 – 말라기

구 약

The Old Testament

Genesis

창세기

[선택형 문제]

1. 창조의 순서가 올바른 것은? (1:3-31)
   가. 빛—궁창—물고기와 새—해, 달, 별—식물—동물
   나. 빛—궁창—식물—해, 달, 별—물고기와 새—동물
   다. 빛—궁창—식물—물고기와 새—해, 달, 별—동물
   라. 빛—궁창—해, 달, 별—식물—물고기와 새—동물

2. 창세기 1장에 나오는 창조사역에서 "하나님이 보시기에 좋았더라"는 말씀이 없는 날은? (1:6-8)
   가. 둘째 날 나. 셋째 날
   다. 넷째 날 라. 다섯째 날

3. 계절의 구분은 언제 이루어졌는가? (1:14)
   가. 첫째 날 나. 둘째 날
   다. 셋째 날 라. 넷째 날

4. 하나님이 사람에게 주신 복이 아닌 것은? (1:28)
   가. 땅을 정복하라 나. 땅에 충만하라
   다. 모든 생물을 다스리라 라. 가나안을 차지하라

5. 에덴동산에서 흘러나와 네 근원이 된 강이 아닌 것은? (2:10-14)
   가. 유브라데 나. 나일
   다. 힛데겔 라. 비손

6. 메시아 도래에 대한 첫 기록은 어디에 있는가?
가. 사 53:4,5　　나. 창 3:14　　다. 창 3:15　　라. 창 3:21

7. 뱀이 받은 저주가 아닌 것은? (3:14-15)
가. 들의 모든 짐승들과 같은 저주를 받는 것
나. 배로 다니는 것
다. 여자와 원수가 되는 것
라. 살아있는 동안 흙을 먹는 것

8. 가축을 치는 자의 조상은? (4:20)
가. 라멕　　나. 야발　　다. 두발가인　　라. 유발

9. 하나님께서 아벨 대신 주신 아들은? (4:25)
가. 셈　　나. 함　　다. 노아　　라. 셋

10. 가장 오래 산 사람의 이름과 수명이 맞게 구성된 것은? (5:25-27)
가. 므두셀라－989세　　나. 라멕－969세
다. 라멕－989세　　라. 므두셀라－969세

11. '노아' 라는 이름의 뜻은? (5:29)
가. 안위　　나. 생명　　다. 회복　　라. 기쁨

12. 노아가 만든 방주의 재목은? (6:14)
가. 버드나무　　나. 유향목　　다. 참나무　　라. 고페르 나무

13. 노아의 홍수와 관련되지 않는 것은? (6:17-7:24)
가. 노아 600세 되던 해　　나. 폭우 40주야
다. 동식물의 멸절　　라. 노아의 8식구

14. 바벨탑은 어디에 있었는가? (11:2)
가. 수르 광야　　나. 시날 평지
다. 모압 평지　　라. 시내 광야

15. 바벨탑의 건축 재료는? (11:3)

가. 벽돌과 역청　　나. 돌과 진흙
다. 벽돌과 진흙　　라. 돌과 역청

16. 아브람이 갈대아인의 우르를 떠날 때 함께 동행하지 않은 사람은? (11:31)

가. 하란　　나. 데라　　다. 사래　　라. 롯

17. 아브람이 하란을 떠날 때 몇 살이었는가? (12:4)

가. 70세　　나. 75세　　다. 90세　　라. 100세

18. 아브람이 롯을 구출하고 돌아오면서 누구에게 십일조를 바쳤는가? (14:17-20)

가. 엘람 왕 그돌라오멜　　나. 소돔 왕 베라
다. 엘라살 왕 아리옥　　라. 살렘 왕 멜기세덱

19. 하나님께서는 이스라엘 백성이 이방에서 객이 되어 장차 400년 동안 종살이하게 될 것이라고 누구에게 예언하셨는가? (15:13)

가. 아브람　　나. 이삭　　다. 야곱　　라. 요셉

20. 이삭을 낳을 당시 아브라함과 사라의 나이는? (17:17)

가. 90세, 80세　　나. 99세, 90세
다. 99세, 89세　　라. 100세, 90세

21. 아브라함이 이삭을 하나님께 바치기 위해 목적지까지 가는 데 걸린 기간은? (22:4)

가. 하루　　나. 이틀　　다. 사흘　　라. 나흘

22. 다음 중 '야훼 이레'와 관계가 있는 사람은? (22:14)

가. 아브라함　　나. 야곱　　다. 요셉　　라. 모세

23. 다음 중 아브라함의 동생 나홀의 손녀는? (22:23)

가. 라헬　　나. 리브가　　다. 밀가　　라. 빌하

24. 막벨라 굴이 있는 곳은? (23:19)
가. 그랄　나. 브엘세바　다. 헤브론　라. 세겜

25. 리브가가 이삭을 보고 제일 먼저 취한 행동은? (24:65)
가. 낙타 위에서 이삭을 바라봄
나. 이삭에게 머리 숙여 절함
다. 너울을 가지고 자기의 얼굴을 가림
라. 포옹함

26. 아브라함이 가족의 매장지로 삼기 위해 헷 사람 에브론에게서 은 400 세겔을 주고 사들인 막벨라 굴에 장사되지 않은 사람은? (25:9, 49:30-31; 수24:32)
가. 아브라함　나. 이삭　다. 요셉　라. 레아

27. 이삭은 몇 세에 결혼했는가? (25:20)
가. 20세　나. 30세　다. 40세　라. 80세

28. "먼저 나온 자는 붉고 전신이 털옷 같아서" 이는 누구를 일컫는 말인가? (25:25)
가. 이스마엘　나. 야곱　다. 베레스　라. 에서

29. 야곱과 라반은 어떤 관계인가? (28:2)
가. 외삼촌　나. 숙부　다. 외조부　라. 조부

30. 야곱이 벧엘에서 한 일이 아닌 것은? (28:10-22, 32:24-31)
가. 꿈에 하나님을 봄
나. 십일조를 드리기로 약속함
다. 하나님과 및 사람들과 겨루어 이김
라. 유숙함

31. '벧엘'의 뜻은? (28:16-22)
가. 하나님의 평강　나. 하나님의 얼굴
다. 하나님의 승리　라. 하나님의 집

32. 야곱이 라헬을 처음 보았을 때 라헬은 무엇을 하고 있었는가? (29:9)
가. 양들을 치고 있었다 나. 물을 긷고 있었다
다. 목동들과 놀고 있었다 라. 몸단장을 하고 있었다

33. 레아가 낳은 아들과 그 이름의 뜻이 잘못 짝지어진 것은? (29:32-35, 30:17-20)
가. 유다–찬송함 나. 스불론–연합함
다. 르우벤–보라 아들이라 라. 시므온–들으심

34. 레아의 자식의 수는? (29:32-35, 30:17-21)
가. 4명 나. 5명 다. 6명 라. 7명

35. "내가 언니와 크게 경쟁하여 이겼다"라는 뜻을 지닌 야곱의 아들은? (30:8)
가. 납달리 나. 단 다. 르우벤 라. 잇사갈

36. 야곱이 라반의 양과 염소 중에 자신의 품삯을 정하기 위하여 아롱진 것과 점 있는 것과 검은 것을 낳게 하는 데 사용한 나무가 아닌 것은? (30:37)
가. 무화과나무 나. 버드나무 다. 살구나무 라. 신풍나무

37. 야곱이 고향으로 돌아오는 길에 하나님의 사자들을 만난 곳은? (32:2)
가. 갈르엣 나. 브니엘 다. 마하나임 라. 숙곳

38. 디나를 강간한 히위 족속 하몰의 아들은? (34:2)
가. 엘리아삽 나. 세겜 다. 나발 라. 에난

39. 하몰과 그의 아들 세겜을 포함하여 그 성읍의 모든 남자들을 모두 죽인 디나의 오라버니는? (34:25)
가. 르우벤과 유다 나. 시므온과 레위
다. 유다와 시므온 라. 르우벤과 레위

40. 라헬이 장사된 곳은? (35:19)
가. 미스바 나. 에브랏 다. 벧엘 라. 막게다 굴

41. 야곱의 아들 중 아버지의 첩 빌하와 간통한 자는? (35:22)
가. 유다 나. 잇사갈 다. 베냐민 라. 르우벤

42. 유다의 친모는? (35:23)
가. 레아 나. 라헬 다. 실바 라. 빌하

43. 에서의 새로운 거주지는? (36:8)
가. 막벨라 나. 미디안 다. 세일 산 라. 벧엘

44. 요셉이 형제들에 의해 팔려간 지 몇 년 만에 바로의 총리대신이 되었는가? (37:2, 41:46)
가. 7년 나. 13년 다. 14년 라. 21년

45. 요셉이 곡식 단과 해, 달, 별에 관한 꿈을 꾸었던 나이는? (37:2-11)
가. 15세 나. 17세 다. 18세 라. 19세

46. 야곱이 요셉을 그의 형들에게 보낸 이유는? (37:14)
가. 안부를 들으려고 나. 음식을 공급하기 위해
다. 함께 양을 치도록 하기 위해 라. 편지를 보내려고

47. 요셉이 팔린 값은? (37:28)
가. 은 10 나. 은 20 다. 은 30 라. 은 40

48. 요셉의 아내가 된 제사장 보디베라의 딸 이름은? (41:45)
가. 디나 나. 다말 다. 아스낫 라. 리브가

49. 요셉은 총리로 몇 년 동안 애굽을 다스렸는가? (41:46, 50:26)
가. 50년 나. 60년 다. 70년 라. 80년

50. 애굽에 이른 야곱의 가족 수는? (46:27)
가. 70명 나. 80명 다. 90명 라. 120명

51. 야곱의 아들 중 누구의 혈통으로 메시아가 오셨는가?
가. 시므온 나. 르우벤 다. 유다 라. 레위

52. 이스라엘 백성이 고센 땅에서 거주하면서 일했던 생업은? (46:34, 47:1-6)
가. 어업 나. 농업 다. 수공업 라. 목축업

53. 애굽으로 간 야곱 가족이 살게 된 곳은? (46:34)
가. 고센 나. 나일강 상류 다. 갈대아 라. 하맛

54. 아들들에 대한 야곱의 예언이 틀리게 짝지어진 것은? (49:1-27)
가. 유다−사자 새끼 나. 단−길섶의 뱀
다. 납달리−놓인 암사슴 라. 베냐민−무성한 가지

55. 차자(次子)이면서 장자(長子)의 축복을 받은 사람끼리 짝지어진 것은?
가. 므낫세,유다 나. 이삭,세라 다. 요셉,셋 라. 야곱,에브라임

Genesis

[단답형 문제]

1. 창세기 1장 1절 말씀을 쓰시오.

2. 에덴 동산 가운데 있는 나무 두 가지는? (2:9)

3. 선악을 알게 하는 나무의 열매는 먹지 말라 네가 먹는 날에는 (　　　) 하시니라 (2:17)

4. 누가 각 생물의 이름을 지었는가? (2:19)

5. 여자가 그 나무를 본즉 ( )도 하고 ( )도 하고 ( ) 할 만큼 탐스럽기도 한 나무인지라 (3:6)

6. '아담'과 '하와'라는 이름의 뜻은?

7. 하나님이 죄를 범한 아담을 부르시며 첫 번째 하신 말씀은? (3:9)

8. 아담과 하와가 범죄한 후 하나님께서 그들에게 지어 입혀 주신 옷은? (3:21)

9. 인류 최초의 살인자는? (4:8)

10. 가인을 위하여는 벌이 칠 배일진대 ( )을 위하여는 벌이 칠십칠 배이리로다 (4:24)

11. 아담부터 아브람까지는 몇 대인가? (5:1-32, 11:10-26)

12. 하나님께서 노아에게 정결한 짐승과 부정한 짐승을 각각 몇 쌍씩 방주에 들여보내라고 하셨는가? (7:2)

13. 노아와 그 식구들이 방주에 머문 기간은? (7:11, 8:14)

14. 노아의 방주가 머물렀던 곳은? (8:4)

15. 노아가 지면에서 물이 줄어들었는지를 알고자 하여 세 번째로 비둘기를 내보냈을 때 그가 물고 온 것은? (8:11)

16. 다시는 모든 생물을 홍수로 멸하지 아니할 것이라는 언약의 증거로 하나님은 무엇을 보여 주셨는가? (9:13)

17. 세상에 첫 용사요 야훼 앞에서 용감한 사냥꾼은? (10:8-9)

18. 바벨탑을 만든 이유는? (11:4)

19. 아브람의 출신지는? (11:27-28)

20. 아브람의 형제이며 그 아버지보다 먼저 죽은 이는? (11:28)

21. 아브라함이 갈대아 우르를 떠날 때 받은 후손에 대한 하나님의 약속은 이삭의 출생으로 몇 년 만에 이루어졌는가? (12:1-4, 17:17)

22. 하나님께서 아브람에게 "네 자손이 이방에서 객이 되어 그들을 섬기겠고"라고 말씀하셨는데 여기서 '이방'에 해당하는 나라는? (15:13)

23. "나를 살피시는 살아계신 이의 우물"이란 뜻을 지니고 있으며 하갈이 야훼의 사자를 만났던 샘의 이름은? (16:13-14)

24. '아브람'의 이름이 '아브라함'으로 된 때는 몇 살이었는가? (17:1-5)

25. '아브라함'과 '사라'라는 이름의 각각의 뜻은? (17:5,16)

26. 할례는 출생한 지 몇 일만에 받는가? (17:12)

27. 롯과 그의 두 딸이 소돔을 떠나 도망한 성읍의 이름은? (19:22)

28. 롯의 자손으로 이룬 두 족속은? (19:37-38)

29. 롯의 두 딸이 아버지로 말미암아 임신하여 낳은 두 아들의 이름은? (19:37-38)

30. 아브라함과 이삭이 그랄 땅에서 공통적으로 행한 일은? (20:2, 26:7)

31. '이삭'의 이름의 뜻은? (21:6)

32. '야훼 이레'의 의미는? (22:14)

33. 이삭의 아내 이름은? (24:67)

34. 다음의 말씀은 야훼께서 누구에게 하신 말씀인가? (25:23)

> "두 국민이 네 태중에 있구나 두 민족이 네 복중에서부터 나누이리라
> 이 족속이 저 족속보다 강하겠고 큰 자가 어린 자를 섬기리라"

35. 창세기 26장 4절 말씀을 쓰시오.

36. 에서가 이삭에게 준 근심거리는? (26:34-35)

37. 야곱이 벧엘에서 한 서원 세 가지는? (28:21-22)

38. 야곱이 하나님께 십일조를 서원한 곳은? (28:22)

39. 야곱이 라헬을 아내로 얻기 위해 외삼촌 라반을 섬긴 기간은? (29:30)

40. 라헬이 남편을 주고 언니 레아에게서 산 물건은? (30:15)

41. 라헬이 아버지 라반에게서 훔친 것은? (31:19)

42. 야곱이 그의 형 에서를 만나기 전에 자기 가축들을 두 떼로 나눈 까닭

은? (32:8)

43. 야곱이 하란으로 가는 도중 요단강을 건널 때 유일하게 가지고 간 것은? (32:10)

44. 하나님이 야곱에게 주신 새로운 이름은? (32:28)

45. '이스라엘'의 뜻은? (32:28)

46. '브니엘'의 뜻은? (32:30)

47. 야곱이 밧단아람에서 돌아와 세겜 성읍에 거주할 때 하몰의 아들들에게서 밭을 사고 그곳에 쌓은 제단의 이름은? (33:20)

48. 리브가의 유모의 이름과 그녀가 매장된 장소는? (35:8)

49. 라헬이 죽으면서 낳은 아들은? (35:18)

50. 빌하가 낳은 아들들의 이름은? (35:25)

51. 이삭은 몇 세에 죽어 어디에 장사되었는가? (35:27-29)

52. 소유가 풍부하여 함께 거주할 수 없게 되자 에서가 야곱을 떠나 거한 곳은? (36:8)

53. 창세기에서 요셉의 이야기가 시작되는 장은?

54. 형들이 요셉에게 붙여준 별명은? (37:19)

55. 요셉을 이스마엘 사람들에게 팔자고 제안한 사람은? (37:26-27)

56. 계대결혼법(繼代結婚法)에 의해 형수와 동침하였으나 죽은 형에게 씨를 주지 아니하려고 땅에 설정하여 하나님께서 죽이신 유다의 둘째 아들은? (38:2-4,8-10)

57. 유다의 며느리이면서 유다의 자식을 낳은 여인은? (38:24-26)

58. 다말이 유다를 통하여 낳은 쌍둥이 중에 예수님의 조상은 누구인가? (38:29; 마1:3)

59. 요셉의 애굽식 이름은? (41:45)

60. 요셉이 애굽 총리가 되었을 때의 나이는? (41:46)

61. 요셉이 애굽에서 얻은 두 아들의 이름은? (41:51-52)

62. 요셉의 열 형제 중 애굽에 인질로 남은 형제의 이름은? (42:24)

63. 요셉이 열한 형제의 양식자루에 양식과 각자의 돈을 넣을 때 누구의 자루에 은잔을 넣었는가? (44:12)

64. 야곱이 (　　)에게 아뢰되 내 (　　　　)의 세월이 (　　　) 년이니이다 (47:9)

65. 요셉이 세운 애굽의 토지법은? (47:21-26)

66. 야곱이 애굽에서 산 기간과 죽을 때 나이는? (47:28)

67. 야곱이 요셉에게 한 유언의 내용은? (47:30)

68. 야곱의 시체를 향으로 처리하는 데 소요된 날수와 애굽 사람이 그를 위하여 곡한 날수는? (50:1-3)

69. 야곱의 시체가 매장된 곳은? (50:13)

70. 당신들은 나를 해하려 하였으나 하나님은 그것을 (　　)으로 바꾸사 오늘과 같이 많은 백성의 생명을 (　　)하게 하시려 하셨나니 (50:20)

Exodus

출애굽기

[선택형 문제]

1. 야곱이 애굽으로 이주할 때 그의 가족은 모두 몇 사람이었나? (1:5)
가. 40명 나. 50명 다. 60명 라. 70명

2. 모세가 속한 지파는? (2:1)
가. 레갑 나. 레위 다. 유다 라. 시므온

3. 모세의 아기 때에 대해서 잘못 말한 것은? (2:1-9)
가. 모세의 어머니가 석 달을 숨겼다
나. 갈대 상자에 모세를 담아 나일 강 가 갈대 사이에 두었다
다. 바로가 갈대 사이의 상자를 보고 시녀를 보내어 가져왔다
라. 모세의 누이가 히브리 여인 중 유모를 불러왔다

4. 히브리 여인으로 모세의 유모는 누구인가? (2:7-9, 6:20)
가. 미리암 나. 십브라 다. 요게벳 라. 부아

5. 다음 중 모세와 관련이 없는 사람은 누구인가? (2:21-22, 3:1)
가. 르우벤 나. 게르솜 다. 십보라 라. 이드로

6. 모세의 소명과 관련이 없는 것은? (3:2-5)
가. 야훼의 사자가 떨기나무 불꽃 안에서 나타나셨다
나. 떨기나무에 붙은 불이 사라지기 전에 모세가 보려 하였다
다. 하나님께서 떨기나무 가운데서 모세를 불렀다
라. 하나님이 모세에게 네 발에서 신을 벗으라고 말씀하셨다

7. 하나님이 모세를 이스라엘 백성에게 보내셨다는 신분을 증명하기 위해서 모세에게 기적 행할 능력을 주신 것과 관련이 없는 것은? (4:1-9)

가. 뱀 나. 나병
다. 나일 강 라. 지진

8. 하나님께서 애굽 땅에 내리신 재앙 중 흑암의 재앙은 몇 번째 재앙인가? (10:21)

가. 둘째 나. 다섯째 다. 여덟째 라. 아홉째

9. ( ) 안에 알맞은 것은? (10:23)

> "그 동안은 사람들이 서로 볼 수 없으며 자기 처소에서 일어나는 자가 없으되 온 이스라엘 자손들이 거주하는 곳에는 ( )이 있었더라"

가. 찬양 나. 영광 다. 빛 라. 기쁨

10. 유월절의 규례에 대한 설명이 아닌 것은? (12:1-14)

가. 각 가족대로 그 식구를 위하여 어린 양을 취함
나. 어린 양은 흠 없고 일 년 된 수컷으로 함
다. 무교병과 쓴 나물을 먹음
라. 고기를 물에 삶아서 먹음

11. 유월절의 규례 중 틀린 것은? (12:43-51)

가. 이스라엘 회중이 다 이것을 지켜야 한다
나. 각 사람이 돈으로 산 종은 할례를 받은 후에 먹을 수 있다
다. 타국인은 절대 지킬 수 없다
라. 한 집에서 먹되 그 고기를 조금도 집 밖으로 내지 말고 뼈도 꺾지 말아야 한다

12. 이스라엘 백성들이 애굽에서 나온 날을 기념하여 먹지 말아야 할 것은 무엇인가? (13:3)

가. 유교병 나. 무교병 다. 쓴 나물 라. 만나

13. 바로가 이스라엘 백성을 보낸 후에 하나님께서 그들을 블레셋 사람의 땅의 길로 인도하지 아니하시고 홍해의 광야 길로 돌려 인도하신 이유로 맞는 것은? (13:17)
가. 블레셋 땅의 길이 험악하므로
나. 전쟁을 하게 되면 마음을 돌이켜 애굽으로 돌아갈까봐
다. 홍해 광야의 길이 안전하므로
라. 이스라엘 백성을 훈련하시려고

14. 이스라엘 민족은 애굽으로부터 누구의 유골을 가지고 나왔는가? (13:19)
가. 아브라함 나. 모세 다. 요셉 라. 야곱

15. 이스라엘 백성이 숙곳을 떠나서 장막을 친 곳은 어디인가? (13:20)
가. 엘림 나. 르비딤 다. 맛사 라. 에담

16. 이스라엘 백성이 처음으로 모세를 원망한 곳은 어디인가? (14:1-12)
가. 숙곳 나. 비하히롯 다. 라암셋 라. 에담

17. 홍해가 갈라진 기사는 출애굽기 몇 장에 기록되어 있는가?
가. 12장 나. 13장 다. 14장 라. 16장

18. 야훼께서 무엇으로 홍해의 바닷물을 물러가게 하셨는가? (14:21)
가. 말씀 나. 동풍 다. 불기둥 라. 흑암

19. 이스라엘 자손이 바다 가운데를 육지로 걸어갔을 때 물은 어떻게 되었는가? (14:22)
가. 좌우에 벽이 됨 나. 좌우로 흩어짐
다. 앞뒤에 벽이 됨 라. 좌우로 갈라짐

20. 이스라엘 백성이 홍해를 건넌 직후 한 일은? (15:1-21)
가. 장막을 침 나. 모세를 원망함
다. 노래하고 춤을 춤 라. 번제를 드림

21. 홍해를 건넌 후에 맨 처음 손에 소고를 잡고 춤을 춘 사람은 누구인가? (15:20)
가. 아론　나. 모세　다. 미리암　라. 요게벳

22. 이스라엘 백성들이 수르 광야에서 3일간 물을 얻지 못했을 때 모세가 쓴 물을 단 물로 변화시켜 백성들에게 마시게 했던 곳은 어디인가? (15:23)
가. 숙곳　나. 르비딤　다. 엘림　라. 마라

23. '치료하는 야훼'와 관계있는 이름은? (15:26)
가. 야훼 라파　나. 엘샤다이　다. 야훼 살롬　라. 야훼 닛시

24. 물 샘 열둘과 종려나무 일흔 그루가 있던 곳은? (15:27)
가. 마라　나. 엘림　다. 르비딤　라. 맛사

25. 신 광야에서 첫 번째 어려움에 부딪친 백성들의 태도는? (16:2)
가. 원망함　나. 눈물을 흘림　다. 기도함　라. 금식함

26. 야훼께서 이스라엘 백성에게 양식을 비 같이 내려 백성이 나가서 일용할 것을 날마다 거두게 하신 것은 어떻게 하시려고 함인가? (16:4)
가. 이스라엘 백성들이 야훼의 율법을 준행하나 아니하나 시험하시려고
나. 이스라엘 백성들이 양식을 마음껏 먹게 하시려고
다. 이스라엘 백성들을 애굽 땅으로 돌아가지 않게 하시려고
라. 이스라엘 백성들이 야훼를 원망할까봐서

27. 하나님께서는 광야에서 이스라엘 백성에게 먹을 양식으로 무엇을 주셨는가? (16:13-15,35)
가. 만나와 메추라기　나. 만나와 메뚜기
다. 석청과 메뚜기　라. 석청과 메추라기

28. "깟씨 같이 희고 맛은 꿀 섞은 과자" 같다고 해서 하늘에서 내린 양식에게 붙여진 이름은? (16:31)
가. 메추라기　나. 만나　다. 생수　라. 이슬

29. 이스라엘 자손이 가나안 땅 접경에 이르기까지 몇 년 동안 만나를 먹었는가? (16:35)

가. 25년 나. 30년 다. 40년 라. 43년

30. 이스라엘 백성이 모세를 원망한 곳이 아닌 곳은?

가. 엘림 나. 신광야
다. 르비딤 라. 시내 산

31. '호렙 산 반석', '맛사', '므리바'와 관련되는 지역명은? (17:1-7)

가. 엘림 나. 라암셋
다. 숙곳 라. 르비딤

32. '야훼는 나의 기'를 나타내는 말은? (17:15)

가. 야훼 닛시 나. 야훼 라파
다. 야훼 이레 라. 야훼 삼마

33. 모세가 혼자 백성을 재판하는 것을 보고 그의 장인은 우두머리를 세워 작은 일들을 재판하게 하라고 조언했는데 이때 그가 말한 우두머리의 자격 조건이 아닌 것은? (18:21)

가. 하나님을 두려워하는 자 나. 불의한 이익을 미워하는 자
다. 진실한 자 라. 선한 자

34. 이스라엘 자손이 애굽 땅을 떠난 지 몇 개월 만에 시내 광야에 도착했는가? (19:1)

가. 1개월 나. 3개월 다. 5개월 라. 7개월

35. 하나님께서 이스라엘 백성과 언약을 체결하신 장소는? (19:1-6)

가. 시내 산 나. 광야 다. 르비딤 라. 수르 광야

36. 야훼께서 빽빽한 구름 가운데서 모세에게 임하신 까닭은? (19:9)

가. 모세와 말하는 것을 백성에게 듣게 하며 백성이 모세를 영영히 믿게 하려함

나. 백성에게 나타내시려고 하심
다. 백성들을 두렵게 하려고 하심
라. 백성들과 계약을 체결하심

37. 시내 산에서 하나님을 만나기 위해 백성들은 어떤 준비를 해야 했는가? (19:14-15)
가. 몸을 씻는다
나. 옷을 빨고 여인을 가까이 하지 말아야 한다
다. 금식을 해야 한다
라. 옷을 빨고 금식한다

38. 구약 성경에서 십계명이 기록된 곳은?
가. 출애굽기 20장, 신명기 15장 나. 출애굽기 20장, 신명기 5장
다. 출애굽기 21장, 신명기 5장 라. 출애굽기 21장, 신명기 15장

39. 십계명 중에서 '질투하는 하나님'에 대해 언급하는 계명은? (20:3-17)
가. 제 1계명 나. 제 2계명 다. 제 3계명 라. 제 4계명

40. 무고한 자를 죽이는 범죄 행위, 즉 살인을 막으려고 주신 계명은 몇 번째 계명인가? (20:13)
가. 제 5계명 나. 제 6계명 다. 제 7계명 라. 제 8계명

41. 제단을 쌓는 돌은 어떤 것이라야 하는가? (20:25)
가. 물로 깨끗이 씻은 돌 나. 거룩한 산에서 가져온 돌
다. 정으로 다듬지 않은 돌 라. 정으로 잘 다듬은 돌

42. 사형에 해당하는 죄가 아닌 것은? (21:12-25)
가. 사람을 고의로 죽인 경우
나. 사람을 납치하여 팔았을 경우
다. 부모를 저주하는 경우
라. 매로 남종이나 여종을 쳤는데 그 종이 하루나 이틀을 연명하고 죽은 경우

43. 반드시 죽여야 할 자가 아닌 사람은? (22:18-20)
가. 낙태를 시킨 자
나. 무당
다. 짐승과 행음하는 자
라. 야훼 외에 다른 신에게 제사를 드리는 자

44. 약자 보호법에 해당하지 않는 것은? (22:21-27)
가. 이방 나그네를 압제하지 말라
나. 과부나 고아를 해롭게 하지 말라
다. 가난한 자에게 돈을 꾸어 주면 이자를 받지 말라
라. 이웃의 옷을 전당 잡거든 그 다음 날 빨리 그에게 돌려보내라

45. 이스라엘의 남자들은 매년 최소 몇 번씩 야훼께 보여야 하는가? (23:17)
가. 1번 나. 3번 다. 5번 라. 7번

46. 모세가 시내 산에 올라갈 때 함께 가서 멀리서 경배한 장로의 수는? (24:1)
가. 70명 나. 73명 다. 80명 라. 83명

47. 모세가 계명을 받으러 하나님의 산에 올라갈 때 동행한 사람은? (24:13)
가. 아론 나. 여호수아 다. 훌 라. 갈렙

48. 모세가 하나님의 율법을 받으려고 시내 산에 머문 기간은? (24:18)
가. 칠 일 칠 야 나. 사십 일 사십 야
다. 이십 일 이십 야 라. 석 달 주야

49. 다음 중 나머지 셋과 다른 하나는?
가. 성막 나. 회막 다. 증거막 라. 장막

50. 성막의 구조 중 하나님과 대제사장이 만나는 곳은?
가. 번제단 나. 성소 다. 지성소 라. 안뜰

51. 다음 성전 기물과 재료가 잘못 짝지어진 것은? (25:18)
가. 등잔대－순금　　나. 속죄소－순금
다. 그룹 둘－조각목　　라. 궤－조각목

52. 등잔대에서 나온 여섯 가지에 새겨진 무늬는 어떤 형상인가? (25:33)
가. 백합　　나. 무화과
다. 살구꽃　　라. 포도송이

53. 지성소 안에 위치하는 것은? (26:33)
가. 번제단　　나. 증거궤　　다. 등대　　라. 진설병

54. 성막에 쓰이는 등대의 등불 기름은 무엇인가? (27:20)
가. 관유　　나. 양의 기름　　다. 감람유　　라. 염소의 기름

55. 야훼께 생명의 속전을 드리는 것은 무엇 때문인가? (30:12)
가. 전쟁　　나. 기근　　다. 홍수　　라. 질병

56. 이스라엘 초대 제사장은? (30:30)
가. 모세　　나. 사무엘　　다. 아론　　라. 사독

57. 향을 성결케 하기 위해 사용하는 것은? (30:35)
가. 기름　　나. 소금　　다. 피　　라. 곡분

58. 성막 건축을 위해 특별히 하나님께서 지명하여 부르신 유다 지파 훌의 손자요 우리의 아들은 누구인가? (31:3-5)
가. 아히사막　　나. 단
다. 오홀리압　　라. 브살렐

59. 백성이 모세가 산에서 내려옴이 더딤을 보고 아론을 충동하여 만든 것은? (32:4)
가. 바알 신상　　나. 모세 신상　　다. 금송아지　　라. 아세라 상

60. 이스라엘 백성 중에 광야에서 금송아지를 섬기다가 죽임을 당한 자들의 수는? (32:28)

가. 약 1,300명 나. 약 2,000명 다. 약 3,000명 라. 약 5,000명

61. 모세가 두 돌판을 들고 시내 산에서 내려올 때 어느 지파를 시켜 금송아지를 숭배하는 자들을 죽이라고 명령했는가? (32:28)

가. 유다 나. 레위
다. 단 라. 요셉

62. 모세의 말을 듣고 이스라엘 백성들이 호렙 산에서부터 제한 것은 무엇인가? (33:6)

가. 장신구 나. 지팡이 다. 양과 염소 라. 식량

63. 모세가 하나님과 함께 산에 있다가 내려올 때 모세에게 나타난 현상은? (34:29)

가. 얼굴 피부에 광채가 났다
나. 알아들을 수 없는 말로 예언하였다
다. 먹지 못해 실신하였다
라. 본래의 모습이었다

64. 다음 중 번제단의 재료는? (38:1)

가. 순금 나. 은
다. 조각목 라. 향나무

65. 다음 중 조각목으로 만들지 않은 것은? (38:8)

가. 증거궤 나. 물두멍
다. 진설병 두는 상 라. 번제단

Exodus

[단답형 문제]

1. 이스라엘 백성들이 바로를 위하여 건축한 국고성은? (1:11)

2. 하나님을 두려워하여 애굽 왕의 명령을 어기고 이스라엘의 남자 아기들을 살린 히브리 산파 두 명의 이름은? (1:15-17)

3. '모세'라는 이름의 뜻은? (2:10)

4. 모세가 바로의 낯을 피하여 도망간 땅은? (2:15)

5. 미디안 제사장 르우엘의 딸로서 모세의 아내가 된 사람은? (2:21)

6. 모세가 "타국에서 나그네가 되었다"라는 뜻으로 지은 첫째 아들의 이름은 무엇인가? (2:22)

7. 모세가 하나님으로부터 소명을 받은 산은? (3:1)

8. 하나님의 이름을 묻는 모세에게 하나님께서는 자신을 누구라고 말씀하셨나? (3:14)

9. 하나님 앞에서 "나는 입이 뻣뻣하고 혀가 둔한 자"라고 말했던 사람은? (4:10-13)

10. 모세가 바로 앞에서 말할 때 그의 나이는 몇 세였는가? (7:7)

11. 그 날에 나는 내 백성이 거주하는 ( ) 땅을 구별하여 그 곳에는 파리가 없게 하리니 이로 말미암아 이 땅에서 내가 야훼인 줄을 네가 알게 될 것이라 (8:22)

12. 애굽에 내린 열 번째 재앙은 무엇인가? (11:4-5)

13. 유월절은 애굽에 있었던 열 가지 재앙 가운데 몇 번째 재앙과 관계있는 절기인가? (12:11-12)

14. 내가 애굽 땅을 칠 때에 그 ( )가 너희가 사는 집에 있어서 너희를 위하여 표적이 될지라 내가 ( )를 볼 때에 너희를 ( ) 재앙이 너희에게 내려 멸하지 아니하리라 (12:13)

15. 너희는 ( ) 동안 ( )을 먹을지니 그 첫날에 누룩을 너희 집에서 제하라 무릇 첫날부터 일곱째 날까지 ( )을 먹는 자는 이스라엘에서 끊어지리라 (12:15)

16. 야훼께서 애굽 사람들에게 재앙을 내리려고 지나가실 때에 무엇을 보시면 그 문을 넘으시고 멸하는 자로 집에 들어가서 치지 못하게 하신다고 하셨는가? (12:23)

17. 이스라엘 자손이 라암셋을 떠나서 이른 곳은? (12:37)

18. 이스라엘 자손이 애굽에 거주한지 몇 년 만에 출애굽을 하게 되었는가? (12:40)

19. 유월절 규정에서 하나님 백성에 속하는 데 근본적으로 중요한 것은 무엇인가? (12:48)

20. 출애굽은 헬라어로 무엇인가?

21. 출애굽기 13장 1절과 2절 말씀을 쓰시오.

22. 야훼와 이스라엘 백성과의 언약체결은 출애굽기 몇 장에 기록되어 있는가?

23. 출애굽 후 하나님은 이스라엘을 어떤 방법으로 인도하셨는가? (13:21)

24. 모세가 백성에게 이르되 너희는 두려워하지 말고 가만히 서서 야훼께서 오늘 너희를 위하여 행하시는 (   )을 보라 너희가 오늘 본 (   ) 사람을 영원히 다시 보지 아니하리라 (14:13)

25. 미리암의 노래는 출애굽기 몇 장에 기록되어 있는가?

26. 야훼는 나의 (   )이요 (   )시며 나의 (   )이시로다 그는 나의 하나님이시니 내가 그를 찬송할 것이요 내 (   )의 하나님이시니 내가 그를 높이리로다 (15:2)

27. "너희는 야훼를 찬송하라 그는 높고 영화로우심이요 말과 그 탄 자를 바다에 던지셨음이로다"라고 찬양한 사람은? (15:21)

28. 출애굽기 15장 26절 말씀을 쓰시오.

29. 이스라엘 회중이 광야에서 모세와 아론을 원망한 이유는? (16:2-3)

30. 하나님이 만나를 여섯째 날에 갑절로 주신 이유는? (16:5,22-23)

31. 아말렉과의 전쟁에서 모세가 기도할 때 그의 좌우의 손을 붙들어 올려

준 두 사람은? (17:12)

32. 르비딤에서 아말렉과의 싸움에 승리한 후 모세가 쌓은 제단의 이름은? (17:15)

33. 세계가 다 내게 속하였나니 너희가 내 말을 잘 듣고 내 ( )을 지키면 너희는 모든 민족 중에서 내 ( )가 되겠고 너희가 내게 대하여 ( )가 되며 거룩한 백성이 되리라 너는 이 말을 이스라엘 자손에게 전할지니라 (19:5-6)

34. 십계명이 기록된 출애굽기의 장과 절을 쓰시오.

35. 십계명을 하나님과 인간의 관계에 관한 부분과 인간과 인간의 관계에 관한 부분으로 나누시오. (20:1-17)

36. 십계명을 쓰시오. (20:1-17)

37. 출애굽기 20장 6절 말씀을 쓰시오.

38. 이스라엘의 3대 절기를 쓰시오. (23:14-17)

39. 하나님의 판결을 알기 위해 제사장의 판결 흉패 안에 넣는 것은? (28:30, 민27:21)

40. 제사장이 쓰는 관 위에는 순금으로 만든 패를 매는데 그 패 위에 무엇이라고 새겼는가? (28:36)

41. 제사장의 위임식은 며칠 동안 행해지는가? (29:35)

42. 회막 봉사를 위해서 이스라엘 자손에게서 취한 것은? (30:16)

43. 하나님께서 회막과 회막의 기구들을 만들기 위해 특별히 선택하신 사람은? (31:2,6)

44. 모세가 죄 지은 백성들을 위하여 하나님께 간구한 내용은? (32:32)

45. 사람이 자기의 친구와 이야기함 같이 야훼께서 대면하여 말씀하시는 자는 누구인가? (33:11)

46. 출애굽기 33장 19절 말씀을 쓰시오.

47. 야훼께서 그의 앞으로 지나시며 선포하시되 야훼라 야훼라 자비롭고 은혜롭고 노하기를 더디하고 (   )와 (   )이 많은 하나님이라 인자를 (   )까지 베풀며 악과 과실과 죄를 용서하리라 그러나 벌을 면제하지는 아니하고 아버지의 악행을 자손 (   )까지 보응하리라 (34:6-7)

48. 너는 다른 신에게 절하지 말라 야훼는 (   )라 이름하는 (   )의 하나님임이니라 (34:14)

49. 모세가 성막의 역사를 마친 후에 야훼께선 자기의 성소를 인정하시는 것을 어떻게 보이셨는가? (40:33-34)

50. 모세가 회막에 들어갈 수 없었으니 이는 (   )이 회막 위에 덮이고 야훼의 (   )이 성막에 충만함이었으며 (40:35)

Leviticus

레위기

[선택형 문제]

1. 번제에 대한 규정이 틀린 것은? (1:1-17)
   가. 소의 번제이면 흠 없는 수컷으로 드린다
   나. 양이나 염소의 번제이면 흠 없는 수컷으로 드린다
   다. 새의 번제이면 산비둘기나 집비둘기 새끼로 드린다
   라. 고운 가루와 기름을 섞어 드린다

2. 하나님께 드리는 번제물이 아닌 것은? (1:2,10)
   가. 소　　나. 곡물　　다. 양　　라. 염소

3. 제사장은 어느 제사에 쓰인 제물의 고기를 먹을 수 없는가? (1:3-17, 6:8-7:34)
   가. 번제　　나. 속죄제　　다. 속건제　　라. 화목제

4. 다음 중 피 없이 드리는 제사는 어떤 제사인가? (2:1-16)
   가. 번제　　나. 소제　　다. 화목제　　라. 속건제

5. 소제물에서 남는 것은 어떻게 처리하는가? (2:10)
   가. 아론과 그의 아들들에게 돌린다
   나. 기름을 섞어 무교병을 만든다
   다. 다음 날까지 남겨둔다
   라. 모세와 아론에게 돌린다

6. 소제물에 넣지 말아야 할 것은? (2:11)
가. 기름 나. 소금 다. 누룩 라. 유향

7. 소제물에 반드시 있어야 할 것은? (2:13)
가. 소금 나. 기름 다. 꿀 라. 누룩

8. 제물의 피와 기름은 어떻게 하라고 명하셨는가? (3:17)
가. 기름과 피 가운데 기름은 먹지 말라
나. 기름과 피 가운데 피는 먹지 말라
다. 기름과 피는 함께 먹어라
라. 기름과 피를 먹지 말라

9. 야훼의 계명 중 하나라도 부지중에 범하여 허물이 있으나 스스로 깨닫지 못하다가 그 범한 죄를 깨달았을 때 드리는 제사는? (4:13-14)
가. 번제 나. 화목제
다. 속죄제 라. 속건제

10. 이스라엘 온 회중의 속죄제를 드릴 때 수송아지 머리에 누가 안수하는가? (4:15)
가. 제사장 나. 회중
다. 장로들 라. 회중의 한 명

11. 평민이 부지중에 범죄하였을 경우 속죄제로 바칠 제물은? (4:27-28)
가. 흠 없는 암염소 나. 흠 없는 소
다. 흠 없는 양 라. 흠 없는 비둘기

12. 속죄제가 필요한 경우가 아닌 것은? (5:1-6)
가. 저주하는 소리를 듣고서도 증인이 되지 않았을 때
나. 부정한 것들을 만졌을 때
다. 야훼의 성물을 더럽혔을 때
라. 함부로 말하여 맹세한 것을 깨닫게 되었을 때

13. 가난한 자들을 위한 속죄제 규정이 아닌 것은? (5:7-11)
가. 힘이 어린 양을 바치는 데에 미치지 못하면 산비둘기 두 마리나 집비둘기 새끼 두 마리를 속죄제물로 드린다
나. 비둘기를 드릴 때에는 하나는 속죄제물을 삼고 하나는 번제물을 삼아 드린다
다. 힘이 산비둘기 두 마리나 집비둘기 두 마리에도 미치지 못하면 고운 가루 십분의 일 에바를 속죄제물로 드린다
라. 고운 가루 위에 기름을 붓고 유향을 놓는다

14. 야훼의 성물에 대하여 부지중에 범죄하였을 경우 드리는 제사는? (5:15)
가. 속죄제 나. 속건제 다. 화목제 라. 번제

15. 감사함으로 드리는 화목제물의 고기는 어느 날에 먹어야 하는가? (7:15)
가. 이튿날 아침 나. 드리는 그 날
다. 이튿날 저녁 라. 삼일 째

16. 제사장이 야훼 앞에 제물을 흔들어 드리는 제사는? (7:30)
가. 번제 나. 속죄제 다. 속건제 라. 요제

17. 근친상간을 금하는 규례는 레위기 몇 장에 기록되어 있는가?
가. 16장 나. 17장 다. 18장 라. 19장

18. 하나님 경외와 이웃사랑에 관한 규정 중 틀린 것은? (19:9-14)
가. 품꾼의 삯을 아침까지 밤새도록 두어도 된다
나. 귀먹은 자를 저주하면 안 된다
다. 재판할 때 불의를 행하면 안 된다
라. 포도원의 열매는 다 따지 말고 가난한 자를 위해서 버려두어야 한다

19. 반드시 죽여야 하는 죄에 속하지 않는 것은? (20:1-27)
가. 자식을 몰렉에게 주는 것
나. 접신한 자와 박수무당을 음란하게 따르는 것

다. 아버지나 어머니를 저주하는 것
라. 타국인을 학대하는 것

20. 아론의 자손 중 흠이 있는 자에 대한 규정으로 맞는 것은? (21:17-23)
가. 육체에 흠이 있는 자는 하나님의 음식을 드리려고 가까이 오지 못한다
나. 흠이 있는 자라도 야훼께 화제를 드릴 수 있다
다. 흠이 있는 자는 하나님의 음식이 지성물이든지 성물이든지 먹을 수 없다
라. 흠이 있는 자는 휘장 안에 들어갈 수 있다

21. 성물을 먹는 규례에 관한 설명으로 틀린 것은? (22:10-13)
가. 일반인에게 출가한 제사장의 딸은 거제의 성물을 먹지 못한다
나. 제사장의 객이나 품꾼은 성물을 먹을 수 있다
다. 제사장이 돈으로 사람을 산 경우 그 자는 성물을 먹을 수 있다
라. 일반인이 부지중에 성물을 먹으면 그 성물에 그것의 오분의 일을 더하여 제사장에게 주어야 한다

22. 수소나 양이나 염소를 야훼께 예물로 드릴 때 태어난 지 얼마의 기간이 지난 후에 예물로 드릴 수 있는가? (22:27)
가. 3일 나. 8일 다. 15일 라. 40일

23. 절기에 관한 규정 중 틀린 것은? (23:3,5,8,27,34)
가. 첫째 달 열흘날 저녁은 야훼의 유월절이다
나. 일곱째 달 열흘날은 속죄일이다
다. 일곱째 달 열닷샛날은 초막절이다
라. 일곱째 날은 안식일이다

24. 첫째 달 열나흗날 저녁은 야훼의 무슨 날인가? (23:5)
가. 무교절 나. 유월절 다. 초막절 라. 칠칠절

25. 초막절은 얼마 동안 지키라고 하였는가? (23:34)
가. 3일　　나. 5일　　다. 7일　　라. 9일

26. 회막 안에 있는 떡 상에 열두 덩이 떡을 진설하는 날은? (24:8)
가. 안식일마다　　나. 매일
다. 안식일 전 날　　라. 안식일 다음 날

27. 희년에 대해서 잘못 설명한 것은? (25:8-55)
가. 안식년을 일곱 번 지낸 뒤 이듬해 오십 년째 되는 해가 희년이다
나. 토지는 하나님의 소유이므로 영구히 팔 수 없기 때문에 희년에는 자기 땅을 돌려받을 수 있다
다. 동족 이스라엘 자손을 돈으로 샀다 할지라도 종으로 부리지 말고 품꾼과 같이 함께 있게 하고 희년에는 자유를 주어야 한다
라. 이스라엘 백성도 애굽에서 종살이의 경험이 있기 때문에 이방인을 종으로 삼았을 경우라도 희년에는 자유를 주어야 한다

28. 가나안에 들어갈 이스라엘 백성들이 매 6년마다 거두는 농사 수확량은 어느 정도인가? (25:20-21)
가. 1년 분　　나. 2년 분　　다. 3년 분　　라. 반년 분

29. 성벽 있는 성내의 가옥을 팔았으면 판 지 얼마 안에 무를 수 있는가? (25:29)
가. 1년 안　　나. 2년 안　　다. 3년 안　　라. 7년 안

30. 야훼께 드리기로 서원한 20세에서 60세까지의 남자의 값은? (27:3)
가. 은 20세겔　　나. 은 30세겔
다. 은 50세겔　　라. 은 55세겔

31. 소나 양의 십일조를 선별하는 방법은? (27:32)
가. 목자의 지팡이 아래로 통과시켜서 열 번째 해당하는 것을 드림
나. 열 마리씩 모은 다음 그 중에서 가장 좋은 것을 골라 드림
다. 우열을 가리지 말고 무작위로 택하여 총계의 십분의 일을 드림

라. 우리의 문을 좁게 열어두고 먼저 들어가는 것을 구별하여 총계의 십분의 일을 드림

32. 레위기에서 가장 강조되는 주제는?
가. 사랑 나. 거룩 다. 공의 라. 심판

33. 다음 중 나머지 셋과 다른 절기는?
가. 수전절 나. 장막절 다. 초막절 라. 수장절

Leviticus

[단답형 문제]

1. 구약의 5대 제사는? (1:1-5:19)

2. 곡식의 첫 이삭이나 고운 가루를 예물로 드리는 제사는? (2:1,14)

3. 만일 기름 부음을 받은 제사장이 범죄하여 백성의 허물이 되었으면 그가 범한 죄로 말미암아 야훼께 드릴 것은? (4:3)

4. 부정한 들짐승의 사체나 부정한 가축의 사체나 부정한 곤충의 사체를 만졌을 경우에 드리는 제사는? (5:2,6)

5. 야훼의 성물에 대하여 부지중에 범죄하였을 때 야훼께 드리는 제사는? (5:15)

6. 제단 위의 불은 항상 피워 꺼지지 않게 할지니 제사장은 ( ) 나무를 그 위에서 태우고 번제물을 그 위에 벌여 놓고 화목제의 기름을 그 위에서 불사를지며 (6:12)

7. 아론과 그의 아들들에게 말하여 이르라 속죄제의 규례는 이러하니라 속죄제 제물은 지극히 거룩하니 야훼 앞 번제물을 잡는 곳에서 그 속죄제 제물을 잡을 것이요 죄를 위하여 제사 드리는 제사장이 그것을 먹되 곧 ( ) 거룩한 곳에서 먹을 것이며 (6:25-26)

8. 이스라엘 백성의 화목제물 중에서 제사장의 몫으로 돌아가는 것은? (7:34)

9. 제사장의 복장에서 흉패에 넣어야 할 두 가지는? (8:8)

10. 아론과 그 아들들의 제사장 위임식을 집행한 사람은? (8:22-23)

11. 위임식은 ( ) 동안 행하나니 위임식이 끝나는 날까지 ( ) 동안은 회막 문에 나가지 말라 (8:33)

12. 레위기에서 아론과 그 아들들이 드린 첫 희생제사를 다루고 있는 장은?

13. 번제물 또는 희생제물을 잡을 때 그 피는 어디에 뿌리는가? (9:18)

14. 야훼께서 명령하시지 아니하신 다른 불을 담아 야훼 앞에 분향하였다가 죽은 아론의 두 아들은? (10:1)

15. 너와 네 자손들이 회막에 들어갈 때에는 ( )나 ( )를 마시지 말라 그리하여 너희 죽음을 면하라 이는 너희 대대로 지킬 영영한 규례라 (10:9)

16. 레위기 11장 45절 말씀을 쓰시오.

17. 할례는 출생 후 며칠째에 행하는가? (12:3)

18. 속죄일에 대한 내용은 레위기 몇 장에 기록되어 있는가?

19. 대제사장이 일 년에 한번 지성소에 들어갈 수 있는 날은? (16:29-34)

20. 야훼께서 가나안 거민을 그 땅에서 쫓아내신 이유는? (18:27)

21. 레위기 19장 18절 말씀을 쓰시오.

22. 내 (　　　　　)을 지키고 내 성소를 귀히 여기라 나는 야훼이니라 (19:30)

23. 레위기 20장 26절 말씀을 쓰시오.

24. 성막에 쓰이는 등불의 기름은? (24:2)

25. 레위기에서 야훼의 이름을 저주하다가 돌에 맞아 죽은 사람은? (24:11-14)

26. 6년 동안은 밭에 파종하고 포도원을 가꾸다가 7년째에는 땅을 쉬게 하고 스스로 자라난 소출은 거두지 않는 절기는 무엇인가? (25:1-7)

27. 희년은 언제이며, 그날에는 무엇이 공포되는가? (25:8-12)

28. 이스라엘 백성이 토지를 영구히 팔지 못하는 이유는? (25:23)

29. 너희가 내 (   )와 (   )을 준행하면 내가 너희에게 철따라 비를 주리니 땅은 그 산물을 내고 밭의 나무는 열매를 맺으리라 (26:3-4)

30. 또 너희 (   )이 백을 쫓고 너희 (   )이 만을 쫓으리니 너희 대적들이 너희 앞에서 칼에 엎드러질 것이며 (26:8)

31. 나는 너희 중에 행하여 너희의 (   )이 되고 너희는 내 (   )이 될 것이니라 (26:12)

32. 내 (   )를 멸시하며 마음에 내 (   )를 싫어하여 내 모든 (   )을 준행하지 아니하며 내 (   )을 배반할진대 내가 이같이 너희에게 행하리니 곧 내가 너희에게 놀라운 재앙을 내려 폐병과 열병으로 눈이 어둡고 생명이 쇠약하게 할 것이요 너희가 파종한 것은 헛되리니 너희의 대적이 그것을 먹을 것임이며 (26:15-16)

33. 야훼의 규례와 계명을 순종하면 복을 받고 불순종하면 재앙을 받는다는 말씀은 레위기 몇 장에 기록되어 있는가?

Numbers

민수기

[선택형 문제]

1. 이스라엘 백성이 광야에서 인구조사를 하게 된 목적은? (1:3)
   가. 군사적인 목적 나. 세금 징수의 목적
   다. 재물 측정의 목적 라. 가나안 땅 분배의 목적

2. 이스라엘 백성은 광야에서 인구조사를 몇 번 했는가?
   가. 한 번 나. 두 번 다. 세 번 라. 네 번

3. 요셉 대신 이스라엘 지파에 계수된 두 지파는? (1:10)
   가. 에브라임, 므낫세 나. 므낫세, 레위
   다. 에브라임, 르우벤 라. 레위, 유다

4. 인구조사의 계수에 들지 않은 지파는? (1:47)
   가. 유다 지파 나. 시므온 지파
   다. 레위 지파 라. 에브라임 지파

5. 다음 중 진 배치가 잘못된 것은? (2:1-31)
   가. 갓-북쪽 나. 유다-동쪽
   다. 르우벤-남쪽 라. 에브라임-서쪽

6. 민수기에서 이스라엘 지파의 진 편성과 행군 순서를 기록하고 있는 장은?
   가. 1장 나. 2장 다. 3장 라. 4장

7. 레위의 아들들에 속하지 않은 자는? (3:17)
가. 고핫　나. 게르손　다. 므라리　라. 시므온

8. 레위 지파의 진 위치가 성막을 중심으로 올바르게 된 것은? (3:23-38)
가. 모세와 아론의 아들들—성막 남쪽
나. 게르손 자손—성막 서쪽
다. 고핫 자손—성막 북쪽
라. 므라리 자손—성막 동쪽

9. 레위 지파 중에서 회막의 일을 할 수 있는 사람의 연령은? (4:3)
가. 30세—50세까지　나. 30세—60세까지
다. 20세—50세까지　라. 20세—60세까지

10. 남편이 그 아내의 정결에 의심이 생길 경우 그 아내를 제사장에게로 데리고 가서 야훼 앞에 그 의심되는 행위의 분별을 위하여 드리는 제사는? (5:11-31)
가. 의심의 소제물　나. 감사의 화목제물
다. 속죄제물　라. 헌신의 속건제물

11. 하나님께 자신을 드리는 나실인에 대한 설명 중 틀린 것은? (6:2-12)
가. 포도주와 독주를 멀리한다
나. 자기 몸을 구별하는 모든 날 동안에는 포도나무 소산은 씨나 껍질이라도 먹지 못 한다
다. 삭도를 머리에 대지 말아야 한다
라. 시체를 가까이 해도 된다

12. 민수기에서 제사장의 축복문이 기록된 장은?
가. 6장　나. 7장　다. 8장　라. 9장

13. 민수기에서 유월절 규정이 기록된 장은?
가. 7장　나. 8장　다. 9장　라. 10장

14. 이스라엘이 시내 광야를 출발하여 이른 곳은? (10:12)
가. 가데스 나. 신 광야 다. 바란 광야 라. 브엘세바

15. 이스라엘 12지파 중 선두로 행진하는 지파는? (10:14)
가. 유다 지파 나. 레위 지파
다. 잇사갈 지파 라. 스불론 지파

16. 성막을 메고 진행하는 이스라엘 자손은? (10:17)
가. 게르손, 므라리 나. 베냐민, 스불론
다. 유다 라. 고라

17. 모세가 자신의 책임이 중함을 하소연하자 야훼께서는 그에게 장로와 지도자가 될 만한 자 몇 명을 모아 오라고 했는가? (11:16)
가. 50인 나. 60인 다. 70인 라. 80인

18. 모세가 구스 여자를 취했을 때 모세를 비판한 사람은? (12:1)
가. 미리암과 아론 나. 미리암과 여호수아
다. 아론과 여호수아 라. 여호수아와 갈렙

19. 하나님의 종을 비방한 죄로 나병이 든 미리암은 며칠간 진영 밖에 있었는가? (12:15)
가. 3일 나. 7일 다. 10일 라. 30일

20. 바란 광야에서 가나안 땅을 정탐하기 위해 모세가 보낸 사람들은 몇 명인가? (13:2-16)
가. 10명 나. 12명 다. 15명 라. 20명

21. 정탐꾼들이 땅을 탐지하고 며칠 만에 돌아왔는가? (13:25)
가. 20일 나. 30일 다. 40일 라. 50일

22. 당을 지어서 모세를 거스른 자에 해당하지 않는 사람은 (16:1)
가. 고라 나. 다단 다. 느다넬 라. 온

23. 하나님께서 제사장직의 권위에 도전한다는 것이 얼마나 중한 범죄인가를 이스라엘 백성에게 교훈하시기 위해 기념물로 삼으신 것은? (16:37-38)
가. 제사장의 옷 가장자리에 단 방울과 석류
나. 우림과 둠밈
다. 놋뱀
라. 향로를 쳐서 만든 철판

24. 아론의 지팡이에 움이 돋고 순이 나고 꽃이 피어서 맺힌 열매는? (17:8)
가. 감람 열매　나. 무화과 열매　다. 살구 열매　라. 포도 열매

25. 야훼께서 반역한 자에 대한 표징이 되게 하기 위해 증거궤에 간직하도록 명하신 것은? (17:10)
가. 홍해를 가른 모세의 지팡이　나. 아론의 싹 난 지팡이
다. 만나 항아리　라. 놋뱀

26. 이스라엘의 십일조는 누구의 기업이 되는가? (18:21)
가. 유다 자손　나. 레위 자손　다. 제사장 아론　라. 모세 가족

27. 모세가 하나님이 명령하신 그대로 행하지 않고 불순종한 곳은? (20:11-13)
가. 시내 광야　나. 가데스　다. 므리바　라. 숙곳

28. 아론의 후계자는 누구인가? (20:28)
가. 르우벤　나. 여호수아　다. 엘르아살　라. 훌

29. 두 번째 인구조사 때 그 수가 가장 적었던 지파는? (26:14)
가. 유다 지파　나. 시므온 지파
다. 므낫세 지파　라. 에브라임 지파

30. 두 번째 인구조사 때 계수된 이스라엘 백성 중에 첫 번째 인구조사 때에도 있었던 사람은? (26:65)
가. 갈렙, 여호수아　나. 갈렙, 아론
다. 여호수아　라. 모세, 아론

31. 아버지의 재산을 상속받은 슬로브핫의 딸들은 어느 지파에 속하는가? (27:1)

가. 르우벤 지파　　　나. 므낫세 지파

다. 베냐민 지파　　　라. 유다 지파

32. 안식일의 번제에 쓰이는 제물이 아닌 것은? (28:9)

가. 일 년 되고 흠 없는 숫양 두 마리

나. 일 년 되고 흠 없는 숫염소 한 마리

다. 고운 가루 십분의 이

라. 기름 섞은 소제와 그 전제

33. 이스라엘의 첫째 달 열넷째 날은 무슨 날인가? (28:16)

가. 나팔절　　나. 대속죄일　　다. 초막절　　라. 유월절

34. 서원 규례에서 언급하지 않은 것은? (30:1-16)

가. 여자가 어려서 그 아버지 집에 있을 때

나. 남편을 맞을 때

다. 과부나 이혼 당한 여자의 경우

라. 고아인 경우

35. 여자가 어려서 서원할 때 아버지나 남편이 듣고 아무 말이 없었으면 어떻게 해야 하는가? (30:3-4)

가. 결심한 서약을 이행함　　　나. 시집가면 무효가 됨

다. 아버지가 허락하면 파기됨　　라. 언제든지 파기할 수 있음

36. 염병으로 이만 사천 명이 죽임을 당한 바알브올의 사건은 누구의 계략으로 일어났는가? (31:16)

가. 발락　　나. 발람　　다. 시혼　　라. 옥

37. 요단 동쪽 땅을 분배받은 지파가 아닌 것은? (32:19,33)

가. 르우벤 지파　　　나. 갓 지파

다. 므낫세 지파　　　라. 시므온 지파

38. 민수기에서 이스라엘 백성이 애굽에서 나와 모압 평지에 이르기까지의 노정이 기록된 장은?
가. 31장 나. 32장 다. 33장 라. 34장

39. 모세의 후계자로 임명된 사람은? (34:17)
가. 갈렙 나. 아론 다. 여호수아 라. 엘르아살

40. 우발적으로 살인한 자가 도피성으로 피했을 때 언제까지 그 지경 밖에 나갈 수 없는가? (35:25)
가. 피를 보복하는 자가 죽기까지
나. 살해당한 사람의 부모가 허락할 때까지
다. 살인이 일어난 당시의 대제사장이 죽기까지
라. 살인자의 부모가 죽기까지

41. 민수기에서 레위인의 성읍과 도피성에 관한 내용이 기록된 장은?
가. 32장 나. 34장 다. 35장 라. 36장

Numbers

[단답형 문제]

1. 민수기를 히브리어로 무엇이라 하며, 그 뜻은?

2. 야훼께서 모세에게 나타나셔서 이스라엘 자손의 첫 번째 인구조사를 명하신 때는? (1:1-2)

3. 너희는 이스라엘 자손의 모든 회중 각 (　　　　　　)를 그들의 종족과 조상의 가문에 따라 그 명수대로 계수할지니 이스라엘 중 (　　　　) 이상으로 싸움에 나갈 만한 모든 자를 너와 아론은 그 진영별로 계수하되 (1:2-3)

4. 이스라엘 12지파는? (1:20-54)

5. 이스라엘 자손의 제1차 인구조사 결과 계수된 자의 총계는? (1:46)

6. 보라 내가 이스라엘 자손 중에서 (　　　　　)을 택하여 이스라엘 자손 중에 태를 열어 태어난 모든 자를 대신하게 하였은즉 (　　　　　)은 내 것이라 (3:12)

7. 자기 몸을 구별하여 야훼께 드리기 위해서 포도주와 독주를 멀리하며 시체를 가까이 하지 말고 삭도를 그 머리에 대지 말아야 하는 서원은? (6:1-8)

8. 야훼는 네게 (　　)을 주시고 너를 지키시기를 원하며 야훼는 그의 얼굴을 네게 비추사 (　　　　) 베푸시기를 원하며 야훼는 그 얼굴을 네게로 향하여 드사 (　　　) 주시기를 원하노라 할지니라 하라 (6:24-26)

9. 하나님께서 가르쳐 주신 제사장의 축복 기도는 민수기 몇 장에 기록되어 있는가?

10. 모세가 장막 세우기를 끝내고 그것을 어떻게 하여 거룩히 구별했는가? (7:1)

11. 모세가 장막 세우기를 끝낸 후 첫째 날에 헌물을 드린 지파는? (7:12)

12. 제사장이 선출된 지파는 어느 지파인가? (8:5-26)

13. 이스라엘 자손은 무엇을 따라 행진하고 멈추어 진을 쳤는가? (9:17)

14. 이스라엘이 사용한 나팔의 용도 세 가지를 써라. (10:1-10)

15. 이스라엘 백성이 시내 광야를 언제 출발하였는가? (10:11)

16. 모세로부터 광야 길을 동행해 달라고 부탁 받은 사람은? (10:29)

17. 이스라엘이 야훼의 산에서 떠나 삼 일 길을 갈 때에 무엇이 앞서 갔는가? (10:33)

18. 다베라에서 이스라엘이 악한 말로 원망할 때 하나님께서 내리신 징벌은? (11:1)

19. '다베라'의 뜻은? (11:3)

20. 하나님께서 이스라엘 백성들이 울며 고기를 달라고 했을 때 무엇을 주셨는가? (11:31)

21. 이스라엘이 시내 광야를 떠나 출발하여 처음 불평과 원망이 기록된 장은?

22. 이 사람 모세는 (　　　　　)이 지면의 모든 사람보다 더하더라 (12:3)

23. 미리암이 모세를 비방한 죄로 인해 걸린 병은? (12:10)

24. 갈렙과 여호수아는 각각 어느 지파, 누구의 아들인가? (13:6,8)

25. 모세는 눈의 아들 호세아를 어떤 이름으로 개명해서 불렀는가? (13:16)

26. 가나안 땅을 정탐하러 간 자들이 가져온 것은? (13:23)

27. 고대의 용사인 네피림의 후손이며 신장이 장대해서 가나안 땅에 들어가려는 이스라엘 백성에게 두려움의 대상이 되었던 자손은? (13:33)

28. 이스라엘 자손의 온 회중에게 말하여 이르되 우리가 두루 다니며 정탐한 땅은 심히 아름다운 땅이라 야훼께서 우리를 ( ) 우리를 그 땅으로 인도하여 들이시고 그 땅을 우리에게 주시리라 이는 과연 ( )이니라 다만 야훼를 거역하지는 말라 또 그 땅 백성을 두려워하지 말라 그들은 우리의 ( )라 그들의 보호자는 그들에게서 떠났고 야훼는 우리와 함께 하시느니라 그들을 두려워하지 말라 하나 (14:7-9)

29. 민수기 14장 9절 말씀을 쓰시오.

30. 하나님께서 "그 마음이 그들과 달라서 나를 온전히 따랐은즉"이라고 평가한 사람은? (14:24)

31. 야훼께서는 왜 모세와 아론이 가나안으로 들어가지 못할 것이라고 하셨는가? (20:12)

32. 이스라엘이 가데스에서 사자를 보내 그의 영토를 지나가게 해달라고 요청했으나 이를 용납하지 않았던 왕은? (20:14-21)

33. 아론이 죽은 곳은? (20:22-29)

34. 야훼께서 불뱀들을 백성 중에 보내어 물게 하시므로 모세는 백성을 위

해서 기도하고 무엇을 만들어 장대 위에 달았는가? (21:9)

35. 이스라엘 백성들이 물리쳤던 아모리와 바산의 왕은 각각 누구인가? (21:21,33)

36. 이스라엘을 저주해 달라고 청탁한 사람과 청탁받은 사람은 각각 누구인가? (22:2-6)

37. 민수기 23장 19절 말씀을 쓰시오.

38. 다음의 말씀을 예언한 자는? (24:10-19)

> "한 별이 야곱에게서 나오며 한 규가 이스라엘에게서 일어나서 모압을 이쪽에서 저쪽까지 쳐서 무찌르고 또 셋의 자식들을 다 멸하리로다"

39. 이스라엘의 제2차 인구조사는 어디에서 실시되었나? (26:3-4)

40. 제2차 인구조사 실시 결과 이스라엘 자손의 총 수는? (26:5-62)

41. 땅의 분배는 어떤 방법으로 나누는가? (26:55)

42. 7월 10일(일곱째 달 열흘날)에 드리는 제사는? (29:7-11)

43. 야훼께서 모세에게 죽기 전에 원수를 갚으라고 명하신 족속은? (31:2)

44. 모세는 미디안과의 싸움에서 성소의 기구와 신호 나팔을 누구에게 들려 전쟁에 보내었는가? (31:6)

45. 싸움에 나갔던 자들은 며칠 만에 진에 들어갈 수 있는가? (31:24)

46. 민수기에서 미디안 전쟁을 기록한 장은?

47. 이스라엘 자손에게 말하여 그들에게 이르라 너희가 (   )을 건너 (   ) 땅에 들어가거든 그 땅의 원주민을 너희 앞에서 다 몰아내고 그 새긴 (   )과 부어 만든 (   )을 다 깨뜨리며 (   )을 다 헐고 그 땅을 점령하여 거기 거주하라 내가 그 땅을 너희 소유로 너희에게 주었음이라 (33:51-53)

48. 레위 지파가 받은 성읍은 모두 몇 개인가? (35:6-7)

49. 도피성의 설치 목적은? (35:11-12)

50. 도피성은 몇 개이며 어디에 배치되었는가? (35:13-14)

Deuteronomy

신명기

[선택형 문제]

1. 신명기의 저자는? (1:1, 4:44, 29:1, 31:9)
   가. 여호수아　　나. 모세　　다. 아론　　라. 훌

2. 다음 중 모세오경의 마지막 책은?
   가. 창세기　　나. 출애굽기　　다. 레위기　　라. 신명기

3. 모세가 하나님의 율법을 선포한 곳은? (1:1)
   가. 바란 광야　　나. 가나안 땅　　다. 에돔 땅　　라. 아라바 광야

4. 호렙 산에서 세일 산을 지나 가데스 바네아까지의 거리는? (1:2)
   가. 열흘길　　나. 열 하룻길　　다. 아흐레길　　라. 나흘길

5. 재판장들이 재판할 때 주의할 사항이 아닌 것은? (1:16-17)
   가. 외모나 귀천에 차별을 두어서는 안된다
   나. 쌍방간에 공정히 판결한다
   다. 재판하기 어려운 일은 모세에게 돌린다
   라. 타국인과의 송사에서는 이스라엘의 편을 들어 준다

6. 가나안에 보낸 정탐꾼은 모두 몇 명인가? (1:23-24)
   가. 2명　　나. 10명　　다. 12명　　라. 15명

7. 아낙 족속 같이 강하고 모압 변경 아르에 거주했던 족속을 일컫는 말이 아닌 것은? (2:11-20)
   가. 르바임　　나. 에밈　　다. 삼숨밈　　라. 호리

8. "구하옵나니 나를 건너가게 하사 요단 저쪽에 있는 아름다운 땅, 아름다운 산과 레바논을 보게 하옵소서"라고 간구한 사람은? (3:25)
가. 여호수아 나. 르우벤 다. 모세 라. 아론

9. 요단 동편 땅에 있는 성읍들 중에서 도피성을 구별하여 지정한 목적은? (4:41-42)
가. 적국의 침입 시 백성이 도피하기 위함
나. 부지중에 살인한 자가 도피하여 생명을 보전하게 하기 위함
다. 가뭄을 대비하여 곡식을 저장하기 위함
라. 과부나 고아를 보살피기 위함

10. 요단 동편에는 몇 개의 성읍을 구별하여 도피성으로 삼았는가? (4:41)
가. 2 나. 3 다. 4 라. 6

11. 요단 동편에 설치한 도피성이 아닌 곳은? (4:43)
가. 베셀 나. 길르앗 라못 다. 바산 골란 라. 세겜

12. 십계명은 신명기 몇 장에 기록되어 있는가?
가. 4장 나. 5장 다. 6장 라. 7장

13. 이스라엘 백성이 하나님 야훼를 시험한 곳은? (6:16; 출17:7; 민20:1-13)
가. 마나 나. 엘림 다. 맛사 라. 디베랴

14. 가나안 일곱 족속에 해당하지 않는 것은? (7:1)
가. 헷 나. 블레셋 다. 가나안 라. 브리스

15. 이스라엘이 가나안 땅에서 가나안 족속들을 진멸치 아니할 경우 올무가 될 수 있는 것은? (7:16)
가. 그들의 신들을 섬길 수 있음
나. 그들의 종이 될 수 있음
다. 소출의 부족으로 생활이 빈곤해질 수 있음
라. 영토가 좁아짐으로 어려움

16. 하나님께서 이방 민족들을 조금씩 쫓아내고 그들을 급히 멸하지 말라고 하신 이유는 무엇인가? (7:22)
가. 들짐승이 번성하여 해할까 해서
나. 순리적인 것이 좋아서
다. 단번에 하기에는 너무나 큰 대사이기에
라. 체력 소모를 생각해서

17. 모세가 호렙산에서 언약의 두 돌판들을 받기 위해 얼마나 있었는가? (9:9)
가. 이십 주 이십 야　　나. 육십 주 육십 야
다. 오십 주 오십 야　　라. 사십 주 사십 야

18. 이스라엘 백성이 야훼의 능력을 의심하고 시험하여 야훼를 격노케 한 곳이 아닌 것은? (9:22)
가. 하세롯　　나. 다베라
다. 맛사　　라. 기브롯 핫다아와

19. 모세는 범죄한 이스라엘과 아론의 진멸됨을 막기 위하여 며칠간 중보기도를 했는가? (9:25-29)
가. 사십 주 사십 야　　나. 삼십 주 삼십 야
다. 오십 주 오십 야　　라. 이십 주 이십 야

20. 아론이 죽어 장사된 곳은 어디인가? (10:6)
가. 모세라　　나. 굿고다
다. 맛사　　라. 르비딤

21. 레위 지파의 임무가 아닌 것은? (10:8)
가. 야훼의 언약궤를 멘다
나. 야훼를 대신하여 백성들을 치리한다
다. 야훼 앞에 서서 섬긴다
라. 야훼의 이름으로 축복한다

22. 가나안 정복 후 이스라엘이 제일 먼저 해야 할 일이 무엇이라고 했는가? (12:1-3)

가. 가나안의 우상 제거 나. 기념비 세우는 것

다. 가나안 주민과 화친하는 것 라. 농사짓는 일

23. 신명기에서는 가나안 정복 후 그곳에 정착할 이스라엘 백성들은 하나님께 제물을 반드시 어느 곳에 드려야 한다고 했는가? (12:5-11)

가. 하나님 야훼께서 자기의 이름을 두시려고 모든 지파 중에서 택하신 곳

나. 베들레헴

다. 가나안 우상을 타파해 버린 곳이면 어디든 상관없음

라. 기념비가 있는 곳

24. 소나 양을 잡아먹을 때 먹지 말라고 하나님께서 금하신 것은? (12:23)

가. 내장 나. 피 다. 껍질 라. 힘줄

25. 다음 중 신명기에 나타난 음식 규례에 따라 이스라엘이 먹을 수 있는 짐승이 아닌 것은? (14:4-8)

가. 노루 나. 산양 다. 사슴 라. 토끼

26. 신명기에 나타난 음식 규례에서 돼지를 먹을 수 없는 이유는? (14:8)

가. 새김질을 못하므로

나. 굽이 갈라져 있어서

다. 더러운 곳에 살기 때문에

라. 아무것이나 구별하지 않고 먹으므로

27. 소산의 십일조를 드리는 곳이 너무 멀거나, 분량이 많아서 가지고 가기 어려운 경우에는 어떻게 대처하도록 했는가? (14:24-26)

가. 레위인에게 운반토록 하여 드린다

나. 돈으로 바꾸어서 그 돈으로 자기 자신이 원하는 것을 사서 드린다

다. 돈을 드린다

라. 돈을 가지고 가서 제사장이 원하는 것을 사서 드린다

28. 매 3년마다 드리는 십일조 용도에 해당되지 않는 것은? (14:28-29)

가. 레위인에게 제공　　　나. 객에게 제공

다. 국고금으로 제공　　　라. 고아와 과부에게 제공

29. 채무 면제의 규례 중 면제는 언제 받을 수 있는가? (15:1)

가. 매 칠 년 끝　　　나. 매 육 년 끝

다. 매 사 년 끝　　　라. 매 삼 년 끝

30. 우상 숭배자를 처형하는 데 필요한 증인 수는? (17:2-6)

가. 없어도 무방함　　　나. 1명

다. 2—3명　　　라. 5명

31. 야훼의 화제물을 먹으며 야훼께서 그들의 기업이 되시는 지파는? (18:1-2)

가. 레위 지파　　　나. 베냐민 지파

다. 유다 지파　　　라. 에브라임 지파

32. 야훼께서 다른 민족들 가운데 가증히 여기시는 자가 아닌 것은? (18:9-14)

가. 요술하는 자　　　나. 창기

다. 점쟁이　　　라. 박수

33. 선지자가 전하는 말이 야훼의 말씀인지 아니면 제 마음대로 한 말인지 알 수 있는 방법은? (18:21-22)

가. 그의 말이 다른 선지자의 말과 같은지 비교해본다

나. 그가 말한 일에 증험이나 성취함이 있는지 알아본다

다. 그가 하나님의 이름으로 말하고 있는지를 확인한다

라. 얼마나 많은 사람들이 그를 따르는지 알아본다

34. 전쟁 규례 중 전투에 나갈 때 병역에서 면제되지 않는 경우는? (20:5-7)

가. 포도원을 만들고 그 과실을 먹지 못한 자

나. 여자와 약혼하고 그와 결혼하지 못한 자

다. 새 집을 건축하고 낙성식을 행하지 못한 자

라. 부모가 죽었으나 아직 장례를 치르지 않은 자

35. 전쟁 규례 중 어떤 성읍을 치려 할 때 먼저 해야 할 것은? (20:10)
가. 그 성읍을 돌며 무너져라 외침
나. 그 성읍을 향하여 저주를 선언
다. 그 성읍에 화평을 선언
라. 야훼가 함께 계심을 선언

36. 전쟁 규례 가운데 적군의 땅에 있는 나무 중 어떤 나무는 베지 말라고 했는가? (20:20)
가. 과목 나. 1년생 나무 다. 상수리나무 라. 참나무

37. 이혼 규례 중 이혼 증서를 써서 여자를 집에서 내보낼 수 있는 경우는? (24:1)
가. 수치되는 일이 있음을 발견했을 때
나. 낭비벽이 심할 때
다. 자녀를 갖지 못할 때
라. 죽을병이 들었을 때

38. 남자가 새로이 아내를 맞이하였을 경우 아무 직무도 맡지 않고 한가하게 집에 있을 수 있는 기간은? (24:5)
가. 1개월 나. 6개월 다. 1년 라. 3년

39. 악인에게 태형을 내릴 경우 몇 대 이상을 넘겨서는 안되는가? (25:2-3)
가. 10대 나. 15대 다. 20대 라. 40대

40. 가나안 땅에 들어가 거둔 소산의 맏물은 어떻게 하라고 했는가? (26:1-2)
가. 객에게 주어라 나. 고아와 과부에게 주어라
다. 하나님께 드려라 라. 기부금으로 예치하라

41. 모세는 이스라엘이 요단을 건넌 뒤 세울 기념비에 무엇을 기록하라고 했는가? (27:3)
가. 율법의 모든 말씀
나. 출애굽 이후의 모든 행적
다. 하나님의 도움을 받았던 사건들
라. 공로자들의 명단

42. 모세는 이스라엘이 요단을 건너거든 어떠한 돌로 제단을 쌓으라고 했는가? (27:6)

가. 다듬지 않은 돌　　나. 잘 다듬은 돌
다. 철연장으로 다듬은 돌　　라. 견고히 만든 벽돌

43. 다음 중 야훼께서 진노와 격분으로 멸하셨던 성이 아닌 것은? (29:23)

가. 고모라　　나. 소알　　다. 아드마　　라. 스보임

44. 여호수아를 후계자로 세울 때 모세의 나이는? (31:2)

가. 112세　　나. 115세　　다. 120세　　라. 125세

45. 모세는 매 칠 년 끝 해 곧 면제년의 초막절에 무엇을 하라고 명했는가? (31:9-11)

가. 나팔을 불라고
나. 모세가 써 준 율법을 낭독하라고
다. 쓴 나물과 함께 무교병을 먹으라고
라. 대대적인 구제 활동을 하라고

46. 모세가 백성들에게 그동안 가르쳐 왔던 율법을 다 기록한 후에 제사장에게 그것을 어디에 두도록 했는가? (31:24-26)

가. 언약궤 곁　　나. 언약궤 속
다. 성소　　라. 대제사장의 처소

47. 모세가 하나님의 영광과 과거에 그를 통하여 행하셨던 기적을 찬양하는 노래가 기록되어 있는 곳은?

가. 출 40:1-16　　나. 레 9:1-24　　다. 민 14:11-19　　라. 신 32:1-43

48. 여수룬은 무엇을 가리키는 별명인가? (32:15, 33:5,26)

가. 이스라엘　　나. 이방 민족　　다. 여호수아　　라. 레위 지파

49. 야훼의 명하신 산에 올라가 가나안 땅을 바라보기만 하고 들어가지 못한 사람은? (32:48-52)

가. 모세　　나. 갈렙　　다. 여호수아　　라. 훌

50. 모세는 어느 산에 올라가서 가나안 땅을 바라보았는가? (32:49)
가. 갈멜 산　나. 느보 산　다. 헐몬 산　라. 에발 산

51. 모세가 죽기 전에 이스라엘 자손을 위하여 한 것은? (33:1)
가. 제사드림　나. 안수함
다. 축복함　라. 율법을 낭독함

52. 모세가 죽었을 때 이스라엘 백성은 며칠간 애곡하였는가? (34:8)
가. 7일　나. 10일　다. 15일　라. 30일

Deuteronomy

[단답형 문제]

1. 이스라엘의 가나안 진군을 방해하다가 패망당한 두 왕은? (1:4)

2. 모세가 각 지파의 수령으로 지혜가 있는 유명한 자들을 취하여 삼은 직책은? (1:15)

3. 모세에게 가나안에 들어가기 전에 먼저 정탐꾼을 보내자고 제의한 사람은? (1:22)

4. 이스라엘의 출애굽 세대 중에서 가나안에 들어간 사람은? (1:36-38)

5. 세일에 거주하는 이스라엘의 동족은 누구의 자손인가? (2:4)

6. 요단 동편 땅을 기업으로 받은 지파는? (3:12-13)

7. 하나님께서는 모세를 대신하여 이스라엘을 거느리고 약속의 땅에 들어갈 사람으로 누구를 택하셨는가? (3:28)

8. 네 하나님 야훼는 소멸하는 (　　　　)이시요 (　　　　)하시는 하나님이시니라 (4:24)

9. 부지중에 살인한 자의 생명을 보전할 목적으로 구별해 놓은 성은? (4:41-42)

10. 하나님께서는 어떤 사람에게 천 대까지 은혜를 베푸시겠다고 말씀하셨는가? (5:10, 7:9)

11. 너는 네 하나님 야훼께서 명령한 대로 네 부모를 (　　　　)하라 그리하면 네 하나님 야훼가 네게 준 땅에서 네 (　　　　)이 길고 (　　)을 누리리라 (5:16)

12. 십계명 중 사람과 사람 사이에 관계된 계명을 모두 쓰시오. (5:16-21)

13. 너는 (　　　　)을 다하고 (　　)을 다하고 (　　)을 다하여 네 하나님 야훼를 사랑하라 (6:5)

14. 하나님께서 십계명을 주신 목적은? (6:24)

15. 가나안 일곱 족속은? (7:1)

16. 하나님께서 이스라엘 백성으로 하여금 40년간 광야의 길을 걷게 하신 목적은? (8:2)

17. 너를 ( ) 너를 ( ) 하시며 또 너도 알지 못하며 네 조상들도 알지 못하던 ( )를 네게 먹이신 것은 사람이 ( )으로만 사는 것이 아니요 야훼의 ( )에서 나오는 모든 ( )으로 사는 줄을 네가 알게 하려 하심이니라 (8:3)

18. 이스라엘은 몇 년 동안 광야 생활을 하였는가? (8:4, 29:5)

19. 네가 가서 그 땅을 차지함은 네 ( )로 말미암음도 아니며 네 마음이 ( )으로 말미암음도 아니요 이 민족들이 ( )으로 말미암아 네 하나님 야훼께서 그들을 네 앞에서 쫓아내심이라 야훼께서 이같이 하심은 네 조상 아브라함과 이삭과 야곱에게 하신 맹세를 이루려 하심이니라 (9:5)

20. 모세가 호렙 산에서 사십 주 사십 야를 지난 후에 하나님께 받은 것은? (9:11)

21. 모세가 언약의 두 돌판을 던져 깨뜨린 이유는? (9:16-17)

22. 야훼의 언약궤를 메고 야훼를 섬기며 야훼의 이름으로 축복하게 하기 위하여 야훼께서 구별하신 지파는? (10:8)

23. 이스라엘 백성이 나그네를 사랑해야 하는 이유는? (10:19)

24. 이스라엘아 네 하나님 야훼께서 네게 요구하시는 것이 무엇이냐 곧 네 하나님 야훼를 ( )하여 그의 모든 도를 행하고 그를 ( )하며 ( )을 다하고 ( )을 다하여 네 하나님 야훼를 섬기고 내

가 오늘 네 행복을 위하여 네게 명하는 야훼의 (　　　)과 (　　　)를 지킬 것이 아니냐 (10:12-13)

25. 하나님께서 이스라엘 백성들에게 어디에 할례를 행하고 다시는 목을 곧게 하지 말라고 하셨는가? (10:16)

26. 너희가 만일 내가 오늘 너희에게 명령하는 (　　)에서 돌이켜 떠나 너희의 하나님 야훼의 (　　　)을 듣지 아니하고 본래 알지 못하던 다른 신들을 따르면 (　　　)를 받으리라 (11:28)

27. 이스라엘 백성이 가나안 땅으로 들어갈 때 축복과 저주를 선포한 두 산은? (11:29)

28. 육체의 생명은 어디에 있다고 했는가? (12:23)

29. 너희는 너희의 하나님 야훼를 따르며 그를 (　　　　)하며 그의 (　　　)을 지키며 그의 (　　　　)를 청종하며 그를 섬기며 그를 의지하며 (13:4)

30. 이스라엘 백성이 잘못된 유혹에 빠지지 않도록 하기 위해 거짓 선지자나 꿈 꾸는 자(거짓 예언자)는 어떻게 처벌하라고 하셨는가? (13:5)

31. 어느 한 성읍에서 우상 숭배한 일이 확실한 사실로 드러날 경우 그 성읍에 대한 처벌은? (13:12-18)

32. 이스라엘이 매년 하나님께 드릴 것은 무엇인가? (14:22)

33. 가난한 형제에게 필요한 것을 줄 때에 품지 말아야 할 마음은? (15:10)

34. 처음 난 소와 양에 관한 규례로서 식용으로는 사용할 수 있으나 하나님께 제물로는 드릴 수 없는 경우는? (15:21-23)

35. 유월절 절기를 지킬 때 먹는 떡은? (16:3)

36. 이스라엘의 남자들이 일 년에 세 차례 야훼께서 택하신 곳에서 야훼를 뵈어야 할 3대 절기는? (16:16)

37. 재판과 관련한 규례 가운데 재판장의 판결에 순복치 않는 자를 어떻게 하라고 했는가? (17:12)

38. 왕의 규례 중 그 마음이 교만하여지지 아니하고 좌로나 우로나 치우치지 아니하기 위해서 왕이 해야 할 의무는? (17:18-20)

39. 도피성 제도 중 야훼께서 기업으로 주는 땅에서 어떠한 피를 흘리지 말라고 하셨는가? (19:10)

40. 전쟁에 관한 규례에서 전투에 나갈 때 두려워서 마음이 허약한 자는 어찌하라고 했는가? (20:8)

41. 한 남자가 약혼하지 아니한 처녀와 동침하는 중에 그 두 사람이 발견되면 그 동침한 남자는 얼마의 돈을 처녀의 아버지에게 지불하고 그녀를 아내로 삼아야 하는가? (22:28-29)

42. 고환이 상한 자나 음경이 잘린 자, 사생자는 들어올 수 없도록 금지된 곳은? (23:1-2)

43. 이스라엘이 애굽에서 나올 때에 떡과 물로 영접하지 않고 발람에게 뇌물을 주어 이스라엘을 저주하게 했던 두 족속은? (23:3-4)

44. 삼 대 후의 자손이 야훼의 총회에 들어올 수 있는 두 족속은? (23:7-8)

45. 네 하나님 야훼께 ( )하거든 갚기를 더디하지 말라 네 하나님 야훼께서 반드시 그것을 네게 요구하시리니 더디면 그것이 네게 ( )가 될 것이라 (23:21)

46. 아버지는 그 ( )로 말미암아 죽임을 당하지 않을 것이요 자식들은 그 ( )로 말미암아 죽임을 당하지 않을 것이니 각 사람은 ( ) 죄로 말미암아 죽임을 당할 것이니라 (24:16)

47. 너는 ( )이나 ( )의 송사를 억울하게 하지 말며 ( )의 옷을 전당 잡지 말라 (24:17)

48. 곡식을 벨 때 잊어버리고 밭에 두고 온 한 뭇의 곡식이나, 감람나무와 포도원의 포도를 딴 후에 남은 것은 누구를 위한 몫으로 남겨두는가? (24:19-21)

49. 곡식 떠는 소에게 ( )을 씌우지 말지니라 (25:4)

50. 이스라엘이 가나안에 거주할 때 하나님께서는 그들에게 천하에서 어느 족속에 대한 기억을 지워버리라고 말씀하셨는가? (25:19)

51. 야훼께서 강한 ( )과 편 ( )과 큰 ( )과 ( )과 ( )로 우리를 애굽에서 인도하여 내시고 (26:8)

52. 네가 오늘 야훼를 네 ( )으로 인정하고 또 그 ( )를 행하고 그의 규례와 명령과 법도를 지키며 그의 ( )를 들으라 (26:17)

53. 그런즉 야훼께서 너를 그 지으신 모든 ( ) 위에 뛰어나게 하사 찬

송과 명예와 영광을 삼으시고 그가 말씀하신 대로 너를 네 하나님 야훼의 ( )이 되게 하시리라 (26:19)

54. 축복과 저주를 선포할 때에 시므온, 레위, 유다, 잇사갈, 요셉, 베냐민 지파가 올라간 산은? (27:12)

55. 신명기에서 순종과 불순종에 따르는 축복과 저주를 구체적으로 기록해 놓은 장은?

56. 야훼의 말씀을 청종하면 대적하기 위해 일어난 적군들이 한 길로 치러 들어왔으나 몇 길로 도망하게 하신다고 했는가? (28:7)

57. 야훼께서 너를 위하여 하늘의 아름다운 ( )를 여시사 네 땅에 때를 따라 ( )를 내리시고 네 ( )으로 하는 모든 일에 복을 주시리니 네가 많은 민족에게 꾸어줄지라도 너는 꾸지 아니할 것이요 야훼께서 너를 ( )가 되고 ( )가 되지 않게 하시며 ( )에만 있고 ( )에 있지 않게 하시리니 오직 너는 내가 오늘 네게 명령하는 네 하나님 야훼의 명령을 듣고 지켜 행하며 (28:12-13)

58. 호렙에서 이스라엘 자손과 세우신 언약 외에 야훼께서 모세에게 명령하여 그들과 다시 언약을 세우신 장소는? (29:1)

59. 모세가 각 지파를 축복할 때 빠진 지파는? (33:6-24)

60. 모세가 죽은 곳은? (34:1)

Joshua 여호수아

[선택형 문제]

1. 모세 생존 시 여호수아는 모세와 어떠한 관계였는가? (1:1)
   가. 모세의 수종자　　나. 모세의 생도
   다. 모세의 조언자　　라. 모세의 아들

2. 모세의 뒤를 이어 여호수아를 후계자로 세운 이는? (1:1-2)
   가. 야훼　　나. 모세
   다. 백성들　　라. 제사장

3. 야훼께서 여호수아에게 "너를 능히 대적할 자가 없으리니"라고 하신 언약 기한은? (1:5)
   가. 청년의 때에　　나. 사역 기간 중에
   다. 가나안 정복까지　　라. 평생에

4. 야훼께서 누구와 함께 있었던 것같이 여호수아와 함께 있을 것임이라고 하셨는가? (1:5)
   가. 아브라함　　나. 모세
   다. 노아　　라. 에녹

5. '여호수아'라는 이름의 뜻은?
   가. 구원의 빛　　나. 비둘기
   다. 선지자　　라. 야훼는 구원이시다

6. 여호수아를 지도자로 세우시며 야훼께서 여호수아에게 거듭 강조한 말씀은? (1:6-9)

가. 강하고 담대하라　　　　나. 입을 넓게 열라
다. 가나안 정복의 꿈을 가져라　　　　라. 악인의 꾀를 좇지 말라

7. 처자와 가축을 요단 동편에 머물러 있게 하고 형제 지파를 돕기 위해 요단을 건넌 용사들이 속한 지파가 아닌 것은? (1:12-15)

가. 르우벤 지파　　　　나. 갓 지파
다. 므낫세 반 지파　　　　라. 유다 지파

8. 여호수아가 싯딤에서 정탐꾼을 어디로 보냈는가? (2:1)

가. 여리고　　　　나. 길갈
다. 세겜　　　　라. 가나안

9. 여호수아는 싯딤에서 몇 사람의 정탐꾼을 보냈는가? (2:1)

가. 네 사람　　　　나. 두 사람
다. 열두 사람　　　　라. 열 사람

10. 라합의 신분은? (2:1)

가. 기생　　　　나. 농민
다. 상인　　　　라. 군인

11. 정탐꾼이 라합의 집에서 숨어 있던 곳은? (2:6)

가. 지붕에 벌여 놓은 삼대　　　　나. 다락방
다. 천정 속　　　　라. 계단 밑 나뭇더미

12. 라합은 정탐꾼들에게 너희 하나님 야훼는 어떤 분이라고 고백했는가? (2:11)

가. 기적을 행하시는 하나님
나. 위로는 하늘에서도 아래로는 땅에서도 하나님
다. 불의를 멸하시는 하나님
라. 긍휼을 베푸시는 하나님

13. 정탐꾼은 이스라엘이 여리고 성을 점령할 때 라합의 가족을 구해주는 표로 어떠한 표시를 하도록 했는가? (2:18)
가. 창문에 붉은 줄을 매달아라
나. 창문에 붉은 깃발을 달아라
다. 창문에 검은 줄을 매달아라
라. 창문에 검은 깃발을 달아라

14. 언약궤는 누가 메었는가? (3:3)
가. 레위 사람의 고핫 자손　　나. 레위 사람
다. 레위 사람 제사장들　　라. 레위 사람의 성전 수종자

15. 이스라엘 백성들이 가나안으로 들어갈 때 언약궤를 앞세웠는데 뒤따르는 백성들과 이 언약궤와의 거리는? (3:3-4)
가. 1,000규빗　　나. 1,500규빗
다. 2,000규빗　　라. 2,500규빗

16. 요단 강을 건너기 전에 이스라엘 백성들이 한 일은? (3:5)
가. 할례를 행함　　나. 돌단을 세움
다. 인원 정비　　라. 성결하게 함

17. 이스라엘 백성이 요단 강을 건널 때 누가 제일 먼저 물속에 들어갔는가? (3:15)
가. 정탐꾼　　나. 여호수아
다. 유다 지파　　라. 법궤를 멘 제사장들

18. 요단 강에서 올라와 진을 친 곳은? (4:19)
가. 세겜　　나. 길갈
다. 실로　　라. 벧엘

19. '길갈' 의 뜻은? (5:9)
가. 굴러간다　　나. 지나간다
다. 스쳐간다　　라. 흘러간다

20. 이스라엘이 요단 강을 건넌 후 어디에서 처음으로 유월절을 지켰는가? (5:10)

가. 여리고 평지 나. 헤브론 다. 세겜 라. 실로

21. 어느 때부터 만나가 그쳤는가? (5:11-12)

가. 유월절 다음날

나. 요단 강을 건넌 다음날

다. 정착 첫 해 땅의 소출을 얻은 날

라. 땅의 소산물을 먹은 다음날

22. 이스라엘 백성이 야훼의 명령에 순종해서 여리고 성을 모두 몇 번 돌았는가? (6:13-15)

가. 11번 나. 12번 다. 13번 라. 15번

23. 마지막 일곱째 날에는 몇 번을 돌았는가? (6:15)

가. 1번 나. 3번 다. 5번 라. 7번

24. 여리고 성 함락 후 여호수아는 그 성의 재건을 금지하는 맹세를 하였다. 그의 맹세에서 성을 재건하는 자에게 어떤 저주를 받을 것이라 하였는가? (6:26-27)

가. 아들을 잃을 것이다 나. 애굽으로 다시 쫓겨난다

다. 나병이 들 것이다 라. 땅의 소출이 끊어질 것이다

25. 이스라엘은 1차 아이 성 공격에서 몇 명의 군사가 죽임을 당하고 참패했는가? (7:5)

가. 20명쯤 나. 28명쯤 다. 40명쯤 라. 36명쯤

26. 범죄자 아간을 어떻게 찾아냈는가? (7:16-18)

가. 제보를 통해서 나. 제비를 뽑아서

다. 제사를 통해서 라. 추측으로

27. 아간이 훔친 전리품 및 그에게 속한 모든 것을 돌로 치고 불사르고 돌 무덤을 쌓은 골짜기의 이름은? (7:24-26)
가. 싯딤 나. 엔게니 다. 아둘람 라. 아골

28. '아골'이란 말의 뜻은? (7:24-26)
가. 돌무덤 나. 괴로움 다. 함정 라. 심판

29. 아이 성 공격에서 성읍을 향해 매복한 용사의 수는? (8:3-4)
가. 3만 명 나. 4만 명 다. 4만 5천 명 라. 5만 명

30. 이스라엘에 의해 남녀 모두 만 이천 명이 죽임을 당하여 멸망한 성은? (8:25)
가. 여리고 나. 길갈 다. 게데스 라. 아이

31. 이스라엘이 가나안에 들어간 후 여호수아는 어디에 제단을 쌓고 백성에게 율법을 낭독하였는가? (8:30-32)
가. 그리심 산 나. 세겜 다. 에발 산 라. 길갈

32. 기브온 주민이 이스라엘과 화친하기 위해 속임수로 준비했던 것들이 아닌 것은? (9:3-13)
가. 무교병 나. 해어진 전대
다. 기운 가죽 포도주 부대 라. 낡은 옷

33. 여호수아가 기브온 주민에게 속은 이유는? (9:14)
가. 인정이 많았기 때문에
나. 여호수아의 급한 성격 때문에 상황 판단을 제대로 못했기 때문에
다. 야훼께 묻지 아니하고 보이는 대로 판단했기 때문에
라. 지혜가 부족했기 때문에

34. 이스라엘은 기브온 거민과 화친 조약을 맺은 후 며칠이 지나서 그들이 이웃에서 자기들 중에 거하는 자들인 것을 알게 되었나? (9:16)
가. 이틀 나. 사흘 다. 나흘 라. 닷새

35. 기브온 주민이 자신들을 속인 것을 알게 된 이스라엘이 취한 행동은? (9:16-19)

가. 조약을 파기하고 가나안에서 몰아냈다

나. 하나님 야훼로 그들에게 맹세했기 때문에 그대로 지켰다

다. 속인 자들만 죽였다

라. 조공을 바치도록 명했다

36. 이스라엘의 종이 된 자들은? (9:22-23)

가. 헷 족속 나. 브리스 족속

다. 여부스 족속 라. 기브온 주민

37. 기브온 침공을 위해 맺어진 연합군에 해당하지 않는 왕은? (10:1-5)

가. 헤브론 왕 호함 나. 야르뭇 왕 비람

다. 라기스 왕 야비아 라. 바산 왕 옥

38. 이스라엘과 기브온을 대항하기 위하여 연합군을 만들자고 주동한 왕은? (10:1-5)

가. 예루살렘 왕 아도니세덱 나. 헤브론 왕 호함

다. 야르뭇 왕 비람 라. 라기스 왕 야비아

39. 벧호론의 비탈에서 도망치는 가나안 연합 패잔병들을 하나님께서 어떻게 하셨는가? (10:10-11)

가. 하늘에서 큰 우박 덩이를 내려 죽게 하셨다

나. 이스라엘 병사들로 하여금 추격하여 죽이게 하셨다

다. 내분을 일으켜 서로가 서로를 죽이게 하셨다

라. 자신들 스스로 목숨을 끊도록 하셨다

40. 아모리 다섯 왕들이 살기 위해 도망하여 숨은 굴은? (10:16)

가. 하길라 굴 나. 막게다의 굴
다. 아둘람 굴 라. 엔게디의 굴

41. 가나안 정복 전쟁에서 여호수아가 쳐서 이긴 족속이 아닌 것은? (10:29-39)

가. 립나 나. 라기스 다. 게셀 라. 기브온

42. 여호수아 군대를 대적하기 위해 가나안 북부 연합 동맹군을 만드는데 주동적인 역할을 한 왕은? (11:1-3)

가. 하솔 왕 야빈 나. 마돈 왕 요밥
다. 시므론 왕 라. 악삽 왕

43. 이스라엘을 대항하기 위해 가나안 북부 연합군이 집결한 장소는? (11:5)

가. 지중해 해변 나. 갈릴리 바다
다. 메롬 물가 라. 요단 강가

44. 가나안 북부 연합군과의 싸움에서 하나님께서 여호수아에게 지시하신 것은? (11:6)

가. 치밀한 전략을 세우도록
나. 적진을 정탐하도록
다. 적진의 말 뒷발의 힘줄을 끊고 병거를 불사르도록
라. 복병의 수를 많이 두도록

45. 이스라엘의 가나안 정복 전쟁에서 살아남은 자들은? (11:19-20)

가. 히위 족속 나. 기르가스 족속
다. 브리스 족속 라. 여부스 족속

46. 이스라엘이 가나안 정복 전쟁에서 가사와 가드와 아스돗에만 약간 남기고 이스라엘 자손의 땅에는 한 명도 남김없이 전멸해 버린 족속은 어느 족속인가? (11:22)

가. 아모리 족속 나. 여부스 족속
다. 가나안 족속 라. 아낙 사람

47. 요단 동편에 거주하지 않는 지파는? (12:6)
가. 르우벤 지파 나. 갓 지파
다. 므낫세 반 지파 라. 유다 지파

48. 여호수아가 가나안 정복 전쟁에서 멸한 왕의 수는? (12:7-24)
가. 10명 나. 18명 다. 31명 라. 50명

49. 야훼께 드리는 화제물은 어느 지파의 기업이 되었는가? (13:14)
가. 유다 나. 에브라임 다. 베냐민 라. 레위

50. 레위 지파가 받은 기업은? (13:33)
가. 이스라엘의 하나님 야훼께서 기업이 되심
나. 아르논 골자기 주변
다. 마하나임에서 드빌 지경까지
라. 요단과 그 강 가에서부터 요단 동쪽 긴네렛 바다의 끝까지

51. 여호수아가 각 지파들에게 땅을 분배해 줄 때 어떠한 방법을 썼는가? (14:2)
가. 제비 뽑아서
나. 지파 서열 순위
다. 정복에 공을 세운 지파를 우선으로
라. 여호수아 재량으로

52. 갈렙은 누구의 아들인가? (14:6)
가. 그나스의 아들 나. 이새의 아들
다. 여분네의 아들 라. 눈의 아들

53. 땅을 분배할 때 갈렙의 나이는? (14:10)
가. 60세 나. 68세 다. 70세 라. 85세

54. 갈렙이 야훼께서 함께 하시면 쫓아낼 수 있다고 한 족속은? (14:11-12)
가. 아낙 나. 브리스 다. 기르가스 라. 아모리

55. 갈렙이 그의 요청에 따라 기업으로 받은 땅은? (14:13-15)
가. 요단 동편　　나. 헤브론
다. 가나안 북부 내륙 지방　　라. 에브라임 산지

56. 가나안 땅 기업 분배 중 제일 먼저 제비 뽑아 기업을 얻은 지파는? (15:1)
가. 유다 지파　　나. 아셀 지파　　다. 단 지파　　라. 갓 지파

57. 갈렙과 사위 옷니엘의 부친 그나스의 관계는? (15:17)
가. 형제　　나. 사촌　　다. 삼촌　　라. 육촌

58. 유다 지파가 분배받은 땅에서 쫓아내지 못해 함께 거주한 족속은? (15:63)
가. 여부스 족속　　나. 히위 족속
다. 아모리 족속　　라. 기르가스 족속

59. 여리고를 차지한 이스라엘 자손은? (16:1)
가. 단　　나. 유다　　다. 요셉　　라. 시므온

60. 에브라임 자손들은 어느 곳에 거하는 가나안 족속을 쫓아내지 아니하였는가? (16:10)
가. 아다롯　　나. 게셀　　다. 호론　　라. 앗달

61. 요셉의 장자는 누구인가? (17:1)
가. 에브라임　　나. 므낫세　　다. 아비에셀　　라. 헤벨

62. 슬로브핫의 딸들은 몇 명이나 되었는가? (17:3)
가. 2명　　나. 3명　　다. 4명　　라. 5명

63. 므낫세 지파의 기업에 속한 땅은? (17:5)
가. 게셀　　나. 나아라　　다. 길르앗　　라. 벧호론

64. 여호수아에게 분깃을 더 달라고 요구한 자손은? (17:14-18)
가. 납달리 자손　　나. 갓 자손
다. 요셉 자손　　라. 르우벤 자손

65. 여호수아가 기업 분배 작업을 일시 중지하고 회중을 실로에 모이게 하여 무엇을 하였는가? (18:1)

가. 회막을 세움 나. 율법 낭독

다. 기념비를 세움 라. 성결 의식 수행

66. 여호수아는 아직 기업 분배를 받지 못한 일곱 지파에게 남은 미정복지의 지도 작성을 위해 몇 명씩을 선정하도록 하였는가? (18:4-6)

가. 2명 나. 3명

다. 4명 라. 5명

67. 여호수아는 남아 있는 일곱 지파에게 어떠한 방식으로 땅을 분배했는가? (18:10)

가. 원하는 땅을 고르도록 함

나. 제비를 뽑아

다. 지파 순위대로 고르도록 함

라. 지파의 가족 수와 땅 크기와 비례해서

68. 분배받은 땅의 경계가 유다 자손과 요셉 자손의 중간에 위치한 땅을 기업으로 분배받은 지파는? (18:11)

가. 베냐민 지파 나. 시므온 지파

다. 스불론 지파 라. 납달리 지파

69. 유다 자손의 기업 중에 거하게 된 지파는? (19:1)

가. 잇사갈 지파 나. 아셀 지파

다. 단 지파 라. 시므온 지파

70. 지역이 넓고 비옥한 이스르엘 평지로서 농사짓기에 적합한 땅을 기업으로 분배받은 지파는? (19:17-23)

가. 납달리 지파 나. 르우벤 지파

다. 아셀 지파 라. 잇사갈 지파

71. 이스라엘 지파 중 제일 마지막으로 기업을 분배받은 지파는? (19:40-46)
가. 갓 지파 나. 시므온 지파
다. 므낫세 지파 라. 단 지파

72. 단 지파가 북방까지 진출 공략해서 정복한 성읍은? (19:47)
가. 다볼 나. 레셈 다. 에브론 라. 함몬

73. 단 지파는 북방까지 진출 공략해서 정복한 성읍의 이름을 무엇이라 개명하였나? (19:47)
가. 단 나. 소라 다. 엘론 라. 에그론

74. 에브라임 산지 딤낫 세라는 누구에게 준 기업인가? (19:50)
가. 유다 나. 베냐민 다. 여호수아 라. 레위

75. 도피성은 이스라엘 전역에 총 몇 개인가? (20:7-8)
가. 6개 나. 8개 다. 10개 라. 12개

76. 도피성 바산 골란은 어느 지파의 게르손 자손에게 주었는가? (21:27)
가. 유다 지파 나. 르우벤 지파
다. 레위 지파 라. 베냐민 지파

77. 레위 지파에게 분배된 성읍의 수는? (21:41)
가. 48성읍 나. 50성읍 다. 52성읍 라. 58성읍

78. 요단 동편 땅으로 귀환하던 지파가 귀환 도중 강변에서 어떤 일을 했는가? (22:10-11)
가. 결속을 다짐하는 모임을 가짐
나. 번제를 드림
다. 땅 분배 건에 대한 불만을 토로함
라. 큰 제단을 쌓음

79. 요단 동편 땅으로 귀환하던 지파가 강변에 쌓은 큰 제단이 지니는 의미는? (22:21-29)

가. 요단 서편 지파와 후일에도 신앙적, 민족적 유대감을 공고히 하기 위해
나. 요단 서편 지파와는 다른 제사를 위해
다. 요단 서편 지파와의 경계선의 성격으로
라. 우상 숭배를 위해

80. 여호수아의 고별사 중에서 너희 중 한 사람이 몇 명을 쫓는다고 했는가? (23:10)

가. 백 명 나. 천 명 다. 삼천 명 라. 만 명

81. 오직 나와 내 집은 야훼를 섬기겠노라는 말은 누가 했는가? (24:15)

가. 여호수아 나. 갈렙 다. 모세 라. 다윗

82. 요셉의 뼈를 장사지낸 곳은? (24:32)

가. 세겜 나. 막벨라 다. 헤브론 라. 바알브릿

Joshua

[단답형 문제]

1. 여호수아는 누구의 아들인가? (1:1)

2. 내가 모세에게 말한 바와 같이 너희 (   )으로 밟는 곳은 모두 내가 너희에게 주었노니 곧 (   )와 이 (   )에서부터 큰 강 곧 (   ) 강까지 (   ) 족속의 온 땅과 또 해 지는 쪽 대해까지 너희의 영토가 되리라 (1:3-4)

3. 오직 강하고 극히 (　　)하여 나의 종 모세가 네게 명령한 그 (　　)을 다 지켜 행하고 (　　)로나 (　　)로나 치우치지 말라 그리하면 어디로 가든지 (　　)하리니 (1:7)

4. 여호수아 1장 8절 말씀을 쓰시오.

5. 이 (　　)책을 네 입에서 떠나지 말게 하며 주야로 그것을 (　　)하여 그 안에 기록된 대로 다 지켜 행하라 그리하면 네 길이 (　　)하게 될 것이며 네가 (　　)하리라 (1:8)

6. 이스라엘 정탐꾼을 도와 숨겨준 사람은? (2:1-6)

7. 가나안 일곱 족속은? (3:10)

8. 야훼께서 여호수아에게 궤를 멘 제사장들의 발바닥이 요단 물을 밟고 멈추면 어떻게 된다고 했는가? (3:13)

9. 요단 강물이 언제 갈라져 마른 땅이 되었는가? (3:15-16)

10. 언약궤를 멘 제사장들은 요단 강에서 언제 육지로 올라왔는가? (3:17, 4:17-18)

11. 갈라진 요단 강이 언제 다시 복구되었는가? (4:18)

12. 이스라엘 백성이 마른 땅을 밟고 요단 강을 건넌 것을 기념하기 위해 무엇을 세웠나? (4:20)

13. 이스라엘 백성들이 요단 강을 건넌 후 행한 두 가지 의식은? (5:2-12)

14. 여호수아가 여리고에 가까이 이르렀을 때에 만난 야훼의 군대 대장은 여호수아에게 무엇을 명하였는가? (5:15)

15. 너희 모든 군사는 그 성을 둘러 성 주위를 매일 한 번씩 돌되 (　　) 동안을 그리하라 (　　　) 일곱은 일곱 (　　　)을 잡고 언약궤 앞에서 나아갈 것이요 일곱째 날에는 그 성을 (　　) 번 돌며 그 제사장들은 나팔을 불 것이며 제사장들이 양각 나팔을 길게 불어 그 나팔 소리가 너희에게 들릴 때에는 백성은 다 큰 소리로 외쳐 부를 것이라 그리하면 그 (　　)이 무너져 내리리니 백성은 각기 앞으로 올라갈지니라 하시매 (6:3-5)

16. 여리고 성이 무참하게 멸망당하는 와중에서도 살아남은 사람은? (6:17)

17. 하나님께 온전히 바쳐져야 할 여리고 성 전리품의 일부를 훔친 사람은? (7:1)

18. 이스라엘이 1차 아이 성 전투에서 패배한 원인은? (7:11)

19. 아간이 훔친 물건은? (7:21)

20. 아간에게 어떠한 처벌이 내려졌는가? (7:24-25)

21. 이스라엘이 가나안에서 여리고 성 다음으로 함락시킨 성은? (8:1)

22. 세겜을 사이에 두고 그리심 산과 마주보고 있는 산은? (8:33)

23. 여호수아가 백성들에게 율법을 낭독해줄 때 사람들은 어느 곳에 나눠서서 듣도록 명했는가? (8:33-34)

24. 여호수아는 기브온 주민과 화친하여 어떤 조약을 맺었는가? (9:15)

25. 여호수아는 기브온 사람들을 도와 누구와 상대해 싸웠는가? (10:3-10)

26. 가나안 남부 지역의 다섯 왕들의 침공을 받은 기브온 주민은 누구에게 구원 요청을 하였는가? (10:6-7)

27. (   ) 안에 들어갈 알맞은 말은? (10:12-13)

> "야훼께서 아모리 사람을 이스라엘 자손에게 넘겨 주시던 날에 여호수아가 야훼께 아뢰어 이스라엘의 목전에서 이르되 (①)아 너는 기브온 위에 머무르라 (②)아 너도 아얄론 골짜기에서 그리할지어다 하매 (①)이 머물고 (②)이 멈추기를 백성이 그 대적에게 원수를 갚기까지 하였느니라 야살의 책에 (①)이 중천에 머물러서 거의 종일토록 속히 내려가지 아니하였다고 기록되지 아니하였느냐"

① − (   )　　　　② − (   )

28. 여호수아의 기도로 태양과 달이 멈춘 기적의 전투는 어디와의 싸움이었는가? (10:12-15)

29. 여호수아는 아모리 다섯 왕들이 숨어 있는 굴을 어떻게 하라고 했는가? (10:18)

30. 게셀 왕 호람이 누구를 도우려고 군사를 이끌고 올라오다가 여호수아에게 진멸 당했는가? (10:33)

31. 이스라엘을 대항하기 위하여 모여든 가나안 북부 동맹군의 규모를 어떻게 표현하고 있는가? (11:4)

32. 그 날에 모세가 맹세하여 이르되 네가 내 하나님 야훼께 (   )하였

은즉 네 발로 밟는 땅은 영원히 너와 네 자손의 (　　　)이 되리라 하였나이다 (14:9)

33. 갈렙이 기업으로 받은 곳을 중심으로 가나안 남부의 산간 지대에 주로 거주했던 사람들은? (14:12)

34. 갈렙이 드빌 주민을 정복하는 자에게 무엇을 주겠다고 선언했는가? (15:15-16)

35. 기럇 세벨을 점령하여 갈렙의 딸 악사와 결혼하게 된 사람은? (15:17)

36. 갈렙의 딸 악사가 출가할 때 갈렙에게 구한 것은? (15:18-19)

37. 요셉 자손은 다른 지파와는 달리 두 지파로 구성되었다. 그 두 지파는? (16:4)

38. 아들이 없는 슬로브핫은 기업 분배에서 어찌 되었는가? (17:3-4)

39. 두 지파임에도 한 분깃의 기업만 받은 지파와 그들이 누구의 자손인지 쓰시오. (17:14)

40. 분깃을 더 달라고 요구한 요셉 자손에게 여호수아는 어디서 스스로 개척하라고 했는가? (17:15)

41. 여호수아는 아직 기업을 분배받지 못한 지파에게 무엇을 해오도록 명했는가? (18:6)

42. 여호수아는 무엇을 참고하여 아식 땅을 분배받지 못한 일곱 지파에게 땅을 분배하였는가? (18:8-10)

43. 여호수아는 기업 분배를 언제 받았는가? (19:49)

44. 도피성은 어떠한 목적으로 만들어진 것인가? (20:3)

45. 요단 서편에서 도피성이 세워진 세 곳의 이름을 쓰시오. (20:7)

46. 요단 동편에서 도피성이 세워진 세 곳의 이름을 쓰시오. (20:8)

47. 요단 동편 땅으로 귀환한 지파는? (22:1-9)

48. 내가 또 너희가 수고하지 아니한 (　　　)과 너희가 건설하지 아니한 (　　　)들을 너희에게 주었더니 너희가 그 가운데에 거주하며 너희는 또 너희가 심지 아니한 (　　　　)과 (　　　)의 열매를 먹는다 하셨느니라 (24:13)

Judges

사사기

[선택형 문제]

1. 사사기의 주제는?
   가. 사사들의 활약 상황
   나. 하나님께 대한 불순종의 결과
   다. 가나안 미정복지의 계속되는 전투
   라. 다양한 종교성의 형태

2. 사사기는 어느 기간을 다루고 있는가?
   가. 모세의 죽음에서 사무엘 시대까지
   나. 여호수아의 죽음에서 사무엘 시대까지
   다. 여호수아의 죽음에서 솔로몬 때까지
   라. 모세의 죽음에서 다윗 때까지

3. 옷니엘은 누구의 사위인가? (1:13)
   가. 사무엘 나. 그나스 다. 갈렙 라. 여호수아

4. 유다가 산지 주민을 쫓아내었으나 골짜기의 주민들은 쫓아내지 못한 이유는? (1:19)
   가. 그들이 철 병거가 있으므로 나. 지형이 험해서
   다. 거민들이 장대해서 라. 골짜기에 운둔했기에

5. 여호수아는 몇 세에 죽었는가? (2:8)
   가. 100세 나. 110세 다. 120세 라. 125세

6. 사사기에 많이 나오며 사사기의 주제를 대변해 줄 수 있는 핵심 구절은? (2:11, 3:7,...)
가. 악을 행하여　　나. 정착하다
다. 하나님을 찬양하다　　라. 선을 행하여

7. 야훼께서 이스라엘 앞에 열국을 남겨두신 이유는? (2:22)
가. 그들 스스로의 실력으로 정복하게 하기 위해서
나. 야훼의 도를 지켜 행하나 아니하나 그들을 시험하려고
다. 나태하지 않게 하기 위하여
라. 그들을 신앙적으로 선도하게 하기 위해서

8. 이스라엘의 처음 사사는? (3:9-10)
가. 기브온　　나. 사무엘　　다. 입다　　라. 옷니엘

9. 메소보다미아 왕 구산 리사다임의 손에서 이스라엘을 구원하여 낸 사사는? (3:9-10)
가. 옷니엘　　나. 삼갈　　다. 삼손　　라. 기드온

10. 왼손잡이 사사는? (3:15)
가. 에훗　　나. 입다　　다. 입산　　라. 압돈

11. 요단 강 나루를 장악하여 모압을 굴복시킨 사사는? (3:28-30)
가. 야일　　나. 드보라　　다. 에훗　　라. 엘론

12. 소 모는 막대기로 블레셋 사람 육백 명을 죽인 사사는? (3:31)
가. 삼갈　　나. 에훗　　다. 삼손　　라. 기드온

13. 가나안 왕 야빈의 학대에서 이스라엘을 구원한 사사는? (4:3-4, 4:23-24)
가. 드보라　　나. 기드온　　다. 옷니엘　　라. 돌라

14. 드보라와 바락의 노래는 사사기 몇 장에 기록되어 있는가?
가. 3장　　나. 4장　　다. 5장　　라. 6장

15. 사사 드보라의 활약에 힘입어 이스라엘은 몇 년 동안 평온을 누렸는가? (5:31)
가. 30년 나. 40년 다. 45년 라. 50년

16. 미디안의 압제로 인해 이스라엘은 몇 년 동안 고통을 당했는가? (6:1)
가. 3년 나. 5년 다. 6년 라. 7년

17. 미디안으로 인한 압제의 고통 중 하나님이 세워주신 사사는? (6:11-40)
가. 에훗 나. 입산 다. 압돈 라. 기드온

18. 자신의 소명을 의심한 기드온은 하나님께 몇 번 표징을 구했는가? (6:17-24, 6:36-40)
가. 2번 나. 3번 다. 4번 라. 5번

19. 바알의 제단을 헐며 그 곁의 아세라 상을 찍은 사사는? (6:25-27)
가. 옷니엘 나. 삼손 다. 엘론 라. 기드온

20. 기드온이 바알의 제단을 훼파한 일로 인하여 그에게 주어진 또 다른 이름은? (6:32)
가. 여룹바알 나. 비느하스
다. 엘르아살 라. 요담

21. 최종적으로 선발된 기드온의 용사는 몇 명인가? (7:7)
가. 3,000명 나. 1,000명
다. 500명 라. 300명

22. 기드온 군대가 미디안 진영을 기습한 시간대는? (7:9-23)
가. 새벽에 기습 나. 대낮에 기습
다. 야간 기습 라. 초저녁에 기습

23. 기드온의 용사들이 든 무기에 해당하지 않는 것은? (7:16)
가. 나팔 나. 빈 항아리 다. 횃불 라. 창

24. 미디안과의 전투에서 처음부터 자신들을 동행시키지 않았다고 기드온에게 불평을 한 사람들은? (8:1-3)

가. 갓 사람　　나. 납달리 사람
다. 에브라임 사람　　라. 베냐민 사람

25. 세바와 살문나는 어느 나라의 왕들인가? (8:12)

가. 미디안　　나. 모압　　다. 암몬　　라. 블레셋

26. 기드온이 죽고 난 후에 스스로 왕이 된 사람은 누구인가? (9:1-6)

가. 아비멜렉　　나. 요담　　다. 가알　　라. 스불

27. 요담이 우화를 사용해서 아비멜렉을 어떤 나무로 비유하고 있는가? (9:7-21)

가. 감람나무　　나. 무화과나무　　다. 포도나무　　라. 가시나무

28. 입다는 어느 민족을 항복시키고 이스라엘을 구원했는가? (11:32-33)

가. 블레셋　　나. 암몬　　다. 모압　　라. 가나안

29. 입다가 암몬을 치러 갈 때 자신들에게 도움을 청하지 않았음을 빌미로 시비를 걸어 요단 강 나루턱에서 4만 2천 명이 죽임을 당한 사람들은? (12:6)

가. 유다 사람들　　나. 베냐민 사람들
다. 에브라임 사람들　　라. 아셀 사람들

30. 마노아는 어느 사사의 아버지인가? (13:21-24)

가. 삼손　　나. 옷니엘　　다. 삼갈　　라. 압돈

31. 삼손이 나귀의 턱뼈로 블레셋 사람 얼마를 죽였는가? (15:14-16)

가. 삼백 명　　나. 오백 명　　다. 천 명　　라. 천오백 명

32. 삼손은 모태에서부터 어떠한 자로 태어났는가? (16:17)

가. 하나님의 나실인　　나. 모태 신자
다. 성령으로 충만한 자　　라. 의로운 자

Judges

[단답형 문제]

1. 여호수아가 죽은 다음 제일 먼저 올라가 가나안 족속과 싸운 지파는? (1:3-7)

2. 베냐민 자손은 (   )에 거주하는 (   ) 족속을 쫓아내지 못하였으므로 (   ) 족속이 베냐민 자손과 함께 오늘까지 예루살렘에 거주하니라 (1:21)

3. 아모리 족속이 (   ) 자손을 산지로 몰아넣고 골짜기에 내려오기를 용납하지 아니하였으며 (1:34)

4. 여호수아가 죽은 이후에 일어난 다른 세대가 야훼께 대해 가졌던 신앙 상태는? (2:10)

5. 이스라엘의 사사가 된 여선지자는? (4:4)

6. 드보라 선지자는 누구에게 스불론 자손과 납달리 자손 일만 명을 거느리고 다볼 산으로 가라 했는가? (4:6-7)

7. 겐 사람 헤벨의 아내 야엘은 누구를 말뚝에 박아 죽였는가? (4:17-21)

8. 야훼의 사자의 말씀에 메로스 성읍과 주민들을 거듭거듭 저주하라 하신 이유는? (5:23)

9. 야훼여 주의 (   )들은 다 이와 같이 망하게 하시고 주를 (   ) 자들은 (   )가 힘 있게 (   ) 같게 하시옵소서 하니라 그 땅이 사십 년 동안 평온하였더라 (5:31)

10. '야훼 살롬' 이란 무슨 뜻인가? (6:24)

11. 기드온 군대가 나팔을 불며 적진을 향해 외친 함성은? (7:20)

12. 기생의 아들로서 온갖 수모와 고생을 겪던 와중에서 사사가 된 사람은? (11:1-11)

13. "주께서 과연 암몬 자손을 내 손에 넘겨 주시면 내가 암몬 자손에게서 평안히 돌아올 때에 누구든지 내 집 문에서 나와서 나를 영접하는 그는 야훼께 돌릴 것이니 내가 그를 번제물로 드리겠나이다"라고 서원한 사사는? (11:29-31)

14. 소라 땅에 살던 마노아는 어느 지파 사람인가? (13:2)

15. 삼손의 머리털 일곱 가닥을 민 여인은 누구인가? (16:19)

16. 이스라엘 사사 중에서 죽을 때에 죽인 자가 살았을 때 죽인 자보다 더 많았던 사람은? (16:30)

17. 그 때에는 이스라엘에 ( )이 없었으므로 사람마다 자기 ( )에 옳은 대로 행하였더라 (17:6)

18. 단 지파가 무력으로 누구의 우상과 제사장을 탈취해 자기 지파의 우상과 제사장이 되게 하였는가? (18:11-31)

Ruth

룻기

[선택형 문제]

1. 룻기의 역사적 배경은? (1:1)
   가. 사사 시대　　나. 분열왕국 시대
   다. 가나안 입국 초기 시대　　라. 다윗 왕조 시대

2. 엘리멜렉은 어디 사람인가? (1:1-2)
   가. 모압　　나. 사마리아
   다. 유다 베들레헴　　라. 헤브론

3. 나오미의 가정이 흉년으로 인해 이주한 곳은? (1:1-2)
   가. 모압　　나. 암몬
   다. 에돔　　라. 블레셋

4. 나오미의 두 며느리 중 오르바는 어느 민족인가? (1:3-4)
   가. 가나안　　나. 암몬
   다. 블레셋　　라. 모압

5. 보아스가 자기 밭에서 이삭을 줍고 있는 룻을 보고 어떻게 대했는가? (2:8-16)
   가. 자기 밭에서 계속 이삭을 줍도록 호의와 온정을 베풀었다
   나. 자기가 부리는 종들의 하나로 대했다
   다. 무관심했다
   라. 이삭 줍는 일을 하지 말고 기능적으로 할 수 있는 일을 택해 보라고 했다

6. 보아스는 어떤 사람인가? (2:12-16)
가. 상류 계층의 대농의 부호로서 호의호식하는 호탕한 사람
나. 자기가 부리는 종들에게 야박하게 대하는 사람
다. 하나님을 신실하게 섬기는 신앙의 소유자로서 덕스러운 사람
라. 하나님과는 관계없이 사는 자이지만 매우 도덕적인 사람

7. 나오미가 보아스를 만나거든 어떻게 대해야 할 것을 가르치는 말에 룻은 어떠한 대답을 했는가? (3:1-5)
가. 내가 판단해서 행하리이다
나. 형편에 따라 대처하겠나이다
다. 어머니의 말씀대로 내가 다 행하리이다
라. 하나님의 인도하심에 맡기겠나이다

8. 보아스의 성읍 백성들은 룻을 어떤 여자로 알고 있었나? (3:11)
가. 단정한 여자　　나. 깨끗한 여자
다. 현숙한 여자　　라. 총명한 여자

9. 보아스보다 가까운 친족이 기업 무를 것을 포기한 이유는? (4:6)
가. 자신의 기업에 손해가 있을까 하여서
나. 이방 여인과 결혼하기 싫어서
다. 모압으로 이주했다가 온 나오미가 마음에 안 들어서
라. 기업 무를 능력이 안 되어서

10. 기업 무를 자가 기업 무를 것을 포기한다는 의미에서 장로들과 백성 앞에서 어떠한 행동을 취했는가? (4:8)
가. 겉옷을 벗음
나. 신을 벗음
다. 포기한다는 뜻에서 두 팔을 올림
라. 무릎을 꿇음

11. 룻의 첫 남편의 이름은? (4:10)
가. 엘리멜렉　　나. 말론　　다. 보아스　　라. 기룐

Ruth

[단답형 문제]

1. 나오미의 두 아들의 이름은? (1:2)

2. 이방 땅으로 이주한 나오미 가정에 임한 환난은? (1:3-5)

3. 나오미의 두 며느리 중 시어머니를 따라 이스라엘로 온 사람은? (1:16-19)

4. 나오미의 남편 엘리멜렉의 친족으로 유력한 자는? (2:1)

5. 보아스가 룻에게 야훼께서 네 행한 일에 어떻게 하시기를 원한다고 하였는가? (2:12)

6. 기업 무를 자가 해야 할 의무는? (4:8-10)

7. 모압 여인 룻은 누구와 재혼했는가? (4:10)

8. 살몬은 보아스를 낳았고 보아스는 (   )을 낳았고 오벳은 이새를 낳고 이새는 (   )을 낳았더라 (4:21-22)

1 Samuel

사무엘상

[선택형 문제]

1. 사무엘이 태어날 당시의 제사장 이름은? (1:9,24-25)
   가. 아비멜렉 나. 엘가나 다. 엘리 라. 힐기야

2. 태어날 때부터 나실인으로 서원된 사람이 아닌 자는?
   가. 삼손 나. 사무엘 다. 홉니 라. 침례 요한

3. 한나가 사무엘 외에 더 낳은 자녀는 몇 명이었나? (2:21)
   가. 두 아들과 세 딸 나. 세 아들과 두 딸
   다. 두 아들과 네 딸 라. 네 아들과 두 딸

4. "너희는 어찌하여 내가 내 처소에서 명령한 내 제물과 예물을 밟으며 네 아들들을 나보다 더 중히 여겨 내 백성 이스라엘이 드리는 가장 좋은 것으로 너희들을 살지게 하느냐"는 말로 하나님께 책망을 받은 사람은? (2:27-29)
   가. 엘리 나. 아히멜렉 다. 아비아달 라. 아비후

5. 하나님께서 엘리 가문에 내리신 심판이 아닌 것은? (2:30-34)
   가. 너는 내 처소의 환난을 볼 것이요
   나. 네 집에 영원토록 노인이 없을 것이며
   다. 네 집에서 출산되는 모든 자가 젊어서 죽으리라
   라. 네 후손이 대대로 이방의 객이 될 것이라

6. 어린 사무엘은 어디에서 그를 부르는 하나님의 음성을 들었는가? (3:3-6)
가. 회당 나. 다락방
다. 성소 뜰 라. 야훼의 전 안

7. 야훼의 전 안에서 어린 사무엘은 자신을 부르시는 하나님의 몇 번째 음성에 응답하였는가? (3:4-10)
가. 두 번째 나. 세 번째 다. 네 번째 라. 다섯 번째

8. 블레셋과 전쟁에서 패전한 이스라엘은 어떠한 보완책을 세웠는가? (4:3-5)
가. 야훼의 언약궤를 진영으로 옮김
나. 실로에 모여 온 백성이 회개했다
다. 어린 아이까지 금식했다
라. 전술을 새롭게 세웠다

9. 이스라엘이 블레셋과의 전투에서 진영으로 가지고 갔다가 빼앗긴 것은? (4:11)
가. 율법책 나. 하나님의 궤
다. 우림과 둠밈 라. 성전 기구들

10. 엘리 제사장은 어떤 소식을 전해 들을 때 죽었는가? (4:17-18)
가. 전쟁에서 패했다는 소식
나. 하나님의 궤를 빼앗겼다는 소식
다. 이스라엘이 블레셋 사람들 앞에서 도망하였다는 소식
라. 백성 중에 큰 살륙이 있었다는 소식

11. 죽으면서 영광이 이스라엘에서 떠났다고 말한 사람은? (4:19-22)
가. 비느하스 나. 비느하스의 아내
다. 홉니 라. 홉니의 아내

12. 블레셋 족속이 섬기는 우상은? (5:2)
가. 다곤 나. 바알 다. 아세라 라. 아스다롯

13. 하나님의 궤가 블레셋 지방에 얼마 동안 있었는가? (6:1)
가. 다섯 달 나. 여섯 달
다. 일곱 달 라. 아홉 달

14. 블레셋 사람이 하나님의 궤를 이스라엘로 보내기 위해 누구와 의논했는가? (6:2)
가. 블레셋 제사장들과 복술자들 나. 무당
다. 이스라엘의 제사장 라. 사무엘 선지자

15. 블레셋 사람들이 보낸 야훼의 궤가 실린 수레를 끌고 간 것은? (6:10)
가. 송아지 둘 나. 젖 나는 소 둘
다. 송아지 하나 라. 젖 나는 소 하나

16. 야훼의 궤는 벧세메스에서 어디로 옮겨졌는가? (7:1)
가. 가드 나. 길갈
다. 실로 라. 기럇여아림의 아비나답의 집

17. 기럇여아림 사람들이 야훼의 궤를 지키게 하기 위해 거룩하게 구별한 사람은 누구인가? (7:1)
가. 엘리아살 나. 오벧에돔 다. 요엘 라. 아비야

18. 야훼의 궤는 기럇여아림에 얼마 동안 있었는가? (7:2)
가. 10년 나. 20년 다. 30년 라. 40년

19. 이스라엘은 미스바 성회에 모여 무엇을 했는가? (7:5-6)
가. 전략을 새롭게 세웠다 나. 금식하며 회개했다
다. 군사를 다시금 정비했다 라. 정신적 무장을 하였다

20. 하나님은 이스라엘을 치러 들어온 블레셋을 무엇으로 패하게 하셨는가? (7:10)
가. 큰 우레 나. 큰 폭풍
다. 큰 우박 라. 복병을 두어

21. 사사가 된 사무엘의 아들들의 행위와 관계없는 것은? (8:1-3)
가. 아버지 사무엘의 행위를 따르지 않았다
나. 판결을 굽게 했다
다. 회막문에서 수종드는 여인들과 동침했다
라. 뇌물을 받았다

22. 사무엘은 늙고 사무엘의 아들들은 악행한다는 이유로 이스라엘 장로들이 사무엘에게 요구한 것은? (8:1-5)
가. 새로운 사사 나. 새로운 선지자
다. 왕을 요구 라. 두령 세워주기를 요구

23. 왕을 세워 달라는 이스라엘의 요구에 하나님과 사무엘이 기뻐하지 않았던 이유는? (8:6-7)
가. 이스라엘이 하나님을 버려 자기들의 왕이 되지 못하게 하는 것이므로
나. 사무엘의 아들들의 행위가 악해서 일어난 일이므로
다. 사무엘이 아들들을 잘못 지도해서 일어난 일이므로
라. 왕이 세워지면 제도적인 어려움으로 하나님이 더 힘들어지게 되므로

24. 사울은 어느 지파 사람인가? (9:1-2)
가. 유다 나. 베냐민 다. 레위 라. 요셉

25. 사울이 왕으로 택함을 받을 때 그 외모나 인품과 맞지 않는 것은? (9:2-10)
가. 준수한 사람이다
나. 아버지가 잃은 암나귀를 끝까지 찾으러 다닌 성실한 사람이다
다. 그는 그의 빛이 붉고 눈이 빼어나고 얼굴이 아름다웠다
라. 암나귀의 행방을 알기 위해 예물을 가지고 선지자를 찾아갔다

26. 왕권을 암시하는 선지자 사무엘의 말에 "나는 이스라엘 지파의 가장 작은 지파 베냐민 사람이 아니니이까 또 나의 가족은 베냐민 지파 모든 가족 중에 가장 미약하지 아니하니이까"라고 하는 겸손한 대답을 한 사람은? (9:21)
가. 사울 나. 다윗 다. 요엘 라. 아비야

27. 사무엘은 누구에게 야훼의 영이 크게 임하여 예언을 하고 변하여 새 사람이 될 것이라고 하였나? (10:6)
가. 요엘 나. 아비야 다. 사울 라. 다윗

28. 하나님의 신이 사울에게 크게 임하자 그는 무엇을 했는가? (10:10)
가. 제사 나. 예언 다. 기도 라. 춤을 춤

29. 왕을 세우기 위한 제비뽑기를 위해 온 이스라엘 백성들이 모인 장소는? (10:17-19)
가. 회막 나. 길갈 다. 실로 라. 미스바

30. 제비를 뽑아 공식적으로 왕으로 선출된 사울이 그때 숨어 있던 곳은? (10:21-22)
가. 짐보따리들 사이 나. 나무 숲
다. 집안 마루 밑 라. 가축의 우리

31. 사울이 왕으로 뽑힌 것을 멸시한 사람들은 누구인가? (10:27)
가. 제사장 나. 불량배 다. 선지자 라. 장로들

32. 사울은 자신이 왕이 된 것을 멸시하여 예물도 바치지 않는 자들에게 어떻게 했는가? (10:27)
가. 마음에 깊은 상처를 받고 의기소침했다
나. 잠잠했다
다. 유감을 표시했다
라. 중벌을 내릴 것을 결심했다

33. 사울이 왕이 되어 첫 번째 전쟁에서 이긴 족속은? (11:1-11)
가. 모압 나. 암몬 다. 에돔 라. 블레셋

34. 암몬 전투에서 대승을 거둔 이스라엘 백성들은 어디에서 사울을 왕으로 삼아 대관식을 거행했는가? (11:15)
가. 길갈 나. 실로 다. 벧엘 라. 예루살렘

35. 하나님께서 이스라엘이 왕을 구한 일이 죄악인 것을 알게 하신 표징은? (12:17-18)

가. 우박　　나. 가뭄　　다. 지진　　라. 우레와 비

36. "나는 너희를 위하여 기도하기를 쉬는 죄를 야훼 앞에 결단코 범하지 아니하고"라고 말한 사람은? (12:23)

가. 엘리　　나. 사무엘　　다. 다윗　　라. 사울

37. 사울이 이스라엘의 왕이 될 당시의 나이는? (13:1)

가. 33세　　나. 35세　　다. 40세　　라. 45세

38. 사울이 길갈에서 사무엘 오기를 얼마 동안 기다리다가 대신 번제를 드렸는가? (13:8)

가. 이틀　　나. 삼일　　다. 이레　　라. 열흘

39. 사울은 블레셋과의 싸움터에서 하나님의 궤를 누구에게 가져오라고 했는가? (14:3,18)

가. 여호야다　　나. 넬　　다. 아히야　　라. 스바다

40. 사울의 금식령을 어긴 요나단을 죽음에서 건져낸 사람은 누구인가? (14:45)

가. 다윗　　나. 사울　　다. 누이들　　라. 백성들

41. 사울이 상대하여 싸우지 않은 이방 족속은? (14:47-48)

가. 모압　　나. 암몬　　다. 애굽　　라. 아말렉

42. 다음 중 사울의 자녀가 아닌 자는? (14:49-51)

가. 아비엘　　나. 이스위　　다. 말기수아　　라. 요나단

43. 사무엘이 사울 왕에게 아말렉을 쳐서 멸할 때 당부한 것은? (15:3)

가. 모든 소유를 남기지 말고 진멸하라

나. 쓸만한 것들은 남겨두어라

다. 전리품들을 모조리 가지고 오라
라. 가축만 가지고 오라

44. 하나님의 명령에 불순종하여 사울이 살려준 아각은 어느 나라의 왕인가? (15:8,20,32)
가. 여부스 나. 블레셋 다. 암몬 라. 아말렉

45. 하나님은 사울 대신 장차 왕이 될 새로운 인물에게 기름을 붓기 위해 사무엘에게 어디로 가라고 하셨는가? (16:1)
가. 베들레헴 나. 예루살렘 다. 길갈 라. 미스바

46. 사울을 괴롭히던 악령이 어떻게 하면 떠났는가? (16:23)
가. 사울이 기도하면 나. 사무엘이 번제를 드리면
다. 백성들이 노래를 부르면 라. 다윗이 수금을 타면

47. 다윗이 골리앗과 싸우겠다고 지원했을 때 처음에는 사울이 허락하지 않았는데, 그 까닭은? (17:33)
가. 다윗에게 맞는 갑옷이 없어서
나. 다윗이 수금 타는 것을 더 이상 듣지 못할까 걱정되어서
다. 다윗은 아직 어린 소년이지만 골리앗은 용사이기 때문에
라. 다윗이 싸움에서 이기고 자신보다 큰 공을 세울까 두려워서

48. 사울이 왕이었을 때 이스라엘의 군사령관은 누구인가? (17:55)
가. 아마사 나. 아브넬 다. 아비새 라. 요압

49. 다윗은 사울에게 쫓기는 상황에서도 어떤 주민을 블레셋 사람들에게서 구원해 주었는가? (23:1-5)
가. 그일라 나. 가드 다. 모압 라. 암몬

50. 다윗이 사울을 피해 블레셋 지방에 거한 기간은? (27:7)
가. 1년 2개월 나. 1년 4개월
다. 1년 6개월 라. 1년 8개월

1 Samuel

[단답형 문제]

1. 한나의 남편은? (1:1-2)

2. 한나가 임신하지 못함을 보고 그를 심히 격분하게 하여 괴롭게 한 사람은? (1:2,6)

3. 엘리 제사장의 두 아들의 이름은? (1:3)

4. 한나는 아들을 얻기 위해 기도할 때 아들을 주시면 어떻게 하겠다고 서원했는가? (1:11)

5. 엘리 제사장이 기도하는 한나의 모습을 보고 어떻게 오해했는가? (1:13-14)

6. 사무엘 부모의 이름은? (1:19-20)

7. 사무엘이라는 이름의 뜻은? (1:20)

8. 한나가 기도한 후 얻은 아들은? (1:20)

9. 야훼는 죽이기도 하시고 살리기도 하시며 (　　　　)에 내리게도 하시고 거기에서 올리기도 하시는도다 야훼는 (　　　　　　)도 하시고 (　　　　)도 하시며 낮추기도 하시고 높이기도 하시는도다 (2:6-7)

10. 엘리 제사장의 두 아들들이 하나님 앞에서 범한 심히 큰 죄는? (2:17)

11. 사무엘이 어렸을 때 무엇을 입고 야훼 앞에서 섬겼는가? (2:18)

12. 이스라엘의 하나님 나 야훼가 말하노라 내가 전에 네 집과 네 조상의 집이 내 앞에 영원히 행하리라 하였으나 이제 나 야훼가 말하노니 결단코 그렇게 하지 아니하리라 나를 (　　) 여기는 자를 내가 (　　) 여기고 나를 (　　)하는 자를 내가 (　　)하리라 (2:30)

13. 하나님의 노여움을 사서 한 날에 죽임을 당한 엘리의 두 아들의 이름은? (2:34)

14. 하나님께서 엘리의 집에 대하여 영원토록 심판하신 이유는? (3:13)

15. 이스라엘 백성이 블레셋 족속에게 언약궤를 빼앗긴 곳은 어디인가? (4:1,5, 5:1)

16. 죽을 때 목뼈가 부러진 제사장은 누구인가? (4:18)

17. 야훼의 궤를 들여다본 까닭에 살륙을 당한 사람들은? (6:19)

18. 기럇여아림 사람들은 야훼의 궤를 어떤 방법으로 지켰는가? (7:1)

19. 사무엘이 이스라엘의 영적 갱신을 이루기 위해 온 백성을 모으고 야훼께 회개의 기도와 금식 성회를 가졌던 곳은? (7:5-6)

20. 블레셋을 격퇴시킨 후 사무엘이 미스바와 센 사이에 세운 기념비의 이름과 그 뜻은? (7:12)

21. 벧엘과 길갈과 미스바로 순회하면서 이스라엘을 다스렸던 사사는? (7:16)

22. 사무엘의 두 아들들의 이름은? (8:1-2)

23. 다음은 하나님께서 사무엘을 통하여 이스라엘에게 하신 말씀이다. 무엇에 대한 경고인가? (8:11-17)

> "그가 너희 아들들을 데려다가 그의 병거와 말을 어거하게 하리니 그들이 그 병거 앞에서 달릴 것이며 그가 또 너희의 아들들을 천부장과 오십부장을 삼을 것이며 자기 밭을 갈게 하고 자기 추수를 하게 할 것이며 자기 무기와 병거의 장비도 만들게 할 것이며 그가 또 너희의 딸들을 데려다가 향료 만드는 자와 요리하는 자와 떡 굽는 자로 삼을 것이며 그가 또 너희의 밭과 포도원과 감람원에서 제일 좋은 것을 가져다가 자기의 신하들에게 줄 것이며 그가 또 너희의 곡식과 포도원 소산의 십일조를 거두어 자기의 관리와 신하에게 줄 것이며 그가 또 너희의 노비와 가장 아름다운 소년과 나귀들을 끌어다가 자기 일을 시킬 것이며 너희의 양 떼의 십분의 일을 거두어 가리니 너희가 그의 종이 될 것이라"

24. 사울의 아버지 이름은? (9:1)

25. 하나님께서는 사무엘 선지자에게 베냐민 땅에서 한 사람을 보낼 테니 그에게 어떻게 하라고 명하셨는가? (9:16)

26. 사무엘은 누구에게 기름을 부어 왕으로 삼았는가? (10:1)

27. 길르앗 야베스를 침공하고 언약을 요청하는 야베스 사람들에게 "내가 너희 오른 눈을 다 빼야 너희와 언약하리라 내가 온 이스라엘을 이같이 모욕하리라"고 대답했던 암몬 사람은? (11:1-2)

28. 사무엘이 정한 기한대로 오지 못하자 마음이 다급해진 사울이 대신 번제를 드렸던 곳은? (13:8-9)

29. 제사장직을 침해해 제사를 드린 사울 왕에게 사무엘은 왕이 어떻게 행하였다고 하였는가? (13:13)

30. "야훼의 구원은 사람이 많고 적음에 달리지 아니하였느니라"고 말한 사람은? (14:6)

31. 블레셋에게 보복하는 때까지 아무 음식물이든지 먹는 사람은 저주를 받는다고 말한 사람은? (14:24,28)

32. 사울이 블레셋과의 전시 중에 내린 금식령을 어긴 사람은? (14:27)

33. 다윗이 블레셋 사람 이백 명을 죽이고 아내로 취한 사울의 작은 딸은 누구인가? (14:49, 18:27)

34. 하나님이 아말렉을 진멸하라고 명하신 이유는? (15:2-3)

35. 내가 (　　　)을 왕으로 세운 것을 후회하노니 그가 돌이켜서 나를 따르지 아니하며 내 명령을 행하지 아니하였음이니라 (15:11)

36. 사울 왕이 아말렉과의 전쟁에서 이기고 자기를 위하여 갈멜에서 무엇을 했는가? (15:12)

37. 사무엘이 이르되 왕이 스스로 (　　　) 여길 그 때에 이스라엘 지파의 (　　　)가 되지 아니하셨나이까 야훼께서 왕에게 기름을 부어 이스라엘 (　　)을 삼으시고 (15:17)

38. 어찌하여 왕이 야훼의 목소리를 (　　　)하지 아니하고 (　　　)하기에만 급하여 야훼께서 악하게 여기시는 일을 행하였나이까 (15:19)

39. 사무엘상 15장 22절 말씀을 쓰시오.

40. 다윗은 누구의 아들인가? (16:1)

41. 내가 보는 것은 사람과 같지 아니하니 사람은 (　　　)를 보거니와 나 야훼는 (　　　)을 보느니라 (16:7)

42. 다윗은 언제 이후부터 야훼의 영에게 크게 감동되었나? (16:13)

43. 사무엘은 사울을 대신하여 왕이 될 자로 누구에게 기름을 부었는가? (16:13)

44. 키가 여섯 규빗 한 뼘이나 되고, 이스라엘 백성의 간담을 서늘하게 한 블레셋 용사는? (17:4)

45. 다윗이 골리앗에게 분노한 가장 큰 이유는? (17:26)

46. 다윗에게 전쟁을 구경하러 왔다고 책망한 다윗의 형은 누구인가? (17:28)

47. 다윗이 골리앗과 싸우러 나갈 때에 가지고 나간 무기는? (17:40)

48. 다윗이 블레셋 사람에게 이르되 너는 (　　)과 (　　)과 (　　　)으로 내게 나아 오거니와 나는 만군의 (　　　)의 이름 곧 네가 모욕하는 이스라엘 군대의 (　　　)의 이름으로 네게 나아가노라 (17:45)

49. 다윗을 자기 생명 같이 사랑한 사울의 아들은 누구인가? (18:1)

50. 골리앗을 상대해 싸운 전투에서 승리한 후 여인들이 사울과 다윗을 비교하며 부른 노래는? (18:7)

51. 다윗은 사울 왕의 딸 미갈을 아내로 얻기 위하여 어떤 일을 했는가? (18:27)

52. 사울의 암살 계획을 알고 다윗을 창에서 달아 내려 도망하게 해 준 사람은? (19:11-12)

53. 다윗이 에셀 바위에 숨어 있을 때에 화살을 쏘아서 도망가라고 알려준 사람은? (20:18-22,35-42)

54. 사울을 피해 놉으로 도망해 온 다윗에게 거룩한 떡을 준 제사장은? (21:2-6)

55. 다윗이 사울을 피하여 유랑 생활을 하던 중 자신의 신분이 드러나자 누구 앞에서 미친 체 하였는가? (21:12-13)

56. 환난 당한 모든 자와 빚진 모든 자와 마음이 원통한 자 등 사백 명 가량의 무리가 다윗에게 모여든 곳은? (22:1-2)

57. 모압 왕과 함께 있던 다윗에게 유다 땅으로 들어가라고 지시한 선지자는? (22:5)

58. 아히멜렉 제사장이 다윗을 도와준 사실을 사울 왕에게 밀고한 자는? (22:9)

59. 사울이 제사장 아히멜렉이 다윗과 공모했다는 제목으로 놉의 제사장 몇 명을 죽였는가? (22:16-19)

60. 사울의 명령을 받고 놉의 제사장들을 죽인 사람은? (22:18)

61. 도엑이 놉 땅의 제사장들을 죽일 때에 아히멜렉의 아들 중 살아남아서 다윗에게로 도망 온 사람은? (22:20)

62. 다윗은 뒤를 보러 엔게디 굴 안으로 들어온 사울에게 어떠한 행동을 했는가? (24:1-4)

63. 다윗은 왜 자기 사람들을 금하여 사울을 죽이지 못하게 했는가? (24:6-7)

64. 바란 광야로 거처를 옮긴 다윗이 그곳에서 지혜롭게 피를 흘릴 것과 친히 복수하는 것을 막은 여인을 아내로 맞이했는데, 그녀의 이름은? (25:32-33,39-42)

65. 다윗이 식량을 얻어 오도록 마온 땅의 부자에게 사람을 보냈으나 그 요청을 거절하여 결국 하나님이 치신 사람은 누구인가? (25:36-38)

66. 블레셋의 공격에 다급해진 사울이 변장을 하고 찾아간 사람은 어디의 누구인가? (28:7-8)

67. 블레셋 땅에 망명하고 있는 다윗이 많은 사람들에게 나눠 줄 만큼 풍성한 전리품을 획득한 전투는 누구와의 싸움이었는가? (30:1-31)

68. 사울이 블레셋에게 패하여 그의 세 아들과 함께 비참한 최후를 맞이한 곳은? (31:1-6)

2 Samuel
사무엘하

[선택형 문제]

1. 길보아 산에서 사울 왕을 죽인 소년은 어느 족속 사람인가? (1:7-10)
가. 길르앗 야베스 나. 아말렉
다. 블레셋 라. 가나안

2. 갈멜 사람 나발의 아내였다가 다윗의 아내가 된 여인은? (2:2)
가. 아히노암 나. 아비가일
다. 다말 라. 미갈

3. 길보아 전투에서 죽은 사울을 장사한 족속은? (2:4)
가. 세겜 나. 길르앗 야베스
다. 가나안 라. 갈멜

4. 다윗을 왕으로 삼은 족속은? (2:7)
가. 유다 족속 나. 베냐민 족속
다. 에브라임 족속 라. 레위 족속

5. 아브넬에 의해 이스라엘의 왕이 된 사울의 아들은? (2:8-10)
가. 므비보셋 나. 아드리엘
다. 이스보셋 라. 요나단

6. 사울의 아들 이스보셋을 왕으로 삼았던 지역이 아닌 것은? (2:9)
가. 길르앗 나. 이스르엘
다. 에브라임 라. 유다

7. 길보아 전투 후 다윗이 처음으로 왕위에 오른 곳은? (2:11)
가. 예루살렘　나. 세겜　다. 헤브론　라. 실로

8. 다윗이 헤브론에서 유다를 다스린 해는? (2:11, 5:5)
가. 육 년 삼 개월　나. 칠 년 삼 개월
다. 육 년 육 개월　라. 칠 년 육 개월

9. 다윗이 헤브론에서 낳은 아들이 아닌 사람은? (3:2-5)
가. 암논　나. 길르압　다. 솔로몬　라. 아도니야

10. 이스보셋이 미갈을 다윗에게 돌려보낼 때 바후림까지 울며 따라왔던 그녀의 두 번째 남편은? (3:15-16)
가. 아브넬　나. 발디엘　다. 스바댜　라. 후새

11. 다윗에게 협상을 제의한 아브넬을 죽인 사람은? (3:27)
가. 아사헬　나. 요압　다. 브나야　라. 바아나

12. 요나단의 다리 저는 아들로서 다윗의 은총을 받은 자는? (4:4)
가. 므비보셋　나. 이스보셋　다. 하닷에셀　라. 히람

13. 사울의 아들 이스보셋을 죽인 사람은? (4:5-6)
가. 레갑과 바아나　나. 아브넬과 요압
다. 다윗과 요압　라. 요압과 아비아달

14. 다윗이 예루살렘에서 이스라엘과 유다를 다스린 해는? (5:5)
가. 삼십 년　나. 삼십삼 년　다. 삼십칠 년　라. 사십삼 년

15. 다윗이 예루살렘에서 낳은 아들이 아닌 사람은? (5:14-16)
가. 삼무아　나. 솔로몬　다. 입할　라. 엘리에셀

16. 다윗이 블레셋을 칠 때 야훼께서 대적을 흩으심을 기념하여 붙인 이름은? (5:20)
가. 에글론　나. 바알브라심　다. 에벤에셀　라. 아얄론

17. 수레를 끌던 소들이 뛰므로 하나님의 궤를 붙들다가 죽은 사람은? (6:6-7)
가. 오벧에돔 나. 아미나답 다. 아효 라. 웃사

18. 다윗은 야훼의 궤를 다윗 성으로 가져가지 않고 가드 사람 오벧에돔의 집에서 얼마 간 머무르게 했는가? (6:10-11)
가. 석 달 나. 이 년 석 달
다. 여섯 달 라. 삼 년

19. 다윗이 하나님의 궤를 모시고 올 때 춤춘 것을 비난한 사람은? (6:20-21)
가. 나단 나. 아히도벨 다. 후새 라. 미갈

20. 다윗 왕국의 관리들이 잘못 짝지어진 것은? (8:15-18)
가. 군사령관－요압 나. 서기관－스라야
다. 제사장－아비아달 라. 사관－여호사밧

21. 다윗의 군사령관은? (8:16)
가. 아브넬 나. 아사헬 다. 요압 라. 요람

22. 다윗 시대의 제사장은? (8:17)
가. 사독과 스라야 나. 브나야와 스라야
다. 아히멜렉과 브나야 라. 사독과 아히멜렉

23. 다윗이 암몬의 왕이 죽어 조객을 보냈을 당시 새로 암몬 왕위에 오른 사람은? (10:1)
가. 하눈 나. 이스보셋 다. 하닷에셀 라. 르손

24. 요압의 군대가 암몬 자손을 멸하고 포위한 성읍은? (11:1)
가. 아스돗 나. 헤스본 다. 랍바 라. 셀라

25. 다윗이 누구의 아내와 동침하였는가? (11:3)
가. 마아가 나. 스라야 다. 우리아 라. 브나야

26. 다윗의 간음 사건을 크게 꾸짖은 선지자는? (12:1-14)
가. 사무엘 나. 나단 다. 갓 라. 사독

27. 솔로몬의 어머니는? (12:24)
가. 다말 나. 미갈 다. 아비가일 라. 밧세바

28. 야훼께서 솔로몬을 사랑하셔서 나단으로 하여금 지어준 이름은? (12:25)
가. 여룹바알 나. 아비멜렉 다. 바실래 라. 여디디야

29. 암논의 친구요 사촌으로 심히 간교하여 암논을 부추겨 다말 사건을 일으키게 한 사람은? (13:3)
가. 요나단 나. 스므이 다. 아히도벨 라. 요나답

30. 압살롬의 누이 다말을 범한 다윗의 아들은? (13:14)
가. 암논 나. 길르압 다. 아도니야 라. 스바댜

31. 압살롬의 동생 다말이 입었던 공주의 옷은? (13:18)
가. 줄무늬 옷 나. 베옷 다. 채색옷 라. 무명 옷

32. 압살롬이 암논을 살해한 후 누구에게로 도망하였는가? (13:37)
가. 그술 왕 달매 나. 두로 왕 히람
다. 소바 왕 하닷에셀 라. 하맛 왕 도이

33. 압살롬이 반역의 기반으로 삼은 도시는? (15:10)
가. 예루살렘 나. 헤브론
다. 베들레헴 라. 벧엘

34. 압살롬이 반역할 때 다윗의 모사였다가 압살롬에게 붙은 사람은? (15:12)
가. 아히마아스 나. 아비아달
다. 아히도벨 라. 후새

35. 다윗이 압살롬의 반역 때 궁궐에 남겨둔 후궁들은 몇 명이었는가? (15:16)
가. 1명 나. 5명 다. 10명 라. 20명

36. 압살롬의 반역 때 아비아달의 아들 요나단과 같이 활동한 사독의 아들은? (15:27)
가. 아히마아스 나. 요나답 다. 후새 라. 아비갈

37. 다윗 왕이 바후림에 이르렀을 때 다윗을 저주했던 사람은? (16:5)
가. 스루야 나. 시므이 다. 시바 라. 스라야

38. 압살롬이 요압을 대신하여 군지휘관으로 삼은 사람은? (17:25)
가. 아비새 나. 후새 다. 아사헬 라. 아마사

39. 압살롬의 반역 때 마하나임에서 다윗을 대접한 사람이 아닌 자는? (17:27)
가. 소비 나. 마길 다. 바르실래 라. 시바

40. 압살롬이 아들 없음을 한탄하여 비석을 세운 곳은? (18:18)
가. 힌놈 골짜기 나. 기드론 골짜기
다. 왕의 골짜기 라. 엔노겔 골짜기

41. 아히마아스가 압살롬의 사망 소식을 다윗에게 전하기 위해 달려간 길은? (18:23)
가. 들길 나. 아라바 길 다. 산지 길 라. 왕의 대로

42. 다윗이 마하나임에 머물 때 왕을 공궤하였던 큰 부자 노인은? (19:32)
가. 시바 나. 시므이 다. 바르실래 라. 비그리

43. 바르실래가 다윗의 초청을 거절하고 자기 대신 함께 가도록 추천한 사람은? (19:37)
가. 김함 나. 브나야 다. 아사헬 라. 삼마

44. 압살롬 이후에 이스라엘 사람들과 함께 반역을 꾀한 사람은? (20:2)
가. 세바 나. 시바 다. 바르실래 라. 김함

45. 압살롬의 군지휘관이던 아마사를 죽인 사람은? (20:10)
가. 아비새 나. 아비아달 다. 요압 라. 아도니람

46. 다윗의 관리들 가운데 그렛 사람과 블렛 사람을 관할하던 지휘관은? (20:23)

가. 요압　나. 브나야　다. 아비새　라. 여호사밧

47. 사울이 어느 족속의 사람들을 죽임으로 인하여 다윗 시대에 삼 년 기근이 들었는가? (21:1)

가. 그렛　나. 블렛　다. 가나안　라. 기브온

48. 블레셋과의 전투에서 가드 골리앗의 아우 라흐미를 죽인 사람은? (21:19)

가. 요압　나. 아비새　다. 엘하난　라. 아히암

49. 인구조사 후 다윗에게 야훼의 말씀을 전한 선지자는? (24:11-14)

가. 이사야　나. 나단　다. 사무엘　라. 갓

50. 다윗이 인구조사를 한 후에 야훼께서 말씀하신 3가지 형벌 중에 들지 않는 것은? (24:13)

가. 칠 년 기근　나. 원수에게 쫓겨 석 달 동안 도망

다. 사흘 동안 전염병　라. 일 년 동안 전쟁 포로로 잡힘

51. 인구조사 후에 다윗이 선택한 형벌은? (24:15)

가. 전염병　나. 기근

다. 원수에게 쫓김　라. 포로로 잡힘

52. 다윗이 아라우나의 타작마당과 소를 산 값은? (24:24)

가. 은 십 세겔　나. 은 오십 세겔

다. 은 백 세겔　라. 은 사백 세겔

53. 재앙을 멈추게 하기 위해 다윗은 누구의 타작마당에서 야훼께 번제와 화목제를 드렸는가? (24:24-25)

가. 아히암　나. 아라우나

다. 아하스배　라. 나하래

2 Samuel

[단답형 문제]

1. 다윗은 슬픈 노래로 사울과 요나단을 위하여 조상하였는데 그 중 한 구절이다. ( ) 안에 들어갈 말은? (1:20)

> "이 일을 ( )에도 알리지 말며 ( ) 거리에도 전파하지 말지어다 블레셋 사람들의 딸들이 즐거워할까, 할례 받지 못한 자의 딸들이 개가를 부를까 염려로다"

2. 다윗과 요나단의 우정은 특별했는데 다윗은 그것을 다음과 같이 표현했다. ( ) 안에 들어갈 말은? (1:26)

> "내 형 요나단이여 내가 그대를 애통함은 그대는 내게 심히 ( )이라 그대가 나를 사랑함이 기이하여 ( )의 사랑보다 더하였도다"

3. 사울이 죽은 후 군사령관 아브넬은 이스보셋을 어디로 데려가서 이스라엘의 왕으로 세웠는가? (2:8-9)

4. 다윗 왕의 신복들과 이스보셋의 신복들이 기브온 못 가에서 각각 열둘씩 나와 싸움을 벌였는데, 그때 각기 상대방의 머리를 잡고 칼로 상대방의 옆구리를 찔러 모두 죽임을 당했다. 그로 인해 그곳을 무엇이라 일컫게 되었는가? (2:15-16)

5. 아브넬을 쫓아오다가 그의 창에 찔려 죽은 요압의 형제는 누구인가? (2:23)

6. 다윗이 헤브론에서 낳은 아들 중 맏아들의 이름은? (3:2)

7. 아브넬은 사울의 첩과 통간함을 이스보셋에게 지적받자 그에게 등을 돌렸다. 이 첩의 이름은? (3:6-8)

8. 다윗이 헤브론에서 왕위에 오를 때 나이는 몇 세인가? (5:4)

9. 다윗이 왕이 되었다는 소식을 들은 블레셋 사람들은 르바임 골짜기에서 두 번째로 전투를 벌였는데, 이때 다윗은 이들을 어디에서 어디까지 물리쳤는가? (5:25)

10. 다윗은 군사 삼만을 동원하여 바알레유다에 있는 누구의 집에서 하나님의 궤를 메어 오려고 하였는가? (6:1-3)

11. 야훼께서 웃사를 치시므로 다윗이 분하여 그 곳을 무엇이라 불렀는가? (6:8)

12. 웃사가 죽음으로 말미암아 야훼의 궤는 오벧에돔의 집에 머무른다. 오벧에돔은 어디 사람인가? (6:10)

13. 다윗의 언약으로 불려지는 사무엘하 7장에 기록된 하나님의 약속은 어느 선지자를 통해 예언되었는가? (7:4-17)

14. 권세를 회복하려고 유브라데 강으로 갈 때에 오히려 다윗에게 정복을 당하고 금 방패와 많은 놋을 빼앗긴 소바 왕의 이름은? (8:3-8)

15. 다윗 왕이 하닷에셀의 온 군대를 쳐서 무찔렀다는 소식을 듣고 아들을 보내어 다윗 왕에게 문안하고 축복하였던 하맛 왕의 이름은? (8:9-10)

16. 다윗이 에돔 사람 만 팔천 명을 쳐죽이고 명성을 떨쳤던 곳은? (8:13)

17. 므비보셋의 시종이었으나 다윗이 압살롬을 피해 도망갈 때 므비보셋을 모함하여 어려움에 빠뜨렸던 사람은? (9:12, 16:1-4)

18. 밧세바의 남편 우리아는 어디 사람인가? (11:3)

19. 우리아는 어느 족속과의 싸움에서 죽임을 당했나? (12:9)

20. 다윗의 간음죄에 대해 하나님께서 내리신 두 가지 벌은? (12:10-11)

21. 암논을 죽인 후에 압살롬은 다윗을 피하여 어디로 도망하였는가? (13:37-39)

22. 요압은 다윗의 마음이 압살롬에게 향함을 알고 어디에 사는 여인을 시켜 거짓말을 하게 했는가? (14:1-3)

23. 압살롬의 반역 때 함께 했던 아히도벨은 어느 성읍 출신인가? (15:12)

24. 압살롬의 반역 당시 하나님의 궤와 함께 예루살렘에 머물렀던 제사장은? (15:29)

25. 거짓으로 압살롬의 역모에 가담하여 그들의 군사작전을 지연시켰던 다윗의 친구는? (15:32-37, 16:16, 17:1-23)

26. 아히마하스와 요나단이 압살롬과 아히도벨의 모략을 다윗에게 전해주기 위해 갈 때 압살롬의 종들을 피해 숨은 곳은 어디인가? (17:18)

27. 압살롬이 죽은 곳은? (18:6-18)

28. 압살롬을 너그러이 대우하라는 다윗의 명령을 거스리고 상수리나무에 달린 압살롬을 죽인 사람은? (18:14)

29. 다윗을 저주하였던 시므이는 어느 지파 사람인가? (19:16, 16:5-8)

30. 압살롬의 반란 때 비록 다윗과 동행하지는 못했지만 발을 맵시 내지 아니하며 수염도 깎지 않고 옷도 빨지 아니하며 다윗의 고통에 동참한 자는 누구인가? (19:24)

31. 베냐민 사람 비그리의 아들로서 다윗을 반역하다가 아벨 성에서 목 베임을 당해 죽은 사람은? (20:1-2,14-22)

32. 다윗 시대 3년 기근이 들었을 때 피의 속죄를 위해 다윗은 사울의 자손 중 몇 명을 기브온 사람들에게 내어주었는가? (21:6)

33. 기브온 사람들에 의해 죽은 사울 자손의 시체를 곡식 베기 시작할 때부터 비가 내리기까지 지킨 여인은? (21:10)

34. 블레셋과의 전투에서 다윗의 용사들이 삽과 가드 골리앗의 아우 라흐미를 죽인 장소는? (21:18-19)

35. 손가락과 발가락이 각기 여섯 개씩 모두 스물네 개를 가진 거인족의 소생이 이스라엘 사람을 능욕하자 그를 죽인 다윗의 용사는? (21:20-21)

36. 야훼는 나의 반석이시요 나의 (　　)시요 나를 위하여 나를 건지시는 자시요 내가 피할 나의 반석의 하나님이시요 나의 (　　)시요 나의 구원의 (　)이시요 나의 높은 (　　)시요 그에게 피할 나의 (　　)시요 나의 구원자시라 나를 폭력에서 구원하셨도다 (22:2-3)

37. 다윗 왕은 군사령관 요압에게 명하여 어디에서부터 어디까지 인구를 조사하라고 했는가? (24:2)

38. 다윗의 명에 의해 요압은 몇 날 동안 인구조사를 하였는가? (24:8)

39. 요압이 백성의 수를 왕께 보고하니 곧 이스라엘에서 칼을 빼는 담대한 자가 ( ) 명이요 유다 사람이 ( ) 명이었더라 (24:9)

40. 다윗이 인구조사를 시행하게 한 죄에 대한 형벌로 죽은 이스라엘 사람은 몇 명인가? (24:15)

41. 다윗이 아라우나 타작마당에서 화목제를 드림으로 야훼의 재앙이 멈췄는데 아라우나는 어디 사람인가? (24:18)

1 Kings

열왕기상

[선택형 문제]

1. 다윗이 늙었을 때 시종들이 그에게 구하여 주었던 젊은 처녀의 이름은? (1:3)
가. 아비삭 나. 밧세바 다. 마아가 라. 아비가일

2. 다윗의 아들 중 압살롬 다음에 태어난 자로서 반역을 꾀했던 사람은? (1:5)
가. 암몬 나. 이드르암 다. 아도니야 라. 아비아달

3. 아도니야의 반역을 도왔던 다윗의 군사령관은? (1:7)
가. 브나야 나. 아브넬 다. 요압 라. 아비새

4. 아도니야의 반역에 가담했던 제사장은? (1:7)
가. 아비아달 나. 사독 다. 여호야다 라. 브나야

5. 솔로몬의 왕위 계승을 도왔던 선지자는? (1:34)
가. 갓 나. 나단 다. 사무엘 라. 엘리야

6. 솔로몬이 기름부음을 받은 장소는? (1:45)
가. 기혼 나. 헤브론 다. 기브온 라. 브엘세바

7. 다윗은 몇 년 동안 이스라엘을 다스렸는가? (2:11)
가. 38년 나. 39년 다. 33년 라. 40년

8. 제사장 아비아달의 고향은? (2:26)
가. 헤브론 나. 예루살렘 다. 아나돗 라. 길르앗

9. 아비아달의 제사장 직분이 파면된 것은 누구의 집에 대하여 하신 말씀이 이루어진 것인가? (2:27)
가. 엘리 나. 바실래 다. 시므이 라. 다윗

10. 솔로몬이 일천 번제를 드린 곳은? (3:4)
가. 가드 나. 헤브론 다. 예루살렘 라. 기브온

11. 솔로몬의 대규모 건축 사업의 전문 인력으로서 벌목을 잘했던 민족은? (5:6)
가. 가나안 나. 애굽 다. 시돈 라. 아람

12. 솔로몬이 성전을 건축하는데 백향목 재목과 잣나무 재목을 보내준 사람은? (5:7-10)
가. 하닷에셀 나. 히람 다. 하닷 라. 벤하닷

13. 솔로몬이 성전 건축을 위해 이스라엘 가운데서 불러일으킨 역군의 수는? (5:13)
가. 30,000명 나. 20,000명 다. 10,000명 라. 5,000명

14. 솔로몬의 건축 사업에서 감독을 맡은 사람은? (5:14)
가. 아비아달 나. 아도니람 다. 아도니야 라. 아사리아

15. 솔로몬의 건축에서 돌을 다듬는 역할을 했던 사람들은? (5:18)
가. 솔로몬의 건축자와 히람의 건축자와 그발 사람
나. 다윗의 건축자와 아도니람의 건축자와 그발 사람
다. 솔로몬의 건축자와 히람의 건축자와 두로 사람
라. 다윗의 건축자와 아도니람의 건축자와 두로 사람

16. 솔로몬의 성전건축은 애굽에서 나온 지 몇 년 되던 해인가? (6:1)
가. 사백삼십 년 나. 사백칠십 년
다. 사백팔십 년 라. 사백구십 년

17. 솔로몬 왕이 야훼를 위하여 건축한 성전은 각각 몇 규빗인가? (6:2)
가. 길이 60, 너비 20, 높이 30
나. 길이 60, 너비 20, 높이 10
다. 길이 60, 너비 40, 높이 20
라. 길이 40, 너비 60, 높이 100

18. 성전의 벽 곧 성소와 지성소의 벽에 연접하여 돌아가면서 건축된 것은? (6:5)
가. 낭실 나. 붙박이 창문 다. 다락 라. 사닥다리

19. 언약궤를 모신 내소는 각각 몇 규빗인가? (6:20)
가. 길이 20, 너비 40, 높이 60
나. 길이 10, 너비 20, 높이 30
다. 길이 20, 너비 20, 높이 20
라. 길이 60, 너비 20, 높이 30

20. 솔로몬이 성전을 건축한 기간은? (6:38)
가. 13년 나. 7년 다. 14년 라. 17년

21. 솔로몬의 왕궁을 건축한 기간은? (7:1)
가. 13년 나. 7년 다. 20년 라. 23년

22. 솔로몬은 어디에 있는 야훼의 언약궤를 성전으로 옮겨오고자 했는가? (8:1)
가. 실로 나. 시온 다. 헤브론 라. 가드

23. 솔로몬이 성전을 봉헌할 때 드렸던 제의는? (8:63)
가. 번제 나. 소제 다. 화목제 라. 속죄제

24. 솔로몬이 성전 봉헌식을 행할 때에 총 며칠 동안 절기를 지켰는가? (8:65)
가. 7일 나. 10일 다. 14일 라. 17일

25. 솔로몬은 야훼의 성전과 자신의 왕궁을 총 몇 년 만에 건축했는가? (9:10)

가. 7년 나. 13년 다. 17년 라. 20년

26. 솔로몬은 성전을 지을 때 히람이 도와준 것에 대한 보답으로 어디의 성읍을 히람에게 주었는가? (9:11)

가. 유다 나. 갈릴리 다. 스불론 라. 에브라임

27. 히람이 솔로몬이 준 땅이 마음에 들지 않아 붙인 이름은? (9:13)

가. 가불 나. 게셀 다. 벧호론 라. 바알랏

28. 솔로몬이 건축한 지역이 아닌 것은? (9:17-18)

가. 바알랏 나. 게셀 다. 벧호른 라. 하맛

29. 이스라엘이 다 멸하지 못하여 그 땅에 남아 있는 자손들을 노예로 역군을 삼았는데, 그 중에 속하지 않는 족속은? (9:20)

가. 아모리 사람 나. 브리스 사람

다. 암몬 사람 라. 히위 사람

30. 솔로몬이 바로의 딸을 위해 건축한 성은? (9:24)

가. 밀로 나. 하솔 다. 므깃도 라. 게셀

31. 솔로몬이 에돔 땅 어디에서 배들을 지었는가? (9:26)

가. 욥바 나. 므깃도 다. 에시온게벨 라. 게네사렛

32. 솔로몬 당시 금으로 유명했던 곳은? (9:28)

가. 오빌 나. 시돈 다. 암몬 라. 가데스

33. 솔로몬 시대의 부유함을 묘사하는 세입금의 금 무게는 얼마인가? (10:14)

가. 600달란트 나. 660달란트 다. 666달란트 라. 690달란트

34. 삼 년에 한 번 금과 은과 상아 등을 실어온 배는 어디의 배인가? (10:22)

가. 엘랏 나. 다시스 다. 오빌 라. 에시온게벨

35. 야훼께서 솔로몬의 타락으로 인해 솔로몬의 대적이 되게 하신 에돔 사람은? (11:14)
가. 르손 나. 하닷에셀 다. 그누밧 라. 하닷

36. 요셉 족속의 감독으로서 솔로몬을 대적했던 사람은? (11:28)
가. 르호보암 나. 아비야 다. 르손 라. 여로보암

37. 선지자 아히야는 어디의 사람인가? (11:29)
가. 실로 나. 아나돗 다. 예루살렘 라. 세겜

38. 여로보암이 열 지파의 왕이 됨을 예언한 선지자는? (11:30-31)
가. 엘리야 나. 아히야 다. 갓 라. 엘리사

39. 모압 사람들의 신은? (11:33)
가. 그모스 나. 밀곰 다. 아스다롯 라. 몰록

40. 시돈 사람들이 섬기던 여신은? (11:33)
가. 아세라 나. 바알 다. 아스다롯 라. 밀곤

41. 솔로몬이 여로보암을 죽이려 하자 그는 어디로 도망하였는가? (11:40)
가. 수리야 나. 애굽 다. 에돔 라. 모압

42. 솔로몬이 이스라엘을 다스린 기간은? (11:42)
가. 38년 나. 39년 다. 40년 라. 42년

43. 솔로몬의 뒤를 이어 왕위에 오른 사람은? (11:43)
가. 오므리 나. 아합 다. 아사 라. 르호보암

44. 온 이스라엘이 르호보암을 왕으로 삼기 위해 모인 곳은? (12:1)
가. 세겜 나. 실로 다. 예루살렘 라. 헤브론

45. 르호보암이 보냈으나 온 이스라엘이 돌로 쳐죽인 역꾼의 감독 이름은? (12:18)
가. 여로보암 나. 아도람 다. 아히도벨 라. 아히야

46. 북쪽 여로보암과 남쪽 르호보암의 동족 간의 전쟁을 피하라는 하나님의 말씀을 대언한 사람은? (12:22-24)
가. 스마야　나. 아히야　다. 나단　라. 엘리야

47. 여로보암이 처음 자기의 통치 장소로 삼은 곳은? (12:25)
가. 디르사　나. 벧엘　다. 부느엘　라. 세겜

48. 유다에서 온 하나님의 사람은 여로보암에게 제단에 대한 심판이 다윗의 자손 누구에 의해 시행될 것을 예언하였는가? (13:2)
가. 히스기야　나. 여호사밧　다. 요시야　라. 아하스

49. 여로보암의 집 가운데에서도 야훼를 향해 선한 뜻을 품었기 때문에 유일하게 묘실에 들어가게 된 자는? (14:1,13)
가. 나답　나. 느밧　다. 아비야　라. 바아사

50. 여로보암의 아들 아비야가 병들었을 때 자신에게 찾아온 여로보암의 아내에게 아들의 죽음과 여로보암 가문에 대한 심판을 예언한 선지자는? (14:6-16)
가. 아히야　나. 스마야　다. 엘리야　라. 미가야

51. 여로보암은 몇 년 동안 이스라엘을 통치했는가? (14:20)
가. 17년　나. 22년　다. 25년　라. 32년

52. 르호보암의 모친은 어느 민족 사람인가? (14:21)
가. 모압　나. 시돈　다. 에돔　라. 암몬

53. 르호보암의 뒤를 이어 왕위에 오른 사람은? (14:31)
가. 나답　나. 아사　다. 아비얌　라. 바아사

54. 아사 왕은 아람의 왕 누구와 동맹을 맺어 바아사 왕에게 압력을 가했나? (15:18-19)
가. 시삭　나. 벤하닷　다. 하닷　라. 히람

55. 여로보암 가문의 나답을 죽이고 왕이 된 사람은? (15:28)
가. 바아사 나. 시므리 다. 예후 라. 오므리

56. 바아사가 다스릴 때의 북왕국의 수도는? (15:33)
가. 세겜 나. 부느엘 다. 사마리아 라. 디르사

57. 바아사 가문의 멸망을 예언한 선지자는? (16:7)
가. 아히야 나. 예후 다. 스마야 라. 미가야

58. 이스라엘에서 엘라 왕을 죽이고 7일 동안 왕 노릇한 사람은? (16:9-10,15)
가. 오므리 나. 시므리 다. 예후 라. 디브니

59. 오므리가 건축한 새 성읍은? (16:24)
가. 게바 나. 디르사 다. 사마리아 라. 라마

60. 오므리의 뒤를 이은 왕은? (16:28)
가. 아합 나. 예후 다. 여호아하스 라. 아마샤

61. 이세벨은 어느 민족 사람인가? (16:31)
가. 에돔 나. 암몬 다. 애굽 라. 시돈

62. 여리고 성을 건축하면서 두 아들을 잃은 사람은? (16:34)
가. 기낫 나. 히엘 다. 그누밧 라. 엘리아다

63. 엘리야는 어디 출신인가? (17:1)
가. 길르앗 나. 에브라임 다. 사마리아 라. 실로

64. 사르밧 과부는 어느 민족 사람인가? (17:9)
가. 암몬 나. 가나안 다. 시돈 라. 모압

65. 야훼의 선지자 백 명을 가지고 오십 명씩 굴에 숨기고 떡과 물을 먹인 아합 왕의 왕궁 맡은 자는? (18:4)
가. 아비람 나. 오바댜 다. 스굽 라. 이믈라

66. 야훼의 명령으로 하사엘은 어느 나라의 왕으로 기름 부음을 받는가? (19:15)
가. 애굽 나. 아람 다. 시돈 라. 앗시리아

67. 아람의 왕이 되게 하기 위해 엘리야가 하사엘에게 기름을 부은 곳은? (19:15)
가. 므깃도 나. 다메섹 다. 아벡 라. 엘랏

68. 아합 왕 가문을 뒤이어 왕으로서 기름 부음을 받은 사람은? (19:16)
가. 오므리 나. 시므리 다. 하사엘 라. 예후

69. 엘리야의 뒤를 이어 선지자로서 기름 부음을 받은 사람은? (19:16)
가. 예후 나. 아히야 다. 엘리사 라. 미가야

70. 아합 왕 때에 왕 삼십이 명과 함께 사마리아를 치러 온 아람 왕은? (20:1)
가. 벤하닷 나. 하사엘 다. 하닷 라. 헤시온

71. 이스라엘과 동맹을 맺어 길르앗 라못을 되찾으려고 했던 유다의 왕은? (22:3-4)
가. 아하스 나. 아사 다. 여호사밧 라. 여호람

72. 길르앗 라못을 되찾으려는 전쟁이 실패할 것을 예언한 선지자는? (22:13-23)
가. 미가야 나. 아히야 다. 시드기야 라. 예후

73. 상아궁을 건축한 왕은? (22:39)
가. 여호사밧 나. 오므리 다. 예후 라. 아합

1 Kings

[단답형 문제]

1. 제사장 (　　)과 선지자 (　　)과 여호야다의 아들 (　　　)와 그렛 사람과 블렛 사람이 내려가서 솔로몬을 다윗 왕의 노새에 태우고 인도하여 기혼으로 가서 제사장 (　　)이 성막 가운데에서 기름 담은 뿔을 가져다가 솔로몬에게 기름을 부으니 이에 뿔나팔을 불고 모든 백성이 솔로몬 왕은 만세수를 하옵소서 하니라 (1:38-39)

2. 다윗은 솔로몬에게 압살롬을 피하여 도망할 때에 도와주었던 사람의 아들들에게 은혜를 베풀라고 유언한다. 그 사람은 누구인가? (2:7)

3. 게라의 아들 시므이는 어느 족속 사람인가? (2:8)

4. 이에 하나님이 그에게 이르시되 네가 이것을 구하도다 자기를 위하여 (　　　　)하기를 구하지 아니하며 (　　　)도 구하지 아니하며 자기 (　　　)의 생명을 멸하기도 구하지 아니하고 오직 송사를 듣고 분별하는 (　　　　)를 구하였으니 (3:11)

5. 솔로몬이 그 (　　)에서부터 (　　　　　) 사람의 땅에 이르기까지와 (　　　　) 지경에 미치기까지의 모든 나라를 다스리므로 솔로몬이 사는 동안에 그 나라들이 조공을 바쳐 섬겼더라 (4:21)

6. 그가 (　　　) 삼천 가지를 말하였고 그의 노래는 (　　　) 편이며 (4:32)

7. 이스라엘 자손이 애굽 땅에서 나온 지 (　　　　　) 년이요 솔로몬이 이스라엘 왕이 된 지 (　　) 년 시브월 곧 둘째 달에 솔로몬이 야훼를 위하여 성전 건축하기를 시작하였더라 (6:1)

8. 성전의 주랑 앞에 세운 두 개의 놋기둥의 이름은? (7:21)

9. 솔로몬의 지혜를 시험하고자 했던 남방 여왕은? (10:1)

10. 이스라엘은 남쪽의 애굽과 북쪽의 수리아 및 소아시아 사이에 놓은 유리한 위치를 이용하여 군수품을 거래했는데, 그중 애굽에서 수입한 병거와 말을 어느 족속의 왕들에게 되팔았는가? (10:29)

11. 이는 시돈 사람의 여신 (　　　)을 따르고 암몬 사람의 가증한 (　　)을 따름이라 솔로몬이 야훼의 눈앞에서 악을 행하여 그의 아버지 다윗이 야훼를 온전히 따름 같이 따르지 아니하고 모압의 가증한 (　　　)를 위하여 예루살렘 앞 산에 산당을 지었고 또 암몬 자손의 가증한 (　　　)을 위하여 그와 같이 하였으며 (11:5-7)

12. 수리아의 왕으로서 솔로몬의 대적이 된 사람은? (11:25)

13. 다음은 멍에를 가볍게 해달라는 여로보암과 이스라엘 회중의 요청에 대한 르호보암 왕의 대답이다. (　) 안에 들어갈 말은? (12:11)

> "내 아버지는 (　　　)으로 너희를 징계하였으나 나는 (　　　　　)으로 너희를 징계하리라"

14. 예루살렘에서 르호보암을 왕으로 삼은 지파는? (12:21-24)

15. 여로보암은 두 금송아지를 만들어 각각 어디에 두었는가? (12:28-29)

16. 르호보암 왕 제오년에 예루살렘을 치고 왕궁의 보물을 빼앗았던 애굽 왕은? (14:25-26)

17. 아비얌의 아들로서 종교개혁을 단행했던 유다 왕은? (15:8-15)

18. 또 그의 어머니 (   )가 혐오스러운 (   ) 상을 만들었으므로 태후의 위를 폐하고 그 우상을 찍어 기드론 시냇가에서 불살랐으나 다만 (   )은 없애지 아니하니라 그러나 아사의 마음이 일평생 야훼 앞에 온전하였으며 (15:13-14)

19. 바아사는 어디에 요새를 증축하여 사람이 유다 왕 아사와 왕래하지 못하게 하려 했는가? (15:17)

20. 아사 왕이 온 유다에 명령을 내려 한 사람도 모면하지 못하게 하여 바아사가 라마를 건축하던 돌과 재목을 가져오게 하고 그것으로 베냐민의 (   )와 (   )를 건축하였더라 (15:22)

21. 나답을 죽이고 모반을 꾀한 아히야의 아들 바아사는 어느 족속 사람인가? (15:27)

22. 오므리가 시므리의 반역을 진압하지만 백성들 모두에게 인정받지 못하고 두 진영으로 나뉘게 된다. 오므리를 따르던 이들을 제외한 백성의 다른 절반은 누구를 따랐는가? (16:21)

23. 시돈 사람의 딸을 아내로 삼고 바알 신전과 아세라 상을 섬김으로써 그 이전의 이스라엘의 모든 왕보다 야훼를 심히 노하게 했던 왕은? (16:30-33)

24. 아합 왕의 부인 이름은? (16:31)

25. 엘리야는 요단 앞 어디에서 까마귀가 가져다주는 음식을 먹고 지냈는가? (17:3)

26. 엘리야에게 순종하여 가뭄 동안 통의 가루와 병의 기름이 없어지지 않는 축복을 받은 여인은? (17:8-16)

27. 엘리야는 어디에서 바알 및 아세라 선지자들과 대결하였는가? (18:19)

28. 엘리야는 바알의 선지자와 아세라의 선지자 각각 몇 명과 대결하였는가? (18:19)

29. 엘리야가 모든 백성에게 가까이 나아가 이르되 너희가 어느 때까지 둘 사이에서 머뭇머뭇 하려느냐 야훼가 만일 (   )이면 그를 따르고 (   )이 만일 하나님이면 그를 따를지니라 하니 백성이 말 한 마디도 대답하지 아니하는지라 (18:21)

30. (   )의 아들들의 지파의 수효를 따라 엘리야가 돌 (   ) 개를 취하니 이 야곱은 옛적에 야훼의 말씀이 임하여 이르시기를 네 이름을 (   )이라 하리라 하신 자더라 (18:31)

31. 엘리야는 갈멜 산 대결에서 승리한 후에 바알의 선지자를 잡아 어느 곳에서 죽였나? (18:40)

32. 엘리야가 이세벨을 피하여 광야로 들어갔을 때 죽기를 원하여 "야훼여 넉넉하오니 지금 내 생명을 거두시옵소서 나는 내 조상들보다 낫지 못하니이다"라고 기도했던 곳은? (19:4)

33. 엘리야가 사십 주 사십 야를 행하여 이른 곳은 어디인가? (19:8)

34. ( ) 안에 들어갈 말은? (19:11-12)

> "야훼께서 이르시되 너는 나가서 야훼 앞에서 산에 서라 하시더니 야훼께서 지나가시는데 야훼 앞에 크고 강한 (①)이 산을 가르고 바위를 부수나 바람 가운데에 야훼께서 계시지 아니하며 (①) 후에 (②)이 있으나 (②) 가운데에도 야훼께서 계시지 아니하며 또 지진 후에 (③)이 있으나 (③) 가운데에도 야훼께서 계시지 아니하더니 불 후에 (④)가 있는지라"

① – (　　　　)　　　　② – (　　　　)
③ – (　　　　)　　　　④ – (　　　　)

35. (　　　　)의 칼을 피하는 자를 (　　　　)가 죽일 것이요 (　　　　)의 칼을 피하는 자를 (　　　　)가 죽이리라 (19:17)

36. 엘리야가 엘리사를 만났을 당시 엘리사는 무엇을 앞세우고 밭을 갈고 있었는가? (19:19)

37. 아합 왕에게 포도원 팔기를 거절했던 이스르엘 사람은? (21:4)

38. 이스라엘과 유다가 동맹을 맺어 되찾으려고 했던 지역은? (22:4)

39. 길르앗 라못 전투에서 아합이 죽을 것을 미가야가 예언하였을 때 그의 뺨을 때린 사람은? (22:24)

40. 그 때에 에돔에는 왕이 없고 (　　　　)이 있었더라 (22:47)

41. 여호사밧이 다시스의 선박을 제조하고 (　　　　)로 금을 구하러 보내려 하였더니 그 배가 (　　　　)에서 파선하였으므로 가지 못하게 되매 (22:48)

42. 여호사밧의 아들로 유다의 왕이 된 사람은? (22:50)

2 Kings

열왕기하

[선택형 문제]

1. 아합이 죽은 후에 이스라엘을 배반한 나라는? (1:1)
   가. 에돔　　나. 시돈　　다. 모압　　라. 아람

2. 사마리아에 있는 다락 난간에서 떨어져서 병들어 결국 죽은 이스라엘 왕은? (1:2)
   가. 아하시야　　나. 여호람　　다. 예후　　라. 요람

3. 아하시야 왕에게 반드시 죽으리라고 예언한 선지자는? (1:4)
   가. 엘리야　　나. 엘리사　　다. 아히야　　라. 미가야

4. 죽지 않고 회오리 바람으로 하늘로 올라간 선지자는? (2:11)
   가. 에녹　　나. 미가야　　다. 엘리야　　라. 엘리사

5. 한 선지자가 자신을 대머리라고 놀리는 아이들을 저주하자 암곰 두 마리에 의해 사십이 명의 아이가 죽게 되는 사건이 발생했다. 이 선지자의 이름은? (2:23-24)
   가. 엘리야　　나. 엘리사　　다. 이사야　　라. 미가야

6. 아합 왕이 죽은 후에 이스라엘을 배반한 모압 왕을 치려고 여호람이 연합한 유다 왕은? (3:6-7)
   가. 하사엘　　나. 벤하닷　　다. 아하시야　　라. 여호사밧

7. 모압을 치러 떠난 이스라엘과 유다와 에돔의 동맹군이 광야에서 행군한지 7일째 무엇 때문에 어려움을 겪게 되는가? (3:8-9)
가. 동맹군의 내분　　나. 질병
다. 식량　　라. 물

8. 광야에서 어려움을 겪고 있던 이스라엘과 유다와 에돔의 동맹군이 찾아갔던 선지자는? (3:11-12)
가. 엘리사　　나. 이사야　　다. 아히야　　라. 엘리야

9. 모압 왕은 전세가 불리하자 '그모스'에게 무엇으로 번제를 드렸는가? (3:26-27)
가. 어린 양　　나. 맏아들　　다. 암소　　라. 숫양

10. 엘리사를 대접하여 아들을 얻었고 그 아들이 죽었을 때에도 엘리사가 그를 다시 살려냄으로써 하나님의 은혜를 체험한 여인은? (4:35-36)
가. 사르밧 과부　　나. 선지자 제자의 아내
다. 아비삭　　라. 수넴 여인

11. 엘리사는 보리떡 이십 개와 자루에 담은 채소를 가지고 몇 명을 먹였는가? (4:42-43)
가. 100명　　나. 120명　　다. 150명　　라. 200명

12. 엘리사를 통해 나병을 고침 받은 나아만은 어느 나라의 군대 장관인가? (5:1)
가. 애굽　　나. 아람　　다. 앗수르　　라. 에돔

13. 나병을 치유 받은 나아만은 엘리사에게 자기 나라가 섬기는, 즉 어느 신당에 들어가 몸을 굽히는 일에 대해서 용서를 구했는가? (5:18)
가. 아세라　　나. 바알　　다. 그모스　　라. 림몬

14. 나아만의 뒤를 쫓아가서 은 두 달란트와 옷 두 벌을 받아 챙긴 엘리사의 사환은? (5:20)
가. 시드기야　　나. 베가　　다. 게하시　　라. 요아

15. 엘리사는 눈이 어두워진 아람 군대를 인도하여 어디로 데리고 갔는가? (6:18-19)
가. 예루살렘 나. 사마리아 다. 이스르엘 라. 라마

16. 사마리아를 공격하여 심한 굶주림을 당하게 하였던 아람 왕은? (6:24-29)
가. 벤하닷 나. 르손 다. 하닷 라. 하닷에셀

17. 엘리사는 이전에 아들을 살려 주었던 수넴 여인에게 기근의 위험에서 피하도록 조치한다. 몇 년 동안 그 땅에 기근이 임하였는가? (8:1)
가. 삼 년 나. 삼 년 반 다. 오 년 라. 칠 년

18. 수넴 여인이 기근을 피하여 간 곳은? (8:2)
가. 에돔 나. 아람 다. 블레셋 라. 시돈

19. 벤하닷을 죽이고 아람 왕이 된 사람은? (8:15)
가. 하사엘 나. 하닷 다. 하닷에셀 라. 산헤립

20. 아합의 딸을 아내로 삼은 유다의 왕은? (8:16-18)
가. 여호사밧 나. 여호람 다. 요아스 라. 아사

21. 에돔이 유다를 배반했을 때 여호람이 모든 병거를 거느리고 가서 싸운 곳은? (8:20-21)
가. 립나 나. 하맛 다. 마온 라. 사일

22. 아하시야와 요람은 길르앗 라못에서 아람 왕 누구와 싸웠는가? (8:28)
가. 벤하닷 나. 하사엘 다. 하닷 라. 하닷에셀

23. 엘리사의 제자 중 하나가 길르앗 라못에서 이스라엘 왕으로 기름을 부은 사람은? (9:1-4)
가. 하사엘 나. 아하시야 다. 예후 라. 요람

24. 예후가 요람의 시체를 누구의 밭에 던짐으로써 예언이 성취되었는가? (9:25)
가. 나봇 나. 빗갈 다. 시므리 라. 느밧

25. 예후가 유다 왕 아하시야를 어디까지 쫓아가서 죽였는가? (9:27)
가. 라못 나. 아벡 다. 실로 라. 므깃도

26. 예후는 아합의 아들 몇 명을 죽임으로써 아합의 남자 후손들의 대를 끊었는가? (10:1-11)
가. 삼십 명 나. 삼십오 명 다. 오십오 명 라. 칠십 명

27. 야훼께서는 어떤 선지자를 통해서 아합의 집에 일어날 일들을 말씀하셨는가? (9:36, 10:10, 왕상 21:20-24)
가. 엘리야 나. 엘리사 다. 이사야 라. 미가야

28. 예후는 어디에서 유다 왕 아하시야의 형제 사십이 명을 죽였는가? (10:12-14)
가. 사마리아 나. 이스르엘 다. 므깃도 라. 라못

29. 야훼께서는 예후의 왕위가 몇 대까지 지속될 것이라고 약속하셨는가? (10:30)
가. 삼 대 나. 사 대 다. 칠 대 라. 구 대

30. 예후가 죽어서 장사된 곳은? (10:35)
가. 사마리아 나. 이스르엘 다. 디르사 라. 아벡

31. 아합의 딸이자 아하시야의 모친으로서 그 아들이 죽자 다른 왕자들을 죽이고 섭정한 사람은? (11:1)
가. 마아가 나. 아달랴 다. 여호세바 라. 이세벨

32. 요아스의 왕권을 회복시킬 수 있도록 모든 조치를 취했던 제사장은? (11:4-12)
가. 아비아달 나. 사독 다. 브나야 라. 여호야다

33. 요아스가 왕위에 올랐을 때 나이가 몇 세였는가? (11:21)
가. 오 세 나. 칠 세 다. 십이 세 라. 이십오 세

34. 요아스는 누가 예루살렘을 공격했을 때 조상들의 유산인 성전 보물을 내어줌으로써 위험에서 벗어났는가? (12:18)

가. 벤하닷　나. 하닷에셀　다. 하사엘　라. 르손

35. 엘리사는 이스라엘 왕에게 활을 쏘게 하여 왕이 아람 사람을 어디에서 치게 될 것을 예언하였나? (13:17)

가. 라마　나. 하맛　다. 아벡　라. 길르앗 라못

36. 엘리사는 요아스에게 땅을 치게 하고 그가 친 횟수대로 아람을 치게 될 것을 예언한다. 이때 요아스가 땅을 친 횟수는? (13:18-19)

가. 한 번　나. 세 번　다. 다섯 번　라. 여섯 번

37. 아마샤는 어디에서 에돔 사람 만 명을 죽였는가? (14:7)

가. 소금 골짜기　나. 아벡　다. 부느엘　라. 라못

38. 아마샤는 셀라를 쳐서 점령하고 그 이름을 무엇으로 바꾸었는가? (14:7)

가. 립바　나. 욕드엘　다. 긴네렛　라. 게셀

39. 유다 왕 아마샤는 이스라엘 왕 누구에게 대항하였다가 참패를 당하였는가? (14:13)

가. 예후　나. 여호아하스　다. 아사랴　라. 요아스

40. 유다 왕 아마샤는 무리의 반역으로 인하여 어디에서 살해당했는가? (14:19)

가. 라기스　나. 아벡　다. 라못　라. 므깃도

41. 유다 왕 아사랴는 에돔 정벌을 계속하여 어떤 성읍을 건축하였는가? (14:22)

가. 엘랏　나. 욥바　다. 드단　라. 가사

42. 이스라엘 왕 여로보암 2세 때 활동했던 선지자는? (14:25)

가. 엘리사　나. 이사야　다. 요나　라. 미가야

43. 야훼께서 나병이 들게 하심으로 죽는 날까지 별궁에 거하다가 죽은 유다 왕은? (15:3-5)
가. 아사랴 나. 아마샤 다. 여호사밧 라. 요담

44. 예후 왕가를 멸하고 왕이 된 사람은? (15:10-12)
가. 야베스 나. 스가랴 다. 요담 라. 살룸

45. 앗수르의 왕 불이 이스라엘을 쳐들어와서 얼마를 받고 되돌아갔는가? (15:19-20)
가. 금 1,000달란트 나. 금 2,000달란트
다. 은 1,000달란트 라. 은 2,000달란트

46. 이스라엘 왕 베가 때에 이스라엘에 쳐들어와서 성읍들을 빼앗고 그 백성들을 앗수르로 끌고 갔던 왕은? (15:29)
가. 불 나. 디글랏 빌레셀
다. 산헤립 라. 살만에셀

47. 이스라엘 왕 베가 때 앗수르 왕이 점령한 지역이 아닌 곳은? (15:29)
가. 야노아 나. 게데스 다. 하솔 라. 엘랏

48. 유다 왕 요담의 어머니 여루사는 누구의 딸인가? (15:33)
가. 아합 나. 여호야다 다. 사독 라. 브나야

49. 유다 왕으로서 이방 사람의 가증한 일을 따라 자기 아들을 불 가운데로 지나가게 했던 왕은? (16:1-3)
가. 아하스 나. 요담 다. 웃시야 라. 베가

50. 아람의 왕 르신과 이스라엘의 왕 베가가 예루살렘에 쳐들어왔을 때 아하스는 앗수르의 왕 누구에게 도움을 요청했는가? (16:6-7)
가. 불 나. 디글랏 빌레셀
다. 살만에셀 라. 산헤립

51. 아하스 왕이 다메섹에 갔다가 거기 있는 제단을 보고 제단의 구조와 제도의 양식을 그려 보냈다. 이 그림을 보고 제단을 만든 제사장은 누구인가? (16:10-11)

가. 우리야　나. 사독　다. 여호야다　라. 아비아달

52. 이스라엘 왕 호세아 때 이스라엘을 친 앗수르 왕은? (17:3)

가. 디글랏 빌레셀　나. 르신
다. 살만에셀　라. 사르곤

53. 누구에게 호세아 왕이 해마다 조공을 드렸던 것처럼 앗수르 왕에게 드리지 않자 앗수르 왕은 사마리아를 점령했다. 호세아 왕이 조공을 드렸던 왕은 누구인가? (17:4)

가. 아람 왕 르신　나. 앗수르 왕 불
다. 아람 왕 하사엘　라. 애굽 왕 소

54. 호세아 때 앗수르 왕은 사마리아를 점령하고 이스라엘 사람을 사로잡아 앗수르로 끌고 갔는데, 다음 중 그들이 거주했던 지역이 아닌 곳은? (17:6)

가. 고산 강 가에 있는 할라　나. 다메섹
다. 하볼　라. 메대 사람의 여러 고을

55. 앗수르 왕이 여러 지역에서 사람들을 사마리아로 이주시켰는데 그 중에 해당되지 않는 곳은? (17:24)

가. 바벨론　나. 구다　다. 아와　라. 할라

56. 사마리아에 거했던 사람들은 각기 자기 민족의 신들을 섬겼다. 이중 맞게 짝지어지지 않은 것은? (17:30-31)

가. 굿－네르갈　나. 스발와임－아드람멜렉
다. 하맛－아시마　라. 바벨론－아남멜렉

57. 히스기야 왕 십사 년에 유다에 쳐들어온 앗수르 왕은 누구인가? (18:13)

가. 살만에셀　나. 산헤립
다. 디글랏 빌레셀　라. 불

58. 앗수르 왕은 히스기야에게 얼마의 조공을 요구했나? (18:14)
가. 은 삼백 달란트, 금 삼십 달란트
나. 은 삼십 달란트, 금 삼백 달란트
다. 은 삼백 오십 달란트, 금 오십 달란트
라. 은 오십 달란트, 금 삼백 오십 달란트

59. 히스기야 왕을 치러온 앗수르 지휘관이 아닌 사람은? (18:17)
가. 사르　　나. 다르단
다. 랍사리스　　라. 랍사게

60. 앗수르 왕이 대군을 거느리고 예루살렘에 쳐들어오자 히스기야 왕은 세 관리를 대표로 내보낸다. 다음 중 세 관리에 들지 않는 사람은? (18:17-18)
가. 왕궁의 책임자—엘리야김　　나. 서기관—셉나
다. 선지자—이사야　　라. 사관—요아

61. 앗수르 왕은 누가 자신을 공격하러 온다는 소식을 들었을 때 히스기야에게 항복하라는 편지를 보냈는가? (19:8-13)
가. 구스 왕 디르하가　　나. 아람 왕 르신
다. 애굽 왕 소　　라. 아람 왕 하사엘

62. 앗수르 왕 산헤립은 어디에서 살해당했는가? (19:36-37)
가. 다메섹　　나. 립나　　다. 라기스　　라. 니느웨

63. 앗수르 왕 산헤립의 뒤를 이어 왕이 된 사람은? (19:37)
가. 살만에셀　　나. 에살핫돈
다. 사르곤　　라. 앗수르바니팔

64. 히스기야가 병들어 죽게 되었을 때 기도하자 그의 수명이 몇 년 연장되었는가? (20:5-6)
가. 십이 년　　나. 십오 년
다. 이십오 년　　라. 칠 년

65. 병이 나은 후 히스기야가 성전으로 올라갈 때에 야훼의 하신 말씀이 응하는 것에 대한 징표로 무엇을 구했는가? (20:8-11)
가. 해시계의 해 그림자가 오도 물러남
나. 해시계의 해 그림자가 오도 나아감
다. 해시계의 해 그림자가 십도 나아감
라. 해시계의 해 그림자가 십도 물러남

66. 히스기야가 병들었을 때 편지와 예물을 보낸 바벨론 왕은? (20:12)
가. 브로닥발라단 나. 발라단
다. 느부갓네살 라. 에살핫돈

67. 히스기야를 뒤이어 유다 왕이 된 사람은? (20:21)
가. 요아스 나. 아몬 다. 므낫세 라. 호세아

68. 므낫세는 유다를 몇 년간 통치하였나? (21:1)
가. 이십오 년 나. 삼십오 년 다. 사십 년 라. 오십오 년

69. 요시야 당시의 관료들이 아닌 사람은? (22:12)
가. 제사장 힐기야 나. 서기관 사반
다. 왕의 시종 아사야 라. 선지자 이사야

70. 요시야 때 성전에서 율법책이 발견되자 대신들이 그것을 가지고 찾아갔던 선지자의 이름은? (22:13-14)
가. 훌다 나. 아히감 다. 아사랴 라. 이사야

71. 자기의 자녀를 불로 지나가게 하는 것은 어떤 신에 대한 제사인가? (23:10)
가. 밀곰 나. 몰록 다. 아세라 라. 바알

72. 요시야 왕은 누구에게 죽임을 당했는가? (23:29)
가. 앗수르의 왕 에살핫돈 나. 바벨론의 왕 발라단
다. 앗수르의 왕 사르곤 라. 애굽의 왕 바로 느고

73. 요시야가 죽임을 당한 곳은? (23:29)

가. 길르앗 라못 나. 아벡

다. 므깃도 라. 립나

74. 애굽 왕에 의해서 포로로 잡혀가 립나에 갇혔다가 나중에 애굽에서 죽은 왕은? (23:33-34)

가. 엘리아김 나. 여호아하스

다. 여호야긴 라. 시드기야

75. 여호야김이 삼 년 동안 조공을 바치며 섬겼으나 나중에 배반함으로 유다를 쳐들어온 바벨론의 왕은? (24:1)

가. 브로닥발라단 나. 다리오

다. 느부갓네살 라. 고레스

76. 느부갓네살의 시위대장으로서 예루살렘을 쳐서 함락시킨 사람은? (25:8)

가. 느부사라단 나. 세스바살 다. 닷드내 라. 스달보스내

77. 사반의 손자요 아히감의 아들로서 유다의 총독이 된 사람은? (25:22)

가. 스라야 나. 스바냐 다. 마아가 라. 그달리야

78. 그달리야를 살해한 사람은? (25:25)

가. 이스마엘 나. 요하난 다. 야아사니야 라. 스라야

79. 그달리야와 미스바에 있는 유다 사람과 갈대아 사람을 죽인 후 백성과 군대 장관들은 어디로 도망하였는가? (25:25-26)

가. 바벨론 나. 시돈 다. 애굽 라. 앗수르

80. 여호야긴을 옥에서 풀어주고 좋은 대우를 해준 바벨론의 왕은? (25:27-30)

가. 느부갓네살 나. 느부사라단

다. 아닥사스다 라. 에윌므로닥

2 Kings

[단답형 문제]

1. 아하시야가 부상을 당했을 때 그는 누구에게 도움을 청하였나? (1:2)

2. 엘리사가 보고 소리 지르되 내 아버지여 내 아버지여 이스라엘의 (   )와 그 (   )이여 하더니 다시 보이지 아니하는지라 이에 엘리사가 자기의 옷을 잡아 둘로 찢고 (2:12)

3. 엘리야가 회오리 바람으로 승천했을 때 그 사실을 믿지 않고 사흘 동안 찾았던 사람들은? (2:12-18)

4. 하나님께서는 모압과의 전쟁에서 어려움을 겪고 있는 이스라엘 동맹군들에게 엘리사를 통해 무엇을 하라고 말씀하셨는가? (3:16)

5. 엘리사가 나아만에게 행하라고 한 치료방법은? (5:10)

6. 게하시는 거짓에 대한 형벌로 무슨 병에 걸렸는가? (5:27)

7. 나뭇가지를 던져서 물에 빠진 쇠도끼를 떠오르게 한 선지자는 누구인가? (6:6)

8. 이스라엘 왕을 도운 엘리사가 아람 왕을 피해 달아난 곳은? (6:13)

9. 아람 군대가 둘러싼 성읍에서 엘리사와 사환 청년은 무엇이 산에 가득한 것을 보았는가? (6:17)

10. 아람 군대를 사로잡았으나 떡과 물을 주어 먹고 마시게 한 후에 돌려 보낸 선지자는 누구인가? (6:22)

11. 아람 사람이 사마리아를 에워쌌을 때 이스라엘 백성들은 심한 굶주림에 처했다. 엘리사는 이러한 절망적인 상황에서 다음과 같이 예언하였다. (　) 안에 들어갈 알맞은 말은? (7:1)

> "내일 이맘때에 사마리아 성문에서 (　　　　) 한 스아를 한 세겔로 매매하고 (　　) 두 스아를 한 세겔로 매매하리라 하셨느니라."

12. 엘리사의 예언을 의심하여 "네가 네 눈으로 보리라 그러나 그것을 먹지는 못하리라"는 심판을 받은 사람의 직책은? (7:2)

13. 사마리아를 포위 공격하던 아람 군대가 도망간 것을 제일 먼저 알게 된 사람들은? (7:3-7)

14. 아람 군대는 병거 소리와 말 소리와 큰 군대의 소리를 듣고 이스라엘이 어느 나라들과 함께 협공을 해온다고 생각했는가? (7:6)

15. 하사엘이 아람 왕이 될 것을 예언한 선지자는? (8:13)

16. 여호람 왕 시절에 에돔이 유다의 수하에서 배반했을 때 그들과 함께 배반했던 지역은? (8:22)

17. 유다 왕 아하시야의 모친인 아달랴는 이스라엘 왕 누구의 손녀인가? (8:26)

18. 요람 왕이 아람 왕 하사엘과 싸울 때 입은 부상을 치료하기 위해 간 곳은? (8:29)

19. 예후가 사마리아에 이르러 누구에게 속한 자를 진멸하였나? (10:17)

20. 이스라엘은 하사엘에 의해 요단 동쪽 길르앗 온 땅 곧 갓 사람과 르우벤 사람과 므낫세 사람의 땅 아르논 골짜기에 있는 (   )에서부터 (   )과 (   )까지 빼앗김을 당했다. (10:33)

21. 요람 왕의 딸 여호세바는 누구를 죽음에서 구해주었는가? (11:2)

22. 여호야다가 바알의 당을 훼파하고 죽인 바알의 제사장은? (11:18)

23. 요아스가 예루살렘에서 통치한 기간은? (12:1)

24. 요아스가 예루살렘을 통치하는 동안 야훼 보시기에 정직하게 행하도록 교훈한 제사장은 누구인가? (12:2)

25. 요아스는 제사장 여호야다를 시켜 성전에 한 궤를 놓고 그곳에서 나온 은으로 어디를 수리하는 데 쓰게 하였는가? (12:7-12)

26. 요아스는 속건제의 은과 속죄제의 은을 야훼의 성전에 드리지 않고 누구에게 돌렸나? (12:16)

27. 요아스는 어디에서 살해당했나? (12:20)

28. 요아스를 죽인 사람들은 누구인가? (12:21)

29. 야훼께서 보시기에 악을 행한 이스라엘 왕 여호아하스는 느밧의 아들 누구의 죄를 따라가고 거기에서 떠나지 아니하였는가? (13:1-2)

30. 야훼께서는 여호아하스의 죄로 인하여 이스라엘에 노하사 이스라엘을 어느 나라에 넘기셨나? (13:3)

31. 여호아하스는 어디에 장사되었나? (13:9)

32. 엘리사가 죽어 장사 된 곳에 들이닥친 이들은 누구인가? (13:20)

33. 유다 왕 요아스의 아들 아마샤의 모친인 여호앗단은 어디 사람인가? (14:2)

34. 이스라엘 왕 요아스는 아마샤가 말을 듣지 않자 유다의 어디에서 대면하여 유다를 쳤나? (14:11-12)

35. 이스라엘 왕 요아스는 유다 왕 아마샤를 사로잡고 예루살렘에 이르러 예루살렘 성벽을 얼마나 헐었나? (14:13)

36. 여로보암이 이스라엘 영토를 하맛 어귀에서부터 아라바 바다까지 회복할 것이라고 예언한 선지자는? (14:25)

37. 야베스의 아들 살룸을 죽이고 왕이 된 사람은? (15:14)

38. 므나헴의 아들 브가히야는 사마리아 왕궁 호위소에서 누구에게 살해당했나? (15:23-25)

39. 예루살렘에 와서 아하스를 에워쌌으나 이기지 못했던 사람들은? (16:5)

40. 아하스 왕의 모든 명령대로 행했던 제사장은? (16:10-16)

41. 히스기야는 모세가 만들었던 놋뱀을 부수고 무엇이라 일컬었는가? (18:4)

42. 앗수르 왕 산헤립은 어디에서 살해당했나? (19:36-37)

43. 예루살렘이 포위될 경우 물 공급을 위해 히스기야가 만든 두 가지는? (20:20)

44. 요시야는 온 유다에 있는 무엇을 더럽게 하고 헐어버렸는가? (23:8)

45. 요시야의 아들 엘리아김은 바로 느고에 의해 왕이 된 후 이름을 무엇으로 개명되었는가? (23:34)

46. 여호야긴의 숙부 맛다니야가 왕이 될 때 그의 이름은 무엇으로 개명되었는가? (24:17)

1 Chronicles 역대상

[선택형 문제]

1. 야벳의 자손(아들)이 아닌 사람은? (1:5)
   가. 고멜 나. 마곡 다. 마대 라. 구스

2. 함의 자손(아들)이 아닌 사람은? (1:8)
   가. 미스라임 나. 붓 다. 가나안 라. 니므롯

3. 셈의 자손(아들)이 아닌 사람은? (1:17)
   가. 엘람 나. 앗수르 다. 룻 라. 라멕

4. 이스라엘 즉 야곱의 아들이 아닌 사람은? (2:1-2)
   가. 르우벤 나. 잇사갈 다. 헤스론 라. 아셀

5. 유다의 아들이 아닌 사람은? (2:3-4)
   가. 여라므엘 나. 에르 다. 셀라 라. 오난

6. 다음은 유다 왕조의 족보 중 하나이다. (　) 안에 들어갈 왕은 누구인가? (3:10)

다윗－솔로몬－르호보암－아비야－(　　)－여호사밧

   가. 요아스 나. 아마샤 다. 아사 라. 아하시야

7. 야곱의 아들 중에서 르우벤 대신 장자의 명분을 받은 사람은? (5:1-2)
   가. 시므온 나. 레위 다. 납달리 라. 요셉

8. 블레셋 사람들과의 길보아 전투에서 사울과 함께 죽은 아들이 아닌 자는? (10:2)
가. 요나단 나. 말기수아 다. 아비나답 라. 에스바알

9. 다윗은 이스라엘의 왕위에 오른 후 야훼 하나님의 궤를 어디에서 예루살렘으로 가지고 왔는가? (13:6)
가. 가드 나. 세겜 다. 기럇여아림 라. 하맛

10. 하나님의 궤를 멜 수 있는 지파는? (15:2)
가. 유다 나. 베냐민 다. 에브라임 라. 레위

11. 언약궤가 다윗 성으로 들어올 때에 다윗 왕이 춤추며 뛰노는 것을 보고 그 마음에 업신여겼던 사람은? (15:29)
가. 다말 나. 미갈 다. 아비가일 라. 여루사

12. 다윗은 야훼의 궤 앞에서 섬기며 야훼를 칭송하고 감사하며 찬양하는 자들의 우두머리로 누구를 세웠는가? (16:4-6)
가. 아삽 나. 사독 다. 아비아달 라. 브나야

13. 다윗이 소바 왕 하닷에셀에게서 빼앗아온 놋으로 솔로몬이 만든 것 중에 속하지 않는 것은? (18:8)
가. 놋대야 나. 놋방패 다. 놋그릇 라. 기둥

14. 하맛 왕 도우가 하닷에셀과 여러 번 전쟁을 치르던 터에 다윗이 하닷에셀을 쳐서 무찌르자 그의 아들을 보내어 다윗에게 금은보화를 바쳤다. 그 아들은 누구인가? (18:9-10)
가. 라호미 나. 하눈 다. 히람 라. 하도람

15. 암몬 왕 하눈은 그 아버지 나하스를 문상하러 온 다윗의 신하들을 어떻게 하였는가? (19:1-4)
가. 따로 음식을 준비하여 극진히 대접하였다
나. 자신들의 풍습에 따라 눈썹 사이 이마 위의 털을 밀고 애도하게 했다

다. 수염을 깍고 의복을 볼기 중간까지 자르고 돌려보냈다
라. 왕의 죄수를 가두는 곳에 가두었다

16. 암몬 왕 하눈의 군대와 다윗의 군대가 대치하며 전쟁을 벌인 장소는? (19:7)
가. 아벡 나. 길르앗 라못 다. 메드바 라. 므깃도

17. 이스라엘에게 패한 암몬 왕 하눈이 사신을 보내어 아람 왕 하닷에셀에게 도움을 요청했을 때 암몬을 도우러 온 아람의 군대 사령관은 누구인가? (19:16)
가. 소박 나. 아므람 다. 하도람 라. 나하스

18. 블레셋 사람들과 전쟁할 때 야일의 아들 엘하난은 골리앗의 아우 누구를 죽였는가? (20:5)
가. 하도람 나. 라흐미 다. 하눈 라. 사워사

19. 다윗의 형 시므아의 아들로서 가드에서 전쟁할 때, 그 곳 출신의 손과 발에 가락이 여섯씩 있는 키가 큰 자의 소생을 죽인 사람은? (20:6-7)
가. 엘하난 나. 요압 다. 아사헬 라. 요나단

20. 다윗이 인구 조사를 명령할 때 이를 마땅치 않게 여긴 요압이 계수하지 않은 지파는? (21:6)
가. 레위와 베냐민 나. 유다와 베냐민
다. 에브라임과 므낫세 라. 단과 르우벤

21. 다윗이 오르난의 타작 마당에서 야훼께 제사를 드렸을 때, 모세가 지은 야훼의 성막과 번제단은 어디에 있었는가? (21:28-29)
가. 예루살렘 나. 기브온 다. 벧엘 라. 실로

22. 다윗이 야훼의 전을 건축하지 못한 이유는? (22:8)
가. 재정상의 어려움 때문에 나. 건축 기술이 부족해서
다. 전쟁으로 피를 많이 흘려서 라. 밧세바와의 간음 사건 때문에

23. 다윗이 개인 소유로 하나님의 성전 건축을 위해 드린 금의 양은? (29:4)

가. 천 달란트　　나. 이천 달란트

다. 삼천 달란트　　라. 사천 달란트

24. 다윗의 행적이 기록된 글이 아닌 것은? (29:29)

가. 선견자 사무엘의 글　　나. 제사장 엘리의 글

다. 선지자 나단의 글　　라. 선견자 갓의 글

1 Chronicles

[단답형 문제]

1. 구스가 낳은 아들이며 세상에서 첫 영걸인 자는? (1:10)

2. 다윗 족보에서 (　　)에 들어갈 사람은? (2:11-15)

나손－살마－(　　　)－오벳－(　　　)－다윗

3. 유다의 자손 중에 "내가 수고로이 낳았다"라는 뜻의 이름을 가진 자로서 "내게 복을 주시려거든 나의 지역을 넓히시고 주의 손으로 나를 도우사 나로 환난을 벗어나 내게 근심이 없게 하옵소서"라고 하나님께 기도하여 응답받은 인물은 누구인가? (4:10)

4. 사울의 족보에서 (　　)에 들어갈 사람은? (8:33-34)

넬－(　　　)－사울－(　　　)－므립바알(므비보셋)

5. 모압 아리엘의 아들 둘을 죽였고, 눈 올 때에 함정에 내려가서 사자 한 마리를 죽였으며, 키가 다섯 규빗이나 되는 애굽 사람을 죽였던 다윗의 시위대장은 누구인가? (11:22-25)

6. 하나님의 궤가 기돈의 타작 마당에 이르렀을 때 소들이 뛰는 것을 보고 손을 펴서 궤를 붙들다가 죽은 사람은? (13:10)

7. 하나님의 궤가 오벧에돔의 집에 머물렀던 기간은? (13:14)

8. 야훼의 언약궤 앞에서 항상 나팔을 불었던 두 제사장은? (16:6)

9. 블레셋 사람들과 게셀에서 전쟁할 때에 키가 큰 자의 아들 중에 십배를 죽임으로써 블레셋을 항복시킨 사람은? (20:4)

10. 다윗은 성전 건축을 위해 백향목을 무수히 준비하였는데 이 백향목을 다윗에게 수운하여 온 사람들은 누구인가? (22:4)

11. 다윗이 레위의 아들들을 (　　)과 그핫과 (　　)에 따라 각 반으로 나누었더라 (23:6)

12. 나답과 아비후가 자식도 없이 아버지 아론보다 먼저 죽었기 때문에 아론의 뒤를 이어 제사장의 직분을 행하였던 아론의 아들들의 이름은? (24:1-2)

13. 다윗이 제사장 직분을 맡긴 엘르아살 자손과 이다말의 자손은 각각 누구인가? (24:3)

14. 다윗이 군대 지휘관들과 더불어 (　　)과 (　　)과 (　　)의 자손 중에서 구별하여 섬기게 하되 수금과 비파와 제금을 잡아 신령한 노래를 하게 하였으니 (25:1)

15. 다음은 누구에 대한 설명인가? (25:5-6)

> 그는 하나님의 말씀을 가진 왕의 선견자이며, 슬하에 열네 아들과 세 딸을 두었는데, 그 자녀들이 모두 야훼의 전에서 그의 지휘 아래 제금과 비파와 수금을 연주하였다.

16. 다음은 누구에 대한 설명인가? (13:14, 26:4-8)

> 하나님의 궤를 석 달 동안 잘 보존하여 그의 집과 소유에 하나님의 복이 내렸고, 그의 자손들은 성전 문지기 반장의 직무를 감당하게 되었다.

17. 레위 지파인 이스할 자손 중에서 성전 밖에서 이스라엘의 일을 다스리는 관원과 재판관이 된 사람들은 누구인가? (26:29)

18. 헤브론 자손의 우두머리로서 그의 형제들과 더불어 르우벤과 갓과 므낫세 반 지파를 주관하여 하나님의 모든 일과 왕의 일을 다스렸던 사람은? (26:31-32)

19. 이스라엘 자손 모든 가문의 우두머리와 천부장과 백부장과 관원들을 매달마다 번갈아 왕을 섬기도록 열두 반으로 나눈 각 반열은 몇 명으로 구성되었는가? (27:1)

20. 다윗은 이스라엘 사람들 중 몇 세 이하의 수효는 조사하지 않았는가? (27:23)

21. 왕의 재산을 관리하는 사람들 중에서 낙타를 맡았던 오빌은 어느 족속 사람인가? (27:30)

22. 내 아들 ( )아 너는 네 아버지의 하나님을 알고 온전한 마음과 기쁜 뜻으로 섬길지어다 야훼께서는 모든 ( )을 감찰하사 모든 의도를 아시나니 네가 만일 그를 찾으면 만날 것이요 만일 네가 그를 버리면 그가 너를 ( ) 버리시리라 (28:9)

23. 이 날에 무리가 크게 기뻐하여 야훼 앞에서 먹으며 마셨더라 무리가 다윗의 아들 ( )을 다시 왕으로 삼아 기름을 부어 야훼께 돌려 주권자가 되게 하고 ( )에게도 기름을 부어 제사장이 되게 하니라 (29:22)

2 Chronicles 역대하

[선택형 문제]

1. 솔로몬이 기브온 산당의 놋 제단에 드린 희생제물의 수는? (1:6)
   가. 천 마리　　나. 이천 마리　　다. 오천 마리　　라. 만 마리

2. 솔로몬의 병거 수는? (1:14)
   가. 백사십 대　　나. 사백 대　　다. 천 대　　라. 천사백 대

3. 성전 건축을 위해 백향목과 잣나무와 백단목을 보내준 두로 왕 후람에게 솔로몬이 준다고 약속한 것이 아닌 것은? (2:10)
   가. 기름　　나. 보리　　다. 포도주　　라. 말

4. 다음의 설명이 지칭하는 장소는? (3:1)

   > • 솔로몬이 야훼의 전을 건축한 곳이다.
   > • 전에 야훼께서 다윗에게 나타나신 곳이기도 하다.
   > • 여부스 사람 오르난의 타작 마당에 다윗이 정한 곳이다.

   가. 모리아 산　　나. 감람 산　　다. 아모리 산　　라. 시온 산

5. 지성소에 있는 그룹의 한 날개의 길이는? (3:11)
   가. 삼 규빗　　나. 오 규빗　　다. 십 규빗　　라. 이십 규빗

6. 솔로몬이 건축한 성전 안에 등잔대와 상(진설병 상)을 몇 개씩 두었는가? (4:7-8)
   가. 3개, 3개　　나. 7개, 7개　　다. 10개, 10개　　라. 12개, 12개

7. 솔로몬이 지은 성전의 기구가 아닌 것은? (4:19-22)
가. 금 제단 나. 순금 등잔대
다. 진설병 상 라. 순금 번제단

8. 솔로몬이 야훼의 전을 건축한 후 기도를 마치매 하늘에서부터 무엇이 내려왔는가? (7:1)
가. 천사 나. 구름 다. 불 라. 비

9. 솔로몬이 하맛소바를 점령하고 그 후 광야에 세운 도시는? (8:3-4)
가. 데마 나. 다드몰 다. 가데스 라. 알레포

10. 솔로몬이 역꾼으로 삼은 이방 민족이 아닌 것은? (8:7-8)
가. 헷 족속 나. 모압 족속
다. 아모리 족속 라. 히위 족속

11. 솔로몬의 세입금의 무게는 금 몇 달란트인가? (9:13)
가. 백이십 나. 삼백육십오
다. 육백육십육 라. 구백구십오

12. 솔로몬이 무역을 통해 수입한 품목이 아닌 것은? (9:21)
가. 상아 나. 코끼리 다. 원숭이 라. 공작

13. 솔로몬 시대에 활동했던 선지자(혹은 선견자)가 아닌 사람은? (9:29)
가. 갓 나. 나단 다. 아히야 라. 잇도

14. 르호보암이 유다와 베냐민의 용사를 모아 여로보암을 치러 가려고 할 때 야훼의 말씀을 전함으로써 이를 중지시킨 선지자는? (11:1-4)
가. 스마야 나. 엘리야 다. 갓 라. 아히야

15. 여로보암이 세운 종교적 산물이 아닌 것은? (11:15)
가. 산당 나. 숫염소 우상
다. 송아지 우상 라. 뱀 우상

16. 르호보암이 아내 열여덟 명과 첩 예순 명을 거느렸으나 압살롬의 딸 누구를 가장 사랑했는가? (11:21)
가. 다말 나. 마아가 다. 아비노암 라. 사르밧

17. 르호보암의 모친 나아마는 어느 족속이었는가? (12:13)
가. 가나안 나. 모압 다. 암몬 라. 에돔

18. 아사 왕은 구스 사람 누구의 공격을 받을 때 마레사의 스바다 골짜기에 전열을 갖추고 기도했는가? (14:9-12)
가. 세라 나. 세바 다. 살몬나 라. 느고

19. 유다 왕 아사는 아람 왕 벤하닷으로 이스라엘의 성읍들을 공격하게 함으로써 바아사 왕의 어느 곳 건축 공사를 중지시켰는가? (16:1-6)
가. 라마 나. 실로 다. 여리고 라. 기브아

20. 여호사밧 재위 시절 유다의 선견자는? (19:2)
가. 갓 나. 아히야 다. 미가야 라. 예후

21. 드고아 들에서 여호사밧 왕은 노래하는 자들을 군대 앞에서 행진하며 야훼를 찬송하게 했는데 이때 서로 싸워 자멸한 적군에 속하지 않는 자는? (20:23)
가. 암몬 자손 나. 모압 자손
다. 세일 산 주민 라. 아모리 자손

22. 유다 왕 여호람의 우상 숭배를 책망한 선지자는? (21:11-15)
가. 엘리야 나. 엘리사 다. 미가야 라. 하나니

23. 오므리의 손녀인 아달랴의 아들이며 여호람의 뒤를 이어 유다의 왕이 된 사람은? (22:1-2)
가. 아하스 나. 아하시야 다. 아모스 라. 아히멜렉

24. 아달랴가 유다 집의 왕국의 씨를 모두 진멸할 때에 아하시야의 아들 요아스를 몰래 빼내어 구한 사람은? (22:11)
가. 여호사브앗 나. 아비아달 다. 사독 라. 엘리에셀

25. 제사장 여호야다는 아달랴를 폐위시키고 바알 제사장 누구를 죽였는가? (23:17)
가. 이스마엘 나. 아사랴 다. 맛단 라. 여호야난

26. 제사장 여호야다의 아들로서 요아스의 우상 숭배를 책망하다가 돌로 쳐 죽임을 당한 사람은? (24:20-22)
가. 하나니 나. 미가야 다. 스가랴 라. 예후

27. 에돔과의 전쟁에서 승리하였으나 세일 자손의 신들을 숭배하는 죄를 범함으로써 야훼의 심판을 받게 된 유다 왕은 누구인가? (25:14-16)
가. 아하시야 나. 아마샤 다. 요아스 라. 웃시야

28. 벧세메스에서 유다 왕 아마샤와 싸워 이긴 이스라엘의 왕은 누구인가? (25:17-28)
가. 예후 나. 여호아하스 다. 요아스 라. 아합

29. 웃시야 왕이 야훼의 성전에 들어가 향단에 분향하려고 했을 때에 그의 뒤를 따라 들어가서 이를 만류했던 제사장은? (26:19-20)
가. 스가랴 나. 이사야 다. 아사랴 라. 오뎃

30. 히스기야 왕이 온 이스라엘과 유다에 사람을 보내어 둘째 달에 지키게 한 절기는? (30:1-2)
가. 유월절 나. 초막절 다. 칠칠절 라. 나팔절

31. 히스기야 왕 때에 유다를 공격하였다가 야훼께서 보내신 천사에게 진멸당한 앗수르의 왕은? (32:1-21)
가. 디글랏빌레셀 나. 사르곤
다. 산헤립 라. 에살핫돈

32. 요시야가 왕위에 오를 때의 나이는? (34:1)
가. 오 세 나. 팔 세 다. 십이 세 라. 십육 세

33. 요시야 시절의 대제사장은? (34:9)
가. 힐기야 나. 사반 다. 훌다 라. 하박국

34. 요시야가 애굽 왕 느고와 싸우다가 전사한 곳은? (35:22)
가. 하맛 나. 알레포 다. 므깃도 라. 긴네렛

35. 다음은 유다 왕들을 포로로 잡아간 적국의 왕들이다. 잘못 연결된 것은? (36:1-23)
가. 여호아하스—애굽 왕 느고
나. 여호야김—바벨론 왕 느부갓네살
다. 여호야긴—앗수르 왕 산헤립
라. 시드기야—바벨론 왕 느부갓네살

36. 여호야김 왕의 본래 이름은? (36:4)
가. 여호아하스 나. 엘리아김 다. 여호야긴 라. 엘리에셀

2 Chronicles

[단답형 문제]

1. 솔로몬의 말들은 어디에서 수입된 것인가? (1:16)

2. 레바논에서 벌목한 재목들은 바다에 띄워 어느 항구로 보내졌는가? (2:16)

3. 솔로몬 왕 때에 이스라엘 땅에 살았던 이방 사람들의 수는? (2:17)

4. 하나님의 전을 건축할 때 물두멍을 몇 개 만들었는가? (4:6)

5. 역대하 5장에서는 야훼의 언약궤 안에 무엇이 들어있다고 했는가? (5:10)

6. "주는 계신 곳 하늘에서 그들의 기도와 간구를 들으시고 그들의 일을 돌보시오며 주께 범죄한 주의 백성을 용서하옵소서"라고 기도한 사람은? (6:39)

7. 솔로몬은 낙성식을 며칠 동안 거행하였는가? (7:9)

8. 솔로몬이 야훼의 전과 자기의 궁궐을 건축한 기간은? (8:1)

9. 솔로몬이 바로의 딸을 다윗의 왕궁에 살지 못하게 한 이유는? (8:11)

10. 솔로몬이 낭실 앞에 쌓은 야훼의 제단 위에 야훼께 번제를 드리되 모세의 명령을 따라 매일의 일과대로 안식일과 초하루와 정한 절기 곧 일년의 세 절기 (　　　　)과 (　　　　)과 (　　　　)에 드렸더라 (8:12-13)

11. 솔로몬의 명성을 듣고 어려운 질문으로 솔로몬을 시험하고자 예루살렘을 방문한 사람은? (9:1)

12. 솔로몬 왕의 배들이 후람의 종들과 함께 어디에서 삼 년에 일 차씩 금과 은과 상아와 원숭이와 공작을 실어왔는가? (9:21)

13. 애굽 왕 시삭이 예루살렘을 치러 올라왔을 때에 르호보암과 유다 방백들에게 나아와 그들을 조금 구원하리라는 하나님의 말씀을 전한 사람은 누구인가? (12:1-7)

14. 유다 왕 아비야는 스마라임 산 위에 서서 여로보암과 이스라엘 사람들에게 연설을 하였는데 이때 야훼께서 무슨 언약으로 이스라엘 나라를 다윗과 그 자손에게 영원히 주셨다고 역설하였는가? (13:5)

15. 구스 사람들을 물리치고 돌아오는 아사 왕과 백성들을 향하여 우상 숭배의 죄에서 돌이켜 하나님을 찾으라고 권고함으로써 종교개혁을 단행케 한 선지자는? (15:1-7)

16. 아세라를 섬긴 자신의 모친에게 태후의 자격을 박탈했던 왕은? (15:16)

17. 야훼를 의지하지 않고 아람 왕 벤하닷의 도움을 요청했다고 아사 왕을 책망한 선견자는 누구인가? (16:7-10)

18. 여호사밧은 점점 강대해져서 크게 용맹스러운 군사를 많이 두었는데 그들 중 유다에 속한 천부장 가운데 으뜸이 되어 큰 용사 삼십만 명을 거느렸던 사람은? (17:14)

19. 여호사밧과 아합의 길르앗 라못 전투를 흉하게 예언한 미가야의 뺨을 때린 사람은? (18:23)

20. 여호사밧이 아합과 연합하여 전쟁을 치른 후 예루살렘에 돌아왔을 때 그의 행동을 책망했던 선지자는? (19:1-3)

21. 아래의 말씀은 여호사밧 왕이 재판관들에게 야훼를 위하여 재판하라고 가르칠 때 했던 말이다. ( ) 안에 들어갈 알맞은 말은? (19:7)

> "너희는 야훼를 두려워하는 마음으로 삼가 행하라 우리의 하나님 야훼께서는 (　　　)도 없으시고 (　　　)도 없으시고 (　　　)을 받는 일도 없으시니라"

22. 여호사밧 왕 때에 야훼께 속한 모든 일을 다스렸던 사람과 왕에게 속한 모든 일을 다스렸던 사람은 각각 누구인가? (19:11)

23. 여호사밧 왕 시절 모압과 암몬 등이 쳐들어왔을 때에 이 전쟁은 하나님께 속한 것이므로 두려워하지 말고 야훼가 구원하는 것을 보라고 예언한 레위 사람은? (20:14-17)

24. 적군이 쳐들어왔을 때 노래하는 자들에게 거룩한 예복을 입히고 야훼를 찬송하게 함으로써 전쟁에서 승리한 왕은 누구인가? (20:20-23)

25. 유다 왕 여호사밧이 이스라엘 왕 아하시야와 함께 에시온게벨에서 배를 지었을 때 아하시야와의 교제를 책망하고 그 배가 다시스로 가지 못함을 예언했던 사람은? (20:35-37)

26. 여호사밧의 뒤를 이어 왕위에 오른 후에 자신의 아우들을 모두 죽인 유다 왕은 누구인가? (21:1-4)

27. 군대를 일으켜 아달랴를 왕위에서 내쫓고 요아스를 유다 왕으로 등극시킨 제사장은 누구인가? (23:1-15)

28. 제사장 아사랴의 반류를 뿌리치고 야훼께 분향하려다가 나병을 앓게 된 유다 왕은? (26:16-19)

29. 아람과 이스라엘의 왕 베라의 연합군이 유다의 포로들을 사로잡아 오는 것에 대해 하나님께서 진노하셨다고 예언한 선지자는 누구인가? (28:8-11)

30. 히스기야 왕 때에 대제사장 아사랴는 어느 족속 사람인가? (31:10)

31. 앗수르 왕의 군대 지휘관들에게 결박되어 바벨론으로 끌려갔다가 회개한 후에 유다로 돌아와 다시 왕위에 앉은 유다 왕은 누구인가? (33:10-13)

32. 제사장 힐기야가 성전에서 발견한 율법책을 서기관 사반이 읽는 것을 듣고 나서 그 기록된 말씀에 따라 개혁을 일으킨 유다 왕은 누구인가? (34:8,14-21)

33. 요시야 왕이 죽자 그를 위하여 애가를 지은 선지자는? (35:25)

34. 바벨론에 의해 파괴된 예루살렘 성전을 건축할 수 있도록 첫 조서를 내린 바사 왕은? (36:22-23)

Ezra

에스라

[선택형 문제]

1. 에스라서의 약자는?
   가. 에　　나. 스　　다. 라　　라. 엣

2. 첫 번째 포로 귀환령을 내린 왕은? (1:1)
   가. 다리오　　나. 느부갓네살
   다. 고레스　　라. 아닥사스다

3. 다음 이방 왕들 중에서 예루살렘에 성전을 건축하라는 하나님의 명령을 받은 왕은? (1:2)
   가. 느부갓네살　　나. 고레스
   다. 다리오　　라. 바로

4. 다음 중 바사 왕 고레스가 고백한 말이 아닌 것은? (1:2-3)
   가. 하늘의 하나님 야훼께서 세상 모든 나라를 내게 주셨다
   나. 이스라엘의 하나님은 전능하신 신이라
   다. 야훼께서 나에게 명령하사 유다 예루살렘 성전을 건축하라고 하셨다
   라. 야훼는 예루살렘에 계신 하나님이시라

5. 고레스 왕은 하나님에 대해 어떻게 말했는가? (1:3)
   가. 이스라엘의 하나님은 능력이시라
   나. 이스라엘의 하나님은 지존자이시라
   다. 이스라엘의 하나님은 참 신이시라
   라. 이스라엘의 하나님은 거짓 신이시라

6. 야훼의 성전 그릇을 예루살렘에서 옮겨다가 자기 신들의 신당에 두었던 왕은? (1:7)
가. 고레스 나. 느부갓네살 다. 다리오 라. 아닥사스다

7. 고레스 왕은 어느 나라의 왕인가? (1:8)
가. 바벨론 왕 나. 바사 왕 다. 앗수르 왕 라. 유다 왕

8. 고레스가 꺼내 준 야훼의 성전 그릇들을 예루살렘으로 가지고 온 사람은? (1:11)
가. 스룹바벨 나. 예수아 다. 세스바살 라. 에스라

9. 유대인들이 귀환할 때 지도자는? (2:2)
가. 스룹바벨, 에스라, 학개 나. 다니엘, 에스라, 스룹바벨
다. 에스겔, 느헤미야, 에스라 라. 스룹바벨, 예수아, 느헤미야

10. 다음 중 에스라서에 나오지 않는 사람은? (2:2, 5:1, 8:11)
가. 스가랴 나. 학개
다. 스룹바벨 라. 스바냐

11. 다음 중 바벨론에 잡혀갔다가 돌아온 자손의 수가 맞게 연결된 것은? (2:3-10)
가. 바로스 자손－천백칠십 명 나. 아라 자손－칠백칠십오 명
다. 바핫모압 자손－천팔백십 명 라. 바니 자손－육백삼십 명

12. 귀환자 명단에서 제사장 가문이 아닌 자손은? (2:61)
가. 하바야 자손 나. 학고스 자손
다. 바르실래 자손 라. 도비야 자손

13. 스룹바벨의 인도로 돌아온 이스라엘 회중의 총 수는? (2:64)
가. 36,520명 나. 41,260명 다. 42,360명 라. 52,430명

14. 귀환한 유대인들 중 몇몇 족장들이 예루살렘에 있는 야훼의 성전 터에 이르렀을 때 제일 먼저 한 일은? (2:68-69)

가. 찬양함 나. 예물을 드림
다. 잔치를 함 라. 성전의 기초를 놓음

15. 바벨론에 잡혀갔던 유대인들은 고레스의 조서 이후 어떻게 되었는가? (1,2장)
가. 전부 돌아옴 나. 일부만 돌아옴
다. 한 명도 돌아오지 않음 라. 알 수 없음

16. 성전 건축의 착공은 언제 했는가? (3:8)
가. 하나님의 성전에 이른지 이 년 둘째 달
나. 하나님의 성전에 이른지 이 년 열째 달
다. 하나님의 성전에 이른지 일 년 둘째 달
라. 하나님의 성전에 이른지 일 년 열째 달

17. 야훼의 성전 기초가 놓임을 보고 나이 많은 사람들은 대성통곡을 하였는데, 그 이유는 무엇인가? (3:12)
가. 성전 건축이 힘이 들어서 나. 첫 성전을 보았기 때문에
다. 옛 사람들이 보고 싶어서 라. 옛 왕들이 생각나서

18. 성전 건축을 방해하기 위해 사마리아인들이 한 행위가 아닌 것은? (4:4-6)
가. 아하수에로 왕 때는 유다와 예루살렘 주민을 고발함
나. 관리들에게 뇌물을 주어 계획을 막음
다. 유다 백성의 손을 약하게 하여 건축을 방해함
라. 성전 건축을 위한 세금을 유다 백성에게 주지 않음

19. 르훔과 심새가 아닥사스다 왕께 글을 올려 성전 건축을 방해할 때에 동참했던 무리 속에 포함되지 않았던 사람은? (4:8-10)
가. 수산 사람 나. 바벨론 사람 다. 아렉 사람 라. 애굽 사람

20. 방백 르훔과 서기관 심새의 글을 읽고 이스라엘의 성전 건축을 중단시킨 왕은? (4:23)
가. 아닥사스다 나. 다리오 다. 아하수에로 라. 고레스

21. 성전 건축 재개를 요청하는 편지를 다리오 왕에게 보낸 사람이 아닌 자는? (5:6)
가. 세스바살 나. 닷드내 다. 스달보스내 라. 아바삭

22. 이스라엘 백성들은 어느 나라에 포로로 잡혀갔는가? (5:12)
가. 바사 나. 메데
다. 바벨론 라. 애굽

23. 다리오 왕이 고레스 왕 원년에 기록된 조서를 찾은 곳은? (6:2)
가. 사마리아 성 나. 메대도 악메다 궁성
다. 수산 궁 라. 예루살렘 성전

24. 다리오 왕이 찾은 고레스 왕 원년에 기록되었던 조서의 내용과 관계없는 것은? (6:3-5)
가. 하나님의 성전 지대를 견고히 쌓아라
나. 하나님의 성전 금, 은 그릇을 예루살렘 성전에 가져다가 각기 제자리에 두어라
다. 성전의 높이는 육십 규빗으로, 너비도 육십 규빗으로 하라
라. 성전 건축을 방해하는 자를 그 집 들보 위에 매어달아라

25. 다리오 왕의 조서의 내용과 관계가 없는 것은? (6:8-11)
가. 하나님의 성전 지대를 견고히 쌓을 수 있도록 도와라
나. 유브라데 강 건너편에서 거둔 세금을 성전 건축 경비로 주어라
다. 유다 사람에게 번제에 필요한 것들을 주어라
라. 이 명령을 변조하는 자를 그의 집 들보 위에 매어달아라

26. 성전은 언제 완성되었는가? (6:15)
가. 고레스 왕 제육년 아달월 칠일
나. 다리오 왕 제육년 아달월 삼일
다. 고레스 왕 원년 아달월 칠일
라. 다리오 왕 원년 아달월 삼일

27. 귀환한 이스라엘 자손들이 성전 봉헌식을 행한 후 첫째 달 십사일에 지킨 절기명은? (6:19)
가. 장막절 나. 유월절 다. 맥추절 라. 칠칠절

28. 다음 중 에스라를 설명한 말로 틀린 것은? (7:1,6)
가. 아닥사스다 시대의 인물 나. 스라야의 아들
다. 모세의 율법에 익숙한 학자 라. 선지자

29. 에스라는 아론의 몇 대 손인가? (7:5)
가. 십이대 손 나. 십육대 손 다. 이십대 손 라. 이십사대 손

30. 에스라가 예루살렘에 돌아올 때 걸린 기간은? (7:9)
가. 3개월 나. 4개월 다. 5개월 라. 6개월

31. 에스라의 직분은? (7:12)
가. 제사장 겸 서기관 나. 서기관 겸 율법학자
다. 선지자 겸 서기관 라. 율법학자 겸 제사장

32. 에스라가 예루살렘으로 올라올 때 아닥사스다 왕이 내린 조서의 내용과 관계없는 것은? (7:13-26)
가. 하나님의 명령과 왕의 명령을 준행하지 아니하는 자는 그 죄를 정하여 벌하라
나. 유브라데 강 건너편에서 거둔 세금을 성전 건축 경비로 주어라
다. 예루살렘으로 올라갈 뜻이 있는 자를 데리고 가라
라. 바벨론 온 도에서 얻을 모든 은금을 가져가 그것으로 수송아지, 숫양, 어린 양과 그 소제와 전제의 물품을 사서 하나님의 성전 제단 위에 드리라

33. 유브라데 강 건너편 모든 창고지기에게 조서를 내려 에스라가 구하는 것을 신속히 시행하라고 명령한 왕은 누구인가? (7:21)
가. 고레스 나. 아닥사스다
다. 벨사살 라. 다리오

34. 2차 귀환의 지도자는? (7장)
가. 스가랴　　나. 다니엘　　다. 에스라　　라. 스룹바벨

35. 귀환하는 에스라에게 하나님의 전을 위하여 하나님이 명령하신 것은 삼가 행하라고 말하며 필요한 물품을 공급한 왕은? (7:23)
가. 아닥사스다　나. 다리오　　다. 고레스　　라. 벨사살

36. 에스라가 아하와로 흐르는 강 가에 무리를 모으고 삼일 동안 백성과 제사장들을 살폈을 때 그 중에 없었던 자손은? (8:15)
가. 유다 자손　　나. 베냐민 자손
다. 레위 자손　　라. 스가냐 자손

37. 에스라가 바벨론에서 돌아올 때 백성들을 모아 금식을 선포하고 백성들을 겸비케 하며 하나님께 평탄한 길을 간구하였던 곳은? (8:21)
가. 그발 강 가　　나. 아하와 강 가
다. 바벨론 강 가　　라. 유브라데스 강 가

38. 바벨론에서 돌아온 유대인들이 범한 죄는? (9:1-2)
가. 우상숭배　　나. 이방인 여자와 결혼
다. 불의를 행함　　라. 백성 상호 간에 불목함

39. 바벨론에서 돌아온 이스라엘 백성들이 이방인과 섞여 피를 더럽힌 일에 대해 속옷과 겉옷을 찢고 머리털과 수염을 뜯으며 하나님 앞에 회개의 기도를 올린 지도자는? (9:3)
가. 에스라　　나. 느헤미야　　다. 학개　　라. 모르드개

40. 백성들의 범죄에 대한 이야기를 들은 에스라의 태도와 관계가 적은 항목은? (9:3-5, 10:1)
가. 옷을 찢고 머리털과 수염을 뜯음
나. 제단에서 무릎을 꿇고 손을 들고 하나님께 기도함
다. 백성들을 저주하고 투옥시킴
라. 죄를 자복하고 울며 기도함

41. 에스라서는 어느 부분에 속하는가?
가. 율법서 나. 역사서 다. 시가서 라. 예언서

42. 다음 중 이스라엘의 성전 건축과 직접적인 관계가 없는 왕은?
가. 고레스 나. 아닥사스다
다. 느부갓네살 라. 다리오

43. 최초로 이방 여인을 내쫓겠다고 회개하고 에스라를 도운 사람은? (10:2-4)
가. 스가냐 나. 요나단 다. 야스야 라. 하사뱌

44. 이방 여인을 취한 자들을 조사한 기간은 얼마인가? (10:16-17)
가. 1개월 나. 2개월 다. 3개월 라. 4개월

45. 제사장 무리 중에 이방 여인을 아내로 맞이한 자가 아닌 사람은? (10:18)
가. 엘리에셀 나. 마아세야 다. 스가냐 라. 요사닥의 아들

Ezra

[단답형 문제]

1. 바사 왕 고레스 원년에 야훼께서 (　　　　)의 입을 통하여 하신 말씀을 이루게 하시려고 바사 왕 고레스의 마음을 감동시키시매 그가 온 나라에 공포도 하고 (　　　)도 내려 이르되 (1:1)

2. 스룹바벨이 이끈 귀환자들 중에 있던 제사장 자손들이 제사장 직분을 행하지 못하였던 이유는? (2:62)

3. 성전 건축을 담당했던 지도자 두 명은? (3:2,8)

4. 귀환한 이스라엘 자손들은 제단을 세우고 아침 저녁으로 야훼께 번제를 드리는 한편 기록된 규례대로 무슨 절기를 지켰는가? (3:4)

5. 성전 건축에 쓰일 재목으로 고레스 왕의 명령에 따라 레바논에서 욥바까지 운송해 온 것은? (3:7)

6. 예루살렘이 있는 하나님의 성전에 이른 지 이 년 둘째 달에 스알디엘의 아들 (   )과 요사닥의 아들 (   )와 다른 형제 제사장들과 레위 사람들과 무릇 사로잡혔다가 예루살렘에 돌아온 자들이 공사를 시작하고 (   ) 세 이상의 레위 사람들을 세워 야훼의 성전 공사를 감독하게 하매 (3:8)

7. 에스라서에 나타나는 2가지 주요한 사건은 무엇인가? (3장, 10장)

8. 귀환한 이스라엘 자손들이 야훼의 성전을 건축한다는 소식을 듣고 유다와 베냐민의 대적들이 요구한 것은 무엇이며, 스룹바벨과 족장들은 이에 어떻게 반응했는가? (4:1-3)

9. 성전 건축을 방해하기 위해 아닥사스다 왕에게 글을 올려 예루살렘 백성을 고발한 두 사람은? (4:8)

10. 르훔과 심새의 글을 읽고 아닥사스다 왕이 예루살렘 성읍 건축을 중지시킨 이유는? (4:13,20)

11. 아닥사스다 왕은 유다와 베냐민 자손의 대적들이 보낸 고발장을 받고 어떤 조처를 내렸는가? (4:21)

12. 성전 건축은 언제까지 중단되었는가? (4:24)

13. 성전 건축 사업을 다시 진행할 수 있도록 예언한 선지자들은? (5:1)

14. 총독 닷드내와 동료들이 누구에게 성전 건축이 계속되고 있음을 보고했는가? (5:6-17)

15. 고레스 왕의 명령에 의해 바벨론 신당에 두었던 예루살렘 하나님 성전의 금, 은그릇을 예루살렘으로 가져오고, 예루살렘 하나님의 성전 지대를 놓았던 사람은? (5:14-16)

16. 성전 건축을 중지하는 아닥사스다 왕의 조서를 철회하고 고레스 왕의 조서를 근거로 성전 건축 재개를 허락한 바사 왕은 누구인가? (6:1-12)

17. 고레스 왕 원년의 조서에서 성전의 높이와 너비는 몇 규빗으로 하라고 기록되어 있는가? (6:3)

18. 다리오 왕이 닷드내에게 보낸 회답은? (6:7)

19. 성전을 완공한 후에 이스라엘 자손과 제사장들과 레위 사람들과 기타 사로잡혔던 자의 자손이 한 일은 무엇인가? (6:16)

20. 아닥사스다 왕 제칠년에 에스라와 함께 귀환한 백성들은? (7:7)

21. 이 에스라가 올라왔으니 왕의 제칠년 다섯째 달이라 (　　) 달 (　　)에 바벨론에서 길을 떠났고 하나님의 선한 손의 도우심을 입어 (　　) 달 (　　)에 예루살렘에 이르니라 (7:8-9)

22. 야훼의 율법을 연구하여 준행하며 율례와 규례를 이스라엘에게 가르치기로 결심한 자는? (7:10)

23. 모든 왕의 왕 (   )는 하늘의 하나님의 율법에 완전한 학자 겸 제사장 (   )에게 조서를 내리노니 우리 나라에 있는 이스라엘 백성과 그들 제사장들과 레위 사람들 중에 예루살렘으로 올라갈 뜻이 있는 자는 누구든지 너와 함께 갈지어다 (7:12-13)

24. 아닥사스다 왕이 에스라를 예루살렘에 보낸 목적은 무엇에 따라 유다와 예루살렘의 형편을 살피기 위함인가? (7:14)

25. 에스라가 귀환하는 백성들에게 아하와 강가에서 선포한 것과 간구한 것은? (8:21)

26. 에스라는 하나님의 성전에 드린 은과 금과 그릇들을 누구에게 맡겨 예루살렘까지 운반하도록 하였는가? (8:24-29)

27. 이스라엘 백성이 이방인들과 혼인한 것에 대해 에라라가 하나님께 드린 회개 기도는 몇 장에 나와 있는가?

28. 에스라가 속옷과 겉옷을 찢고 머리털과 수염을 뜯으며 기가 막혀 앉은 이유는? (9:1-3)

29. 제사장 에스라가 종족을 따라 각각 지명된 족장들 몇 사람을 선임하여 이방 여인을 취한 사람들을 조사한 기간은 언제부터 언제까지인가? (10:16-17)

Nehemiah

느헤미야

[선택형 문제]

1. 다음 중 역사서에 해당하는 것은?
가. 욥기 나. 이사야 다. 느헤미야 라. 전도서

2. 다음 중 느헤미야가 예루살렘에 관하여 들은 소식이 아닌 것은? (1:2-3)
가. 예루살렘에 남아 있는 자들이 큰 환난과 능욕을 당함
나. 예루살렘 성이 허물어졌음
다. 성문들이 불탔음
라. 기근과 재해로 심한 고난을 겪음

3. 유다와 예루살렘 사람들의 형편과 성읍에 대한 소식을 들은 후 느헤미야의 반응은? (1:4-5)
가. 바사에 있는 이스라엘 사람들을 소집함
나. 왕에게 나아가 억울함을 호소함
다. 울고 슬퍼하며 하나님 앞에 금식하며 기도함
라. 슬픈 소식을 듣고 병이 들어 자리에 누움

4. 수산 궁에서 아닥사스다 왕의 술 관원으로 있던 이스라엘 사람은? (1:11)
가. 에스라 나. 스가랴 다. 느헤미야 라. 스룹바벨

5. 느헤미야의 사명은? (2:12-18)
가. 예루살렘 성벽 건축 나. 율법 전수
다. 민족 해방 라. 잡혼 방지

6. 느헤미야가 예루살렘 성벽을 건축하려고 할 때 비웃었던 사람이 아닌 자는? (2:19)
가. 므술람 나. 산발랏 다. 도비야 라. 게셈

7. 예루살렘 성의 양문과 성벽의 일부를 건축한 사람은? (3:1)
가. 제사장 에스라와 그 형제 제사장들
나. 베레갸의 아들 므술람
다. 에스라와 느헤미야
라. 대제사장 엘리아십과 그의 형제 제사장들

8. 느헤미야가 돌아와 예루살렘 성벽을 중수할 때 건축한 성문들의 이름이 바르게 나열된 것은? (3장)
가. 양문, 어문, 옛 문, 골짜기 문, 분문, 샘문, 마문, 함밉갓 문
나. 양문, 미문, 분문, 마문, 후문, 성문,
다. 양문, 옛 문, 미문, 샘문, 에스라문, 다윗문
라. 양문, 미문, 샘문, 솔로몬문, 다윗문, 실로문

9. 예루살렘 성벽 건축하는 것에 대해 불탄 돌을 흙 무더기에서 다시 일으킨다고 조롱한 사람은? (4:1-2)
가. 도비야 나. 산발랏 다. 미스바 라. 아삽

10. 산발랏과 도비야는 느헤미야가 하는 일에 대하여 어떻게 하였는가? (4:1-3)
가. 관심 없음 나. 적극 협조함
다. 분노하고 비웃음 라. 칭찬하고 격려함

11. 성벽에 여우가 올라가도 곧 무너지리라고 조롱한 사람은? (4:3)
가. 도비야 나. 산발랏 다. 아히야 라. 하나냐

12. 당시 예루살렘 성벽 건축을 원하지 않는 사람들과 관계가 먼 것은? (4:7)
가. 아라비아 사람 나. 암몬 사람
다. 바사 사람 라. 아스돗 사람

13. 느헤미야는 성벽 건축을 방해하려는 사람들의 습격에 대비하여 어떤 조치를 취했는가? (4:9)
가. 하나님께 기도하며 파수꾼을 두어 주야로 방비했다
나. 적들을 섬멸하기 위해 수색했다
다. 아닥사스다 왕에게 속히 보고하여 원조를 구하였다
라. 옷을 찢고 금식했다

14. 느헤미야가 성벽을 건축하던 당시 백성들의 형편과 관계가 없는 것은? (5:1-5)
가. 흉년을 당해 굶주림에 시달렸다
나. 곡식을 얻기 위해 밭과 포도원과 집을 저당 잡혔다
다. 배고픔을 이기지 못하여 자녀를 잡아먹기도 했다
라. 밭과 포도원으로 돈을 빚내서 왕에게 세금을 바쳤다

15. 이스라엘 백성이 흉년으로 인해 식량을 구하기 위하여 저당 잡힌 것이 아닌 것은? (5:3)
가. 밭　　나. 포도원
다. 집　　라. 가족

16. 경제적 어려움을 겪고 있는 백성들의 호소를 듣고 느헤미야가 시행한 조치가 아닌 것은? (5:8-19)
가. 꾸어 준 돈이나 양식의 백분의 일을 돌려보내게 함
나. 형제에게서 이자 받는 것을 금지시킴
다. 느헤미야 자신은 총독의 녹을 받지 아니함
라. 백성들의 부역을 삼분의 일로 축소시킴

17. 느헤미야는 몇 년 동안 총독의 녹을 먹지 아니하였는가? (5:14)
가. 삼십이 년　　나. 이십 년
다. 십이 년　　라. 이십일 년

18. 스마야에 대한 설명이 아닌 것은? (6:10-14)
가. 도비야와 산발랏에게 뇌물을 받음
나. 므헤다벨의 손자 들라야의 아들
다. 성벽 건축자들을 모욕함
라. 거짓 예언함

19. 충성스러운 사람으로 하나님을 경외함이 무리 중에서 뛰어난 영문의 관원은? (7:2)
가. 하나냐 나. 하스나아 다. 도비야 라. 바룩

20. 느헤미야 당시 모세의 율법을 백성들에게 가르친 제사장은 누구인가? (8:1)
가. 예수아 나. 에스라 다. 스가랴 라. 미스발

21. 에스라가 야훼를 송축할 때 백성들의 태도와 관계없는 항목은? (8:6)
가. 모든 백성이 손을 들었다
나. 아멘으로 응답했다
다. 몸을 굽혀 얼굴을 땅에 대었다
라. 성인 남자들만 광장에 모여 야훼를 경배했다

22. 느헤미야에서 이스라엘 백성들이 일곱째 달에 지킨 절기명은? (8:13-18)
가. 유월절 나. 초막절 다. 오순절 라. 나팔절

23. 에스라가 초막절에 율법책을 낭독하고 여덟째 날에 규례에 따라 무엇을 했는가? (8:18)
가. 기도하고 금식했다
나. 하나님께 처음 익은 열매를 드렸다
다. 안식을 취하였다
라. 성회를 열었다

24. 느헤미야 9장은 무엇에 대한 기록인가?
가. 앗수르의 역사 나. 이스라엘의 역사
다. 바벨론의 역사 라. 애굽의 역사

25. 절기 행사 후 이스라엘 자손이 금식하여 자기 죄와 조상들의 허물을 자복한 날짜는? (9:1-2)

가. 일곱째 달 열흘 날 나. 일곱째 달 스무나흗 날
다. 일곱째 달 스무 날 라. 일곱째 달 스무여섯 날

26. 모세의 율법에 기록된 내용이 아닌 것은? (10:29-31)

가. 이방인과의 혼인을 금지한다
나. 안식일에는 매매 행위를 해서는 안 된다
다. 각 세겔의 1/5을 하나님의 전을 위해 쓰게 한다
라. 일곱째 해마다 땅을 쉬게 하고 모든 빚을 탕감한다

27. 스룹바벨 때와 느헤미야 때에는 노래하는 자들과 문지기들이 쓸 몫을 어떻게 공급받았는가? (12:47)

가. 매년 나. 매 안식일에
다. 매달 라. 매일

28. 아론 자손은 누구를 통해 쓸 것을 공급받았는가? (12:47)

가. 아닥사스다 나. 에스라
다. 느헤미야 라. 레위 사람들

29. 암몬 사람과 모압 사람이 영원히 하나님의 총회에 들어가지 못하는 이유는? (13:2)

가. 이스라엘을 침략했기 때문에
나. 하나님의 택한 백성이 아니므로
다. 양식과 물로 이스라엘 자손을 영접하지 아니하였으므로
라. 우상을 섬겼으므로

30. 예루살렘 성벽 재건 때의 왕은? (13:6)

가. 아하수에로 나. 아닥사스다
다. 시드기야 라. 다리오

Nehemiah

[단답형 문제]

1. 느헤미야는 예루살렘 성이 허물어지고 성문이 불타버린 소식을 누구에게 들었는가? (1:2-3)

2. 느헤미야가 수산 궁에 있을 때에 맡았던 직책은 무엇이었나? (1:11)

3. 느헤미야가 아닥사스다 왕에게 예루살렘 성읍이 허물어진 사실을 알리고 그 성을 건축하게 해달라고 요청한 때는 언제인가? (2:1)

4. 느헤미야가 왕에게 성의 건축을 허락받자 이어 요구한 것은? (2:7-9)

5. 예루살렘에 건축된 여덟 개 문의 이름을 쓰시오. (3장)

6. 그 때에 대제사장 엘리아십이 그의 형제 제사장들과 함께 일어나 양문을 건축하여 성별하고 문짝을 달고 또 성벽을 건축하여 (   ) 망대에서부터 (   ) 망대까지 성별하였고 (3:1)

7. 다음은 도비야가 느헤미야를 비웃는 말이다. ( ) 안에 들어갈 동물은? (4:3)

> "그들이 건축하는 돌 성벽은 (   )가 올라가도 곧 무너지리라"

8. 산발랏과 도비야는 성벽이 중수되어 간다는 소식을 듣고 어떻게 하였는가? (4:7-8)

9. 산발랏과 도비야와 같이 예루살렘 성의 중수를 분히 여긴 자들은? (4:7-8)

10. 느헤미야가 알아낸 백성들이 겪는 생활고의 원인은 무엇이었는가? (5:7)

11. 아닥사스다 왕 때에 느헤미야가 예루살렘에서 받은 직책은? (5:14)

12. 느헤미야가 녹을 받지 않은 기간은 얼마 동안이며 그 이유는 무엇인가? (5:14,18)

13. 성벽 건축은 언제 끝났는가? (6:15)

14. 성벽 건축은 시작한지 얼마의 기간에 완공되었는가? (6:15)

15. 성벽의 건축을 마친 후 느헤미야는 예루살렘의 통치를 누구에게 맡기었는가? (7:2)

16. 에스라는 언제 무엇을 가지고 수문 앞 광장에 나왔는가? (8:1-2)

17. 일곱째 달 초하루에 모든 백성이 수문 앞 광장에 모여서 무엇을 했는가? (8:1-3)

18. 에스라가 백성 앞에서 율법책을 펼 때 백성들은 어떻게 했는가? (8:5)

19. 백성들에게 에스라가 낭독한 율법을 깨닫게 한 사람들은? (8:7)

20. 에스라가 율법을 깨닫도록 가르칠 때 백성들은 어떤 반응을 보였는가? (8:9)

21. 느헤미야서에서 하나님은 언제부터 언제까지 계신 분이라고 기록되었는가? (9:5)

22. 또 시내 산에 강림하시고 하늘에서부터 그들과 말씀하사 정직한 규례와 진정한 (　　　　)과 선한 (　　　)와 (　　　)을 그들에게 주시고 (9:13)

23. 우리가 이 모든 일로 말미암아 이제 견고한 (　　　)을 세워 기록하고 우리의 방백들과 (　　　) 사람들과 제사장들이 다 인봉하나이다 하였느니라 (9:38)

24. 모세의 율법에는 몇 해마다 땅을 쉬게 하고 모든 빚을 탕감하리라고 하였는가? (10:31)

25. 십일조를 받는 레위 사람들은 그 중 얼마를 하나님의 전 곳간에 두었는가? (10:38)

26. 백성들의 거주지는 어떻게 정하였는가? (11:1)

27. 느헤미야가 예루살렘 성문 건축 후에 예루살렘을 무슨 성이라고 불렀는가? (11:1)

28. 성벽 봉헌식은 느헤미야 몇 장에 기록되어 있는가?

29. 느헤미야가 예루살렘에 없는 동안에 도비야를 위해 하나님의 전 뜰에 방을 만드는 악행을 저질렀던 제사장은? (13:5,7)

30. 느헤미야는 이방인과 통혼한 자들을 훈계하면서 이방 여인의 유혹에 빠져 범죄하게 된 예로 누구를 언급했는가? (13:26)

Esther

에스더

[선택형 문제]

1. 아하수에로 왕은 당시에 인도부터 구스까지 몇 지방을 다스렸나? (1:1)
   가. 백이십칠 지방 나. 백삼십칠 지방
   다. 백사십칠 지방 라. 백오십칠 지방

2. 에스더서와 관계있는 것은? (1:2)
   가. 수가 궁 나. 예루살렘 궁 다. 여리고 궁 라. 수산 궁

3. 왕후 와스디가 아하수에로 왕의 명령을 따르지 아니한 일에 대한 조치를 왕에게 권고한 자는? (1:16,21)
   가. 헤개 나. 모르드개
   다. 므무간 라. 하닥

4. 다음 중 아하수에로와 관련이 없는 것은? (1장)
   가. 인도에서 구스까지 다스림 나. 수산 궁에서 즉위
   다. 애굽 왕 라. 와스디

5. 다음은 에스더서에 나오는 인물들이다. 아래의 보기에서 관계있는 것을 고르시오. (1-3장)

[보 기]

a. 폐비	b. 왕	c. 에스더의 사촌오빠	d. 반역자

   가. 모르드개 – ( ) 나. 빅단, 데레스 – ( )
   다. 와스디 – ( ) 라. 아하수에로 – ( )

6. 다음 에스더서에 나오는 인물 중에서 유다인은? (2:5)

가. 아하수에로	나. 모르드개
다. 하만	라. 와스디

7. 아래의 글에서 '나'는 누구인가? (2:5-7, 7장)

> 나는 유다인으로 베냐민 지파 사람입니다. 나는 아하수에로 왕 시대의 사람입니다. 나는 에스더와 사촌 간입니다. 나는 하만의 모략에 의해 죽임을 당할 뻔 했으나 오히려 나를 매달려고 준비했던 장대에 하만이 달려 죽었습니다.

가. 하만 나. 다윗 다. 모르드개 라. 와스디

8. 에스더의 가정환경은? (2:7)

가. 부모슬하의 유복한 환경	나. 편모슬하의 가난한 환경
다. 편부슬하의 보통 환경	라. 고아로서 사촌 집에서 성장함

9. 에스더를 자기 딸같이 양육한 사람은? (2:7)

가. 모르드개 나. 하만 다. 데레스 라. 빅단

10. 에스더를 왕후로 맞이한 왕은? (2:16-17)

가. 함므다다	나. 아하수에로
다. 아닥사스다	라. 아달랴

11. 아하수에로 왕을 암살하려고 음모를 꾸미지만 이를 모르드개에게 들켜 나무에 달린 자들은? (2:19-23)

가. 빅단과 데레스	나. 하만과 그의 아들들
다. 헤개와 하닥	라. 하만과 세레스

12. 하만의 국적은? (3:1)

가. 파사 나. 아각 다. 에돔 라. 암몬

13. '부림절'의 어원과 관계있는 말은? (3:7, 9:26)

가. 제비뽑기 나. 금식 다. 교수대 라. 문지기

14. 하만의 모함에 의해 전국 각지의 유다인들이 죽게 된 날은 언제이며 조서를 쓴 날부터 얼마간의 여유가 있었는가? (3:12-13)
가. 열두째 달 삼일, 1개월　　나. 열두째 달 십일, 6개월
다. 열두째 달 십삼일, 1년 6개월　　라. 열두째 달 십삼일, 11개월

15. 유다인을 도륙하라는 조서가 각 지방에 보내진 것을 알고 모르드개가 한 행동이 아닌 것은? (4:1)
가. 푸르고 흰 조복을 입음　　나. 재를 뒤집어 씀
다. 자기의 옷을 찢음　　라. 성중에 나가서 대성통곡함

16. 부름을 받지 않고 왕 앞에 가면 죽어야 하나 왕이 무엇을 내밀면 살 수 있는가? (4:11)
가. 왕의 손　　나. 왕관　　다. 왕의 의복　　라. 왕의 금 규

17. 아래와 같이 에스더에게 말한 사람은? (4:14)

> "이 때에 네가 만일 잠잠하여 말이 없으면 유다인은 다른 데로 말미암아 놓임과 구원을 얻으려니와 너와 네 아버지 집은 멸망하리라 네가 왕후의 자리를 얻은 것이 이 때를 위함이 아닌지 누가 알겠느냐 하니"

가. 하만　　나. 빅단　　다. 모르드개　　라. 와스디

18. 왕후가 된 여인의 이름을 책명으로 한 성경은?
가. 에스더　　나. 에스라
다. 룻기　　라. 아가

19. "죽으면 죽으리이다"라는 말을 한 인물은? (4:16)
가. 와스디　　나. 에스더　　다. 에스라　　라. 룻

20. 에스더가 궁중의 규례를 어기고 왕 앞에 나아가기 전에 했던 일은? (4:16)
가. 몸치장　　나. 하만과 함께 왕을 초청함
다. 금식함　　라. 예루살렘 성전을 향하여 기도함

21. 모르드개를 죽이려고 나무를 세운 사람은? (5:14)
가. 데레스 나. 하만 다. 하닥 라. 빅단

22. 하만이 모르드개를 죽이기 위해 세운 나무의 높이는? (5:14)
가. 삼십 규빗 나. 사십 규빗
다. 오십 규빗 라. 육십 규빗

23. 다음 단어들과 관련이 있는 책은?

아하수에로, 와스디, 수산 궁, 모르드개

가. 학개 나. 다윗 다. 에스더 라. 에스라

24. 하만의 아내는 하만에게 무엇을 세우도록 조언했는가? (5:14)
가. 새집 나. 나무 다. 감옥 라. 비석

25. 왕은 잠이 오지 않자 무엇을 읽었는가? (6:1)
가. 율법책 나. 역대 일기
다. 이스라엘 전쟁사 라. 이스라엘 역사

26. 아하수에로 왕이 모르드개에게 관심을 갖게 된 계기는? (6:1-3)
가. 왕후 에스더의 삼촌이므로
나. 하만의 고소로
다. 모르드개의 직접 탄원으로
라. 역대 일기를 읽다가

27. 아하수에로 왕이 존귀하게 여긴 자에게 행한 행동이 아닌 것은? (6:8-9)
가. 왕의 반지를 준다.
나. 왕이 입는 왕복을 입힌다.
다. 왕이 타는 말을 태운다.
라. 성 중 거리를 다니며 그 앞에서 "왕이 존귀하게 하기를 원하시는 사람에게는 이같이 할 것이라"라고 반포한다.

28. 에스더가 왕과 함께 잔치에 초청한 사람은? (7:1)
가. 나아만 나. 와스디 다. 하만 라. 하닥

29. 두 번째 연회에서 에스더의 소청은? (7:3)
가. 왕의 곁에 앉는 것 나. 하만의 승진
다. 모르드개의 승진 라. 자신과 민족의 생명 구원

30. 에스더 앞에서 망한 유다인의 대적은? (7:9-10)
가. 나아만 나. 빌닷
다. 데레스 라. 하만

31. 누가 하만의 지위를 맡게 되었는가? (8:2)
가. 에스더 나. 세레스 다. 아하수에로 라. 모르드개

32. ( ) 안에 알맞은 것은? (8:15)

> "모르드개가 ( ) 흰 조복을 입고 큰 금관을 쓰고 ( ) 가는 베 겉옷을 입고 왕 앞에서 나오니 수산 성이 즐거이 부르며 기뻐하고"

가. 하얗고, 붉은 나. 까맣고, 붉은
다. 푸르고, 자색 라. 노랗고, 하얀

33. 유다인을 두려워한 본토 백성이 행한 것은? (8:17)
가. 유다인을 박해함 나. 타국으로 피신함
다. 유다인이 됨 라. 우상을 섬김

34. '부림절'과 관계된 것은? (9:20-28)
가. 마카비의 성전 청결 나. 포로에서 귀환한 날
다. 하만의 손에서 구원된 날 라. 요시야 왕의 종교개혁

35. '부림절'에 유다인들이 하는 일과 관계없는 것은? (9:22)
가. 잔치를 베풂 나. 가난한 자를 구제함
다. 금식을 행함 라. 서로 예물을 줌

36. 아하수에로 왕 때 유다인의 구원을 기념하여 세운 절기는? (9:26)
가. 유월절 나. 초막절 다. 부림절 라. 오순절

37. 에스더서와 관계있는 절기는? (9:26)
가. 유월절 나. 부림절 다. 수장절 라. 초막절

38. 모르드개의 사적은 어디에 기록되었는가? (10:2)
가. 메대와 바사 왕들의 일기 나. 유대나라 왕들의 일기
다. 이스라엘 왕들의 일기 라. 애굽 왕들의 일기

Esther

[단답형 문제]

1. 에스더서의 사건은 어느 왕 때인가? (1:1)

2. 아하수에로 왕이 즉위한 궁은? (1:2)

3. 아하수에로 왕이 왕후 와스디를 잔치에 초청한 이유는? (1:11)

4. 아하수에로 왕의 명령을 거역하여 폐위된 왕후는? (1:11-22)

5. 수산에서 궁녀를 주관하는 내시의 이름은? (2:3)

6. 모르드개는 언제 바벨론으로 잡혀왔는가? (2:6)

7. 에스더와 모르드개의 관계는? (2:7)

8. '에스더'의 또 다른 이름은? (2:7)

9. 에스더가 왕후로 간택될 때 자신이 유다 민족인 것을 밝히지 않은 이유는? (2:10)

10. 와스디를 대신하여 새 왕후로 뽑힌 사람은? (2:17)

11. 모르드개는 아하수에로 왕에게 어떤 공을 세웠는가? (2:21-22)

12. 빅단과 데레스의 암살 음모에서 아하수에로 왕을 구한 모르드개의 공은 어디에 기록되었는가? (2:23)

13. 하만이 모르드개를 미워한 까닭은? (3:5)

14. 하만은 모르드개의 일로 누구를 죽이려 하였는가? (3:6)

15. 하만이 유다인을 멸하려고 왕의 금고에 바치기로 한 은(銀)은 얼마인가? (3:9)

16. 하만이 유다인들을 살해하기로 계획한 날은? (3:12-13)

17. 하만이 내린 왕의 조서로 인하여 유다인들은 어떻게 하였는가? (4:3)

18. 모르드개가 베 옷을 입고 금식하는 이유를 알아보기 위해 에스더가 보낸 사람은? (4:5)

19. "죽으면 죽으리이다"라는 말과 함께 아하수에로 왕에게 나아가기로 결심한 에스더는 모르드개와 유다인들에게 무엇을 부탁했는가? (4:16)

20. 하만은 모르드개를 죽이기 위하여 무엇을 준비하였는가? (5:14)

21. 왕이 역대 일기를 읽다가 발견한 것은 무엇인가? (6:1-2)

22. 왕에게 하만이 세운 나무에 대하여 말한 사람은? (7:9)

23. 하만은 어떻게 죽었는가? (7:9-10)

24. 하만이 세운 나무에 누가 처형당했는가? (7:10)

25. 각 지방 모든 지방관과 대신들과 총독들과 왕의 시무를 보는 자들이 유다인을 도왔던 이유는? (9:3)

26. 하만의 열 아들은 어떻게 되었는가? (9:10,14)

27. 유다인을 학살하기로 제정된 그 날에 어떤 일이 일어났는가? (9:15-16)

28. 유다인들은 '해마다 아달월 십사일과 십오일'을 무엇으로 삼았는가? (9:21,31)

29. '부림절'을 굳게 지키게 명령한 사람은? (9:31)

30. '에스더'의 히브리어 뜻은?

Job

욥기

[선택형 문제]

1. 욥기는 성경 어디에 속하는 책인가?
가. 선지서 나. 시가서 다. 모세오경 라. 예언서

2. 욥기 1장에 나오는 욥에 대한 소개와 관련이 없는 것은? (1:1-5)
가. 온전하고 정직한 자
나. 동방 사람 중에 가장 훌륭한 자
다. 하나님을 경외하며 악에서 떠난 자
라. 죄가 많아서 하나님께 번제를 드린 자

3. 욥의 아들들이 각자의 생일잔치를 끝낸 후에 욥은 그들을 위해 무엇을 했는가? (1:5)
가. 기름 바름 나. 기도 다. 찬송 라. 번제를 드림

4. 땅을 두루 돌아 여기저기 다녀본 후 야훼 앞에 와서 욥에 관해 이야기 한 자는? (1:7-8)
가. 하나님의 아들들 나. 야훼의 종들
다. 하나님의 천사들 라. 사탄

5. 욥이 하나님을 경외하는 이유에 대해서 사탄은 무엇이라고 말했는가? (1:9-10)
가. 하나님이 그의 손으로 하는 바를 복되게 하사 그의 소유물을 땅에 넘치게 하셨기 때문
나. 하나님이 그에게 아들 일곱과 딸 셋을 주셨기 때문
다. 하나님이 그가 자녀들의 명수대로 드리는 번제를 언제나 잘 받아주셨기 때문
라. 하나님이 그를 동방 사람 중에 가장 훌륭한 자로 만드셨기 때문

6. 야훼께서 욥을 칭찬하자 사탄은 무엇이라 말했는가? (1:9)
가. 악에서 떠난 자는 이 세상에 없나이다
나. 결코 그는 의인이 아니니이다
다. 욥이 어찌 까닭 없이 하나님을 경외하리이까
라. 그도 주를 향하여 욕하지 않겠나이까

7. 하나님이 욥의 모든 소유물을 친다면 욥이 어떻게 할 것이라고 사탄은 예상했는가? (1:11)
가. 주를 향하여 간구함　　나. 주를 향하여 회개함
다. 주를 향하여 욕을 함　　라. 주를 향하여 찬양함

8. 하나님은 첫 번째 시험에서 욥의 소유물을 손대는 것을 허락했지만 욥의 무엇만은 허락하지 않으셨는가? (1:12)
가. 생명　　나. 몸
다. 자식들　　라. 부모

9. 욥이 하루 만에 잃어버린 것이 아닌 것은? (1:13-19)
가. 낙타　　나. 자녀
다. 소와 나귀　　라. 아내

10. 욥이 맨 처음 당한 시련은? (1:15)
가. 스바 사람이 소를 빼앗고 칼로 종들을 죽인 일
나. 갈대아 사람이 낙타를 빼앗고 칼로 종들을 죽인 일
다. 집이 무너져 자녀들이 죽은 일
라. 발바닥에서 정수리까지 종기가 난 일

11. 욥이 자녀와 재산을 잃었을 때 취한 행동이 아닌 것은? (1:20-22)
가. 겉옷을 찢음　　나. 머리털을 밀음
다. 땅에 엎드려 예배함　　라. 재를 뒤집어 씀

12. 다음 말은 욥이 언제 한 말인가? (1:21)

> "내가 모태에서 알몸으로 나왔사온즉 또한 알몸이 그리로 돌아가올지라 주신 이도 야훼시요 거두신 이도 야훼시오니 야훼의 이름이 찬송을 받으실지니이다"

가. 야훼의 말씀을 듣고 자기의 무지를 알고 회개하면서
나. 아내가 하나님을 욕하고 죽으라고 할 때
다. 그의 자녀들이 죽고 그의 소유가 빼앗김을 당하였다는 소식을 듣고
라. 재 가운데 앉아서 질그릇 조각을 가져다가 몸을 긁으면서

13 다음은 누가 말했는가? (2:4)

> "가죽으로 가죽을 바꾸오니 사람이 그의 모든 소유물로 자기의 생명을 바꾸올지라"

가. 천사 나. 사탄 다. 욥 라. 욥의 아내

14. 야훼께서 두 번째 사탄의 손에 욥을 맡기실 때 그의 무엇만은 해하지 말라고 하셨는가? (2:6)
가. 육신 나. 딸 다. 생명 라. 아들

15. 욥이 두 번째 시험에서 겪은 일은 무엇인가? (2:7)
가. 재산을 잃음 나. 자녀들이 죽임을 당함
다. 종기가 남 라. 모든 소유물을 잃어버림

16. 욥에게 하나님을 욕하고 죽으라고 한 사람은? (2:9)
가. 욥의 세 친구 나. 사탄
다. 아내 라. 아들

17. 다음 ( )에 들어갈 말은? (2:10)

> "우리가 하나님께 복을 받았은즉 ( ) 아니하겠느냐 하고 이 모든 일에 욥이 입술로 범죄하지 아니하니라"

가. 제사를 드리지 나. 감사하지
다. 기뻐하지 라. 화도 받지

18. 재앙을 당했을 때 욥은 그 모든 일에 대해서 무엇으로 범죄하지 않았는가? (2:10)

가. 마음 나. 입술 다. 행위 라. 눈

19. 욥의 세 친구가 아닌 사람은? (2:11)

가. 엘리바스 나. 바라겔 다. 빌닷 라. 소발

20. 욥기에 나오지 않는 대화는?

가. 하나님과의 대화 나. 욥과 세 친구들과의 대화
다. 욥과 아내와의 대화 라. 욥과 자식들과의 대화

21. 욥기에 가장 많이 나오는 것은?

가. 욥과 세 친구와의 대화 나. 욥과 아버지와의 대화
다. 욥과 하나님과의 대화 라. 사탄과 하나님과의 대화

22. 아래의 글에서 '나'는 누구인가?

> 나는 우스 땅에 사는 큰 부자였습니다. 나는 하나님을 경외하여 많은 은혜를 입었지만 사탄 때문에 많은 고생을 하였습니다. 나는 가산을 모두 빼앗기고 자녀도 모두 잃었고 심지어 내 아내와 내 친구들까지도 나에게 등을 돌렸습니다. 그러나 나는 당대의 의인으로 유명합니다.

가. 요셉 나. 아브라함 다. 욥 라. 야곱

23. 욥에게 재앙이 내렸다는 소식을 듣고 욥의 세 친구들이 그를 위로하려고 와서 한 행동이 아닌 것은? (2:11-13)

가. 각각 자기의 겉옷을 찢음
나. 일제히 소리 질러 움
다. 그를 위해 회개 기도함
라. 하늘을 향하여 티끌을 날려 자기 머리에 뿌림

24. 욥기에 나오는 욥의 친구들과 출신이 잘못 짝지어 진 것은? (2:11, 32:2)

가. 엘리바스–데만 사람 나. 빌닷–수아 사람
다. 소발–우스 사람 라. 엘리후–부스 사람

25. 욥의 친구들이 욥을 방문한 후 대화를 나누기 시작한 때는? (2:13)

가. 7일 후부터　　나. 3일 후부터
다. 5일 후부터　　라. 즉시

26. 자신의 생일을 저주한 자는 누구인가? (3:1)

가. 소발　　나. 욥　　다. 엘리바스　　라. 욥의 아내

27. 욥에게 제일 먼저 변론한 친구는 누구인가? (4:1)

가. 엘리바스　　나. 소발　　다. 빌닷　　라. 엘리후

28. 엘리바스는 욥의 고난을 어떻게 보았는가? (4:7)

가. 하나님의 연단　　나. 사탄의 시험
다. 죄의 결과　　라. 우연

29. 욥의 친구들이 한 말들의 공통된 점은? (4:7, 8:3-4, 11:20)

가. 의인이 수난하는 수도 있다
나. 수난은 범죄의 결과이다
다. 수난은 우연한 것이다
라. 수난 문제는 신비하다

30. 다음은 욥기에 나오는 말씀이다. 누가 누구에게 한 말인가? (5:7-8, 참조 4:1)

> "사람은 고생을 위하여 났으니 불꽃이 위로 날아 가는 것 같으니라 나라면 하나님을 찾겠고 내 일을 하나님께 의탁하리라"

가. 욥이 아내에게　　나. 엘리바스가 욥에게
다. 욥이 그의 재난당한 친구들에게　　라. 소발이 욥에게

31. 다음은 누가 한 말이며, 어디에 기록되어 있는가? (7:17-18)

> "사람이 무엇이기에 주께서 그를 크게 만드사 그에게 마음을 두시고 아침마다 권징하시며 순간마다 단련하시나이까"

가. 다윗, 시편　　나. 모세, 시편
다. 욥, 욥기　　라. 솔로몬, 전도서

32. 다음 ( )에 들어갈 말이 알맞게 짝지어진 것은? (8:7)

"네 시작은 ( )하였으나 네 나중은 심히 ( )하리라"

가. 창대, 미약　　나. 미약, 부유
다. 부유, 미약　　라. 미약, 창대

33. 다음 말씀이 기록된 곳은?

"주신 이도 야훼시요 거두신 이도 야훼시오니 야훼의 이름이 찬송을 받으실지니이다"

가. 시 15:5　　나. 욥 1:21　　다. 잠 21:2　　라. 삼하 12:12

34. 다음 ( )에 들어갈 말이 알맞게 짝지어진 것은? (10:5-6)

"주의 날이 어찌 ( )과 같으며 주의 해가 어찌( )와 같기로 나의 허물을 찾으시며 나의 죄를 들추어내시나이까"

가. 사람의 날, 인생의 해　　나. 옛사람의 날, 새사람의 해
다. 새사람의 날, 옛사람의 해　　라. 인생의 날, 사람의 해

35. 다음 말씀이 기록된 곳은?

"지금 나의 증인이 하늘에 계시고 나의 중보자가 높은 데 계시니라 나의 친구는 나를 조롱하고 내 눈은 하나님을 향하여 눈물을 흘리니"

가. 욥 16:19-20　　나. 시 107:8-9
다. 전 12:10-11　　라. 잠 4:5-6

36. 다음과 같은 말로 욥을 책망한 사람은? (18:1-2)

"너희가 어느 때에 가서 말의 끝을 맺겠느냐 깨달으라 그 후에야 우리가 말하리라"

가. 빌닷　　나. 소발
다. 엘리바스　　라. 엘리후

37. 욥기 18장에 나오는 빌닷의 두 번째 변론의 핵심 내용은? (18:5)

가. 악인은 하나님께서 알지 못한다

나. 악인은 반드시 멸망한다

다. 악인은 회개하면 용서받는다

라. 악인도 성공할 수 있다

38. 욥에게 다음과 같이 충고한 자는 누구인가? (22:29)

> "사람들이 너를 낮추거든 너는 교만했노라고 말하라 하나님은 겸손한 자를 구원하시리라"

가. 엘리바스　나. 엘리후　다. 소발　라. 빌닷

39. 다음은 누가 한 말인가? (23:2-5)

> "오늘도 내게 반항하는 마음과 근심이 있나니 내가 받는 재앙이 탄식보다 무거움이라 내가 어찌하면 하나님을 발견하고 그의 처소에 나아가랴 어찌하면 그 앞에서 내가 호소하며 변론할 말을 내 입에 채우고 내게 대답하시는 말씀을 내가 알며 내게 이르시는 것을 내가 깨달으랴"

가. 엘리바스　나. 빌닷　다. 엘리후　라. 욥

40. 다음 (　)에 들어갈 말이 알맞게 짝지어진 것은? (25:4-6)

> "그런즉 하나님 앞에서 사람이 어찌 의롭다 하며 여자에게서 난 자가 어찌 깨끗하다 하랴 보라 그의 눈에는 달이라도 빛을 발하지 못하고 별도 빛나지 못하거든 하물며 (　　　) 같은 사람, (　　　) 같은 인생이랴"

가. 안개, 연기　나. 이슬, 먼지

다. 그림자, 섬광　라. 구더기, 벌레

41. 다음 ( )에 들어갈 말이 알맞게 짝지어진 것은? (26:7-8)

> "그는 북쪽을 ( )에 펴시며 ( )을 아무것도 없는 곳에 매다시며 ( )을 빽빽한 구름에 싸시나 그 밑의 구름이 찢어지지 아니하느니라"

가. 허공, 땅, 물 | 나. 지도, 태양, 산
다. 세상, 북극성, 별 | 라. 창공, 대적, 인생

42. 다음 ( )에 들어갈 말이 알맞게 짝지어진 것은? (30:26)

> "내가 ( )을 바랐더니 ( )가 왔고 ( )을 기다렸더니 ( )이 왔구나"

가. 돈, 명예, 영원, 죽음 | 나. 복, 화, 광명, 흑암
다. 공평, 불의, 기쁨, 슬픔 | 라. 평강, 불화, 양식, 굶주림

43. 다음 중 욥에게 말한 요지가 전혀 다른 사람은? (32:1-5)
가. 엘리바스 | 나. 빌닷
다. 소발 | 라. 엘리후

44. 하나님께서 사람이 침상에서 졸며 깊이 잠들 때에나 꿈에나 밤에 환상을 볼 때에 사람의 귀를 여시고 경고로써 두렵게 하시는 이유가 아닌 것은? (33:15-18)
가. 사람에게 그의 행실을 버리게 하려 하심
나. 사람의 교만을 막으려 하심
다. 사람의 혼을 구덩이에 빠지지 않게 하심
라. 서로 죽이지 않게 하려 하심

45. 다음 ( )에 들어갈 말이 알맞게 짝지어진 것은? (34:21)

> "그는 사람의 ( )을/를 주목하시며 사람의 모든 ( )을/를 감찰하시나니"

가. 마음, 행사 | 나. 길, 걸음
다. 생각, 계획 | 라. 앞날, 과거

46. 다음은 누가 한 말인가? (37:14-15)

> "욥이여 이것을 듣고 가만히 서서 하나님의 오묘한 일을 깨달으라 하나님이 이런 것들에게 명령하셔서 그 구름의 번개로 번쩍거리게 하시는 것을 그대가 아느냐"

가. 엘리바스 나. 빌닷 라. 소발 라. 엘리후

47. 다음은 누가 누구에게 한 말인가? (38:2-3)

> "무지한 말로 생각을 어둡게 하는 자가 누구냐 너는 대장부처럼 허리를 묶고 내가 네게 묻는 것을 대답할지니라"

가. 야훼께서 욥에게 나. 엘리후가 욥에게
다. 욥이 엘리바스에게 라. 야훼께서 엘리후에게

48. 다음은 하나님께서 욥에게 하신 말씀 속에 나오는 생물이다. 이것은 무엇인가? (40:15-19)

> 이것은 소 같이 풀을 먹으며, 이것의 힘은 허리에 있고 그 뚝심은 배의 힘줄에 있다. 이것이 꼬리 치는 것은 백향목이 흔들리는 것 같고 그 넓적다리 힘줄은 서로 얽혀 있으며 뼈는 놋관 같고 뼈대는 쇠 막대기 같다. 이것은 하나님이 만드신 것 중에 으뜸이다.

가. 레비아탄 나. 리워야단
다. 베헤못 라. 용

49. 의인의 수난 문제를 다룬 책은?
가. 시편 나. 전도서 다. 욥기 라. 잠언

50. 다음 ( )에 들어갈 말이 알맞게 짝지어진 것은? (42:2)

> "주께서는 못 하실 일이 ( ) 무슨 ( )이든지 못 이루실 것이 없는 줄 아오니"

가. 많사오며, 일 나. 없사오며, 계획
다. 많사오며, 사업 라. 없사오며, 기적

51. 다음은 욥의 고백이다. (　　)에 들어갈 알맞은 말은? (42:5-6)

> "내가 주께 대하여 귀로 듣기만 하였사오나 (　　　　　) 그러므로 내가 스스로 거두어들이고 티끌과 재 가운데에서 회개하나이다"

가. 이제는 주의 음성을 듣고 친히 떨리니
나. 이제 주의 위엄으로 나를 두렵게 하시나이다
다. 이제는 주의 진도를 당하고 죽게 되었나이다
라. 이제는 눈으로 주를 뵈옵나이다

52. 야훼의 말씀을 듣고 욥이 회개한 후에 하나님은 욥의 친구들에게는 무엇을 명하셨는가? (42:8)

가. 욥의 집에 가서 함께 잔치를 열라고 하심
나. 욥과 함께 하나님을 찬양하라고 하심
다. 욥에게 용서를 빌라고 하심
라. 욥에게 가서 자신들을 위해 번제를 드리라고 하심

53. 욥의 곤경이 끝나고 욥에게 이전 모든 소유의 갑절이 주어진 후에 욥의 모든 형제와 자매와 이전에 알던 이들이 와서 욥을 위로하고 준 것은 무엇인가? (42:11)

가. 각각 케쉬타 둘씩과 금 고리 하나씩
나. 각각 케쉬타 하나씩과 금 고리 둘씩
다. 각각 케쉬타 하나씩과 금 고리 하나씩
라. 각각 케쉬타 둘씩과 금 고리 둘씩

54. 생의 말년에 하나님의 축복을 받은 욥은 몇 년을 살고 몇 대의 후손을 보았는가? (42:16)

가. 백사십 년, 오 대　　나. 백이십 년, 사 대
다. 백사십 년, 사 대　　라. 백삼십 년, 사 대

Job

[단답형 문제]

1. 우스 땅에 욥이라 불리는 사람이 있었는데 그 사람은 (　　　)하고 (　　)하여 하나님을 (　　)하며 (　)에서 떠난 자더라 (1:1)

2. 동방의 부자 욥이 살았던 곳으로 에돔의 옛 이름인 곳은? (1:1)

3. 재앙을 당하기 전에 욥은 몇 명의 자녀를 슬하에 두었는가? (1:2)

4. 하루는 (　　　　　　)이 와서 야훼 앞에 섰고 사탄도 그들 가운데에 온지라 (1:6)

5. 욥에 대한 사탄의 두 번째 시험에서 하나님이 사탄에게 허락하지 않는 것은? (2:6)

6. 사탄이 욥의 발바닥에서 정수리까지 종기가 나게 했을 때, 그는 무엇으로 몸을 긁었는가? (2:8)

7. 욥이 재난당한 소식을 듣고 와서 소리 질러 울며 각각 자기의 겉옷을 찢고 하늘을 향하여 티끌을 날려 자기 머리에 뿌리고 칠 일 동안을 함께 슬퍼해준 사람들은 욥과 어떤 관계에 있는 사람들인가? (2:12-13)

8. 사람은 (　　)을 위하여 났으니 (　　)이 위로 날아가는 것 같으니라 (5:7)

9. 욥은 자신이 당하는 고난과 분함이 얼마나 큰가를 어떻게 비유하였는가? (6:2-3)

10. 욥이 하나님께서 자신을 멸하실지라도 기뻐할 수 있는 이유는? (6:10)

11. 두 번째로 욥과 변론한 사람은? (8:1)

12. 빌닷은 욥의 자녀들이 죽은 이유가 무엇 때문이라고 하였는가? (8:4)

13. 진실로 내가 이 일이 그런 줄을 알거니와 (　　　)이 어찌 하나님 앞에 의로우랴 사람이 하나님께 변론하기를 좋아할지라도 천 마디에 한 마디도 대답하지 못하리라 (9:2-3)

14. 세 번째로 욥과 변론한 사람은? (11:1)

15. 지혜의 오묘함으로 네게 보이시기를 원하노니 이는 그의 지식이 광대하심이라 하나님께서 너로 하여금 너의 (　　)를 잊게 하여 주셨음을 알라 (11:6)

16. 입이 음식의 맛을 구별함 같이 귀가 말을 분간하지 아니하느냐 늙은 자에게는 (　　　)가 있고 장수하는 자에게는 (　　　)이 있느니라 (12:11-12)

17. 지혜와 (　　　)이 하나님께 있고 계략과 명철도 그에게 속하였나니 (12:13)

18. 다음은 누가 한 말인가? (13:21)

> "곧 주의 손을 내게 대지 마시오며 주의 위엄으로 나를 두렵게 하지 마실 것이니이다"

19. (   )에게서 태어난 사람은 생애가 짧고 걱정이 가득하며 그는 (   )과 같이 자라나서 시들며 (   ) 같이 지나가며 머물지 아니하거늘 (14:1-2)

20. 주는 내 허물을 (   )에 봉하시고 내 죄악을 싸매시나이다 (14:17)

21. 욥은 보상을 얻으려고 친구를 비난하는 자의 자식들이 어떻게 된다고 했는가? (17:5)

22. (   )에게 너는 내 아버지라, (   )에게 너는 내 어머니, 내 자매라 할지라도 나의 희망이 어디 있으며 나의 희망을 누가 보겠느냐 (17:14-15)

23. 나의 친구야 너희는 나를 불쌍히 여겨다오 나를 불쌍히 여겨다오 (   )이 나를 치셨구나 (19:21)

24. 욥은 그의 친구들의 변론을 무엇이라고 반박하였나? (21:34)

25. 욥기 23장 10절 말씀을 쓰시오.

26. 욥은 정한 음식보다 무엇을 귀히 여겼다고 말하는가? (23:12)

27. 욥은 죽기 전에 무엇을 결코 버리지 않겠다고 다짐하여 말했는가? (27:5)

28. 또 사람에게 말씀하셨도다 보라 주를 경외함이 (   )요 악을 떠남이 (   )이니라 (28:28)

29. 욥은 자기 눈과 어떤 약속을 세웠다고 말하였는가? (31:1)

30. 욥과 욥의 세 친구에게 각각 화를 낸 사람은 누구인가? (32:1-3)

31. 엘리후가 욥과 욥의 세 친구들에게 각각 화를 낸 이유는? (32:1-3)

32. 엘리후는 누구인가? (32:2)

33. 그러나 사람의 속에는 (　)이 있고 전능자의 (　　)이 사람에게 깨달음을 주시나니 어른이라고 (　　)롭거나 노인이라고 (　　)를 깨닫는 것이 아니니라 (32:8-9)

34. 엘리후가 말하는 자기의 의는 무엇인가? (32:21-22)

35. 실로 하나님이 사람에게 이 모든 일을 재삼 행하심은 그들의 (　　)을 구덩이에서 이끌어 (　　)의 빛을 그들에게 비추려 하심이니라 (33:29-30)

36. 전능자를 우리가 찾을 수 없나니 그는 (　)이 지극히 크사 (　　)나 무한한 (　　)를 굽히지 아니하심이니라 (37:23)

37. "스스로 지혜롭다 하는 모든 자를" 하나님은 어떻게 대하시는가? (37:24)

38. 시가서 5권을 쓰시오.

39. 욥기 41장에서 야훼께서는 어떤 생물에 대해 이야기하시면서 자신에게 대항할 자가 없는지를 욥에게 말씀해 주시는가? (41:1)

40. 모든 곤경에서 벗어난 후 욥이 얻은 세 딸들의 이름은? (42:14)

Psalms

시편

[선택형 문제]

1. 주의 장막에 머무르며 주의 성산에 사는 자가 아닌 것은? (15편)
   가. 정직하게 행하며 공의를 실천하며 마음에 진실을 말하는 자
   나. 이웃에게 악을 행하지 아니하며 이웃을 비방하지 아니하는 자
   다. 눈은 망령된 자를 멸시하며 야훼를 두려워하는 자들을 존대하는 자
   라. 낮은 변리로 돈을 꾸어 주며 뇌물을 받고 무죄한 자를 해하지 아니하는 자

2. 예수의 십자가 고난 중 수족이 찔리고 겉옷을 나누며 속옷을 제비 뽑는 일이 예언된 구약의 책은?
   가. 이사야 22장　　나. 시편 22편
   다. 스가랴 8장　　라. 미가 4장

3. 야훼를 목자로 노래한 시편은?
   가. 23편　　나. 34편　　다. 21편　　라. 9편

4. 다음 (　)에 들어갈 말은? (23:1-2)

> "야훼는 나의 목자시니 내게 부족함이 없으리로다 그가 나를 푸른 풀밭에 누이시며 (　　　) 물가로 인도하시는도다"

   가. 잔잔한　　나. 요단　　다. 이늑한　　라. 쉴 만한

5. 시편 23편의 저자는?
가. 모세 나. 무명 다. 다윗 라. 고라

6. 시편 24편에서 야훼의 산에 오르며 그의 거룩한 곳에 설 자가 갖춘 자격이 아닌 것은? (24:3-5)
가. 손이 깨끗하며 마음이 청결한 자
나. 뜻을 허탄한 데 두지 아니한 자
다. 거짓 맹세하지 아니하는 자
라. 야훼께 복을 받은 자

7. 주를 바라는 자들은 수치를 당하지 않는 반면 어떤 자들은 수치를 당하는가? (25:3)
가. 주를 바라지 않는 자들
나. 손이 더러운 자들
다. 까닭 없이 속이는 자들
라. 주를 거역하는 자들

8. 시편은 총 몇 편인가?
가. 140편 나. 150편 다. 145편 라. 160편

9. 시편 6, 32, 38, 51, 102, 143편의 공통적인 양식은?
가. 찬양시 나. 참회시 다. 낙성시 라. 결혼시

10. 히브리 사람들이 부른 찬송을 모아서 만든 책은?
가. 시편 나. 민수기 다. 신명기 라. 출애굽기

11. 시편은 크게 몇 부분으로 구분되는가?
가. 2권 나. 5권 다. 3권 라. 1권

12. 시편에 "셀라"라는 말이 나오는 횟수는?
가. 41회 나. 71회 다. 81회 라. 61회

13. 다음 ( )에 들어갈 말이 알맞게 짝지어진 것은? (27:1)

> "야훼는 나의 빛이요 나의 ( )이시니 내가 누구를 두려워하리요 야훼는 내 ( )이시니 내가 누구를 무서워하리요"

가. 구원, 생명의 능력 나. 영광, 구원자
다. 방패, 전쟁의 능력 라. 본향, 하나님

14. 다음 ( )에 들어갈 말은? (32:1)

> "허물의 사함을 받고 ( ) 자는 복이 있도다"

가. 야훼를 경외하는 나. 하나님의 긍휼을 받는
다. 뱀의 머리를 상하게 하는 라. 자신의 죄가 가려진

15. 시편에서 "마스길"이 의미하는 것은?
가. 교훈 나. 지혜
다. 명철 라. 감사

16. 다음 ( )에 들어갈 말이 알맞게 짝지어진 것은? (33:12)

> "야훼를 자기 ( ) 삼은 나라 곧 하나님의 ( ) 선택된 백성은 복이 있도다"

가. 피난처로, 아들로 나. 영광으로, 자녀로
다. 하나님으로, 기업으로 라. 기쁨으로, 기쁨으로

17. 생명을 사모하고 연수를 사랑하여 복 받기를 원하는 사람이 해야 할 일이 아닌 것은? (34:12-14)
가. 혀를 악에서 금하라
나. 입술을 거짓말에서 금하라
다. 악을 버리고 선을 행하며 화평을 찾아 따르라
라. 헌금을 많이 내라

18. 다음 ( )에 들어갈 말이 알맞게 짝지어진 것은? (36:9)

> "진실로 생명의 원천이 주께 있사오니 주의 ( ) 안에서 우리가 ( )을 보리이다"

가. 영광, 얼굴　　나. 사랑, 아들
다. 긍휼, 구원　　라. 빛, 빛

19. 야훼를 기뻐하면 야훼께서 우리에게 주시는 것은 무엇인가? (37:4)

가. 기업을 상속받게 해 주심　　나. 이 땅에서 연수가 길게 해 주심
다. 길을 넓혀 주심　　라. 마음의 소원을 이루어 주심

20. 산상수훈의 8복 중 온유한 자가 땅을 기업으로 받는다는 말은 구약 어느 책에 기록되어 있는가?

가. 전도서 11장　　나. 시편 37편
다. 잠언 21장　　라. 욥기 7장

21. 시편 38편의 내용과 유사한 구약의 책은?

가. 전도서　　나. 욥기　　다. 아가　　라. 잠언

22. 다음 ( )에 들어갈 말은? (48:10)

> "하나님이여 주의 이름과 같이 찬송도 땅 끝까지 미쳤으며 주의 오른 손에는 ( )이/가 충만하였나이다"

가. 권능　　나. 진노　　다. 사랑　　라. 정의

23. 다음 ( )에 들어갈 말은? (49:20)

> "존귀하나 깨닫지 못하는 사람은 멸망하는 ( ) 같도다"

가. 나라　　나. 짐승　　다. 악인　　라. 사단

24. "우리에게 우리 날 계수함을 가르치사 지혜로운 마음을 얻게 하소서"라고 기도한 사람은? (90:12)

가. 다윗　　나. 솔로몬　　다. 히스기야　　라. 모세

25. 다음 중 성전에 올라가는 시(노래)가 아닌 것은?
가. 120편　　나. 127편　　다. 130편　　라. 137편

26. 다음 (　)에 공통으로 들어갈 말은? (94:3)

> "야훼여 (　　)이 언제까지, (　　)이 언제까지 개가를 부르리이까"

가. 악인　　나. 의인　　다. 죄인　　라. 대적

27. 다음 (　)에 들어갈 말이 알맞게 짝지어진 것은? (126:5-6)

> "(　　)을 흘리며 씨를 뿌리는 자는 기쁨으로 거두리로다 (　　) 씨를 뿌리러 나가는 자는 반드시 기쁨으로 그 곡식 단을 가지고 돌아오리로다"

가. 복, 복의　　나. 웃음, 기쁨의
다. 눈물, 울며　　라. 생명수, 복음의

28. 시편 139편은 야훼 하나님의 어떤 점을 찬양하고 있는가?
가. 약한 자에게 긍휼을 베푸심
나. 전지전능하시고 무소부재하심
다. 사랑과 은혜가 충만하심
라. 선하시고 거룩하심

29. 시편 148편에서 가장 많이 나오는 단어는?
가. 구원　　나. 영광　　다. 찬양　　라. 노래

30. 다음 (　)에 알맞은 말은? (150:1)

> "할렐루야 그의 성소에서 하나님을 찬양하며 그의 권능의 (　　)에서 그를 찬양할지어다"

가. 하늘　　나. 궁창　　다. 성소　　라. 보좌

Psalms

[단답형 문제]

1. 시편 중 제일 긴 것과 제일 짧은 것은 몇 편이며 각각 몇 절까지 있는가?

2. 시편 1편 1-2절 말씀을 쓰시오.

3. 시편 1편에서 의인들과 악인들은 각각 무엇으로 비유되었는가? (1:3-4)

4. 내가 야훼의 명령을 전하노라 야훼께서 내게 이르시되 너는 내(　　　) 이라 오늘 내가 너를 낳았도다 (2:7)

5. '다윗이 그의 아들 압살롬을 피할 때에 지은 시'라는 표제가 붙은 시는?

6. 야훼여 주는 나의 (　　　)시요 나의 (　　　)이시요 나의 머리를 드시는 자이시니이다 (3:3)

7. 시편 5편에서는 악한 자들, 즉 오만한 자, 행악자, 거짓말하는 자, 피 흘리기를 즐기는 자, 속이는 자들의 목구멍은 무엇과 같다고 비유되었는가? (5:5-9)

8. (　　　) 중에서는 주를 기억하는 일이 없사오니 (　　　)에서 주께 감사할 자 누구리이까 (6:5)

9. 야훼 우리 주여 주의 (　　　)이 온 땅에 어찌 그리 아름다운지요 주의 (　　　)이 하늘을 덮었나이다 (8:1)

10. (   )로 세계를 심판하심이여 (   )으로 만민에게 판결을 내리시리로다 (9:8)

11. 야훼는 어떤 자의 요새가 되어주시는가? (9:9)

12. 시편 12편에서 야훼의 말씀의 순결함은 무엇으로 비유되었는가? (12:6)

13. 어떤 말을 하는 자는 어리석은 자인가? (14:1, 53:1)

14. 다음 시편의 말씀은 사도행전에서 누구에 의해 인용되었는가? (16:8-11; 행2:25-28)

> "내가 야훼를 항상 내 앞에 모심이여 그가 나의 오른쪽에 계시므로 내가 흔들리지 아니하리로다 이러므로 나의 마음이 기쁘고 나의 영도 즐거워하며 내 육체도 안전히 살리니 이는 주께서 내 영혼을 스올에 버리지 아니하시며 주의 거룩한 자를 멸망시키지 않으실 것임이니이다 주께서 생명의 길을 내게 보이시리니 주의 앞에는 충만한 기쁨이 있고 주의 오른쪽에는 영원한 즐거움이 있나이다"

15. 야훼의 (   )은 완전하여 영혼을 소성시키며 야훼의 증거는 확실하여 우둔한 자를 지혜롭게 하며 야훼의 (   )은 정직하여 마음을 기쁘게 하고 야훼의 계명은 순결하여 눈을 밝게 하시도다 (19:7-8)

16. 사무엘하 22장에 나오는 다윗의 승전가는 시편 몇 편에 기록되어 있는가?

17. 시편 24편의 저자는 모든 세계의 주인이 누구라고 노래했는가?

18. 야훼의 모든 (   )은 그의 언약과 증거를 지키는 자에게 인자와 (   )로다 (25:10)

19. 야훼여 나를 살피시고 시험하사 내 ( )과 내 ( )을 단련하소서 (26:2)

20. 주의 백성을 구원하시며 주의 ( )에 복을 주시고 또 그들의 ( )가 되시어 영원토록 그들을 인도하소서 (28:9)

21. 그의 ( )은 잠깐이요 그의 ( )은 평생이로다 저녁에는 울음이 깃들일지라도 아침에는 기쁨이 오리로다 (30:5)

22. 시편 중에서 '성전 낙성가' 라는 표제가 붙은 다윗의 시는?

23. 젊은 사자는 궁핍하여 주릴지라도 ( )를 찾는 자는 모든 좋은 것에 부족함이 없으리로다 (34:10)

24. 시편 39편 6절에서는 인생을 무엇으로 표현하고 있는가?

25. 시편 42편은 누구의 마스길인가?

26. 하나님이여 ( )이 시냇물을 찾기에 갈급함 같이 ( )이 주를 찾기에 갈급하니이다 (42:1)

27. 일어나 우리를 도우소서 주의 ( )으로 말미암아 우리를 구원하소서 (44:26)

28. 하나님은 우리의 ( )시요 힘이시니 환난 중에 만날 큰 ( )이시라 (46:1)

29. 이르시기를 너희는 가만히 있어 내가 (   ) 됨을 알지어다 내가 뭇 나라 중에서 높임을 받으리라 내가 세계 중에서 높임을 받으리라 하시도다 (46:10)

30. 다윗이 밧세바와 동침한 일로 인해 선지자 나단의 책망을 듣고 통회하면서 지은 시는?

31. 다윗은 시편 51편에서 하나님께서 구하시는 제사는 무엇이라고 했는가? (51:17)

32. 네 (   )가 심한 악을 꾀하여 날카로운 삭도 같이 간사를 행하는도다 (52:2)

33. 시편 53편과 내용이 유사한 시편은?

34. 나는 주의 힘을 노래하며 (   )에 주의 인자하심을 높이 부르오리니 주는 나의 요새이시며 나의 환난 날에 (   )심이니이다 (59:16)

35. 시편 61편 4절 말씀을 쓰시오.

36. 나의 (   )이 잠잠히 하나님만 바람이여 나의 (   )이 그에게서 나오는도다 오직 그만이 나의 (   )이시요 나의 구원이시요 나의 (   )이시니 내가 크게 흔들리지 아니하리로다 (62:1-2)

37. 주의 인자하심이 (   )보다 나으므로 내 입술이 주를 찬양할 것이라 (63:3)

38. 시편 40편 13-17절의 말씀과 내용이 유사한 시편은?

39. 홀로 기이한 일들을 행하시는 야훼 하나님 곧 (   )의 하나님을 찬송하며 그 영화로운 (   )을 영원히 찬송할지어다 온 땅에 그의 영광이 충만할지어다 아멘 아멘 (   )의 아들 다윗의 기도가 끝나니라 (72:18-20)

40. 만군의 하나님 야훼여 우리를 돌이켜 주시고 주의 얼굴의 광채를 우리에게 비추소서 우리가 (   )을 얻으리이다 (80:19)

41. 가난한 자와 (   )를 위하여 판단하며 곤란한 자와 빈궁한 자에게 공의를 베풀지며 (82:3)

42. 야훼라 이름하신 주만 온 세계의 (   )로 알게 하소서 (83:18)

43. 주의 궁정에서의 한 날이 다른 곳에서의 (   ) 날보다 나은즉 악인의 장막에 사는 것보다 내 하나님의 성전 (   )로 있는 것이 좋사오니 (84:10)

44. (   )가 주의 앞에 앞서 가며 주의 (   )을 닦으리로다 (85:13)

45. 무릇 주는 위대하사 기이한 일들을 행하시오니 주만이 (   )이시니이다 (86:10)

46. 그의 터전이 (   )에 있음이여 야훼께서 야곱의 모든 거처보다 (   )의 문들을 사랑하시는도다 (87:1-2)

47. 곤란으로 말미암아 내 (   )이 쇠하였나이다 야훼여 내가 매일 주를 부르며 주를 향하여 나의 두 손을 들었나이다 (88:9)

48. 우리의 연수가 ( )이요 강건하면 ( )이라도 그 연수의 자랑은 수고와 슬픔뿐이요 신속히 가니 우리가 날아가나이다 (90:10)

49. 다음은 마태복음 4장 6절에서 마귀가 예수님을 시험할 때 했던 말이다. 시편 몇 편 몇 절의 말씀을 인용한 것인가?

> "그가 너를 위하여 그의 사자들을 명하시리니 그들이 손으로 너를 받들어 발이 돌에 부딪치지 않게 하리로다"

50. 시편 92편은 어느 날에 드리는 찬송인가?

51. 하늘은 기뻐하고 땅은 즐거워하며 바다와 거기에 충만한 것이 외치고 밭과 그 가운데에 있는 모든 것은 즐거워할지로다 그 때 숲의 모든 나무들이 ( )에서 즐거이 노래하리니 (96:11-12)

52. 너희는 야훼 우리 하나님을 높여 그의 ( ) 앞에서 경배할지어다 그는 거룩하시도다 (99:5)

53. 온 땅이여 야훼께 즐거운 찬송을 부를지어다 기쁨으로 야훼를 섬기며 노래하면서 그의 앞에 나아갈지어다 야훼가 우리 ( )이신 줄 너희는 알지어다 그는 우리를 지으신 이요 우리는 그의 것이니 그의 ( )이요 그의 기르시는 ( )이로다 (100:1-3)

54. 이스라엘(야곱)이 애굽에 들어갈 때부터 모세의 출애굽 사건까지를 묘사하고 있는 시편은?

55. 하나님이여 내 마음을 정하였사오니 내가 노래하며 나의 ( )을 다하여 찬양하리로다 비파야, 수금아, 깰지어다 내가 ( )을 깨우리로다 (108:1-2)

56. 나는 사랑하나 그들은 도리어 나를 대적하니 나는 (   )할 뿐이라 (109:4)

57. 장차 오실 메시아가 멜기세덱의 서열을 따라 영원한 제사장으로 오실 것이라고 예언한 시편은?

58. 야훼를 경외함이 (   )의 근본이라 그의 계명을 지키는 자는 다 훌륭한 지각을 가진 자이니 야훼를 (   )이 영원히 계속되리로다 (111:10)

59. 내가 주의 (   )을 항상 지키리이다 영원히 지키리이다 (119:44)

60. 주의 말씀은 내 발에 (   )이요 내 길에 (   )이니이다 (119:105)

61. 내가 (   ) 중에 야훼께 부르짖었더니 내게 응답하셨도다 (120:1)

62. 내가 (   )을 향하여 눈을 들리라 나의 도움이 어디서 올까 나의 도움은 천지를 지으신 (   )에게서로다 (121:1-2)

63. 시편 127편 1절 말씀을 쓰시오.

64. 시편 133편 1절 말씀을 쓰시오.

65. 열국의 (   )은 은금이요 사람의 손으로 만든 것이라 (135:15)

66. 바벨론의 포로 생활에서 겪는 수모와 슬픔을 노래한 시는?

67. (   )와 그의 군대를 홍해에 엎드러뜨리신 이에게 감사하라 그 (   )이 영원함이로다 (136:15)

68. 우리가 ( )의 여러 강변 거기에 앉아서 ( )을 기억하며 울었도다 (137:1)

69. 야훼께서는 높이 계셔도 ( ) 자를 굽어살피시며 멀리서도 ( ) 자를 아심이니이다 (138:6)

70. 시편 146-150편의 첫머리에 공통적으로 들어가는 말은?

Proverbs

잠언

[선택형 문제]

1. 잠언의 기자와 관계가 없는 사람은? (1:1, 30:1, 31:1)
   가. 솔로몬　　나. 아굴
   다. 다윗　　라. 르무엘 왕의 어머니

2. 다음 중 잠언이 쓰여지게 된 목적이 아닌 것은? (1:2-6)
   가. 지혜와 훈계를 알게 하기 위해
   나. 솔로몬의 지혜를 과시하기 위해
   다. 어리석은 자를 슬기롭게 하기 위해
   라. 지혜 있는 자의 말과 그 오묘한 말을 깨닫게 하기 위해

3. 잠언과 관계가 먼 것은?
   가. 교훈　　나. 시가서
   다. 솔로몬　　라. 찬송

4. 잠언을 통하여 지략을 얻을 자는 누구인가? (1:5)
   가. 명철한 자　　나. 젊은 자
   다. 어리석은 자　　라. 게으른 자

5. 야훼를 경외하는 것은 무엇이라고 했는가? (1:7)
   가. 신앙의 근본　　나. 진리의 근본
   다. 도덕의 근본　　라. 지식의 근본

6. 선한 자의 길로 행하게 하며 또 의인의 길을 지키게 하는 것은 무엇인가? (2:20)

가. 야훼를 경외하는 것　　나. 지혜
다. 하나님의 말씀　　라. 지식

7. 잠언에 나오는 말씀이 아닌 것은? (3:5, 15:1, 22:6)

가. 너는 청년의 때에 너의 창조주를 기억하라 곧 곤고한 날이 이르기 전에, 나는 아무 낙이 없다고 할 해들이 가깝기 전에 해와 빛과 달과 별들이 어둡기 전에, 비 뒤에 구름이 다시 일어나기 전에 그리하라
나. 너는 마음을 다하여 야훼를 신뢰하고 네 명철을 의지하지 말라
다. 유순한 대답은 분노를 쉬게 하여도 과격한 말은 노를 격동하느니라
라. 마땅히 행할 길을 아이에게 가르치라 그리하면 늙어도 그것을 떠나지 아니하리라

8. 너는 범사에 그를 인정하라 그리하면 네 (　　)을 지도하시리라 (3:6)

가. 길　　나. 마음　　다. 인생　　라. 일

9. 다음 중 지혜의 가치를 나타내기 위해 비교 대상으로 언급된 것이 아닌 것은? (3:14-15)

가. 은　　나. 진주　　다. 비단　　라. 정금

10. 악인의 집에는 야훼의 저주가 있고 의인의 집에는 무엇이 있는가? (3:33)

가. 복　　나. 은혜　　다. 긍휼　　라. 인자

11. 하나님이 세상을 창조하실 때 이미 지혜가 존재하고 있었음을 보여주는 본문들은 무엇인가?

가. 2장, 3장　　나. 3장, 8장
다. 5장, 8장　　라. 6장, 8장

12. 의인의 길은 무엇과 같다고 했는가? (4:18)

가. 돋는 햇살　　나. 낮의 해
다. 밤의 달　　라. 돋는 달빛

13. 좌로나 우로나 치우치지 말고 네 발을 무엇에서 떠나게 하라고 했는가? (4:27)

가. 죄 나. 악 다. 흑암 라. 공포

14. 솔로몬은 이것이 하는 것을 보고 지혜를 얻으라고 말했다. 아래의 설명에 해당하는 것은 무엇인가? (6:7-8)

> "이것은 두령도 없고 감독자도 없고 통치자도 없으되 먹을 것을 여름 동안에 예비하며 추수 때에 양식을 모으느니라"

가. 뱀 나. 비둘기 다. 개미 라. 나귀 새끼

15. 다음 중 야훼께서 미워하시는 것 예닐곱 가지에 해당하지 않는 것은? (6:16-19)

가. 교만한 눈 나. 거짓된 혀
다. 자신을 미워하는 마음 라. 거짓을 말하는 망령된 증인

16. 무엇이 진주보다 낫다고 하였는가? (8:11)

가. 효도 나. 지혜
다. 야훼를 경외하는 것 라. 말씀

17. 솔로몬과 관계없는 성경은?

가. 잠언 나. 전도서 다. 호세아 라. 아가

18. 잠언서의 주제는?

가. 사랑 나. 지혜 다. 인내 라. 전쟁

19. "말이 많으면 허물을 면하기 어려우나 그 입술을 제어하는 자는 지혜가 있느니라"라는 말씀이 있는 곳은?

가. 잠 10:19 나. 잠 11:19 다. 잠 13:19 라. 잠 15:19

20. 미련한 자는 행악으로 낙을 삼는 것 같이 명철한 자는 무엇으로 낙을 삼는가? (10:23)

가. 지식 나. 선 다. 수양 라. 지혜

21. 유덕한 여자는 존영을 얻고 근면한 남자는 무엇을 얻는가? (11:16)

가. 명예 나. 재물 다. 권세 라. 지혜

22. 잠언에 지혜로운 자는 어떠하다고 하였는가? (11:30)

가. 사람을 얻는다 나. 권세를 얻는다
다. 지식을 얻는다 라. 재물을 얻는다

23. 솔로몬은 징계를 싫어하는 자를 무엇에 비유했는가? (12:1)

가. 독초 나. 짐승 다. 무화과나무 라. 물고기

24. 어진 여인은 그 지아비의 ( )이나 욕을 끼치는 여인은 그 지아비의 뼈가 썩음 같게 하느니라 (12:4)

가. 면류관 나. 진주 다. 명예 라. 재물

25. 다음 중에서 면류관과 관계없는 말을 고르시오. (12:4, 16:31, 17:6)

가. 어진 여인은 그 지아비의 면류관
나. 백발은 영화의 면류관
다. 손자는 노인의 면류관
라. 아비는 자식의 면류관

26. 부귀의 원천은 무엇인가? (12:27)

가. 불의 나. 토색 다. 부지런한 것 라. 지혜

27. 어떤 길은 사람이 보기에 바르나 필경은 ( )의 길이니라 (14:12)

가. 사망 나. 고난 다. 기쁨 라. 승리

28. 지혜로운 자의 재물은 그의 ( )이요 미련한 자의 소유는 다만 ( )이니라 (14:24)

가. 면류관, 미련한 것 나. 능력, 불법
다. 면류관, 패망 라. 권능, 어리석음

29. 사람의 뼈를 썩게 하는 것은? (14:30)

가. 분노 나. 시기 다. 성급함 라. 원망

30. 의인에 대한 설명 중 틀린 것은? (15:6,28-29)
가. 하나님이 기도를 들어 주신다
나. 대답할 말을 깊이 생각한다
다. 견책 받기를 좋아하지 아니한다
라. 많은 보물이 있다

31. "견고한 성"이란 무엇을 비유한 말인가? (18:11)
가. 어진 아내 나. 지혜로운 아들
다. 부자의 재물 라. 지식

32. 잠언은 "다투는 아내"를 어떻게 묘사하고 있는가? (19:13)
가. 이어 떨어지는 물방울 나. 물에 비치는 얼굴
다. 굴리는 바퀴 라. 타작마당의 키

33. 사람의 영혼은 야훼의 ( )이라 사람의 깊은 속을 살피느니라 (20:27)
가. 등불 나. 형상 다. 생각 라. 성전

34. 젊은 자의 영화는 그의 힘이요 늙은 자의 아름다움은 ( )이니라 (20:29)
가. 백발 나. 재물 다. 손자 라. 경험

35. 잠언에서 배울 수 있는 것과 거리가 먼 것은? (22:1, 23:5, 24:6)
가. 명예보다 많은 재물을 택하라
나. 재물은 스스로 날개를 내어 하늘을 나는 독수리처럼 날아간다
다. 승리는 지략이 많음에 있다
라. 은이나 금보다 은총을 더욱 택하라

36. 마땅히 ( )을 아이에게 가르치라 그리하면 늙어도 그것을 떠나지 아니하리라 (22:6)
가. 율법 나. 행할 길 다. 지식 라. 사랑

37. 다음은 누구를 묘사한 것인가? (23:29-30)

> "재앙이 뉘게 있느뇨 근심이 뉘게 있느뇨 분쟁이 뉘게 있느뇨 원망이 뉘게 있느뇨 까닭 없는 상처가 뉘게 있느뇨 붉은 눈이 뉘게 있느뇨"

가. 전쟁을 앞에 둔 군인　　나. 다투는 아내
다. 술에 잠긴 자　　라. 노인

38. 솔로몬의 잠언은 어느 왕의 신하들이 편집한 것인가? (25:1)
가. 웃시야　　나. 히스기야　　다. 솔로몬　　라. 요시아

39. 일을 숨기는 것은 (　　)의 영화요 일을 살피는 것은 (　　)의 영화니라 (25:2)
가. 하나님, 왕　　나. 왕, 하나님　　다. 왕, 아비　　라. 아비, 왕

40. 잠언은 '경우에 합당한 말'을 무엇에 비유하였는가? (25:11)
가. 아로새긴 금 쟁반에 은 사과　　나. 아로새긴 은 쟁반에 금 사과
다. 아로새긴 금 쟁반에 금 사과　　라. 아로새긴 은 쟁반에 은 사과

41. 문짝이 돌쩌귀를 따라서 도는 것 같이 게으른 자는 어디에서 도는가? (26:14)
가. 침상　　나. 안방　　다. 자신의 집　　라. 이불 안

42. 다음 말씀의 전반부에 나오는 것은? (27:1)

> "하루 동안에 무슨 일이 일어날는지 네가 알 수 없음이니라"

가. 너는 오늘 일을 자랑하지 말라
나. 너는 내일 일을 염려하지 말라
다. 너는 내일 일을 자랑하지 말라
라. 너는 오늘 일을 자랑하지 말라

43. 다음 설명 중 미련한 사람은 어떤 자인가? (28:26)
가. 하나님을 경외하는 자　　나. 사람을 경책하는 자
다. 자기의 마음을 믿는 자　　라. 자기의 토지를 경작하는 자

44. 눈을 골짜기의 까마귀에게 쪼이고 독수리 새끼에게 먹히게 될 자는? (30:17)

가. 아비를 조롱하는 자
나. 남의 아내를 탐욕하는 자
다. 이웃에 대하여 거짓 증언하는 자
라. 종을 매로 쳐서 죽인 자

45. 개미, 사반, 메뚜기, 도마뱀을 잠언에서는 무엇이라 말하고 있는가? (30:24-28)

가. 부지런한 것　　나. 가증한 것
다. 지혜로운 것　　라. 가장 강한 것

46. 다음은 누구의 어머니가 한 말인가? (31:1-2)

> "내 아들아 내가 무엇을 말하랴 내 태에서 난 아들아 내가 무엇을 말하랴 서원대로 얻은 아들아 내가 무엇을 말하랴"

가. 솔로몬　　나. 다윗　　다. 르무엘　　라. 르호보암

47. 그 값(가치)이 진주보다 더 한 여인은 어떠한 여인인가? (31:10)

가. 진실한 여인　　나. 현숙한 여인
다. 하나님을 경외하는 여인　　라. 아름다운 여인

48. 현숙한 여인에 관한 것이 주를 이루는 잠언은 누구의 것인가? (31:10-31)

가. 솔로몬　　나. 야게의 아들 아굴
다. 르무엘 왕의 어머니　　라. 다윗

49. 고운 것도 거짓되고 아름다운 것도 헛되나 오직 (　　　)는 칭찬을 받을 것이라 (31:30)

가. 야훼를 경외하는 여자　　나. 지혜로운 여자
다. 현숙한 여자　　라. 성실한 여자

Proverbs

[단답형 문제]

1. 다윗의 아들 이스라엘 왕 (   )의 잠언이라 (1:1)

2. 다음의 '나'는 누구인가? (1:33, 참조 1:20)

> "오직 내 말을 듣는 자는 평안히 살며 재앙의 두려움이 없이 안전하리라"

3. 인자와 (   )가 네게서 떠나지 말게 하고 그것을 네 목에 매며 네 마음판에 새기라 그리하면 네가 하나님과 사람 앞에서 은총과 귀중히 여김을 받으리라 (3:3-4)

4. 너는 마음을 다하여 야훼를 신뢰하고 네 (   )을 의지하지 말라 (3:5)

5. 야훼께서 겸손한 자에게 베푸시는 것은 무엇인가? (3:34)

6. 모든 지킬 만한 것 중에 더욱 네 (   )을 지키라 생명의 근원이 이에서 남이니라 (4:23)

7. 다음에서 '그'는 누구를 말하는가? (5:19, 참조 5:18)

> "그는 사랑스러운 암사슴 같고 아름다운 암노루 같으니 너는 그의 품을 항상 족하게 여기며 그의 사랑을 항상 연모하라"

8. 어떤 자에게 빈궁이 강도 같이 오며 곤핍이 군사 같이 이르는가? (6:9-11)

9. 대저 명령은 등불이요 법은 (　　)이요 훈계의 책망은 곧 생명의 길이라 (6:23)

10. 잠언 기자가 다음 말에서 경고하고 있는 것은? (6:27-28, 참조 6:29)

> "사람이 불을 품에 품고서야 어찌 그의 옷이 타지 아니하겠으며 사람이 숯불을 밟고서야 어찌 그의 발이 데지 아니하겠느냐"

11. 야훼를 경외하는 것은 (　　)을 미워하는 것이라 나는 교만과 거만과 악한 행실과 패역한 입을 미워하느니라 (8:13)

12. 잠언 9장 10절 말씀을 쓰시오.

13. 미움은 다툼을 일으켜도 (　　)은 모든 허물을 가리느니라 (10:12)

14. 야훼께서 주시는 복은 사람을 부하게 하고 (　　)을 겸하여 주지 아니하시느니라 (10:22)

15. 부리는 사람에게 마치 이에 식초 같고 눈에 연기 같은 자는 어떤 사람인가? (10:26)

16. (　　)를 좋아하는 자는 풍족하여질 것이요 남을 윤택하게 하는 자는 자기도 윤택하여지리라 (11:25)

17. 칼로 찌름 같이 함부로 말하는 자가 있거니와 지혜로운 자의 혀는 (　　)과 같으니라 (12:18)

18. 근심이 사람의 마음에 있으면 그것으로 번뇌하게 되나 (　　)은 그것을 즐겁게 하느니라 (12:25)

19. 교만에서는 다툼만 일어날 뿐이라 (　　)을 듣는 자는 지혜가 있느니라 (13:10)

20. 매를 아끼는 자는 그의 자식을 미워함이라 자식을 사랑하는 자는 근실히 (　　　)하느니라 (13:24)

21. 잠언에서 가난한 자를 학대하는 것은 누구에게 무엇을 하는 일과 같은 것인가? (14:31)

22. 유순한 대답은 분노를 쉬게 하여도 과격한 말은 (　　)를 격동하느니라 (15:1)

23. 야훼는 악인을 멀리 하시고 의인의 (　　)를 들으시느니라 (15:29)

24. 잠언 16장 9절 말씀을 쓰시오.

25. (　　)은 패망의 선봉이요 거만한 마음은 넘어짐의 앞잡이니라 (16:18)

26. 잠언 16장 25절 말씀을 쓰시오.

27. 친한 벗을 이간하는 자는 어떤 사람인가? (16:28)

28. 노하기를 더디하는 자는 (　　)보다 낫고 자기의 마음을 다스리는 자는 성을 빼앗는 자보다 나으니라 (16:32)

29. (　　　　) 한 조각만 있고도 화목하는 것이 제육이 집에 가득하고도 다투는 것보다 나으니라 (17:1)

30. 도가니는 은을, 풀무는 금을 연단하거니와 야훼는 (　　　)을 연단하시느니라 (17:3)

31. 야훼의 이름은 견고한 (　　　)라 의인은 그리로 달려가서 안전함을 얻느니라 (18:10)

32. 사람의 마음의 (　　　)은 멸망의 선봉이요 겸손은 존귀의 길잡이니라 (18:12)

33. (　　) 안에 공통으로 들어갈 말은? (18:21)

> "죽고 사는 것이 (　　　)의 힘에 달렸나니 (　　　)를 쓰기 좋아하는 자는 (　　　)의 열매를 먹으리라"

34. 집과 재물은 조상에게서 상속하거니와 슬기로운 (　　　)는 야훼께로서 말미암느니라 (19:14)

35. 사람의 행위가 자기 보기에는 모두 정직하여도 야훼는 (　　　)을 감찰하시느니라 (21:2)

36. 겸손과 야훼를 경외함을 통해 받는 보상 세 가지는 무엇인가? (22:4)

37. 대저 의인은 (　　　) 번 넘어질지라도 다시 일어나려니와 악인은 재앙으로 말미암아 엎드러지느니라 (24:16)

38. 네가 좀더 자자, 좀더 졸자, 손을 모으고 좀더 누워 있자 하니 네 빈궁이 (　　　)같이 오며 네 곤핍이 군사같이 이르리라 (24:33-34)

39. 도가니로 은을, 풀무로 금을, (　　　　)으로 사람을 단련하느니라 (27:21)

40. 악인은 쫓아오는 자가 없어도 도망하나 의인은 (　　) 같이 담대하니라 (28:1)

41. 사람이 귀를 돌려 율법을 듣지 아니하면 그의 (　　　)도 가증하니라 (28:9)

42. 잠언은 자기의 죄를 숨기는 자는 형통하지 못하나 죄를 어떻게 하는 자가 불쌍히 여김을 받는다고 하였는가? (28:13)

43. (　　)가 없으면 백성이 방자히 행하거니와 율법을 지키는 자는 복이 있느니라 (29:18)

44. 곧 헛된 것과 거짓말을 내게서 멀리 하옵시며 나를 가난하게도 마옵시고 부하게도 마옵시고 오직 필요한 (　　)으로 나를 먹이시옵소서 (30:8)

45. 잠언 30장은 누구의 잠언인가? (30:1)

46. 잠언 31장은 누구의 잠언인가? (31:1)

Ecclesiastes

전도서

[선택형 문제]

1. 전도서의 저자는? (1:1)

가. 다윗　　나. 사무엘
다. 엘리야　　라. 솔로몬

2. (　) 안에 들어갈 말을 알맞게 짝지은 것은? (1:1-2)

“다윗의 아들 예루살렘 왕 (　　　)의 말씀이라 (　　　)가 이르되 헛되고 헛되며 헛되고 헛되니 모든 것이 헛되도다”

가. 전도자　　나. 설교자
다. 지혜자　　라. 압살롬

3. 전도서의 저자에 대한 설명 중 틀린 것은? (1:1, 12:9-10)

가. 다윗의 아들 예루살렘의 왕이다
나. 백성에게 지식을 가르쳤고 잠언을 많이 지었다
다. 노년기에는 시편의 대부분을 기록하였다
라. 진리의 말씀들을 정직하게 기록하였다

4. (　) 안에 들어갈 알맞은 말은? (1:2)

“전도자가 이르되 헛되고 헛되며 헛되고 헛되니 (　　　)이 헛되도다”

가. 모든 것　　나. 인생
다. 삶　　라. 사랑

5. 다음 솔로몬의 말 중에서 나머지 셋과 다른 책에 수록된 것은? (1:4, 4:11, 12:1)

가. 한 세대는 가고 한 세대는 오되 땅은 영원히 있도다
나. 선한 말은 꿀송이 같아서 마음에 달고 뼈에 양약이 되느니라
다. 두 사람이 함께 누우면 따뜻하거니와 한 사람이면 어찌 따뜻하랴
라. 너는 청년의 때에 너의 창조주를 기억하라

6. 헛된 일을 반복함으로 모든 만물이 피곤하다는 것을 말하기 위해 전도자가 예로 들지 않은 것은? (1:5-8)

가. 해　　나. 바람
다. 강물　　라. 나무

7. ( ) 안에 들어갈 말을 알맞게 짝지은 것은? (1:14)

> "내가 ( ) 아래에서 행하는 모든 일을 보았노라 보라 모두 다 헛되어 ( )을 잡으려는 것이로다"

가. 해, 바람　　나. 하늘, 환상
다. 구름, 물　　라. 달, 어둠

8. 번뇌를 많게 하고 근심을 더하게 하는 것은 각각 무엇인가? (1:18)

가. 지혜, 지식　　나. 관심, 사랑
다. 시기, 질투　　라. 집착, 욕심

9. 전도자가 쾌락을 추구하기 위하여 노력해 보았던 경험에 해당하지 않는 것은? (2:3-8)

가. 술로 육신을 즐겁게 하는 것
나. 도박으로 날을 새는 것
다. 사업을 크게 하는 것
라. 인생들이 기뻐하는 처첩들을 많이 두는 것

10. (　) 안에 들어갈 알맞은 말은? (2:13)

> "내가 보니 지혜가 (　　)보다 뛰어남이 빛이 어둠보다 뛰어남 같도다"

가. 모략　　나. 우매　　다. 근심　　라. 번뇌

11. 다음 중 전도자의 생각이 아닌 것은? (2:16,18,23)

가. 지혜자의 죽음이 우매자의 죽음과 일반이다
나. 해 아래에서 한 모든 수고도 영원한 나의 소유가 아니다
다. 일평생에 근심하며 수고하는 것이 슬픔뿐이다
라. 지혜자는 눈이 밝아서 어두움에 다닌다

12. 전도자는 세상의 모든 가치를 헛되게 하는 것을 무엇이라고 보았는가? (2:16-17)

가. 절망　　나. 전쟁　　다. 죄　　라. 죽음

13. (　) 안에 들어갈 알맞은 말은? (2:18)

> "내가 해 아래에서 내가 한 모든 수고를 미워하였노니 이는 (　　　) 에게 남겨 주게 됨이라"

가. 내 뒤를 이을 이　　나. 내 대적
다. 아내　　라. 땅

14. 전도자는 사람의 마음을 가장 기쁘게 하는 것이 무엇이라고 하였는가? (2:24)

가. 사람이 먹고 마시며 수고하는 것
나. 지혜로 세상을 섭렵하는 것
다. 지식을 쌓아가는 것
라. 자손을 많이 두는 것

15. 전도서에서 하나님이 그가 기뻐하시는 자에게 주시는 것은? (2:26)

가. 평안, 지식, 부귀　　나. 지혜, 지식, 희락
다. 지식, 부귀, 평안　　라. 희락, 평안, 능력

16. 전도서에서 모든 일들의 '때'에 관해 나열하고 있는 곳은 몇 장인가?
가. 5장 나. 3장 다. 12장 라. 8장

17. "범사에 기한이 있고 천하 만사가 다 때가 있다"고 한 사람은? (3:1)
가. 다윗 나. 이사야 다. 솔로몬 라. 스가랴

18. 전도자가 보기에 사람이 사는 동안에 가장 나은 것은? (3:12)
가. 쾌락에 탐닉하는 것 나. 남녀 간의 사랑
다. 기뻐하며 선을 행하는 것 라. 자아실현

19. 전도자는 "사람마다 먹고 마시는 것과 수고함으로 낙을 누리는 것"이 무엇이라고 말하는가? (3:13)
가. 하나님의 선물 나. 하나님의 은혜
다. 하나님의 사랑 라. 하나님의 축복

20. ( ) 안에 들어갈 말을 알맞게 짝지은 것은? (3:21)

> "인생들의 혼은 ( ) 짐승의 혼은 ( ) 누가 알랴"

가. 위로 올라가고, 아래 곧 땅으로 내려가는 줄을
나. 영원하나, 흩어지는 줄을
다. 햇살 같으나, 안개 같은 줄을
라. 돌아갈 곳이 있으나, 소멸하는 줄을

21. 다음 중 가장 행복한 자는? (4:3)
가. 아직 살아 있는 산 자 나. 학대하는 자
다. 아직 출생하지 아니 한 자 라. 죽은 지 오랜 죽은 자

22. ( ) 안에 들어갈 알맞은 말은? (4:11-12)

> "또 두 사람이 함께 누우면 따뜻하거니와 한 사람이면 어찌 따뜻하랴 한 사람이면 패하겠거니와 두 사람이면 맞설 수 있나니 ( ) 쉽게 끊어지지 아니하느니라"

가. 한 몸을 이룬 부부는　　　　나. 가족을 이루는 끈은
다. 세 겹 줄은　　　　라. 삼색으로 꼬은 실은

23. 하나님의 전에서 우매한 자들이 제물을 드리는 것보다 더 나은 것은? (5:1)
가. 하나님께 서원하는 것
나. 예언을 하는 것
다. 죽은 이를 살리는 것
라. 말씀을 듣는 것

24. 전도자가 해 아래서 본 큰 폐단 되는 일은? (5:13)
가. 권세 있는 자가 그 형제들을 억압하는 것
나. 재물 있는 자가 형제들에게 고리를 받고 돈을 꾸어 주는 것
다. 아내 있는 자가 이웃의 아내를 탐하는 것
라. 소유주가 재물을 자기에게 해가 되도록 소유하는 것

25. 전도자는 무엇을 선하고 아름다운 것으로 보았는가? (5:18)
가. 정의롭게 재산을 소유하는 것
나. 아무 탈 없이 자녀를 양육하는 것
다. 모든 수고 중에서 낙을 보는 것
라. 현숙한 여인을 아내로 맞이하는 것

26. 다음 중 전도자의 견해가 아닌 것은? (7:1-2)
가. 죽는 날이 출생하는 날보다 낫다
나. 웃음이 슬픔보다 낫다
다. 좋은 이름이 좋은 기름보다 낫다
라. 초상집에 가는 것이 잔칫집에 가는 것보다 낫다

27. 다음 중 전도자의 말이 아닌 것은? (7:8,20,26)
가. 일의 끝이 시작보다 낫고 참는 마음이 교만한 마음보다 낫다
나. 선을 행하고 전혀 죄를 범하지 아니하는 의인은 세상에 없다
다. 성읍 가운데에 있는 열 명의 권력자들이 지혜 있는 지혜자보다 능력

이 있다

라. 마음은 올무와 그물 같고 손은 포승 같은 여인은 사망보다 더 쓰다

28. ( ) 안에 들어갈 알맞은 말은? (8:1)

> "누가 지혜자와 같으며 누가 사물의 이치를 아는 자이냐 사람의 지혜는 그의 얼굴에 ( )가 나게 하나니 그의 얼굴의 사나운 것이 변하느니라"

가. 광채 나. 미소 다. 존귀 라. 미모

29. 하나님의 행사에 대한 전도자의 견해와 다른 것은? (8:11-14)

가. 인생들이 악을 행하는 데에 마음이 담대한 것은 악한 일에 관한 징벌이 속히 실행되지 않기 때문이다

나. 죄인이 백 번이나 악을 행하고도 장수할 수 있다

다. 악인은 하나님을 경외하지 않아도 잘 되고 장수한다

라. 의인들의 행위에 따라 상을 받는 악인들도 있다

30. "빠른 경주자들이라고 선착하는 것이 아니며 용사들이라고 전쟁에 승리하는 것"이 아닌 이유는 무엇인가? (9:11)

가. 시기와 기회는 모두에게 임하기 때문이다

나. 세상은 불법으로 가득하기 때문이다

다. 성공은 빠르게 달려가기 때문이다

라. 죽음을 피할 수는 없기 때문이다

31. ( ) 안에 들어갈 말을 알맞게 짝지은 것은? (11:6)

> "너는 ( ) 씨를 뿌리고 ( ) 손을 놓지 말라 이것이 잘 될는지, 저것이 잘 될는지, 혹 둘이 다 잘 될는지 알지 못함이니라"

가. 땀 흘려, 한시도 나. 복음의, 관심의

다. 밤낮으로, 아내의 라. 아침에, 저녁에도

32. ( ) 안에 들어갈 말은? (11:9)

> "청년이여 네 어린 때를 즐거워하며 네 청년의 날들을 마음에 기뻐하여 마음에 원하는 길들과 네 눈이 보는 대로 행하라 그러나 하나님이 이 모든 일로 말미암아 너를 (　　)하실 줄 알라"

가. 축복　　나. 사랑　　다. 심판　　라. 구원

33. "헛되고 헛되도다 모든 것이 헛되도다"라고 말한 사람은? (12:8)

가. 모세　　나. 솔로몬　　다. 다윗　　라. 사무엘

34. (　) 안에 들어갈 말을 알맞게 짝지은 것은? (12:10)

> "전도자는 힘써 (　　　　) 말들을 구하였나니 진리의 말씀들을 (　　　　) 기록하였느니라"

가. 진리의, 남김없이　　나. 지혜의, 전도서에

다. 아름다운, 정직하게　　라. 세상의, 일지에

35. (　) 안에 들어갈 말은? (12:11)

> "지혜자들의 말씀들은 찌르는 (　　　) 같고 회중의 스승들의 말씀들은 잘 박힌 (　　　) 같으니 다 한 목자가 주신 바이니라"

가. 창, 검　　나. 채찍들, 못

다. 바늘, 가시　　라. 손가락, 기둥

36. 전도자는 무엇이 몸을 피곤하게 한다고 하였는가? (12:12)

가. 많은 처첩　　나. 거대한 사업

다. 먹고 마시는 모든 것　　라. 많이 공부하는 것

37. 전도자는 사람의 본분을 무엇이라고 하였는가? (12:13)

가. 경건하게 사는 것

나. 땅 위에 충만하게 되는 것

다. 내 형제들을 돌보는 것

라. 하나님을 경외하고 그의 명령들을 지키는 것

Ecclesiastes

[단답형 문제]

1. 전도서 1장 2절에는 "헛되다"는 말이 몇 번 나오는가?

2. 마음을 다하며 지혜를 써서 하늘 아래에서 행하는 모든 일을 연구하며 살핀즉 이는 괴로운 것이니 하나님이 인생들에게 주사 (　　　)하게 하신 것이라 (1:13)

3. 전도서는 몇 장까지 있는가?

4. 지혜자도 우매자와 함께 영원하도록 기억함을 얻지 못하나니 후일에는 모두 다 잊어버린 지 오랠 것임이라 오호라 지혜자의 죽음이 우매자의 죽음과 (　　　)이로다 (2:16)

5. 전도서 3장 1절 말씀을 쓰시오.

6. (　) 안에 들어갈 알맞은 말은? (3:11)

> "하나님이 모든 것을 지으시되 때를 따라 아름답게 하셨고 또 사람들에게는 (　　　　　)을 주셨느니라 그러나 하나님이 하시는 일의 시종을 사람으로 측량할 수 없게 하셨도다"

7. "하나님께서 행하시는 모든 것은 영원히 있을 것이라 그 위에 더 할 수도 없고 그것에서 덜 할 수도 없나니"라고 전도자는 말했다. 하나님이 이같이 행하신 이유에 대해서 전도자는 무엇이라고 말했는가? (3:14)

8. (　) 안에 공통으로 들어갈 말은? (3:20)

> "다 (　　)으로 말미암았으므로 다 (　　)으로 돌아가나니 다 한 곳으로 가거니와"

9. 그러므로 나는 사람이 자기 (　　　)에 즐거워하는 것보다 더 나은 것이 없음을 보았나니 이는 그것이 그의 몫이기 때문이라 아, 그의 뒤에 일어날 일이 무엇인지를 보게 하려고 그를 도로 데리고 올 자가 누구이랴 (3:22)

10. (　) 안에 공통으로 들어갈 말은? (5:2)

> "너는 하나님 앞에서 함부로 입을 열지 말며 급한 마음으로 (　　)을 내지 말라 하나님은 하늘에 계시고 너는 땅에 있음이니라 그런즉 마땅히 (　　)을 적게 할 것이라"

11. (　) 안에 공통으로 들어갈 말은? (5:4-5)

> "네가 하나님께 (　　)하였거든 갚기를 더디게 하지 말라 하나님은 우매한 자들을 기뻐하지 아니하시나니 (　　)한 것을 갚으라 (　　)하고 갚지 아니하는 것보다 (　　)하지 아니하는 것이 더 나으니"

12. (　)이 많으면 헛된 일들이 많아지고 (　)이 많아도 그러하니 오직 너는 하나님을 경외할지니라 (5:7)

13. (　) 안에 공통으로 들어갈 말은? (5:8)

> "너는 어느 지방에서든지 빈민을 학대하는 것과 정의와 공의를 짓밟는 것을 볼지라도 그것을 이상히 여기지 말라 (　　) 자는 더 (　　) 자가 감찰하고 또 그들보다 더 (　　) 자들도 있음이니라"

14. 노동자는 먹는 것이 많든지 적든지 잠을 달게 자거니와 부자는 그 (　　　) 때문에 자지 못하느니라 (5:12)

15. 또한 어떤 사람에게든지 하나님이 재물과 부요를 그에게 주사 능히 누리게 하시며 제 몫을 받아 수고함으로 즐거워하게 하신 것은 하나님의 (　　)이라 (5:19)

16. 사람이 비록 백 명의 자녀를 낳고 또 장수하여 사는 날이 많을지라도 그의 영혼은 그러한 행복으로 만족하지 못하고 또 그가 안장되지 못하면 나는 이르기를 (　　)된 자가 그보다는 낫다 하나니 (6:3)

17. 전도서의 기자는 초상집에 가는 것이 어디에 가는 것보다 낫다고 하였는가? (7:2)

18. 내가 깨달은 것은 오직 이것이라 곧 하나님은 사람을 (　　)하게 지으셨으나 사람이 많은 꾀들을 낸 것이니라 (7:29)

19. 네 손이 일을 얻는 대로 힘을 다하여 할지어다 네가 장차 들어갈 (　) 에는 일도 없고 계획도 없고 지식도 없고 지혜도 없음이니라 (9:10)

20. 지혜가 무기보다 나으니라 그러나 (　　) 한 사람이 많은 선을 무너지게 하느니라 (9:18)

21. 주권자가 네게 분을 일으키거든 너는 네 자리를 떠나지 말라 (　　)이 큰 허물을 용서 받게 하느니라 (10:4)

22. (　) 안에 공통으로 들어갈 말은? (10:20)

> "심중에라도 왕을 (　　)하지 말며 침실에서라도 부자를 (　　)하지 말라 공중의 새가 그 소리를 전하고 날짐승이 그 일을 전파할 것임이니라"

23. 너는 청년의 때에 너의 ( )를 기억하라 곧 곤고한 날이 이르기 전에, 나는 아무 낙이 없다고 할 해들이 가깝기 전에 해와 빛과 달과 별들이 어둡기 전에, 비 뒤에 구름이 다시 일어나기 전에 그리하라 (12:1-2)

24. 일의 결국을 다 들었으니 하나님을 경외하고 그의 명령들을 지킬지어다 이것이 모든 사람의 ( )이니라 (12:13)

25. 하나님은 모든 행위와 모든 은밀한 일을 선악 간에 ( )하시리라 (12:14)

Song of Songs

아가

[선택형 문제]

1. 아가서의 저자는? (1:1)
가. 솔로몬 나. 예레미야 다. 다윗 라. 에스더

2. 아가서의 내용 중 신랑을 예수님으로 생각한다면 신부는 누구라고 볼 수 있는가?
가. 교회 나. 연인 다. 누이 라. 순결

3. ( ) 안에 들어갈 말은? (1:13)

"나의 사랑하는 자는 내 품 가운데 ( ) 향주머니요"

가. 몰약 나. 유황 다. 황금 라. 보석

4. 신부는 자기 자신을 어떤 꽃으로 표현하였는가? (2:1)
가. 수선화, 백합화 나. 장미, 목련
다. 장미, 백합화 라. 수선화, 목련

5. 신부의 사랑하는 자를 비유하고 있는 말이 아닌 것은? (2:3,9)
가. 사과나무 나. 여우 다. 노루 라. 어린 사슴

6. ( ) 안에 들어갈 말이 알맞게 짝지어진 것은? (2:10)

"나의 사랑하는 자가 내게 말하여 이르기를 나의 ( ), 내 ( ) 일어나서 함께 가자"

가. 연인, 사랑아 나. 사랑, 어여쁜 자야
다. 연인, 어여쁜 자야 라. 사랑, 연인이여

7. 시인은 아름다운 사랑을 방해하는 것을 어떤 짐승으로 비유했는가? (2:15)
가. 여우 나. 늑대 다. 암캐 라. 낙타

8. 솔로몬의 가마를 몇 명의 용사들이 둘러쌌는가? (3:7)
가. 24명 나. 39명 다. 60명 라. 85명

9. 아가서 4장에 나오는 신부에 대한 신랑의 묘사 중 틀린 것은? (4:3-5)
가. 입술—홍색 실 나. 뺨—석류 한 쪽
다. 목—다윗의 망대 라. 눈—어린 사슴

10. ( ) 안에 들어갈 말은? (4:11)

"내 신부야 네 ( )에서는 꿀 방울이 떨어지고 네 혀 밑에는 꿀과 젖이 있고 네 의복의 향기는 레바논의 향기 같구나"

가. 입술 나. 목 다. 유방 라. 머리털

11. ( ) 안에 들어갈 말이 알맞게 짝지어진 것은? (4:12)

"내 누이, 내 신부는 잠근 ( )이요 덮은 ( )이요 봉한 ( )이로구나"

가. 동산, 우물, 샘 나. 문, 구름, 서신
다. 언덕, 초원, 산 라. 물, 계곡, 언덕

12. 아가서의 여인은 무엇 때문에 병이 났는가? (5:8)
가. 몸이 피곤하여 나. 힘든 노동 때문에
다. 사랑 때문에 라. 과도한 일조량 때문에

13. ( ) 안에 들어갈 말은? (5:8)

"예루살렘 딸들아 너희에게 내가 부탁한다 너희가 내 사랑하는 자를 만나거든 내가 사랑하므로 ( )고 하려무나"

가. 찾는다 나. 병이 났다 다. 죽는다 라. 달려간다

14. 아가서에 의하면 솔로몬이 거느린 왕비와 후궁의 수는? (6:8)
가. 오십 명 나. 팔십 명
다. 백 명 이하 라. 백사십 명

15. "사랑은 죽음 같이 강하다"라는 말이 기록된 책은?
가. 아가 나. 잠언
다. 욥기 라. 예레미야 애가

16. ( ) 안에 들어갈 말이 알맞게 짝지어진 것은? (8:6)

> "너는 나를 도장 같이 마음에 품고 ( ) 같이 팔에 두라 사랑은 ( ) 같이 강하고 질투는 ( ) 같이 잔인하며 불길 같이 일어나니 그 기세가 야훼의 불과 같으니라"

가. 도장, 죽음, 스올 나. 팔찌, 사자, 늑대
다. 도장, 사자, 늑대 라. 팔찌, 죽음, 스올

17. ( ) 안에 들어갈 말이 알맞게 짝지어진 것은? (8:14)

> "내 사랑하는 자야 너는 빨리 달리라 향기로운 산 위에 있는 ( )와도 같고 ( )과도 같아라"

가. 노루, 어린 사슴 나. 노루, 어린 양
다. 비둘기, 토끼 라. 비둘기, 어린 양

Song of Songs

[단답형 문제]

1. 히브리어로 '노래 중의 노래' 라는 뜻을 가진 책은?

2. 아가서는 총 몇 장인가?

3. 아가서에서 사랑의 아름다움을 노래하는 장은 몇 장인가?

4. 내게 입맞추기를 원하니 네 사랑이 (　　　)보다 나음이로구나 (1:2)

5. 여자들 중에 내 사랑은 (　　　　) 가운데 백합화 같도다 (2:2)

6. (　) 안에 공통으로 들어갈 말은? (8:7)

> "많은 물도 이 (　　)을 끄지 못하겠고 홍수라도 삼키지 못하나니 사람이 그의 온 가산을 다 주고 (　　)과 바꾸려 할지라도 오히려 멸시를 받으리라"

7. 바알하몬에는 솔로몬의 무엇이 있는가? (8:11)

Isaiah

이사야

[선택형 문제]

1. 이사야에 대해서 잘못 설명한 것은?
   가. 4대 왕에 걸쳐 예언한 선지자이다
   나. 아모스의 아들이다
   다. 웃시야 왕이 죽던 해에 하나님의 성전에서 소명을 받았다
   라. 히스기야 왕 때에만 활동했던 선지자이다

2. 이사야서에 나타나는 예언 범위는?
   가. 열국에 관해서　　나. 이스라엘에 관해서만
   다. 유다에 관해서만　　라. 이방나라에 관해서만

3. '야훼는 구원이시다' 라는 뜻의 이름을 가진 선지자는?
   가. 이사야　　나. 예레미야　　다. 에스겔　　라. 다니엘

4. 이사야서는 어디에 속하는가?
   가. 예언서　　나. 시가서　　다. 역사서　　라. 율법서

5. 이사야서에 예언되어 있지 않은 것은?
   가. 예수님의 탄생
   나. 예수님의 고난
   다. 이스라엘 민족의 애굽 탈출
   라. 유다와 예루살렘의 애굽 및 앗수르와의 관계에 대한 예언

6. 다음 중 이사야가 살던 시대의 왕이 아닌 자는? (1:1)
   가. 웃시야　　나. 여로보암　　다. 아하스　　라. 히스기야

7. 이사야가 살던 당시 유다의 시대적 상황을 잘못 설명한 것은? (1:10-14,21,23)

가. 고관들은 패역하여 도둑과 짝하며 다 뇌물을 사랑함

나. 회개치 않는 생활로 제사를 드림

다. 신실하던 성읍이 창기가 됨

라. 과부의 송사를 수리하여 그들을 위하여 변호해 줌

8. 하나님이 유다 백성들에게 요구하시는 것이 아닌 것은? (1:13,17)

가. 선행을 배우며 정의를 구하라

나. 성회와 아울러 악을 행하라

다. 학대 받는 자를 도와주라

라. 헛된 제물을 다시 가져오지 말라

9. 히스기야 왕에 대하여 기록하지 않은 성경은?

가. 열왕기하 나. 역대하 다. 이사야 라. 다니엘

10. 야훼께서 야곱 족속을 버리신 이유로 적당하지 않은 것은? (2:6)

가. 그들에게 동방 풍속이 가득하였다

나. 블레셋 사람들 같이 점을 쳤다

다. 이방인과 더불어 손을 잡아 언약하였다

라. 동족끼리 서로 싸웠다

11. 심판의 날에 홀로 높임을 받으실 분은? (2:17)

가. 야훼 나. 거룩한 자 다. 시온의 딸 라. 천사

12. 심판의 날에 거룩하다 칭함을 얻게 될 사람들 중에 포함되지 않은 자는? (4:3-4)

가. 시온에 남아 있는 자

나. 예루살렘에 머물러 있는 자

다. 예루살렘 안에 생존한 자 중 기록된 모든 사람

라. 시온을 향하여 오는 자

13. 이사야서 중 포도원의 노래가 나와 있는 곳은?
가. 2장 나. 5장 다. 9장 라. 13장

14. 포도나무로 예루살렘과 유다 주민을 비유한 선지자는? (5:2-3)
가. 이사야 나. 에스겔 다. 예레미야 라. 나훔

15. 다음 중 야훼의 화가 임하지 않을 자는? (5:20-22)
가. 악을 악하다고 말하는 자 나. 흑암으로 광명을 삼는 자
다. 스스로 지혜롭다 하는 자 라. 독주를 잘 빚는 유력한 자

16. 이사야 6장에서 이사야의 입술에 숯을 댄 천사를 어떻게 표현했는가? (6:6)
가. 그룹 나. 스랍
다. 하나님의 아들들 라. 일곱 영

17. 다음과 같은 일을 체험한 선지자는 누구인가? (6:6-7)

> "그 때에 그 스랍 중의 하나가 부젓가락으로 제단에서 집은 바 핀 숯을 손에 가지고 내게로 날아와서 그것을 내 입술에 대며 이르되 보라 이것이 네 입에 닿았으니 네 악이 제하여졌고 네 죄가 사하여졌느니라 하더라"

가. 에스겔 나. 사무엘 다. 이사야 라. 요엘

18. 이사야의 입술과 스랍과 관련 있는 물건은 다음 중 무엇인가? (6:6-7)
가. 숯 나. 보자기 다. 물 라. 꿀 섞은 과자

19. 이사야가 하나님의 성전에서 영광을 보고 소명 받은 사실이 기록된 곳은?
가. 4장 나. 6장 다. 8장 라. 10장

20. 아람 왕 르신과 이스라엘 왕 베가의 연합군에게 침입을 받은 유다 왕은? (7:1)
가. 히스기야 나. 므낫세 다. 아사랴 라. 아하스

21. '스알야숩'의 뜻은 무엇인가? (7:3)
가. 하나님이 우리와 함께 계심이라 나. 하나님의 얼굴
다. 야훼 라. 남는 자가 돌아오리라

22. 아람의 르신 왕과 이스라엘의 베가 왕이 예루살렘을 쳐들어 올 때 이사야를 통해 야훼가 아하스에게 전한 말은? (7:4)
가. 가만히 잠잠하라 나. 삼가며 조용하라
다. 야훼를 바라라 라. 기도하며 야훼가 하실 일을 보라

23. 메시야가 처녀의 몸에서 나실 것을 예언한 말씀은?
가. 사 45:1 나. 사 44:14
다. 사 7:14 라. 사 12:1

24. 다음 말씀 가운데 밑줄 친 단어들이 가리키고 있는 나라는? (10:15)

> "도끼가 어찌 찍는 자에게 스스로 자랑하겠으며 톱이 어찌 켜는 자에게 스스로 큰 체 하겠느냐 이는 막대기가 자기를 드는 자를 움직이려 하며 몽둥이가 나무 아닌 사람을 들려 함과 같음이로다"

가. 다메섹 나. 이스라엘 다. 앗수르 라. 바벨론

25. 남은 자 곧 (　　　)의 남은 자가 능하신 하나님께로 돌아올 것이라 (10:21)
가. 야곱 나. 에브라임 다. 유다 라. 이스라엘

26. 만군의 야훼께서 미디안 사람을 쳐 죽이신 곳은? (10:26)
가. 광야 나. 호렙산 다. 요단 라. 오렙

27. 앗수르 왕이 지나간 길의 행로로 옳은 것은? (10:28-29)
가. 아얏—오렙—예루살렘—다메섹
나. 아얏—미그론—믹마스—게바
다. 미그론—오렙—아얏—갈릴리
라. 믹마스—아얏—예루살렘—사마리아

28. 메시야 위에 강림할 영에 대한 이사야의 묘사가 아닌 것은? (11:2)

가. 지혜와 총명의 영　　나. 모략과 재능의 영

다. 지식과 야훼를 경외하는 영　　라. 능력과 승리의 영

29. (　) 안에 들어갈 말이 알맞게 짝지어진 것은? (11:9)

> "내 거룩한 산 모든 곳에서 (　　) 됨도 없고 (　　)도 없을 것이니 이는 물이 바다를 덮음 같이 (　　)를 아는 지식이 세상에 충만할 것임이니라"

가. 해, 상함, 야훼　　나. 해, 상함, 선지자

다. 이익, 유리함, 야훼　　라. 이익, 유리함, 선지자

30. 이사야는 여러 나라에 대하여 경고의 말씀을 하였는데 그 가운데 속하는 나라는 어디인가?

가. 앗수르　　나. 헬라

라. 메대, 바사　　라. 소돔과 고모라

31. 모압의 재앙으로 흩어질 여인들을 무엇에 비유했는가? (16:2)

가. 새　　나. 사자　　다. 노루　　라. 메뚜기

32. 모압은 어떤 죄악으로 멸망하는가? (16:6)

가. 남유다를 침공했기 때문에　　나. 우상 숭배에 대한 만연

다. 거만함과 교만함　　라. 사치와 부패

33. (　) 안에 공통으로 들어갈 말은? (19:1)

> "(　　)에 관한 경고라 보라 야훼께서 빠른 구름을 타고 (　　)에 임하시리니 (　　)의 우상들이 그 앞에서 떨겠고 (　　)인의 마음이 그 속에서 녹으리로다"

가. 모압　　나. 바벨론　　다. 다메섹　　라. 애굽

34. 이사야가 벗은 몸과 벗은 발로 다니며 애굽과 구스에 대하여 징조와 예표가 된 기간은? (20:3)

가. 삼 개월　　나. 육 개월　　다. 일 년　　라. 삼 년

35. 이사야는 누구를 고발하여 국고를 맡은 자리에서 강등시키고 그 대신에 누구를 세웠는가? (22:15-22)

가. 엘리아김, 힐기야　　　나. 스알야숩, 랍사게

다. 베삭, 엘리사　　　라. 셉나, 엘리아김

36. 주께서 심지가 견고한 자를 (　　)하고 평강하도록 지키시리니 이는 그가 주를 (　　)함이니이다 (26:3)

가. 평강, 사랑　　　나. 사랑, 순종

다. 평강, 신뢰　　　라. 화평, 헌신

37. 이사야 27장에 나오는 '리워야단'이란 무엇의 이름인가? (27:1)

가. 사자　　　나. 독수리

다. 뱀　　　라. 용

38. 주께서 이르시되 이 백성이 입으로는 나를 가까이 하며 입술로는 나를 공경하나 그들의 마음은 내게서 멀리 떠났나니 그들이 나를 경외함은 사람의 계명으로 (　　)을 받았을 뿐이라 (29:13)

가. 교육　　　나. 가르침

다. 양육　　　라. 교훈

39. (　　) 안에 들어갈 말은? (30:26)

> "야훼께서 자기 백성의 상처를 싸매시며 그들의 맞은 자리를 고치시는 날에는 (　　)은 햇빛 같겠고 햇빛은 (　　)가 되어 (　　) 날의 빛과 같으리라"

가. 별빛, 계명성, 마지막　　　나. 달빛, 일곱 배, 일곱

다. 밤, 대낮, 광명한　　　라. 깜깜한 날, 심판자, 심판

40. 공의의 결과는 무엇인가? (32:17)

가. 자비와 은혜　　　나. 은혜와 평안

다. 평안과 안전　　　라. 온유와 양선

41. 다음은 어느 민족에 대한 야훼의 심판인가? (34:9-11)

> "시내들은 변하여 역청이 되고 그 티끌은 유황이 되고 그 땅은 불 붙는 역청이 되며 ... 당아새와 고슴도치가 그 땅을 차지하며 부엉이와 까마귀가 거기에 살 것이라"

가. 바벨론　　나. 에브라임　　다. 레바논　　라. 에돔

42. '산헤립'은 어느 나라의 왕인가? (36:1)
가. 바벨론　　나. 블레셋　　다. 미디안　　라. 앗수르

43. 히스기야 왕 14년에 유다의 모든 성읍을 함락시킨 앗수르의 왕은? (36:1)
가. 산헤립　　나. 아히야　　라. 아하수에로　　라. 사르곤

44. 이사야 36-39장의 내용과 관련성을 갖고 있는 것은?
가. 역대하 29-31장　　나. 열왕기하 18-20장
다. 사무엘하 22-24장　　라. 예레미야 30-32장

45. 앗수르 왕 산헤립의 침략을 받고 베옷을 입고 하나님께 나아간 왕은? (37:1)
가. 웃시야　　나. 아하수에로　　다. 히스기야　　라. 여호야김

46. 히스기야 왕에게 죽음과 생명의 소식을 전한 선지자는? (38:1,5)
가. 나단　　나. 이사야　　다. 엘리야　　라. 요엘

47. 히스기야는 병중에 하나님께 눈물로 기도하여서 몇 년을 더 살았는가? (38:5)
가. 오 년　　나. 십 년　　다. 십오 년　　라. 이십 년

48. 병중에 하나님께 눈물로 기도하여 십오 년을 더 살았던 왕은? (38:5)
가. 다윗　　나. 웃시야　　다. 히스기야　　라. 사울

49. 해시계에 나아갔던 해 그림자가 뒤로 십 도 물러나게 된 사건과 관련이 있는 것은? (38:5,8)

가. 히스기야 왕이 병중에 눈물로 하나님께 기도하여 십오 년의 수명을 더 받음

나. 히스기야 왕이 앗수르 왕 산헤립을 물러가게 해달라고 기도함

다. 여호수아가 해를 멈추게 해달라고 기도함

라. 솔로몬이 일천 번제를 드림

50. 히스기야가 병들어 죽게 되었을 때 하나님께 눈물로 기도하여 받은 응답의 증거는? (38:8)

가. 달시계에 나아갔던 해 그림자가 뒤로 십 도를 물러남

나. 해시계에 나아갔던 해 그림자가 뒤로 십 도를 물러남

다. 달시계에 나아갔던 해 그림자가 뒤로 십오 도를 물러남

라. 해시계에 나아갔던 해 그림자가 뒤로 십오 도를 물러남

51. 다음 사람들의 공통점은?

디르하가, 랍사게, 산헤립

가. 앗수르 사람　　나. 히스기야 왕과 동시대의 인물

다. 바벨론 사람　　라. 왕

52. (　) 안에 공통으로 들어갈 말은? (40:1)

"너희의 하나님이 이르시되 너희는 (　　　) 내 백성을 (　　　)"

가. 찬양하라　　나. 위로하라　　다. 인도하라　　라. 사랑하라

53. 소년이라도 피곤하며 곤비하며 장정이라도 넘어지며 쓰러지되 (　　　)는 새 힘을 얻으리니 독수리가 날개치며 올라감 같을 것이요 달음박질하여도 곤비하지 아니하겠고 걸어가도 피곤하지 아니하리로다 (40:30-31)

가. 오직 야훼를 두려워하는 자　　나. 오직 야훼를 앙망하는 자

다. 오직 야훼를 의뢰하는 자　　라. 오직 야훼를 경배하는 자

54. 이사야 41장에서 하나님께서 부르시는 아브라함의 호칭은? (41:8)
가. 믿음의 조상 나. 여러 민족의 아버지
다. 나의 벗 라. 나의 종

55. 야곱아 너를 창조하신 야훼께서 지금 말씀하시느니라 이스라엘아 너를 지으신 이가 말씀하시느니라 너는 두려워하지 말라 내가 너를 구속하였고 내가 너를 ( )하여 불렀나니 너는 내 것이라 (43:1)
가. 소명 나. 지명 다. 지시 라. 인도

56. 이사야는 예루살렘 성전을 중건하게 될 사람이 누구라고 예언했는가? (44:28)
가. 다리오 나. 고레스 다. 아하스 라. 히스기야

57. ( ) 안에 공통으로 들어갈 말은? (50:4)

> "주 야훼께서 ( )들의 혀를 내게 주사 나로 곤고한 자를 말로 어떻게 도와 줄 줄을 알게 하시고 아침마다 깨우치시되 나의 귀를 깨우치사 ( )들 같이 알아듣게 하시도다"

가. 선견자 나. 학자 다. 지혜자 라. 선지자

58. 이사야서에서 고난 받는 종에 관한 장은?
가. 35장 나. 38장 다. 42장 라. 53장

59. 이사야서 중에서 예수님의 고난을 예언한 장은 몇 장인가?
가. 6장 나. 7장 다. 53장 라. 54장

60. 예수님의 십자가 고난이 명확하게 나타나 있지 않는 곳은?
가. 이사야 53장 나. 시편 22편
다. 잠언 31장 라. 마태복음 27장

61. 너희는 귀를 기울이고 내게로 나아와 들으라 그리하면 너희의 영혼이 살리라 내가 너희를 위하여 영원한 언약을 맺으리니 곧 (　　　)에게 허락한 확실한 은혜이니라 (55:3)

가. 아브라함　나. 노아　다. 다윗　라. 이스라엘

62. (　) 안에 들어갈 말들이 바르게 짝지어져 있는 것은? (55:8-9)

> "이는 내 (①)이 너희의 (①)과 다르며 내 (②)은 너희의 (②)과 다름이니라 야훼의 말씀이니라 이는 하늘이 땅보다 높음 같이 내 (③)은 너희의 (③)보다 높으며 내 (④)은 너희의 (④)보다 높음이니라"

가. ①－길, ②－생각, ③－길, ④－계획
나. ①－생각, ②－길, ③－길, ④－생각
다. ①－마음, ②－길, ③－계획, ④－생각
라. ①－생각, ②－마음, ③－길, ④－계획

63. 하나님은 성전을 어떤 곳이라고 일컫고 있는가? (56:7)

가. 만민이 회개하는 집　나. 만민이 예배하는 집
다. 만민이 기도하는 집　라. 만민이 찬양하는 집

64. 하나님이 기뻐하시는 금식과 관련이 없는 것은? (58:6-7)

가. 통회하며 자기 마음을 괴롭게 하는 것
나. 주린 자에게 네 양식을 나눠 주는 것
다. 유리하는 빈민을 집에 들이는 것
라. 압제 당하는 자를 자유하게 하는 것

65. (　) 안에 공통으로 들어갈 말은? (63:16)

> "주는 우리 (　　　)시라 아브라함은 우리를 모르고 이스라엘은 우리를 인정하지 아니할지라도 야훼여, 주는 우리의 (　　　)시라 옛날부터 주의 이름을 우리의 구속자라 하셨거늘"

가. 아버지　나. 창조자　다. 구원자　라. 하나님

66. 모든 것을 지으신 하나님이 돌보는 자와 거리가 먼 것은? (66:2)
가. 심령에 통회하는 자 나. 마음이 가난한 자
다. 선한 마음을 갖고 있는 자 라. 하나님의 말을 듣고 떠는 자

Isaiah

[단답형 문제]

1. 이사야의 아버지는? (1:1)

2. 아래의 말씀을 선포한 선지자는 누구인가? (1:2)

"하늘이여 들으라 땅이여 귀를 기울이라 야훼께서 말씀하시기를 내가 자식을 양육하였거늘 그들이 나를 거역하였도다"

3. ( ) 안에 들어갈 알맞은 말은 무엇인가? (1:8)

"딸 시온은 포도원의 ( ) 같이, 참외밭의 ( ) 같이, 에워 싸인 ( ) 같이 겨우 남았도다"

4. 야훼께서 말씀하시되 오라 우리가 서로 변론하자 너희의 죄가 주홍 같을지라도 ( )과 같이 희어질 것이요 진홍 같이 붉을지라도 ( ) 같이 희게 되리라 (1:18)

5. 시온은 ( )로 구속함을 받고 그 돌아온 자들은 ( )로 구속함을 받으리라 (1:27)

6. 그가 열방 사이에 판단하시며 많은 백성을 판결하시리니 무리가 그들의 칼을 쳐서 (　　)을 만들고 그들의 창을 쳐서 (　　)을 만들 것이며 이 나라와 저 나라가 다시는 칼을 들고 서로 치지 아니하며 다시는 전쟁을 연습하지 아니하리라 (2:4)

7. 다음은 누구를 가리키는 말씀인가? (3:16)

> "교만하여 늘인 목, 정을 통하는 눈으로 다니며 아기작거려 걸으며 발로는 쟁쟁한 소리를 낸다"

8. 이는 주께서 심판하는 영과 (　　　　)으로 시온의 딸들의 더러움을 씻기시며 예루살렘의 피를 그 중에서 청결하게 하실 때가 됨이라 (4:4)

9. 이사야 5장에서 이스라엘 족속과 유다 사람을 각각 무엇에 비유하고 있는가? (5:7)

10. 이사야는 어느 왕이 죽던 해에 주의 보좌와 스랍의 환상을 보았는가? (6:1)

11. 이사야의 환상에서 스랍들은 각기 여섯 날개가 있어 그 둘로는 자기의 얼굴을 가리었고 그 둘로는 날며 나머지 둘로는 무엇을 가리었는가? (6:2)

12. 이사야 6장에서 스랍들이 성전에서 외친 말은? (6:3)

13. (　) 안에 공통으로 들어갈 말은? (6:13)

> "그 중에 십분의 일이 아직 남아 있을지라도 이것도 황폐하게 될 것이나 밤나무와 상수리나무가 베임을 당하여도 그 (　　)는 남아 있는 것 같이 거룩한 씨가 이 땅의 (　　)니라 하시더라"

14. 이사야 7장에 나오는 아람 왕과 이스라엘 왕의 이름은? (7:1)

15. 그러므로 주께서 친히 징조를 너희에게 주실 것이라 보라 처녀가 잉태하여 아들을 낳을 것이요 그의 이름을 (   )이라 하리라 (7:14)

16. 이사야의 둘째 아들이 아빠, 엄마라 부를 줄 알기 전에 다메섹과 사마리아가 멸망하리라는 예언의 증인이 된 두 사람은? (8:2)

17. 다메섹과 사마리아의 멸망을 경고하는 뜻으로 하나님이 이사야에게 주신 둘째 아들의 이름은? (8:3-4)

18. 다음은 성경 어느 책에 기록되어 있는가? (9:2)

> "흑암에 행하던 백성이 큰 빛을 보고 사망의 그늘진 땅에 거주하던 자에게 빛이 비치도다"

19. 이는 한 아기가 우리에게 났고 한 아들을 우리에게 주신 바 되었는데 그의 어깨에는 정사를 메었고 그의 이름은 기묘자라, 모사라, 전능하신 하나님이라, 영존하시는 아버지라, (   )이라 할 것임이라 (9:6)

20. 다음과 같이 야훼의 심판에 겸비해지지 않고 교만한 태도를 보이는 자는 누구인가? (9:10, 참조 9:9)

> "벽돌이 무너졌으나 우리는 다듬은 돌로 쌓고 뽕나무들이 찍혔으나 우리는 백향목으로 그것을 대신하리라 하는도다"

21. 이스라엘이여 네 백성이 바다의 모래 같을지라도 (   )만 돌아오리니 넘치는 공의로 파멸이 작정되었음이라 (10:22)

22. 내 거룩한 산 모든 곳에서 해 됨도 없고 상함도 없을 것이니 이는 물이 바다를 덮음 같이 (   )이 세상에 충만할 것임이니라 (11:9)

23. 그 날에 (   )의 뿌리에서 한 싹이 나서 만민의 기치로 설 것이요 열방이 그에게로 돌아오리니 그가 거한 곳이 영화로우리라 (11:10)

24. 이사야 13장에서 하나님이 바벨론을 멸망시키는 도구로 사용하신 민족은? (13:17-19)

25. 이사야 14장에서 '아침의 아들 계명성'이란 누구를 가리키는가? (14:12)

26. 다음은 어느 민족과 관련된 말인가? (14:29-30)

> "(   ) 온 땅이여 너를 치던 막대기가 부러졌다고 기뻐하지 말라 뱀의 뿌리에서는 독사가 나겠고 그의 열매는 날아다니는 불뱀이 되리라 가난한 자의 장자는 먹겠고 궁핍한 자는 평안히 누우려니와 내가 네 뿌리를 기근으로 죽일 것이요 네게 남은 자는 살육을 당하리라"

27. 다음은 어느 민족에 관한 말인가? (16:6)

> "우리가 (   )의 교만을 들었나니 심히 교만하도다 그가 거만하며 교만하며 분노함도 들었거니와 그의 자랑이 헛되도다"

28. 다음은 어느 민족과 관련된 말인가? (18:1-2)

> "슬프다 (   )의 강 건너편 날개 치는 소리 나는 땅이여 갈대 배를 물에 띄우고 그 사자를 수로로 보내며 이르기를 민첩한 사절들아 너희는 강들이 흘러 나누인 나라로 가되 장대하고 준수한 백성 곧 시초부터 두려움이 되며 강성하여 대적을 밟는 백성에게로 가라 하는도다"

29. 가나안 방언을 말하며 만군의 야훼를 가리켜 맹세하는 애굽의 다섯 성읍 중 한 성읍을 무엇으로 칭하게 되었는가? (19:18)

30. 이사야가 삼 년 동안 벗은 몸과 발로 다닌 것은 어느 나라와 어느 나라가 앗수르에게 포로로 잡혀가는 모습의 징조와 예표가 되었는가? (20:3)

31. 다음은 어느 나라에 관련된 예언인가? (21:9)

> "보소서 마병대가 쌍쌍이 오나이다 하니 그가 대답하여 이르시되 함락되었도다 함락되었도다 (　　　　)이여 그들이 조각한 신상들이 다 부서져 땅에 떨어졌도다 하시도다"

32. 히스기야 시대의 국고 책임자로서 부정축재를 하여 이사야에 의해 강등된 사람은? (22:15)

33. 두로가 멸망한 후 회복되는 기간은 몇 년인가? (23:15)

34. 이사야 27장에서는 이스라엘은 포도원으로, 야훼 하나님은 무엇으로 묘사되고 있는가? (27:3)

35. 그러므로 주 야훼께서 이같이 이르시되 보라 내가 한 돌을 (　　　)에 두어 기초를 삼았노니 곧 시험한 돌이요 귀하고 견고한 기촛돌이라 그것을 믿는 이는 다급하게 되지 아니하리로다 (28:16)

36. 애굽은 사람이요 (　)이 아니며 그들의 말들은 육체요 (　)이 아니라 야훼께서 그의 손을 펴시면 돕는 자도 넘어지며 도움을 받는 자도 엎드러져서 다 함께 멸망하리라 (31:3)

37. 앗수르 왕이 라기스에서부터 보내어 히스기야 왕을 공격하게 한 사람은? (36:2)

38. 병들어 죽게 되었을 때에 "내가 주 앞에서 진실과 전심으로 행하며 주의 목전에서 선하게 행한 것을 기억하옵소서"라고 기도한 사람은? (38:3)

39. 이사야는 히스기야 왕의 종처에 무엇을 붙여야 낫는다고 말했는가? (38:21)

40. 히스기야 왕이 병에서 회복되었다는 소식을 듣고 예물을 보내온 바벨론 왕은? (39:1)

41. 이사야 36장에서부터 39장까지의 말씀은 어느 왕에 대한 이야기인가?

42. 이사야 40장 8절 말씀을 쓰시오.

43. 나 야훼가 의로 너를 불렀은즉 내가 네 손을 잡아 너를 보호하며 너를 세워 백성의 (   )과 이방의 (   )이 되게 하리니 (42:6)

44. 이 백성은 내가 나를 위하여 지었나니 나를 (   )하게 하려 함이니라 (43:21)

45. 다음에서 '너'는 누구를 말하는가? (45:4, 참조 45:1)

> "내가 나의 종 야곱, 내가 택한 자 이스라엘 곧 너를 위하여 네 이름을 불러 너는 나를 알지 못하였을지라도 네게 칭호를 주었노라"

46. 땅의 모든 끝이여 내게로 돌이켜 (　　　)을 받으라 나는 하나님이라 다른 이가 없느니라 (45:22)

47. 이사야 46장에 나타난 바벨론의 두 신은? (46:1)

48. 하나님은 결코 다른 무엇과도 비교할 수 없음을 강조한 선지자는 누구인가? (46:5)

49. 그가 이르시되 네가 나의 종이 되어 야곱의 지파들을 일으키며 이스라엘 중에 보전된 자를 돌아오게 할 것은 매우 쉬운 일이라 내가 또 너를 (　　　)으로 삼아 나의 (　　　)을 베풀어서 땅 끝까지 이르게 하리라 (49:6)

50. 고난 받는 종을 노래한 선지자는?

51. 이사야 53장 5절 말씀을 쓰시오.

52. 야훼께서 그에게 상함을 받게 하시기를 원하사 질고를 당하게 하셨은즉 그의 영혼을 (　　　)로 드리기에 이르면 그가 씨를 보게 되며 그의 날은 길 것이요 또 그의 손으로 야훼께서 기뻐하시는 뜻을 성취하리로다 (53:10)

53. 이사야 55장 6절 말씀을 쓰시오.

54. 악인은 그의 길을, 불의한 자는 그의 (　　　)을 버리고 야훼께로 돌아오라 그리하면 그가 긍휼히 여기시리라 우리 하나님께로 돌아오라 그가 너그럽게 용서하시리라 (55:7)

55. 이는 내 생각이 너희의 생각과 다르며 내 (　)은 너희의 길과 다름이니라 야훼의 말씀이니라 이는 (　　)이 땅보다 높음 같이 내 길은 너희의 길보다 높으며 내 생각은 너희의 생각보다 높음이니라 (55:8-9)

56. (　) 안에 들어갈 알맞은 말은? (58:6)

> "내가 기뻐하는 (　　　)은 흉악의 결박을 풀어 주며 멍에의 줄을 끌러 주며 압제 당하는 자를 자유하게 하며 모든 멍에를 꺾는 것이 아니겠느냐"

57. 참된 금식과 안식일에 대한 설명은 이사야서 몇 장에 기록되어 있는가?

58. 오직 너희 (　)이 너희와 너희 하나님 사이를 갈라 놓았고 너희 죄가 그의 얼굴을 가리어서 너희에게서 듣지 않으시게 함이니라 (59:2)

59. 사람이 없음을 보시며 (　　　)가 없음을 이상히 여기셨으므로 자기 팔로 스스로 구원을 베푸시며 자기의 공의를 스스로 의지하사 (59:16)

60. (　) 안에 공통으로 들어갈 말은? (60:1)

> "일어나라 (　)을 발하라 이는 네 (　)이 이르렀고 야훼의 영광이 네 위에 임하였음이니라"

61. 말세에 모든 민족이 예물을 가지고 모이게 되는 장소는? (60:14)

62. 다시는 낮에 해가 네 빛이 되지 아니하며 달도 네게 빛을 비추지 않을 것이요 오직 (　　)가 네게 영원한 빛이 되며 네 (　　　)이 네 영광이 되리니 (60:19)

63. 버리운 자라 칭함 받던 시온과 황무지라 칭함 받던 유다 땅에 하나님이 새로 붙여준 이름들은 각각 무엇인가? (62:4)

64. 이사야는 옛날 이스라엘이 광야에서 반역하여 누구를 근심하게 했다고 말하는가? (63:10)

65. 그러나 야훼여, 이제 주는 우리 아버지시니이다 우리는 (　　　)이요 주는 (　　　)시니 우리는 다 주의 손으로 지으신 것이니이다 (64:8)

66. 보라 내가 새 (　　　)과 새 (　　　)을 창조하나니 이전 것은 기억되거나 마음에 생각나지 아니할 것이라 (65:17)

67. 이사야서는 몇 장으로 이루어져 있는가?

68. 야훼께서 이와 같이 말씀하시되 하늘은 (　　　)요 땅은 (　　　)이니 너희가 나를 위하여 무슨 집을 지으랴 내가 안식할 처소가 어디랴 (66:1)

Jeremiah

예레미야

[선택형 문제]

1. 예레미야가 활동했던 시대에 남유다의 왕이 아닌 사람은? (1:2-3)

   가. 므낫세　　　　나. 요시야

   다. 여호야김　　　라. 시드기야

2. 다음에서 하나님께서 예레미야에게 하신 말씀이 아닌 것은? (1:5, 33:3, 36:2)

   가. 너는 내게 부르짖으라 내가 네게 응답하겠고 네가 알지 못하는 크고 은밀한 일을 네게 보이리라

   나. 내가 너를 모태에 짓기 전에 너를 알았고 네가 배에서 나오기 전에 너를 성별하였고 너를 여러 나라의 선지자로 세웠노라

   다. 너는 두루마리 책을 가져다가 내가 네게 말하던 날 곧 요시야의 날부터 오늘까지 이스라엘과 유다와 모든 나라에 대하여 내가 네게 일러준 모든 말을 거기에 기록하라

   라. 그가 내게 이르시되 인자야 이 뼈들이 능히 살 수 있겠느냐 하시기로 내가 대답하되 주 야훼여 주께서 아시나이다

3. 이상 중에 살구나무 가지를 본 선지자이며 조국애와 야훼 신앙에 의한 중보자는? (1:11)

   가. 에스겔　　　　나. 다니엘

   다. 예레미야　　　라. 하박국

4. 예레미야가 야훼의 지시하심을 따라 본 것이 아닌 것은? (1:11,13, 24:1)
가. 살구나무 가지 나. 무화과 두 광주리
다. 끓는 가마 라. 일곱 좋은 암소

5. 예레미야가 본 이상을 설명한 것 중 잘못 기술한 것은? (1:11-19)
가. 그는 살구나무 가지 이상을 보았다
나. 그 윗면이 남에서부터 기울어진 끓는 가마를 보았다
다. 바벨론 제국에 의해 멸망할 남유다의 앞날을 내다보았다
라. 이상은 남유다의 우상 숭배에 대한 하나님의 심판이다

6. 예레미야가 이상 중에 본 것으로서 끓는 가마의 윗면이 북에서부터 기울어졌다는 것은 무엇을 상징하는 것인가? (1:13-14)
가. 예루살렘 북쪽이 적의 침입을 받을 것임
나. 재앙이 북방에서 일어나 이 땅의 모든 주민들에게 임할 것임
다. 이스라엘 민족이 북방으로 진출할 것임
라. 이스라엘의 죄로 인해 북방 민족들이 화를 당할 것임

7. 유다 백성이 하나님께 행한 두 가지 범죄를 잘못 설명한 것은? (2:11-13)
가. 생수의 근원되시는 하나님을 버림
나. 물을 가두지 못할 터진 웅덩이를 판 것
다. 바벨론을 의지하여 동맹관계를 맺음
라. 터진 웅덩이는 무력한 우상들을 말함

8. 다음 말씀이 뜻하는 바는 무엇인가? (3:6)

> "그가 모든 높은 산에 오르며 모든 푸른 나무 아래로 가서 거기서 행음하였도다"

가. 이스라엘 백성들이 이방 민족과 결혼함
나. 이스라엘 백성이 이방 신들에게 절하고 그들을 섬김
다. 이스라엘 남자들이 많은 아내를 거느림
라. 높은 산이나 푸른 나무 아래에서 많은 우상을 만듦

9. 다음 말씀에서 '남편'에 해당하는 자는 누구인가? (3:14)

> "배역한 자식들아 돌아오라 나는 너희 남편임이라"

가. 예레미야　나. 야훼　다. 제사장　라. 요시야 왕

10. 예레미야에 대한 설명으로 옳은 것은?
가. 아모스의 아들
나. 살구나무 가지와 끓는 가마 환상을 봄
다. 히스기야 왕이 병들어 죽게 될 것을 예언한 선지자
라. 바벨론에 포로로 끌려 간 선지자로서 하루 세 번씩 창문을 열고 예루살렘 성전 쪽을 향해 기도함

11. 예레미야는 하나님과 이스라엘의 관계를 어떤 관계로 비유했는가? (3:14)
가. 모자관계　나. 부자관계
다. 부부관계　라. 친구관계

12. 하나님은 예루살렘 거리에서 정의를 행하며 진리를 구하는 자 몇 명을 찾으면 예루살렘 성을 용서하여 주신다고 하였는가? (5:1)
가. 한 사람　나. 두 사람
다. 다섯 사람　라. 열 사람

13. 다음 구절에 나오지 않는 계명은? (7:9)

> "너희가 도둑질하며 살인하며 간음하며 거짓 맹세하며 바알에게 분향하며 너희가 알지 못하는 다른 신들을 따르면서"

가. 5계명　나. 6계명　다. 7계명　라. 8계명

14. 사람을 죽이는 화살과 같은 것은? (9:8)
가. 혀　나. 눈　다. 마음　라. 말

15. 이스라엘은 어디에 할례를 받지 못하였는가? (9:26)
가. 머리　나. 마음　다. 육신　라. 영

16. 야훼께서 유다와 예루살렘의 교만을 썩게 하실 뜻을 보이기 위해서 예레미야에게 명하여 베 띠를 띠고 가서 그것을 감추라고 하신 곳은? (13:4)
가. 나일강 나. 유브라데강 다. 요단강 라. 사해

17. 하나님이 예레미야에게 보여준 '썩은 베 띠'의 교훈은 무엇을 의미하는가? (13:10)
가. 예루살렘 주민들의 허리띠가 조만간에 다 썩게 될 것이다
나. 유다 백성들이 허리를 소중히 여기지 않았다
다. 예레미야에게 허리 병이 발생할 것이다
라. 유다 백성이 멸망하여 쓸모없이 될 것이다

18. 범죄로 인해 유다 백성에게 임한 하나님의 심판이 아닌 것은? (14:12)
가. 지진 나. 칼 다. 기근 라. 전염병

19. (   ) 안에 들어갈 것은? (15:1)

> "야훼께서 내게 이르시되 (   )와 (   )이 내 앞에 섰다 할지라도 내 마음은 이 백성을 향할 수 없나니 그들을 내 앞에서 쫓아 내보내라"

가. 모세, 다윗 나. 아브라함, 모세
다. 사무엘, 다윗 라. 모세, 사무엘

20. 예레미야가 받아먹고 기쁨과 즐거움을 얻은 것은? (15:16)
가. 두루마리 나. 주의 말씀
다. 떡 라. 포도주

21. 예레미야서의 아래와 같은 나무 비유를 쓰는 시편 본문은? (17:7-8)

> "그러나 무릇 야훼를 의지하며 야훼를 의뢰하는 그 사람은 복을 받을 것이라 그는 물 가에 심어진 나무가 그 뿌리를 강변에 뻗치고 더위가 올지라도 두려워하지 아니하며 그 잎이 청청하며 가무는 해에도 걱정이 없고 결실이 그치지 아니함 같으리라"

가. 시편 1편 나. 시편 13편 다. 시편 19편 라. 시편 63편

22. 다음 말씀은 어느 날에 대한 예언인가? (17:21-22)

> "야훼께서 이와 같이 말씀하시되 너희는 스스로 삼가서 (　　　)에 짐을 지고 예루살렘 문으로 들어오지 말며 (　　　)에 너희 집에서 짐을 내지 말며 어떤 일이라도 하지 말고 내가 너희 조상들에게 명령함 같이 (　　　)을 거룩히 할지어다"

가. 유월절　　나. 안식일　　다. 수장절　　라. 부림절

23. 야훼께서 예레미야에게 토기장이의 옹기를 사서 힌놈의 아들의 골짜기에 가서 깨뜨리게 한 것은 무엇을 상징하는 것인가? (19:1-13)

가. 하나님의 진노하심　　나. 이스라엘의 파멸
다. 블레셋의 침입　　라. 이스라엘의 범죄

24. 다음 말씀에서 '나'는 누구인가? (20:9)

> "내가 다시는 야훼를 선포하지 아니하며 그의 이름으로 말하지 아니하리라 하면 나의 마음이 불붙는 것 같아서 골수에 사무치니 답답하여 견딜 수 없나이다"

가. 예레미야　　나. 이사야　　다. 에스겔　　라. 호세아

25. 포로로 잡혀가 그곳에서 죽은 유다 왕 요시야의 아들은? (22:11)

가. 살룸　　나. 고니야　　다. 맛다디야　　라. 요하난

26. 거짓 선지자들의 특징에 해당하지 않는 것은? (23:14,25,32)

가. 현실적인 상황을 사실대로 진단함
나. 자기 마음대로 말미암은 묵시를 말함
다. 자기 꿈에 비중을 두어 하나님의 말씀으로 대신함
라. 일반 행악자와 같이 간음과 악을 행하며 일반인과 구별이 없음

27. 유다인을 포로로 끌고 간 바벨론 왕의 이름은? (24:1)

가. 느부사라단　　나. 아하수에로
다. 느부갓네살　　라. 다리오

28. 다음 말씀은 어느 시대에 누가 한 말인가? (26:1,13)

> "그런즉 너희는 너희 길과 행위를 고치고 너희 하나님 야훼의 목소리를 청종하라 그리하면 야훼께서 너희에게 선언하신 재앙에 대하여 뜻을 돌이키시리라"

가. 여호야김—예레미야　　나. 히스기야—이사야
다. 히스기야—미가　　라. 요시야—힐기야

29. 유다 왕 시드기야에게 바벨론 왕 느부갓네살의 침략을 비유로 알리기 위해서 예레미야가 목에 나무 멍에를 걸었을 때에 그것을 꺾어 버리고 거짓된 예언을 한 사람은? (28:12-15)

가. 히스기야　　나. 하나냐
다. 스마야　　라. 하박국

30. 예레미야가 유다 왕 시드기야에게 바벨론 느부갓네살 왕의 침략을 비유로 알리기 위해서 자신의 목에 걸었던 것은? (28:13)

가. 쇠 멍에　　나. 돌뭉치　　다. 나무 멍에　　라. 놋 멍에

31. 다음 중에서 나머지 셋과 관련이 없는 것은?

가. 바알　　나. 아세라　　다. 다곤　　라. 웃시야

32. 하나냐와 스마야는 어떤 사람들인가? (28:15, 29:31)

가. 시편의 기자　　나. 거짓 예언자들
다. 다윗의 친구들　　라. 바알 선지자들

33. 예레미야가 바벨론 포로에게 보낸 편지의 내용과 관계없는 것은? (29:1-7)

가. 사로잡혀 가게 된 그 성읍에서 그 신들에게 기도하라
나. 집을 짓고 거기에 살며 텃밭을 만들고 그 열매를 먹어라
다. 아내를 맞이하여 자녀를 낳아 거기서 번성하라
라. 사로잡혀 가게 된 그 성읍의 평안을 구하라

34. 다음 중 바벨론 왕에 의해 불타 죽은 유다의 왕은? (29:22)

가. 시드기야 　　나. 여호야김

다. 요시야 　　라. 고니야

35. 다음 말씀과 관련 있는 신약의 사건은 무엇인가? (31:15; 마 2:16-18)

> "야훼께서 이와 같이 말씀하시니라 라마에서 슬퍼하며 통곡하는 소리가 들리니 라헬이 그 자식 때문에 애곡하는 것이라 그가 자식이 없어져서 위로 받기를 거절하는도다"

가. 헤롯이 예수를 죽이기 위해 두 살부터 그 아래의 모든 아기를 죽임

나. 예수님께서 십자가 위에서 내가 목마르다 하심

다. 예수님께서 겟세마네에서 피땀 흘려 기도하심

라. 침례 요한이 헤롯에게 죽임을 당함

36. (　　) 안에 공통으로 들어가는 것은? (31:15)

> "야훼께서 이와 같이 말씀하시니라 라마에서 슬퍼하며 통곡하는 소리가 들리니 라헬이 그 (　　) 때문에 애곡하는 것이라 그가 (　　)이 없어져서 위로 받기를 거절하는도다"

가. 남편 　　나. 자식

다. 아버지 　　라. 양

37. 예레미야 31장 31-34절에 나오는 새 언약의 내용과 거리가 먼 것은?

가. 하나님의 법을 이스라엘 마음에 기록함

나. '야훼를 알라' 하지 않고도 작은 자부터 큰 자까지 다 하나님을 알게 됨

다. 하나님은 이스라엘의 하나님이 되고 이스라엘은 하나님의 종이 됨

라. 하나님이 이스라엘의 악행을 사하고 다시는 그 죄를 기억하지 않음

38. 예레미야의 탄식이 나오는 본문이 아닌 것은?

가. 렘 12:1-6 　　나. 렘 15:10-21

다. 렘 20:7-18 　　라. 렘 29:1-7

39. 예레미야의 예언에 노하여 그를 시위대 뜰에 가두어 둔 왕은? (32:1-5)

가. 히스기야 나. 웃시야

다. 시드기야 라. 솔로몬

40. 동족 유다인을 종으로 삼아서는 안 된다는 언약에 순복하여 노비를 자유케 하였다가 다시 종으로 삼아 예레미야에게 책망을 받은 유다 왕은? (34:8-11)

가. 여호아하스 나. 여호야김

다. 여호야긴 라. 시드기야

41. 다음 사람들은 어느 시기의 사람들인가?

시드기야, 예레미야, 여호야김, 하나냐

가. 다윗, 솔로몬 시대 나. 남, 북조 시대

다. 사울 시대 라. 바벨론 포로기 직전

42. 야훼께서 예레미야에게 이르신 모든 말씀을 두루마리 책에 기록하고, 예레미야가 감금을 당하여 성전에 들어갈 수 없게 되자 그를 대신하여 하나님의 말씀을 성전에서 낭독한 사람은? (36:4-8)

가. 바룩 나. 요나단

다. 게하시 라. 여후디

43. 예레미야의 구전으로 바룩이 기록한 하나님의 말씀을 불사른 왕은 누구인가? (36:27-28)

가. 느부갓네살 나. 여호야김

다. 시드기야 라. 히스기야

44. 이리야라는 문지기의 우두머리가 한 일은 무엇인가? (37:13-14)

가. 예레미야가 불러주는 대로 두루마리 책에 기록하였다.

나. 예레미야와 같은 예언을 하였다.

다. 예레미야의 나무 멍에를 꺾었다.

라. 예레미야를 잡아 고관들에게로 끌고 갔다.

45. 예루살렘과 유다 포로들과 함께 바벨론으로 가던 예레미야는 어디에서 풀려났는가? (40:1)

가. 라마　　나. 실로　　다. 미스바　　라. 애굽

46. 예레미야는 어느 나라의 포로가 되어 백성들과 함께 끌려가다가 라마에서 풀려났는가? (40:1)

가. 블레셋　　나. 애굽　　다. 앗수르　　라. 바벨론

47. 유다 총독 그다랴에게 이스마엘의 음모를 알려주고 자신이 은밀히 그를 죽이겠다고 청하였던 사람은? (40:13-15)

가. 여사냐　　나. 요하난　　다. 요나단　　라. 스라야

48. 예레미야는 애굽이 장차 어느 나라에게 정복당할 것이라고 예언하였는가? (43:8-13)

가. 앗수르　　나. 바벨론　　다. 바사　　라. 다메섹

49. 다음 말씀에서 '너'는 누구인가? (45:5, 참조 45:2)

> "네가 너를 위하여 큰 일을 찾느냐 그것을 찾지 말라 보라 내가 모든 육체에 재난을 내리리라 그러나 네가 가는 모든 곳에서는 내가 너에게 네 생명을 노략물 주듯 하리라 야훼의 말씀이니라"

가. 예레미야　　나. 시드기야
다. 바룩　　라. 여호야김

50. 예레미야는 누구에게 바벨론의 멸망이 기록되어 있는 책을 바벨론의 유브라데 강에 던져 넣으라고 하였는가? (51:59-64)

가. 스바냐　　나. 바룩　　다. 스라야　　라. 여사난

Jeremiah

[단답형 문제]

1. 예레미야의 아버지는? (1:1)

2. 예레미야가 속한 지파는? (1:1)

3. 아나돗 출신의 선지자는? (1:1)

4. 예레미야가 소명을 받고 예언을 시작한 때는? (1:2)

5. 다음 말씀에서 '너'는 누구인가? (1:5)

> "내가 너를 모태에 짓기 전에 너를 알았고 네가 배에서 나오기 전에 너를 성별하였고 너를 여러 나라의 선지자로 세웠노라"

6. 다음 말씀에서 '나'는 누구인가? (1:6)

> "내가 이르되 슬프도소이다 주 야훼여 보소서 나는 아이라 말할 줄을 알지 못하나이다"

7. 야훼의 말씀이 그대로 이루어질 것이라는 뜻으로 예레미야에게 보여주신 환상은? (1:11-12)

8. 북방으로부터의 재앙을 예고하는 내용의 환상에서 예레미야가 본 것은? (1:13-14)

9. 예레미야 2장에서 예레미야는 유다 백성의 우상 숭배를 어떤 죄에 비유했는가? (2:20-25)

10. 말씀이 그 속에 있지 아니한 거짓 선지자들을 무엇에 비유했는가? (5:13)

11. 내가 누구에게 말하며 누구에게 경책하여 듣게 할꼬 보라 그 귀가 (   )를 받지 못하였으므로 듣지 못하는도다 보라 야훼의 말씀을 그들이 자신들에게 욕으로 여기고 이를 즐겨 하지 아니하니 (6:10)

12. 하나님이 처음으로 자신의 이름을 둔 처소였지만, 이스라엘의 악으로 인해 파괴된 곳은? (7:12)

13. 야훼께서 이와 같이 말씀하시되 지혜로운 자는 그의 지혜를 자랑하지 말라 용사는 그의 용맹을 자랑하지 말라 부자는 그의 부함을 자랑하지 말라 자랑하는 자는 이것으로 자랑할지니 곧 명철하여 나를 아는 것과 나 야훼는 (   )과 (   )와 (   )를 땅에 행하는 자인 줄 깨닫는 것이라 나는 이 일을 기뻐하노라 야훼의 말씀이니라 (9:23-24)

14. 만물보다 거짓되고 심히 부패한 것은 (   )이라 누가 능히 이를 알리요마는 (17:9)

15. 이스라엘의 소망이신 야훼여 무릇 주를 버리는 자는 다 수치를 당할 것이라 무릇 야훼를 떠나는 자는 흙에 기록이 되오리니 이는 (   )의 근원이신 야훼를 버림이니이다 (17:13)

16. 도벳, 힌놈의 아들의 골짜기는 다른 신들에게 분향하고 바알 산당을 건축한 곳이다. 야훼는 이곳에 재앙을 내릴 것이라고 말씀하시면서 그 이름을 어떻게 바꿔 부르겠다고 하셨는가? (19:6)

17. 예레미야의 예언을 들은 후 그를 때리고 야훼의 성전에 있는 베냐민 문 위층에 목에 씌우는 나무 고랑으로 채운 성전 제사장은? (20:1-2)

18. 자기의 생일을 저주한 선지자는? (20:14)

19. 야훼의 말씀이니라 보라 때가 이르리니 내가 다윗에게 한 (   )를 일으킬 것이라 그가 왕이 되어 지혜롭게 다스리며 세상에서 정의와 공의를 행할 것이며 그의 날에 유다는 구원을 받겠고 이스라엘은 평안히 살 것이며 그의 이름은 야훼 우리의 공의라 일컬음을 받으리라 (23:5-6)

20. 하나님은 예레미야에게 무화과 두 광주리를 보여주셨다. 하나는 극히 좋은 무화과가 들어있고 하나는 극히 나빠서 먹을 수 없는 무화과가 들어 있었다. 이는 각각 어떤 사람들을 비유적으로 가리키는 것인가? (24:5,8)

21. 이스라엘 백성이 바벨론 왕을 몇 년간 섬길 것이라고 예레미야는 예언했는가? (25:11)

22. 성전에서 야훼의 심판을 선언한 예레미야를 잡아 죽이려던 사람들은 누구인가? (26:8-9)

23. 다음에서 설명하고 있는 선지자는 누구인가? (26:16-19)

> 이 선지자는 예레미야 이전, 히스기야 시대에 예루살렘의 멸망을 예언했던 자다. 이 선지자의 말을 인용하여 장로가 온 회중에게 말했기 때문에 성전 멸망을 선포한 예레미야가 목숨을 건질 수 있었다.

24. 예레미야와 동시대에 활동했던 선지자로서 여호야김 왕을 피해 애굽으로 도망했지만 엘라단에게 잡혀 죽임을 당한 사람은? (26:20-23)

25. 성전 멸망을 예언하는 예레미야를 사람들이 잡아 죽이려고 할 때 백성들로부터 예레미야를 보호한 사람은? (26:24)

26. 다음을 말한 거짓 선지자는 누구인가? (28:2-4, 참조 28:1)

> "만군의 야훼 이스라엘의 하나님이 이같이 일러 말씀하시기를 내가 바벨론의 왕의 멍에를 꺾었느니라 내가 바벨론의 왕 느부갓네살이 이곳에서 빼앗아 바벨론으로 옮겨 간 야훼의 성전 모든 기구를 이 년 안에 다시 이곳으로 되돌려 오리라 내가 또 유다의 왕 여호야김의 아들 여고니야와 바벨론으로 간 유다 모든 포로를 다시 이곳으로 돌아오게 하리니 이는 내가 바벨론의 왕의 멍에를 꺾을 것임이라"

27. 바벨론에 거주하는 포로들에게 예레미야의 위로와 격려가 담긴 편지를 전달한 사람은? (29:1-4)

28. 야훼의 말씀이니라 너희를 향한 나의 생각을 내가 아나니 (　　)이요 재앙이 아니니라 너희에게 미래와 희망을 주는 것이니라 (29:11)

29. 바벨론 포로들에게 보낸 예레미야의 서신을 반박하고 제사장 스바냐에게 고소한 사람은? (29:24-32)

30. (　　)은 나의 사랑하는 아들 기뻐하는 자식이 아니냐 내가 그를 책망하여 말할 때마다 깊이 생각하노라 그러므로 그를 위하여 내 창자가 들끓으니 내가 반드시 그를 불쌍히 여기리라 야훼의 말씀이니라 (31:20)

31. 하나멜은 예레미야에게 침략군 수중에 있는 아나돗의 밭을 얼마에 팔았는가? (32:9)

32. 예레미야 33장 3절 말씀을 쓰시오.

33. 그 날에 유다가 구원을 받겠고 예루살렘이 안전히 살 것이며 이 성은 (   )라는 이름을 얻으리라 (33:16)

34. 하늘의 만상은 셀 수 없으며 바다의 모래는 측량할 수 없나니 내가 그와 같이 내 종 다윗의 자손과 나를 섬기는 (   )을 번성하게 하리라 하시니라 (33:22)

35. 요나답의 후손으로, 그의 모든 말에 순종하여 영원히 포도주를 마시지 않으며 평생 동안 장막에 살았던 족속은? (35:5-10)

36. 예레미야가 전한 두루마리 책을 면도칼로 베고 화로 불에 태운 왕은? (36:20-23,28)

37. 예레미야 36장에서 야훼의 말씀을 기록한 두루마리 책의 낭독을 들은 여호야김 왕은 그 두루마리를 어떻게 했는가? (36:20-23,28)

38. 시위대 뜰에서 불길한 예언을 하여 스바댜, 그다랴, 유갈, 바스훌이 진창 구덩이에 던져 넣은 예레미야를 구출해 준 사람은? (38:7-13)

39. 선지자들 중 바벨론에 항복하면 살고 성이 불사름 당하지 않을 것이라고 전한 선지자는? (38:17)

40. 바벨론의 느부갓네살 왕이 예루살렘을 파괴할 당시 유다의 왕은? (39:1)

41. 시드기야 왕이 동산 길을 따라 두 담 샛문을 통해 성읍을 벗어나서 아라바로 갔지만, 결국 갈대아인의 군대에게 잡혀서 끌려 간 곳은 어디인가? (39:4-5)

42. 느부갓네살 왕의 명령에 따라 예레미야를 데려다가 그를 선대하고 해하지 않으며 아히감의 아들 그다랴에게 넘겨준 사령관은? (40:1-6)

43. 바벨론에 끌려가지 않고 남아있던 백성들을 다스리는 총독으로 임명된 사람은? (40:7)

44. 열 사람과 함께 미스바로 가서 유다 총독 그다랴를 죽인 사람은? (41:1-3)

45. 예루살렘 멸망 이후 예레미야는 가레아의 아들 요하난과 모든 군 지휘관에 의해 어느 나라로 가게 되는가? (43:4-7)

46. 모압으로 하여금 수치를 당하게 할 모압의 우상은? (48:13)

47. 예레미야 52장에서와 같이 바벨론에 의한 야훼 성전의 파괴와 유다 백성의 사로잡힘에 관한 내용이 나오는 곳은 열왕기하 몇 장인가?

48. 예레미야서에서 하나님과 이스라엘 사이의 새 언약에 대해서 이야기하고 있는 장은?

49. 여호야긴 왕은 포로가 되어간 지 얼마 만에 풀려나게 되었는가? (52:31)

50. 바벨론에 끌려간 여호야긴 왕을 석방시키고 후하게 대접한 왕은? (52:31-34)

Lamentations
예레미야애가

[선택형 문제]

1. 예루살렘 멸망과 성전 파괴를 슬퍼하며 지은 노래로 된 책은? (1:1)
   가. 잠언 나. 전도서
   다. 아가 라. 예레미야애가

2. 예레미야애가에서 시온은 무엇으로 표현되고 있는가? (1:6,15)
   가. 원수 나. 아들 다. 남편 라. 딸

3. 예레미야가 하나님께 간구했던 내용 중 틀린 것은? (1:20-21)
   가. 내가 환난을 당하여 나의 애를 다 태우고 나의 마음이 상하오니 나의 반역이 심히 큼이니이다
   나. 밖에서는 칼이 내 아들을 빼앗아 가고 집 안에서는 죽음 같은 것이 있나이다
   다. 그들이 내가 탄식하는 것을 들었으나 나를 위로하는 자가 없나이다
   라. 모든 백성이 내가 재난 당하는 것을 듣고 주께서 이렇게 행하신 것을 슬퍼하나이다

4. 다음 ( )에 들어갈 말이 알맞게 짝지어진 것은? (2:1)

> "슬프다 주께서 어찌 그리 진노하사 딸 ( )을 구름으로 덮으셨는가 이스라엘의 아름다움을 하늘에서 땅에 던지셨음이여 그의 ( )의 날에 그의 발판을 기억하지 아니하셨도다"

   가. 시온, 진노 나. 시온, 심판

다. 예루살렘, 진노　　　　라. 예루살렘, 심판

5. 예레미야애가 2장에서 야훼의 진노로 나타난 상황이 아닌 것은? (2:1-10)
가. 견고한 성채들을 허뭄
나. 시온의 장로들이 땅에 앉아 대성통곡 함
다. 절기를 폐함
라. 왕과 제사장을 멸시함

6. 다음 (　)에 들어갈 말이 알맞게 짝지어진 것은? (2:4)

> "(　　) 같이 그의 활을 당기고 (　　)처럼 그의 오른손을 들고 서서 눈에 드는 아름다운 모든 사람을 죽이셨음이여 딸 시온의 장막에 그의 노를 불처럼 쏟으셨도다"

가. 원수, 군사　　　　나. 대적, 제사장
다. 원수, 대적　　　　라. 대적, 왕

7. 하나님의 진노로 인하여 예레미야가 당한 고난이 아닌 것은? (3:1-9)
가. 그 모양이 타인보다 상하였고 그의 모습이 사람들보다 상하였다
나. 살과 가죽을 쇠하게 하시며 뼈들을 꺾으셨다
다. 어둠 속에 살게 하시기를 죽은 지 오랜 자 같게 하셨다
라. 다듬은 돌을 쌓아 길들을 막으사 그 길들을 굽게 하셨다

8. 예레미야애가에서는 무엇을 슬퍼하고 있는가? (3:48)
가. 예루살렘의 멸망　　　　나. 유다인의 범죄
다. 자신의 병 질환　　　　라. 시드기야 왕의 교만

9. 멸망 후 예루살렘의 상황과 거리가 먼 것은? (4:1-10)
가. 젖먹이만 간신히 목마름을 채움
나. 자비로운 부녀들이 자기들의 손으로 자녀들을 삶아 먹음
다. 이전에 붉은 옷을 입고 자라난 자들이 거름더미를 안음
라. 어린 아이들이 떡을 구하나 떼어 줄 사람이 없음

10. 예레미야가 에돔에 대하여 경고한 말이 아닌 것은? (4:21-22)
가. 네가 취하여 벌거벗을 것이다　　나. 네 죄악을 벌할 것이다
다. 네 죄악의 형벌이 다하였다　　라. 네 허물을 드러낼 것이다

11. 다음 (　)에 들어갈 말이 알맞게 짝지어진 것은? (5:21)

> "야훼여 우리를 (　　)로 돌이키소서 그리하시면 우리가 주께로 돌아가겠사오니 우리의 날들을 다시 새롭게 하사 (　　) 같게 하옵소서"

가. 주께, 옛적　　나. 야훼께, 아브라함
다. 주께, 다윗　　라. 야훼께, 딸 시온

Lamentations

[단답형 문제]

1. 슬프다 이 성이여 전에는 사람들이 많더니 이제는 어찌 그리 적막하게 앉았는고 전에는 열국 중에 크던 자가 이제는 (　　) 같이 되었고 전에는 열방 중에 (　　)였던 자가 이제는 강제 노동을 하는 자가 되었도다 (1:1)

2. 주께서 그의 초막을 동산처럼 헐어 버리시며 그의 절기를 폐하셨도다 야훼께서 시온에서 절기와 안식일을 잊어버리게 하시며 그가 진노하사 (　　)과 제사장을 멸시하셨도다 (2:6)

3. 예레미야애가 2장 8절에 의하면, 딸 시온의 성을 누가 허물었는가?

4. 성문이 땅에 묻히며 빗장이 부서져 파괴되고 왕과 지도자들이 율법 없는 이방인들 가운데에 있으며 그 성의 (　　　)들은 야훼의 묵시를 받지 못하는도다 (2:9)

5. 야훼여 보시옵소서 주께서 누구에게 이같이 행하셨는지요 여인들이 어찌 자기 열매 곧 그들이 낳은 (   )들을 먹으오며 제사장들과 선지자들이 어찌 주의 성소에서 죽임을 당하오리이까 (2:20)

6. 야훼의 인자와 긍휼이 무궁하시므로 우리가 진멸되지 아니함이니이다 이것들이 아침마다 새로우니 주의 (   )하심이 크시도소이다 (3:22-23)

7. 사람이 야훼의 (   )을 바라고 잠잠히 기다림이 좋도다 (3:26)

8. 예레미야애가 3장 38절에 의하면 화와 복은 어디서 나오는 것인가?

9. 살아 있는 사람은 자기 (   )들 때문에 벌을 받나니 어찌 원망하랴 (3:39)

10. 들개들도 젖을 주어 그들의 새끼를 먹이나 딸 내 백성은 잔인하여 마치 광야의 (   ) 같도다 (4:3)

11. (   ) 안에 공통으로 들어갈 말은? (4:6)

> "전에 (   )이 사람의 손을 대지 아니하였는데도 순식간에 무너지더니 이제는 딸 내 백성의 죄가 (   )의 죄악보다 무겁도다"

12. 굶주림의 열기로 말미암아 우리의 피부가 (   )처럼 검으니이다 (5:10)

13. 예레미야애가는 전체 몇 장으로 구성되어 있는가?

Ezekiel 에스겔

[선택형 문제]

1. 에스겔은 어느 왕 때 바벨론에 포로로 잡혀왔는가? (1:1-2)
   가. 야훼하스　　나. 여호야김
   다. 여호야긴　　라. 시드기야

2. 에스겔은 어디에서 소명을 받았는가? (1:3)
   가. 요단강　　나. 그발강
   다. 얍복강　　라. 나일강

3. 에스겔의 아버지는? (1:3)
   가. 아밋대　　나. 아모스
   다. 힐기야　　라. 부시

4. 에스겔이 본 환상을 잘못 설명한 것을 모두 고르시오. (1:4-21)
   가. 북쪽에서부터 온 폭풍과 큰 구름 속에서 네 얼굴과 네 날개를 가진 네 생물의 형상을 보았다
   나. 그 얼굴들의 모양은 넷의 앞은 사람의 얼굴이요 넷의 오른쪽은 사자의 얼굴이요 넷의 왼쪽은 말의 얼굴이요 넷의 뒤는 비둘기의 얼굴이다
   다. 그 생물들은 일제히 앞으로 곧게 행하였는데 그 걸음은 매우 느렸다
   라. 생물들 곁에 있는 땅 위에는 바퀴가 있는데 그 네 얼굴을 따라 하나씩 있다

5. 다음은 누구에게 임한 하나님의 말씀인가? (2:5-6)

> "그들은 패역한 족속이라 그들이 듣든지 아니 듣든지 그들 가운데에 선지자가 있음을 알지니라 인자야 너는 비록 가시와 찔레와 함께 있으며 전갈 가운데에 거주할지라도 그들을 두려워하지 말고 그들의 말을 두려워하지 말지어다 그들은 패역한 족속이라도 그 말을 두려워하지 말며 그 얼굴을 무서워하지 말지어다"

가. 예레미야 나. 스바냐 다. 요엘 라. 에스겔

6. 하나님이 에스겔의 입에 집어 넣어준 것은 무엇인가? (2:8-10)

가. 꿀 나. 두루마리 책 다. 만나 라. 무교병

7. 에스겔이 먹은 두루마리에 기록된 글자가 아닌 것은? (2:10)

가. 애가 나. 애곡 다. 재앙 라. 교훈

8. 하나님이 에스겔에게 명령한 말씀을 잘못 설명하고 있는 것은? (3:16-21)

가. 악인이 자신의 죄악으로 죽었지만 에스겔이 그 악인을 깨우치지 아니하였다면 하나님은 그 피 값을 에스겔에게서 찾을 것이다

나. 에스겔이 악인을 깨우쳤지만 악인이 회개치 않아 죽었다면 에스겔은 생명을 보존한다

다. 의인이 공의에서 돌이켜 악을 행한다면 하나님은 과거에 그가 행한 공의를 기억하지 않으신다

라. 의인이 악을 행하는데도 에스겔이 깨우치지 않으면 에스겔은 무사하지만 그는 그 죄로 죽는다

9. 하나님은 누구를 벙어리되게 하셨는가? (3:26)

가. 부시 나. 에스겔 다. 야아사냐 라. 오홀리바

10. 에스겔은 예루살렘 성의 포위를 상징적으로 나타내기 위해 예루살렘 그림을 어디에 그렸는가? (4:1)

가. 토판 나. 땅 다. 종이 라. 벽면

11. 에스겔은 이스라엘과 유다의 죄악을 담당하기 위해 왼쪽, 오른쪽으로 각각 얼마동안 누워 있었는가? (4:4-6)

가. 삼백 구십 일, 사십 일　　나. 이백 일, 육십 일
다. 백 칠십 일, 삼십 일　　라. 사십 일, 삼백 구십 일

12. 에스겔이 예루살렘 성의 함락을 상징적으로 보이기 위해 한 행동이 아닌 것은? (4장)

가. 토판에 그림을 그림
나. 왼쪽, 오른쪽으로 각각 누움
다. 쇠똥 불을 피워 밀과 보리와 콩과 팥과 조와 귀리를 가져다가 보리떡처럼 구워먹음
라. 베 띠를 유브라데 강가에 숨김

13. 인분으로 불을 피워 떡을 구워 먹으라는 명령을 받았으나 나중에 쇠똥으로 인분을 대신하도록 허락 받은 선지자는? (4:15)

가. 예레미야　　나. 에스겔
다. 아모스　　라. 호세아

14. 다음 말씀에서 '너'는 누구인가? (5:1-2)

> "너 인자야 너는 날카로운 칼을 가져다가 삭도로 삼아 네 머리털과 수염을 깎아서 저울로 달아 나누어 두라 그 성읍을 에워싸는 날이 차거든 너는 터럭 삼분의 일은 성읍 안에서 불사르고 삼분의 일은 성읍 사방에서 칼로 치고 또 삼분의 일은 바람에 흩으라 내가 그 뒤를 따라 칼을 빼리라"

가. 이사야　　나. 예레미야　　다. 에스겔　　라. 다니엘

15. 에스겔이 머리털과 수염 터럭을 처리한 방법이 아닌 것은? (5:1-2)

가. 터럭 삼분의 일은 성읍 사방에서 칼로 쳤다
나. 터럭 삼분의 일은 성읍 안에서 불살랐다
다. 터럭 삼분의 일은 강물에 띄워 보냈다
라. 터럭 삼분의 일은 바람에 흩어버렸다

16. 예루살렘 성이 포위됨으로 인한 기근 때문에 성 안의 백성들이 사람을 잡아먹게 될 것(카니발리즘)을 예언한 선지자는? (5:10)
가. 이사야 나. 미가 다. 다니엘 라. 에스겔

17. 하나님은 에스겔을 이상 가운데 어디로 데려가셨는가? (8:3)
가. 수산 성 나. 유브라데 강
다. 예루살렘 라. 요단 강

18. 에스겔이 이상 중에 성전에서 본 광경이 아닌 것은? (8:3,13-16)
가. 질투의 우상
나. 여인들이 아세라를 위하여 휘장을 짬
다. 여인들이 앉아 담무스를 위하여 애곡함
라. 약 스물다섯 명이 야훼의 성전을 등지고 낯을 동쪽으로 향하여 동쪽 태양에게 예배함

19. 에스겔이 이상 중에 본 여인들은 야훼의 전 북문 앞에서 어떤 우상을 위해 애곡하고 있었는가? (8:14)
가. 담무스 나. 바알 다. 아세라 라. 태양

20. 에스겔이 예루살렘 성에서 보았던 이상을 잘못 설명한 것은? (9:2-6)
가. 북향한 윗문 길로부터 손에 죽이는 무기를 잡고 오는 여섯 사람
나. 우상 숭배자의 이마에는 표를 그림
다. 여섯 사람 중 한 사람은 가는 베 옷을 입고 허리에 서기관의 먹 그릇을 차고 있음
라. 모든 가증한 일로 말미암아 탄식하며 우는 자들은 죽임을 당하지 않음

21. 그룹 밑의 바퀴 사이로 들어가 그 속에서 숯불을 두 손에 가득히 움켜 가지고 성읍 위에 흩은 사람은? (10:2)
가. 살상용 무기를 들고 있는 여섯 사람 모두
나. 에스겔
다. 가는 베 옷을 입은 사람
라. 그룹들

22. 10장에서 에스겔이 본 환상 가운데 나오는 그룹의 얼굴이 아닌 것은? (10:14)

가. 그룹의 얼굴 나. 사람의 얼굴
다. 사자의 얼굴 라. 비둘기의 얼굴

23. 불의를 품고 성 중에서 악한 꾀를 꾸미며, "이 성읍은 가마가 되고 우리는 고기가 된다"고 말하다가 에스겔에게 책망을 듣고 죽은 고관은? (11:1-3,13)

가. 블라댜 나. 잇바스
다. 예세브압 라. 삭굴

24. 유다 백성이 포로로 잡혀갈 것을 상징적으로 보여주기 위해 에스겔이 취한 행동은? (12:1-7)

가. 다 떨어진 옷을 입고 걸인처럼 행동
나. 멍에를 메고 다님
다. 포로의 행장을 꾸려 포로가 끌려감 같이 사람들 앞에서 행동함
라. 벌거벗은 몸으로 다님

25. 에스겔 당시 선지자의 무서운 예언을 들은 유다 백성들의 태도에 해당되는 것을 모두 고르시오. (12:22-27)

가. "날이 더디고 모든 묵시가 사라지리라"라는 속담을 말함
나. "에스겔이 보는 묵시는 여러 날 후의 일이라 그가 멀리 있는 때에 대하여 예언하였다"라고 말함
다. 에스겔을 돌로 쳐서 죽이려함
라. 허탄한 묵시나 아첨하는 복술을 배격함

26. 에스겔 시대에 이스라엘에 있었던 속담을 모두 고르시오. (12:22, 18:2)

가. 날이 더디고 모든 묵시가 사라지리라
나. 주의 길이 공평치 않다
다. 아버지가 신 포도를 먹었으므로 그의 아들의 이가 시다
라. 평강이 없으나 평강이 있다

27. 거짓 선지자의 특징이 아닌 것은? (13:1-7)
가. 자기 마음대로 예언하는 자
나. 임박한 환난을 예언함
다. 황무지에 있는 여우와 같은 자
라. 허탄한 것과 거짓된 점괘를 봄

28. 에스겔이 자기 공의로 자기 생명만 건질 수 있는 자로 언급하지 않은 사람은? (14:14)
가. 모세 나. 노아
다. 다니엘 라. 욥

29. 하나님이 예루살렘에 내린 네 가지 중한 벌에 해당하지 않는 것은? (14:21)
가. 칼 나. 사나운 짐승
다. 전염병 라. 홍수

30. 예루살렘을 불에 던질 땔감이 될 포도나무에 비유한 장은?
가. 14장 나. 15장
다. 16장 라. 17장

31. 야훼는 예루살렘의 근본과 난 땅을 가나안이라고 에스겔에게 말씀하시면서 예루살렘의 아버지와 어머니는 각각 어느 족속 사람이라고 하셨는가? (16:3)
가. 암몬, 아모리 나. 아모리, 헷
다. 아말렉, 헷 라. 모압, 암몬

32. 이스라엘의 속담을 인용한 다음의 말씀이 내포하는 의미는? (18:2)

아버지가 신 포도를 먹었으므로 그의 아들의 이가 시다고 함은 어찌 됨이냐

가. 아버지가 먹는 포도주를 예의상 아들이 손댈 수 없다
나. 아들은 포도주를 먹을 만큼 성숙하지 않았다
다. 아버지의 모든 것이 아들에게 유전된다
라. 자신의 죄악으로 형벌을 받는다

33. 다음 중 야훼의 율례가 아닌 것은? (18:5-9)
가. 변리를 위하여 꾸어 준다
나. 이웃의 아내를 더럽히지 아니한다
다. 사람을 학대하지 아니한다
라. 월경 중에 있는 여인을 가까이 하지 아니한다

34. 에스겔이 19장에서 부른 애가의 내용 가운데 암사자가 낳은 두 새끼는 갈고리에 꿰어 각각 어디로 끌려갔는가? (19:4,9)
가. 애굽, 바벨론 나. 앗수르, 애굽
다. 메대, 바사 라. 아람, 블레셋

35. 적군의 침략에 대해서 예언하는 에스겔을 백성들이 조롱하면서 했던 말은? (20:49)
가. 에스겔은 올무에 걸린 사자 새끼와 같다
나. 에스겔의 입에는 거미줄이 쳐 있다
다. 에스겔은 비유로 말하는 자다
라. 에스겔의 묵시는 이방인에 대한 말씀이다

36. 이 땅을 위하여 성을 쌓으며 성 무너진 데를 막아 서서 나로 하여금 멸하지 못하게 할 (   )을 내가 그 가운데에서 찾다가 찾지 못하였으므로 내가 내 분노를 그들 위에 쏟으며 내 진노의 불로 멸하여 그들 행위대로 그들 머리에 보응하였느니라 주 야훼의 말씀이니라 (22:30-31)
가. 왕 나. 의인 다. 사람 라. 종

37. 에스겔 23장에 나오는 비유 중 오홀라와 오홀리바의 관계는? (23:2-4)
가. 모자간 나. 자매간
다. 부자간 라. 부부간

38. 에스겔 23장에서 음행하는 오홀라와 오홀리바가 가리키는 것은? (23:4)
가. 유다, 애굽 나. 유다, 앗수르
다. 사마리아, 예루살렘 라. 예루살렘, 사마리아

39. 에스겔과 예레미야에서 이스라엘 백성이 이방신을 섬기는 것을 어떤 비유로 말하고 있는가? (23장)

가. 행음　　나. 살인　　다. 탐욕　　라. 도적질

40. 에스겔이 행한 녹슨 가마의 비유는 무엇을 상징하는가? (24:1-14)

가. 유다 백성들이 배불리 먹게 됨

나. 화산 폭발

다. 앗수르의 몰락

라. 유다의 죄악으로 인한 바벨론의 침입과 유다의 멸망

41. 아내의 죽음을 통해 유다의 심판에 대한 하나님의 심정을 헤아리게 된 선지자는? (24:18)

가. 에스겔　　나. 하박국　　다. 호세아　　라. 스바냐

42. 이방 나라에 대한 예언은 어디에 나타나는가?

가. 25-32장　　나. 26-29장　　다. 26-34장　　라. 25-33장

43. 마음이 교만하여 자신을 신이라고 자칭한 왕은? (28:2)

가. 에돔 왕　　나. 두로 왕　　다. 블레셋 왕　　라. 모압 왕

44. 에스겔이 지혜로운 자로 인용한 사람은? (28:3)

가. 욥　　나. 노아　　다. 다니엘　　라. 솔로몬

45. 애굽을 멸망시킨 나라는? (29:19)

가. 유다　　나. 바벨론　　다. 앗수르　　라. 블레셋

46. 유다가 애굽과 동맹하여 바벨론에 대항하려는 외교적 시도를 에스겔은 어떻게 보았는가? (30:20-26)

가. 하나님의 뜻에 합당하다

나. 애굽도 바벨론의 위협을 받고 있는 상태에서 약소국들의 동맹 체제는 자연스럽다

다. 바벨론에 의한 애굽의 파멸은 임박했다

라. 애굽은 유다를 기꺼이 도와주려고 나설 것이다

47. 야훼께서 에스겔을 파수꾼으로 삼으시는 33장의 내용과 거리가 먼 것은? (33:1-9)

가. 파수꾼이 나팔을 불어 위험을 경고해도 성이 함락되었다면 그 책임을 면할 수 없음

나. 에스겔은 이스라엘 족속의 파수꾼으로 야훼의 말을 듣고 야훼를 대신하여 이스라엘에게 경고해야 함

다. 에스겔이 악인에게 경고했는데도 악인이 자기 길에서 떠나지 않으면 악인은 자기 죄악으로 죽고 에스겔의 생명은 보전됨

라. 파수꾼이 나팔을 불어 백성들에게 경고하지 않으면 죄악이 파수꾼의 손에 있음

48. (　　) 안에 공통으로 들어갈 말은? (36:26)

> "또 새 영을 너희 속에 두고 새 (　　)을 너희에게 주되 너희 육신에서 굳은 (　　)을 제거하고 부드러운 (　　)을 줄 것이며"

가. 생각　　나. 길　　다. 날　　라. 마음

49. '마른 뼈'에 대한 이상이 기록되어 있는 곳은?

가. 에스겔 30장　　나. 에스겔 37장

다. 예레미야 14장　　라. 예레미야 39장

50. '마른 뼈'는 무엇을 상징하는가? (37:11)

가. 에스겔　　나. 바벨론

다. 이스라엘 온 족속　　라. 메시야

51. 두 막대기를 합하기 전에 한 막대기에는 '유다와 그 짝 이스라엘 자손'이라고 쓰고 다른 막대기에는 무엇이라고 썼는가? (37:16)

가. 레위 족속

나. 예루살렘

다. 하나님의 보호

라. 에브라임의 막대기 곧 요셉과 그 짝 이스라엘 온 족속

52. 이스라엘 땅을 침략할 곡 왕의 땅에 포함되지 않는 곳은? (38:3)
가. 로스 나. 메섹 다. 두발 라. 바벨론

53. 마지막 날에 이스라엘을 침략할 북방 나라의 왕은? (38:15-16)
가. 곡 나. 앗디 다. 벨드사살 라. 메사

54. 이스라엘이 곡과 그의 무리들이 사용하던 무기들을 땔감으로 취하여 몇 년 동안 불태울 것이라고 말하고 있는가? (39:9)
가. 일곱 해 나. 여섯 해 다. 여덟 해 라. 열두 해

55. 이스라엘을 침략한 곡의 매장지는 이스라엘 땅 곧 바다 동쪽 사람이 통행하는 골짜기이다. 이 골짜기의 이름은? (39:11)
가. 이즈르엘 계곡 나. 아골 골짜기
다. 힌놈 아들의 골짜기 라. 하몬곡의 골짜기

56. 에스겔을 새로운 성전으로 안내한 놋 같이 빛난 사람은 손에 무엇을 들고 있었는가? (40:3)
가. 창, 방패 나. 삼줄, 측량하는 장대
다. 저울, 모래 라. 물병, 지팡이

57. 에스겔에서 새 성전과 새 율례에 대한 이상이 기록된 곳은?
가. 25−32장 나. 33−35장 다. 36−39장 라. 40−48장

58. 에스겔 성전의 동문에 딸려 있는 부속 건물이 아닌 것은? (40:5-16)
가. 층계 나. 문지기 방 다. 현관 라. 제단

59. '박석 깔린 땅' 위에는 방이 몇 개인가? (40:17)
가. 열다섯 나. 스물 다. 스물다섯 라. 서른

60. '성전 앞에 기둥' 은 몇 개인가? (40:49)
가. 1개 나. 2개 다. 3개 라. 4개

61. 성전 내부의 구조물이 아닌 것은? (41장)
가. 성소 나. 지성소 다. 골방 라. 제사장의 방

62. '번제단'은 몇 층으로 이루어져 있는가? (43:13-17)
가. 3층 나. 4층 다. 5층 라. 6층

63. 제단 봉헌을 위한 속죄제는 며칠 동안 드리는가? (43:26)
가. 5일 나. 7일 다. 9일 라. 10일

64. 성소의 동문 현관에 앉아 야훼 앞에 음식을 먹을 수 있는 사람은? (44:1-3)
가. 제사장 나. 에스겔 다. 왕 라. 유다 백성들

65. 에스겔서에 나타난 제사장에 대한 규례 중 잘못된 것은? (44:15-22)
가. 성전 안에서 수종들 때에는 양털 옷을 입지 말고 가는 베 옷을 입어야 한다
나. 바깥뜰 백성에게로 나갈 때에는 수종드는 옷을 벗어 거룩한 방에 두고 다른 옷을 입어야 한다
다. 머리털을 밀지도 말며 머리털을 길게 자라게도 말고 그 머리털을 깎기만 해야 한다
라. 과부나 이혼한 여인 그리고 제사장의 과부에게 장가 들지 말아야 한다

66. 성소가 위치하는 거룩한 땅은? (45:4)
가. 제사장의 땅 나. 레위인의 땅
다. 왕의 땅 라. 선지자의 땅

67. '성전의 앞면'은 어느 쪽을 향하는가? (47:1)
가. 동쪽 나. 서쪽 다. 남쪽 라. 북쪽

68. 에스겔이 처음 물을 건넜을 때는 발목에 오르고 다음에 무릎에 오르고 세 번째에는 허리에 오르던 물이 네 번째 건너려 할 때에는 어떻게 되었는가? (47:3-5)
가. 강 나. 호수 다. 시내 라. 바다

69. 성전에서 나온 물이 동쪽으로 향하여 흘러 어디로 갔는가? (47:8)

가. 지중해 나. 요단 강
다. 유브라데 라. 아라바 바다

70. 성전 문지방에서 흘러나온 물이 가득하게 되었다는 환상이 있는 장은?

가. 41장 나. 29장 다. 47장 라. 38장

71. 에스겔서에서 이스라엘 각 지파에 대한 땅의 분배가 기록되어 있는 장은?

가. 45장 나. 46장 다. 48장 라. 49장

72. 포로로 잡혀가 바벨론 땅에서 소명을 받아 활동한 선지자는?

가. 에스겔 나. 예레미야 다. 이사야 라. 엘리야

73. 에스겔서와 가장 거리가 먼 것은?

가. 환상 나. 예언 다. 비유 라. 교훈

74. "야훼께서 거기에 계시다"라는 뜻을 가진 말은? (48:35)

가. 야훼 라파 나. 야훼 삼마 다. 야훼 이레 라. 야훼 닛시

Ezekiel

[단답형 문제]

1. (　　　　　) 왕이 사로잡힌 지 오 년 그 달 초닷새라 갈대아 땅 (　　) 강 가에서 야훼의 말씀이 부시의 아들 (　　　) 나 에스겔에게 특별히 임하고 야훼의 (　　)이 내 위에 있으니라 (1:2-3)

2. 에스겔이 본 환상에서 생물들 곁에 있으면서 땅 위에 있고, 네 얼굴을 따라 하나씩 있던 것은 무엇인가? (1:15)

3. 그 사방 광채의 모양은 비 오는 날 구름에 있는 무지개 같으니 이는 야훼의 (　　)의 형상의 모양이라 내가 보고 엎드려 말씀하시는 이의 음성을 들으니라 (1:28)

4. 야훼께서 에스겔을 선지자로 부르실 때에 범죄한 이스라엘 자손을 어떤 자라고 표현하셨는가? (2:4)

5. (　　) 안에 공통으로 들어갈 말은? (2:6-7)

> "인자야 너는 비록 가시와 찔레와 함께 있으며 전갈 가운데에 거주할지라도 그들을 두려워하지 말고 그들의 말을 두려워하지 말지어다 그들은 (　　)한 족속이라도 그 말을 두려워하지 말며 그 얼굴을 무서워하지 말지어다 그들은 심히 (　　)한 자라 그들이 듣든지 아니 듣든지 너는 내 말로 고할지어다"

6. 에스겔이 받아먹었을 때 꿀 같이 달았던 것은? (3:3)

7. (　　) 안에 공통으로 들어갈 말은? (3:6-7)

> "너를 언어가 다르거나 (　)이 어려워 네가 그들의 (　)을 알아 듣지 못할 나라들에게 보내는 것이 아니니라 내가 너를 그들에게 보냈다면 그들은 정녕 네 (　)을 들었으리라 그러나 이스라엘 족속은 이마가 굳고 마음이 굳어 네 (　)을 듣고자 아니하리니 이는 내 (　)을 듣고자 아니함이니라"

8. 야훼께서 에스겔을 파수꾼으로 보내신 이유는? (3:17)

9. 그러므로 나 주 야훼가 말하노라 내가 나의 삶을 두고 맹세하노니 네가 모든 미운 물건과 모든 가증한 일로 내 (　　)를 더럽혔은즉 나도 너를 아끼지 아니하며 (　　)을 베풀지 아니하고 (　　)하게 하리니 (5:11)

10. 하나님께서 에스겔에게 시키신 수염을 깎아 삼분의 일씩 나누어 불사르고, 칼로 치고, 바람에 흩으라는 말씀의 뜻은 무엇인가? (5:12)

11. 환난에 환난이 더하고 소문에 소문이 더할 때에 그들이 선지자에게서 (　　)를 구하나 헛될 것이며 제사장에게는 (　　)이 없어질 것이요 장로에게는 (　　)이 없어질 것이며 (7:26)

12. 그가 또 나를 데리고 야훼의 성전 안뜰에 들어가시니라 보라 야훼의 성전 문 곧 현관과 제단 사이에서 약 스물다섯 명이 야훼의 성전을 등지고 낯을 동쪽으로 향하여 동쪽 (　　)에게 예배하더라 (8:16)

13. 그룹에 머물러 있던 이스라엘 하나님의 영광이 성전 문지방에 이르더니 야훼께서 그 가는 베 옷을 입고 서기관의 (　　　)을 찬 사람을 불러 야훼께서 이르시되 너는 예루살렘 성읍 중에 순행하여 그 가운데

에서 행하는 모든 가증한 일로 말미암아 탄식하며 우는 자의 ( ) 에 표를 그리라 하시고 (9:3-4)

14. 에스겔의 환상에서 죽이는 무기를 잡은 여섯 사람에게 죽음을 면한 사람은? (9:6)

15. 에스겔이 예언할 때에 죽은 사람은? (11:13)

16. 그런즉 너는 말하기를 주 야훼의 말씀에 내가 비록 그들을 멀리 이방인 가운데로 쫓아내어 여러 나라에 흩었으나 그들이 도달한 나라들에서 내가 잠깐 그들에게 ( )가 되리라 하셨다 하고 (11:16)

17. ( ) 안에 공통으로 들어갈 말은? (13:3-4)

> "주 야훼의 말씀에 본 것이 없이 자기 심령을 따라 예언하는 어리석은 ( )에게 화가 있을진저 이스라엘아 너의 ( )들은 황무지에 있는 여우같으니라"

18. 에스겔의 선포에서 '불에 던질 땔감'이 될 포도나무는 누구를 말하는 것인가? (15:6)

19. 독수리와 포도나무 비유에서 '백향목 가지'는 누구를 가리키는가? (17장)

20. 독수리와 포도나무 비유에서 '포도나무 가지'는 누구를 가리키는가? (17장)

21. 내 율례를 따르며 내 규례를 지켜 진실하게 행할진대 그는 ( )이니 반드시 ( ) 주 야훼의 말씀이니라 (18:9)

22. 너희는 너희가 범한 모든 죄악을 버리고 (   )과 (   )을 새롭게 할 지어다 이스라엘 족속아 너희가 어찌하여 죽고자 하느냐 (18:31)

23. 에스겔서 19장은 누구를 위한 애가인가? (19:1)

24. 에스겔서 20장 29절에 나오는 '바마'의 뜻은?

25. 그 제사장들은 내 (   )을 범하였으며 나의 (   )을 더럽혔으며 거룩함과 속된 것을 구별하지 아니하였으며 부정함과 정한 것을 사람이 구별하게 하지 아니하였으며 그의 눈을 가리어 나의 (   )을 보지 아니하였으므로 내가 그들 가운데에서 더럽힘을 받았느니라 (22:26)

26. '오홀라'는 누구와 음행하였는가? (23:3,5,21)

27. '오홀리바'는 누구와 음행하였나? (23:3,11-17)

28. 에스겔의 역사회고에서 사마리아로 비유된 음녀는? (23:4)

29. 에스겔의 역사회고에서 예루살렘에 비유된 음녀는? (23:4)

30. 에스겔 아내의 죽음은 무엇을 의미하는 것인가? (24:15-24)

31. 너는 이스라엘 족속에게 이르기를 주 야훼의 말씀에 내 성소는 너희 세력의 (   )이요 너희 눈의 (   )이요 너희 마음에 아낌이 되거니와 내가 더럽힐 것이며 너희의 버려 둔 (   )를 칼에 엎드러지게 할지라 (24:21)

32. 에스겔서에서 유다가 멸망할 때 기뻐한 죄로 멸망 받을 족속은? (25:3)

33. 에스겔서에서 두로와 애굽을 멸망시킬 왕은? (26:7)

34. 에스겔서에서 두로를 위한 애가를 기록한 장은?

35. 에스겔서에서 야훼를 알게 하시기 위해 교만한 시돈에게 내려진 것은? (28:22-23)

36. 에스겔의 이방신탁에서 애굽 왕 바로는 무엇으로 비유되었는가? (29:3)

37. 에스겔의 이방신탁에서 애굽 땅에 사람이 없어 황폐하게 될 기간은 몇 년인가? (29:12)

38. 에스겔의 이방신탁에서 애굽이 멸망 당할 때 심한 근심이 있을 족속은? (30:4)

39. 에스겔의 이방신탁에서 레바논의 백향목으로 비유된 민족은? (31:3)

40. 에스겔이 예루살렘의 함락 소식을 들은 때는? (33:21)

41. 좋은 꼴을 먹이고 그 우리를 이스라엘 높은 산에 두리니 그것들이 그 곳에 있는 좋은 우리에 누워 있으며 이스라엘 산에서 살진 꼴을 먹으리라 내가 친히 내 양의 (　　　)가 되어 그것들을 누워 있게 할지라 주 야훼의 말씀이니라 (34:14-15)

42. 에스겔의 목자에 관한 선포에서 이스라엘 양들의 잘못은? (34:18-19)

43. 에스겔이 야훼의 영에 이끌려 골짜기에서 본 것은? (37:2)

44. 에스겔의 마른 뼈 환상에서 야훼께서 뼈들에게 하신 말씀은? (37:9)

45. 에스겔이 본 마른 뼈가 소생되는 환상이 주는 의미는? (37:11-14)

46. 에스겔서에서 두 막대기를 하나로 합하라는 말씀의 의미는? (37:15-23)

47. 내가 그들과 ( )의 언약을 세워서 영원한 언약이 되게 하고 또 그들을 견고하고 번성하게 하며 내 ( )를 그 가운데에 세워서 영원히 이르게 하리니 내 처소가 그들 가운데에 있을 것이며 나는 그들의 하나님이 되고 그들은 내 ( )이 되리라 내 성소가 영원토록 그들 가운데에 있으리니 내가 이스라엘을 거룩하게 하는 야훼인 줄을 열국이 알리라 하셨다 하라 (37:26-28)

48. 에스겔에서 이스라엘을 치러 왔다가 도리어 멸망한 나라는? (39:1-5)

49. 에스겔 39장에서 곡의 군대를 7개월 동안 장사 할 곳은? (39:11-12)

50. 에스겔이 새 성전에 대한 환상을 본 때는? (40:1)

51. 에스겔의 새 성전 환상에서 제사장들이 지성물을 먹고 제물을 두는 곳은? (42:13)

52. 에스겔의 새 성전 환상에서 성전 사방의 담을 쌓는 이유는? (42:20)

53. 이스라엘 ( )의 영광이 동쪽에서부터 오는데 하나님의 음성이 많은 물 소리 같고 땅은 그 영광으로 말미암아 빛나니 그 모양이 내가 본 환상 곧 전에 성읍을 멸하러 올 때에 보던 환상 같고 ( ) 강가에서 보던 환상과도 같기로 내가 곧 얼굴을 땅에 대고 엎드렸더니 야훼의 영광이 동문을 통하여 성전으로 들어가고 영이 나를 들어 데리고 안뜰에 들어가시기로 내가 보니 야훼의 영광이 ( )에 가득하더라 (43:2-5)

54. 에스겔의 새 성전 환상에서 야훼의 성소에 들어가지 못할 사람은? (44:9)

55. 에스겔 당시 이스라엘 자손이 그릇 행하여 야훼를 떠날 때에 성소의 직분을 지킨 사람은? (44:15)

56. 에스겔 당시 첫째 달 열나흗날에 지킨 명절은? (45:21)

57. 에스겔의 새 성전 환상에서 안뜰 동쪽을 향한 문을 여는 날은 언제인가? (46:1)

58. 에스겔의 새 성전 환상에서 모든 정한 절기 때 백성들이 사용할 문들은 무엇인가? (46:9)

59. 에스겔의 새 성전 환상에서 평일에 성전 동향 한 바깥 문 현관으로 들어와 제사를 드리는 사람은? (46장)

60. 에스겔이 성전 문에서 본 것은? (47:1)

61. 에스겔의 새 성전 환상에서 성전으로부터 흘러나온 강물이 이르는 곳마다 어떤 변화가 일어났는가? (47:8-12)

62. 에스겔의 새 성전 환상에서 새 땅을 분배할 때 중심부의 땅을 차지할 사람들은? (48:13-15)

63. 레위 사람의 몫으로 주어진 땅은 팔지도 못하며 바꾸지도 못하며 그 땅의 처음 익은 열매를 남에게 주지도 못하게 하셨는데, 그 이유는 무엇인가? (48:14)

Daniel

다니엘

[선택형 문제]

1. 다니엘은 유다의 어느 왕 때 바벨론에 포로로 끌려갔는가? (1:1-6)
   가. 요시야 왕　나. 여호야김 왕　다. 여호야긴 왕　라. 시드기야 왕

2. 다니엘과 그의 세 친구들을 왕궁에 거하도록 느부갓네살 왕에게 추천한 환관장은? (1:3)
   가. 아스부나스　나. 벧홀　다. 느부사스반　라. 아스벨

3. 환관장은 다니엘과 그의 세 친구들을 느부갓네살 왕에게 보이기 전에 몇 년 동안 양육하였는가? (1:5)
   가. 이 년　나. 삼 년　다. 일 년 육개월　라. 칠 년

4. 환관장이 다니엘과 그의 세 친구들의 이름을 고친 것 중 잘못 짝지어진 것은? (1:7)
   가. 다니엘 → 엘리에셀　나. 하나냐 → 사드락
   다. 미사엘 → 메삭　라. 아사랴 → 아벳느고

5. 뜻을 정한 다니엘과 그의 세 친구들이 왕궁에서 음식으로 먹은 것은? (1:12)
   가. 왕의 음식　나. 포도주　다. 고기　라. 채식

6. 자신이 꾼 꿈을 잊어버려 갈대아 술사들에게 꿈이 생각나게 하도록 명령한 바벨론의 왕은? (2:1)
   가. 살만에셀　나. 느부갓네살　다. 고레스　라. 다리오

7. 느부갓네살의 꿈 속의 신상을 잘못 설명한 것은? (2:32-35)
가. 우상의 머리는 순금이요 가슴과 두 팔은 은이다
나. 배와 넓적다리는 놋, 종아리는 쇠이다
다. 발은 진흙으로 이루어져 있다
라. 우상을 친 돌은 태산을 이루어 온 세계에 가득하였다

8. 무엇이 신상을 부서뜨리는가? (2:34)
가. 사람이 던진 돌　　나. 느부갓네살의 칼
다. 손대지 아니한 돌　　라. 다니엘의 주먹

9. 신상의 네 부분 중 느부갓네살 왕을 상징하는 부분은? (2:38)
가. 머리　　나. 가슴과 팔
다. 배와 넓적다리　　라. 종아리와 발

10. 다니엘이 꿈을 해석했을 때 느부갓네살 왕의 반응이 아닌 것은? (2:46-49)
가. 다니엘로 하여금 전능하신 야훼 하나님을 온 나라에 선포하게 함
나. 다니엘에게 절하고 명하여 예물과 향품을 그에게 줌
다. 다니엘을 세워 바벨론 온 지방을 다스리게 함
라. 다니엘을 바벨론 모든 지혜자의 어른으로 삼음

11. 느브갓네살 왕이 세운 금 신상에 절하지 않는 자가 받는 형벌은? (3:6)
가. 칼로 목을 벰　　나. 맹렬히 타는 풀무불에 던짐
다. 토굴 속에 가둠　　라. 사자밥이 되게 함

12. 풀무에 던져지지 않았던 사람은? (3:20)
가. 다니엘　　나. 사드락　　다. 메삭　　라. 아벳느고

13. 다니엘의 친구들이 풀무 가운데 떨어졌을 때 풀무 속에는 몇 사람이 있었는가? (3:25)
가. 세 사람　　나. 네 사람　　다. 다섯 사람　　라. 여섯 사람

14. 느부갓네살의 꿈에 나타난 나무는 무엇을 말하는가? (4:22)
가. 바사 왕 나. 앗수르 왕
다. 느부갓네살 자신 라. 다니엘

15. 소처럼 풀을 먹으며 몸이 하늘 이슬에 젖고 머리털이 독수리 털과 같이 자랐고 손톱은 새 발톱과 같이 되어 짐승과 같은 생활을 일곱 때 동안 하게 된 사람은? (4:32-33)
가. 느부갓네살 나. 고레스 다. 아리옥 라. 벨사살

16. 누구의 잔치에 사람의 손가락들이 나타나 왕궁의 벽에 글을 썼는가? (5:1)
가. 느부갓네살 나. 다니엘 다. 벨사살 라. 다리오

17. 벨사살의 바벨론이 어느 나라에게 망하는가? (5:28,31)
가. 헬라 나. 로마 다. 메대, 바사 라. 애굽

18. 다니엘은 예루살렘을 향하여 하루에 몇 번씩 기도하였는가? (6:10)
가. 한 번 나. 세 번 다. 네 번 라. 다섯 번

19. 사자 굴에 던져졌지만 아무런 피해를 입지 아니한 사람은? (6:23)
가. 하나냐 나. 미사엘 다. 다니엘 라. 아사랴

20. 성소는 얼마 동안 짓밟혔다가 정결하게 되는가? (8:13-14)
가. 일천이백 주야 나. 이천삼백 주야
다. 사천삼백 주야 라. 오천사백 주야

21. 환상의 뜻을 다니엘에게 말해준 자는? (8:16-17)
가. 가브리엘 나. 그룹 다. 미가엘 라. 지혜

Daniel

[단답형 문제]

1. 다니엘이 바벨론에 포로로 끌려왔을 때의 바벨론 왕은? (1:1)

2. 환관장이 고쳐준 다니엘의 바벨론식 이름은 무엇인가? (1:7)

3. 바벨론의 환관장이 왕의 음식을 먹는 소년들과 그것을 먹지 않고 채식하는 다니엘과 그 세 친구들을 시험한 기간은? (1:12)

4. 바벨론 왕의 음식을 먹지 않고 채식을 먹은 다니엘과 세 친구에게 하나님은 학문을 주시고 모든 서적을 깨닫게 하시고 지혜를 주셨는데, 그 중에서도 특히 다니엘에게는 무엇을 깨달아 알게 하셨는가? (1:17)

5. 다니엘은 느부갓네살에게 꿈을 알게 하실 분이 누구라고 했는가? (2:28)

6. 왕이 대답하여 다니엘에게 이르되 너희 하나님은 참으로 모든 신들의 (　　)이시요 모든 왕의 (　　)시로다 네가 능히 이 은밀한 것을 나타내었으니 네 하나님은 또 은밀한 것을 나타내시는 이시로다 (2:47)

7. 금으로 신상을 만들어 바벨론 지방의 두라 평지에 세워 모든 백성들에게 절하도록 명령한 왕은? (3:1-5)

8. 왕이여 우리가 섬기는 (　　)이 계시다면 우리를 맹렬히 타는 풀무불 가운데에서 능히 건져내시겠고 왕의 손에서도 건져내시리이다 그렇게 하지 아니하실지라도 왕이여 우리가 왕의 신들을 섬기지도 아니하고 왕이 세우신 (　　)에게 절하지도 아니할 줄을 아옵소서 (3:17-18)

9. 그런즉 왕이여 내가 아뢰는 것을 받으시고 (   )를 행함으로 죄를 사하고 (   ) 자를 긍휼히 여김으로 죄악을 사하소서 그리하시면 왕의 (   )이 혹시 장구하리이다 하니라 (4:27)

10. 느부갓네살이 자신의 두 번째 꿈처럼 당하게 된 원인은? (4:37)

11. 다니엘서에서 벨사살이 큰 잔치를 베풀고 술을 마실 때에 사용한 것은? (5:2)

12. "메네 메네 데겔 우바르신" 가운데 '데겔'의 뜻은? (5:27)

13. 다리오 왕 때에 다니엘의 위치는? (6:1-2)

14. 다니엘을 고발할 근거를 찾고자 하던 총리와 고관들은 왕 외의 어떤 신에게나 사람에게 무엇을 구하면 사자 굴에 던져 넣기로 한 금령을 만들었는데, 그 금령의 기한을 얼마 동안으로 정했는가? (6:7)

15. 총리와 고관들의 음해로 왕의 조서를 어기게 된 다니엘이 받은 형벌은? (6:7,16)

16. 다음은 다니엘의 환상 가운데 나타난 자에 관한 설명이다. (   ) 안에 들어갈 알맞은 말은? (7:9-10)

> "내가 보니 왕좌가 놓이고 (   )가 좌정하셨는데 그의 옷은 희기가 눈 같고 그의 머리털은 깨끗한 양의 털 같고 그의 보좌는 불꽃이요 그의 바퀴는 타오르는 불이며 불이 강처럼 흘러 그의 앞에서 나오며 그를 섬기는 자는 천천이요 그 앞에서 모셔 선 자는 만만이며 심판을 베푸는데 책들이 펴 놓였더라"

17. 다니엘이 본 환상에서 네 큰 짐승은 무엇을 나타내는가? (7:17)

18. 바벨론의 포로기간이 칠십 년이 될 것을 예언한 사람은? (9:2)

19. 기름 부음을 받은 자가 죽임을 당한 후 예루살렘 성읍을 훼파하는 자가 많은 사람들과 얼마 동안 언약을 맺는가? (9:27)

20. 다니엘이 세 이레 동안 좋은 떡을 먹지 아니하고 고기와 포도주를 입에 대지 아니하며 또 기름을 바르지 아니한 후 하나님의 영광을 본 곳은? (10:4)

21. 인자와 같은 이가 다니엘에게 오는 것을 바사 왕국의 군주가 이십일일 동안 막을 때 도와준 자는? (10:13)

22. 인자와 같은 이가 바사 군주와 싸우러 돌아간 후에 나타날 자는 누구인가? (10:20)

23. 오직 내가 먼저 진리의 글에 기록된 것으로 네게 보이리라 나를 도와서 그들을 대항할 자는 너희의 군주 (　　)뿐이니라 (10:21)

24. 남방 왕과 북방 왕의 치열한 공방전에 대해서 기록된 곳은 다니엘 몇 장인가?

25. 개국 이래로 그 때까지 없던 환난 때에 구원을 받을 수 있는 사람은? (12:1)

26. 다니엘서에 의하면 마지막 때에 이스라엘 민족을 호위하는 큰 군주은? (12:1)

27. 다니엘서에서 죽은 자의 부활과 심판에 대해서 기록하고 있는 곳은 몇 장 몇 절인가?

28. 땅의 티끌 가운데에서 자는 자 중에서 많은 사람이 깨어나 (　　)을 받는 자도 있겠고 수치를 당하여서 영원히 부끄러움을 당할 자도 있을 것이며 지혜 있는 자는 궁창의 (　　)과 같이 빛날 것이요 많은 사람을 옳은 데로 돌아오게 한 자는 (　　)과 같이 영원토록 빛나리라 (12:2-3)

29. 끝 날에 이루어질 일에 대한 계시를 전해준 천사는 다니엘에게 그것을 어느 때까지 어떻게 하라고 명했는가? (12:9)

Hosea

호세아

[선택형 문제]

1. 호세아와 같은 시기에 활동하던 선지자가 아닌 자는?
   가. 이사야 나. 아모스 다. 미가 라. 하박국

2. 음란한 여인을 아내로 받아들였던 선지자는? (1:2)
   가. 이사야 나. 요엘 다. 에스겔 라. 호세아

3. 호세아가 하나님의 명령대로 결혼한 음란한 여인은? (1:2-3)
   가. 밧세바 나. 라합 다. 고멜 라. 이세벨

4. 호세아의 첫 번째 아들의 이름은? (1:4)
   가. 이스르엘 나. 시비야 다. 로루하마 라. 로암미

5. 호세아의 막내 아들의 이름은? (1:8-9)
   가. 이스르엘 나. 로루하마 다. 스알야숩 라. 로암미

6. 하나님께서 호세아에게 음란한 아내를 취하여 자식을 낳게 한 이유는? (2:2-13)
   가. 음란한 여인도 구원받을 수 있다는 것을 알려주기 위함
   나. 이스라엘에게 음란한 여인이 많다는 것을 알려주기 위함
   다. 이스라엘 민족이 야훼를 떠난 사실을 비유적으로 깨닫게 하기 위함
   라. 음란한 사람들을 이해하여 그들을 전도하도록 하기 위함

7. 다음 사람들의 공통점은? (1:3-9)

이스르엘, 로루하마, 로암미

가. 바벨론 신들의 이름
나. 이스라엘 선지자들의 이름
다. 호세아가 고멜에게서 낳은 자녀들의 이름
라. 바벨론 환관장들의 이름

8. 호세아는 얼마를 지불하고 음란한 여인을 아내로 데려왔는가? (3:2)
가. 금 스무 개와 보리 한 호멜
나. 포도주 스무 병
다. 은 열다섯 개와 보리 한 호멜 반
라. 외투 스무 벌

9. 북이스라엘(에브라임)의 우상숭배 중심지가 아닌 곳은? (5:1, 9:15)
가. 길갈　나. 미스바
다. 라기스　라. 다볼

10. 다음 말씀들 가운데 호세아서에 나와 있지 않은 것은? (1:7, 6:1,3; 사1:18)
가. 오라 우리가 야훼께로 돌아가자 야훼께서 우리를 찢으셨으나 도로 낫게 하실 것이요 우리를 치셨으나 싸매어 주실 것임이라
나. 내가 유다 족속을 긍휼히 여겨 그들의 하나님 야훼로 구원하겠고 활과 칼이나 전쟁이나 말과 마병으로 구원하지 아니하리라
다. 우리가 야훼를 알자 힘써 야훼를 알자 그의 나타나심은 새벽 빛 같이 어김없나니 비와 같이, 땅을 적시는 늦은 비와 같이 우리에게 임하시리라
라. 야훼께서 말씀하시되 오라 우리가 서로 변론하자 너희의 죄가 주홍 같을지라도 눈과 같이 희어질 것이요 진홍 같이 붉을지라도 양털 같이 희게 되리라

11. 다음은 어느 선지자의 말인가? (6:6)

> "나는 인애를 원하고 제사를 원하지 아니하며 번제보다 하나님을 아는 것을 원하노라"

가. 요엘　　나. 하박국
다. 호세아　　라. 아모스

12. 호세아는 간음하는 자는 무엇과 같다고 보았는가? (7:4)
가. 암나귀　　나. 달궈진 화덕
다. 소리 나는 꽹과리　　라. 흘러가는 강물

13. 천사와 겨루어 이겼고 벧엘에서 하나님을 만났던 사람은? (12:3-4)
가. 고멜　　나. 야곱
다. 에브라임　　라. 베냐민

14. "사망아 네 재앙이 어디 있느냐 스올아 네 멸망이 어디 있느냐"라고 외친 선지자는? (13:14)
가. 이사야　　나. 스가랴
다. 학개　　라. 호세아

15. 호세아서가 묘사한 하나님과 이스라엘의 관계는?
가. 주종 관계　　나. 부자 관계
다. 부부 관계　　라. 친구 관계

Hosea

[단답형 문제]

1. 문서 예언자 가운데 유일한 비유다인은?

2. 호세아가 활동하던 당시 이스라엘의 왕은? (1:1)

3. 호세아의 아버지는? (1:1)

4. (　　) 안에 공통으로 들어갈 말은? (1:2)

> "야훼께서 처음 호세아에게 말씀하실 때 야훼께서 호세아에게 이르시되 너는 가서 (　　)한 여자를 맞이하여 (　　)한 자식들을 낳으라 이 나라가 야훼를 떠나 크게 (　　)함이니라 하시니"

5. '긍휼히 여김을 받지 못하는 자'라는 뜻을 가진 호세아의 딸의 이름은? (1:6)

6. 호세아서에서 이스라엘이 야훼께서 주신 것들로 섬긴 대상은? (2:8)

7. 곡식과 새 포도주와 기름은 내가 그에게 준 것이요 그들이 (　　)을 위하여 쓴 은과 금도 내가 그에게 더하여 준 것이거늘 그가 알지 못하도다 (2:8)

8. 호세아서를 보면 그 날(구원의 날)에 야훼께서 무엇을 이스라엘의 입에서 제거하겠다고 하셨는가? (2:17)

9. 이스라엘 자손들아 야훼의 말씀을 들으라 야훼께서 이 땅 주민과 논쟁하시나니 이 땅에는 진실도 없고 (   )도 없고 (   )도 없고 오직 저주와 속임과 살인과 도둑질과 간음뿐이요 포악하여 피가 피를 뒤이음이라 (4:1-2)

10. (   ) 안에 공통으로 들어갈 말은? (4:6)

> "내 백성이 (   )이 없으므로 망하는도다 네가 (   )을 버렸으니 나도 너를 버려 내 제사장이 되지 못하게 할 것이요 네가 네 하나님의 율법을 잊었으니 나도 네 자녀들을 잊어버리리라"

11. 호세아서에서 이스라엘이 망하게 된 이유는? (4:6)

12. 호세아서에서 딸들이 음행하며 며느리들이 간음하여도 하나님이 벌하지 아니하시는 이유는? (4:14)

13. 호세아는 왜 이스라엘이 양떼와 소떼를 끌고 야훼를 찾으러 갈지라도 만나지 못한다고 하였는가? (5:6)

14. 호세아서에서 강조하는 야훼께서 원하시는 두 가지는? (6:6)

15. 나는 (   )를 원하고 제사를 원하지 아니하며 번제보다 (   )을 원하노라 (6:6)

16. 호세아서에서 어리석은 비둘기 같이 지혜가 없어서 애굽을 향해 부르짖고 앗수르로 간다고 책망 받는 대상은? (7:11)

17. 호세아서에서 원수가 독수리처럼 야훼의 집을 덮치는 이유는? (8:1)

18. 그들이 ( )들을 세웠으나 내게서 난 것이 아니며 그들이 ( )들을 세웠으나 내가 모르는 바이며 그들이 또 그 은, 금으로 자기를 위하여 ( )을 만들었나니 결국은 파괴되고 말리라 (8:4)

19. 옛적에 내가 ( )을 만나기를 광야에서 포도를 만남 같이 하였으며 너희 조상들을 보기를 무화과나무에서 처음 맺힌 첫 열매를 봄 같이 하였거늘 그들이 바알브올에 가서 부끄러운 우상에게 몸을 드림으로 저희가 사랑하는 우상 같이 ( )하여졌도다 (9:10)

20. 호세아서에서 열매 맺는 무성한 포도나무로, 또 두 마음을 품은 자로 비유되는 것은? (10:1-2)

21. 호세아는 지금이 곧 야훼를 찾을 때니 무엇을 기경하라고 하였는가? (10:12)

22. 이스라엘이 어렸을 때에 내가 사랑하여 내 아들을 ( )에서 불러냈거늘 (11:1)

23. 호세아와 같은 선지자들이 부를수록 이스라엘이 점점 야훼를 멀리하고 섬긴 대상은? (11:2)

24. 에브라임이여 내가 어찌 너를 놓겠느냐 이스라엘이여 내가 어찌 너를 버리겠느냐 내가 어찌 너를 ( ) 같이 놓겠느냐 어찌 너를 스보임 같이 두겠느냐 내 마음이 내 속에서 돌이키어 나의 ( )이 온전히 불붙듯 하도다 내가 나의 맹렬한 진노를 나타내지 아니하며 내가 다시는 에브라임을 멸하지 아니하리니 이는 내가 ( )이요 ( )이 아님이라 네 가운데 있는 거룩한 이니 진노함으로 네게 임하지 아니하리라 (11:8-9)

25. 그러나 애굽 땅에 있을 때부터 나는 네 하나님 야훼라 나 밖에 네가 다른 신을 알지 말 것이라 나 외에는 (　　　)가 없느니라 (13:4)

26. 호세아서에서 이스라엘이 광야에서 배부름으로 인해 마음이 교만하여져서 잊어버린 것은? (13:5-6)

27. 호세아서에서 말하는 이스라엘의 패망 원인은? (13:9)

28. 호세아서에서 하나님을 배반하였으므로 형벌을 당하여 칼에 엎드러질 것이라고 했던 곳은 어디인가? (13:16)

29. 내가 그들의 (　　　)을 고치고 기쁘게 그들을 사랑하리니 나의 (　　)가 그에게서 떠났음이니라 (14:4)

30. 누가 지혜가 있어 이런 일을 깨달으며 누가 총명이 있어 이런 일을 알겠느냐 야훼의 (　)는 정직하니 (　　)은 그 길로 다니거니와 그러나 (　　)은 그 길에 걸려 넘어지리라 (14:9)

Joel

요엘

[선택형 문제]

1. 요엘의 아버지는? (1:1)
   가. 브두엘　　나. 브에리　　다. 베레갸　　라. 아밋대

2. 다음은 어느 예언자의 말인가? (2:28-30)

> "그 후에 내가 내 영을 만민에게 부어 주리니 너희 자녀들이 장래 일을 말할 것이며 너희 늙은이는 꿈을 꾸며 너희 젊은이는 이상을 볼 것이며 그 때에 내가 또 내 영을 남종과 여종에게 부어 줄 것이며 내가 이적을 하늘과 땅에 베풀리니 곧 피와 불과 연기 기둥이라"

   가. 예레미야　　나. 에스겔　　다. 학개　　라. 요엘

3. 요엘서에서 이스라엘을 침범한 사면의 민족들을 하나님께선 어느 골짜기에서 심판하신다고 하셨는가? (3:12)
   가. 여호사밧 골짜기　　나. 하몬곡 골짜기
   다. 므깃도 골짜기　　라. 아마겟돈 골짜기

4. 요엘서를 보면 야훼의 성전에서 샘이 흘러나와 어디로 간다고 했는가? (3:18)
   가. 요단 계곡　　나. 갈릴리 바다
   다. 시내 산　　라. 싯딤 골짜기

5. 신약시대의 오순절 성령 강림과 밀접한 관계가 있는 책은?
   가. 호세아　　나. 요엘　　다. 아모스　　라. 예레미야

Joel

[단답형 문제]

1. 요엘서의 메뚜기 재앙에 나타난 네 가지 해충의 이름은? (1:4, 2:25)

2. 요엘서의 메뚜기 재앙은 무엇에 대한 경고인가? (2:1-11)

3. 너희는 옷을 찢지 말고 (   )을 찢고 너희 하나님 야훼께로 돌아올지어다. 그는 은혜로우시며 자비로우시며 노하기를 더디하시며 인애가 크시사 (   )을 돌이켜 재앙을 내리지 아니하시나니 (2:13)

4. 요엘서에서 야훼의 영이 만민에게 부어지면 어떠한 일이 발생할 것이라고 하였나? (2:28)

5. 요엘 2장 28절이 인용된 신약의 말씀은?

6. 그 후에 내가 내 영을 만민에게 부어 주리니 너희 자녀들이 (   )을 말할 것이며 너희 늙은이는 (   )을 꾸며 너희 젊은이는 (   )을 볼 것이며 그 때에 내가 또 내 영을 남종과 여종에게 부어 줄 것이며 (2:28-29)

7. 요엘서에서 야훼의 이름을 부르는 자는 무엇을 얻는다고 했는가? (2:32)

Amos

아모스

[선택형 문제]

1. 아모스가 활동하던 시대는? (1:1)
   가. 유다 왕 히스기야의 시대
   나. 북이스라엘 왕 요아스의 아들 여로보암의 시대
   다. 아몬의 아들 유다 왕 요시야의 시대
   라. 북이스라엘 왕 여호아하스의 시대

2. 아모스의 직업은? (1:1)
   가. 농부　　나. 어부　　다. 목자　　라. 상인

3. 다음 중 잘못 연결된 것은?
   가. 이사야–하나님의 거룩　　나. 호세아–하나님의 사랑
   다. 요엘–하나님의 심판과 구원　　라. 아모스–하나님의 자비

4. 다음과 같이 외친 선지자는 누구인가? (2:7)

> "힘 없는 자의 머리를 티끌 먼지 속에 발로 밟고 연약한 자의 길을 굽게 하며 아버지와 아들이 한 젊은 여인에게 다녀서 내 거룩한 이름을 더럽히며"

   가. 아모스　　나. 스가랴　　다. 이사야　　라. 미가

5. 힘 없고 가난한 자들을 착취하여 배부른 자들을 아모스는 무엇에 비유하였는가? (4:1)
   가. 바산의 암소　　나. 열매 없는 나무
   다. 세겜의 염소　　라. 광야의 암나귀

6. 아모스가 본 환상 가운데 아모스의 중보기도가 받아들여지는 것은? (7:1-3,7-9, 8:1-3, 9:1-4)
   가. 메뚜기 환상 　　나. 다림줄 환상
   다. 여름 과일 환상 　　라. 제단 곁에 서신 하나님 환상

7. 다음 중 아모스가 본 환상이 아닌 것은? (7:1-9)
   가. 왕이 풀을 벤 후 풀이 다시 움돋기 시작할 때에 메뚜기가 땅의 풀을 다 먹음
   나. 큰 나무에 많은 새가 날아옴
   다. 불이 큰 바다를 삼키고 육지까지 먹으려 함
   라. 주께서 손에 다림줄을 잡고 서 계심

8. 아모스를 북이스라엘 왕에게 고발한 자는? (7:10)
   가. 아마샤 　　나. 세군도 　　다. 마세야 　　라. 데레스

9. 아모스는 북이스라엘 왕의 위협을 피해 어디로 도망가라는 유혹을 받았는가? (7:12)
   가. 에돔 　　나. 애굽 　　다. 유다 　　라. 앗수르

10. 북이스라엘의 운명에 대해 아모스가 본 환상은? (8:1-2)
   가. 잘려나간 대나무 　　나. 여름 과일 한 광주리
   다. 두 양과 두 염소의 싸움 　　라. 끓는 가마

Amos

[단답형 문제]

1. 그가 이르되 야훼께서 (　　　)에서부터 부르짖으시며 예루살렘에서부터 소리를 내시리니 목자의 초장이 마르고 (　　　) 산 꼭대기가 마르리로다 (1:2)

2. 아모스의 이방 신탁에서 철 타작기로 타작하듯 길르앗을 압박해 심판 선고를 받은 도시는? (1:3)

3. 아모스의 이방 신탁에서 사로잡은 모든 자를 에돔에 넘겼기 때문에 심판 선고를 받은 두 도시는? (1:6-10)

4. 아모스서에서 길르앗의 아이 밴 여인의 배를 가른 이유로 벌 받을 자손은? (1:13)

5. 아모스서에서 에돔 왕의 뼈를 불살라 재를 만듦으로 벌 받을 나라는? (2:1)

6. 야훼께서 이와 같이 말씀하시되 이스라엘의 서너 가지 죄로 말미암아 내가 그 벌을 돌이키지 아니하리니 이는 그들이 은을 받고 (　　　)을 팔며 신 한 켤레를 받고 (　　　　　)를 팔며 힘 없는 자의 머리를 티끌 먼지 속에 발로 밟고 연약한 자의 길을 굽게 하며 (　　)와 (　　)이 한 젊은 여인에게 다녀서 내 거룩한 이름을 더럽히며 (2:6-7)

7. 아모스의 역사회고에 따르면 야훼께서 이스라엘과 유다 앞에서 멸한 족속은? (2:9)

8. 내가 땅의 모든 족속 가운데 너희만을 알았나니 그러므로 내가 너희 모든 (　　　)을 너희에게 보응하리라 하셨나니 (3:2)

9. 아모스는 이스라엘의 모든 죄를 보응하는 날에 어디에 있는 제단들도 벌한다고 예언했는가? (3:14)

10. 아모스서에서 바산의 암소들로 비유되는 자들이 지은 죄는? (4:1)

11. 너희는 (　　　)에 가서 범죄하며 (　　　)에 가서 죄를 더하며 아침마다 너희 희생을, 삼일마다 너희 십일조를 드리며 누룩 넣은 것을 불살라 수은제로 드리며 낙헌제를 소리내어 선포하려무나 이스라엘 자손들아 이것이 너희가 기뻐하는 바니라 주 야훼의 말씀이니라 (4:4-5)

12. 아모스서에서 곡식이 마르는 재앙과 깜부기와 팥중이 재앙, 전염병 등의 여러 가지 재앙을 당했을 때 이스라엘 백성들이 취한 태도는? (4:9-11)

13. 아모스가 말하는 이스라엘 족속의 살 길은? (5:6)

14. 너희는 살려면 선을 구하고 악을 구하지 말지어다 만군의 하나님 야훼께서 너희의 말과 같이 너희와 함께 하시리라 너희는 악을 미워하고 선을 사랑하며 성문에서 (　　　)를 세울지어다 만군의 하나님 야훼께서 혹시 요셉의 (　　　)를 불쌍히 여기시리라 (5:14-15)

15. 내가 너희 (　　　)들을 미워하여 멸시하며 너희 (　　　)들을 기뻐하지 아니하나니 너희가 내게 번제나 소제를 드릴지라도 내가 받지 아니할 것이요 너희의 살진 희생의 화목제도 내가 돌아보지 아니하리라 (5:21-22)

16. 네 노랫소리를 내 앞에서 그칠지어다 네 비파 소리도 내가 듣지 아니하리라 오직 (　　　)를 물 같이, (　　　)를 마르지 않는 강 같이 흐르게 할지어다 (5:23-24)

17. 아모스가 본 다림줄 환상이 의미하는 것은? (7:8-9)

18. 아모스서에서 야훼께서 정하신 날에 이스라엘이 당하는 기근은 어떤 기근인가? (8:11)

19. 주 야훼의 말씀이니라 보라 날이 이를지라 내가 기근을 땅에 보내리니 ( )이 없어 주림이 아니며 물이 없어 갈함이 아니요 ( )을 듣지 못한 기갈이라 (8:11)

20. 야훼의 말씀이니라 이스라엘 자손들아 너희는 내게 ( ) 족속 같지 아니하냐 내가 이스라엘을 애굽 땅에서, 블레셋 사람을 갑돌에서, 아람 사람을 기르에서 올라오게 하지 아니하였느냐 (9:7)

Obadiah

오바댜

[선택형 문제]

1. 에돔 족속에 대한 하나님의 심판을 기록하고 있는 예언서는? (1:1)
가. 스바냐　　나. 나훔　　다. 오바댜　　라. 말라기

Obadiah

[단답형 문제]

1. 오바댜서에서 '바위 틈에 거주하며 높은 곳에 사는 자'는 어느 민족을 말하는가? (1:1,3)

2. 오바댜서에서 에돔은 어떤 죄로 말미암아 영원히 멸절된다고 했는가? (1:10)

3. 오바댜는 야곱 족속과 요셉 족속이 어느 족속을 불사르게 될 것이라고 했는가? (1:18)

Jonah

요나

[선택형 문제]

1. 요나의 아버지는? (1:1)
   가. 부시　　나. 아모스　　다. 아밋대　　라. 베레가

2. 선원들은 바다의 폭풍이 요나 때문에 일어났음을 어떤 방법으로 알아 냈는가? (1:7)
   가. 제비 뽑기　　나. 하나님의 지명
   다. 주술　　라. 요나의 자백

3. 요나는 큰 물고기 뱃속에 며칠 동안 있었는가? (1:17)
   가. 일 일　　나. 이 일　　다. 삼 일　　라. 사 일

4. 요나가 니느웨 백성에게 외친 말은? (3:4)
   가. 사십 일이 지나면 니느웨가 무너지리라
   나. 우상에게서 돌아서라
   다. 이듬해에 앗수르가 침공하리라
   라. 이스라엘을 도우라

5. 다음과 같이 기도한 선지자는? (4:3)

> "야훼여 원하건대 이제 내 생명을 거두어 가소서 사는 것보다 죽는 것이 내게 나음이니이다"

   가. 호세아　　나. 스가랴　　다. 요엘　　라. 요나

6. 그늘을 만들어 요나에게 기쁨을 주었으나 이튿날 새벽에 벌레가 갉아 먹어 시들어버린 식물은? (4:7)
가. 싯딤나무 나. 무화과나무
다. 로뎀나무 라. 박넝쿨

7. 요나서에서 니느웨에 좌우를 분변하지 못하는 자는 몇 명인가? (4:11)
가. 열두 명 나. 백여 명
다. 이천사백여 명 라. 십이만여 명

Jonah

[단답형 문제]

1. 하나님께서 요나에게 주신 사명은? (1:2, 3:2)

2. 요나가 야훼의 얼굴을 피하여 도망하려 했던 곳은? (1:3)

3. 요나서에서 큰 폭풍으로 인해 흉용하던 바다가 어떻게 하여 잔잔해졌는가? (1:12,15)

4. 바다에 던져진 후에 요나가 밤낮 삼 일 동안 있었던 곳은? (1:17)

5. 요나는 물고기 뱃속에서 무엇을 했는가? (2:1)

6. 요나의 선포를 통하여 야훼의 말씀을 들은 니느웨 사람들의 반응은? (3:5)

7. 요나서에서 니느웨 백성의 회개를 보신 하나님이 취하신 조치는? (3:10)

8. 요나가 매우 싫어하고 성낸 이유는? (3:10, 4:1-2)

9. 요나가 니느웨 성읍 동쪽에 초막을 짓고 앉아 있었던 이유는? (4:5)

10. 요나서에서 하나님이 니느웨 성읍을 아끼시는 이유는? (4:11)

Micah

미가

[선택형 문제]

1. 미가와 같은 시대, 같은 장소에서 활동했던 선지자는? (1:1)
   가. 이사야 나. 예레미야 다. 에스겔 라. 다니엘

2. 다음 말씀은 미가가 누구를 향해 한 말인가? (3:5)

> "이에 물 것이 있으면 평강을 외치나 그 입에 무엇을 채워 주지 아니하는 자에게는 전쟁을 준비하는도다"

   가. 미가 나. 부자 다. 유다 왕 라. 거짓 선지자

3. 다음 ( )에 들어갈 말이 알맞게 짝지어진 것은? (3:11)

> "그들의 우두머리들은 ( )을 위하여 재판하며 그들의 제사장은 ( )을 위하여 교훈하며 그들의 선지자는 ( )을 위하여 점을 치면서도 야훼를 의뢰하여 이르기를 야훼께서 우리 중에 계시지 아니하냐 재앙이 우리에게 임하지 아니하리라 하는도다"

   가. 뇌물, 삯, 돈 나. 돈, 삯, 뇌물
   다. 뇌물, 돈, 삯 라. 삯, 뇌물, 돈

4. 미가의 다음 말씀과 유사한 말씀을 선포한 동시대의 선지자는? (4:3)

> "무리가 그 칼을 쳐서 보습을 만들고 창을 쳐서 낫을 만들 것이며 이 나라와 저 나라가 다시는 칼을 들고 서로 치지 아니하며 다시는 전쟁을 연습하지 아니하고"

   가. 호세아 나. 아모스 다. 이사야 라. 예레미야

5. 메시야가 베들레헴에서 탄생할 것을 예언한 곳은?
가. 미 4:1 나. 미 5:2 다. 슥 2:8 라. 슥 4:17

6. 미가서에서 야곱의 남은 자를 비유한 말이 아닌 것은? (5:7-8)
가. 야훼께로부터 내리는 이슬 나. 포도 심을 동산
다. 풀 위에 내리는 단비 라. 양 떼 중의 젊은 사자

7. 다음 ( )에 들어갈 말은? (7:20)

> "주께서 옛적에 우리 조상들에게 맹세하신 대로 야곱에게 ( )을 베푸시며 아브라함에게 ( )를 더하시리이다"

가. 축복, 자비 나. 능력, 부
다. 복, 은혜 라. 성실, 인애

Micah

[단답형 문제]

1. 미가의 예언의 대상은? (1:1)

2. 미가의 출신지는? (1:1)

3. 미가서에서 '야곱의 허물'과 '유다의 산당'이 각각 가리키는 것은? (1:5)

4. 이러므로 내가 애통하며 애곡하고 벌거벗은 몸으로 행하며 ( ) 같이 애곡하고 ( ) 같이 애통하리니 (1:8)

5. 그들이 침상에서 죄를 꾀하며 악을 꾸미고 날이 밝으면 그 손에 힘이 있으므로 그것을 행하는 자는 화 있을진저 (　　)들을 탐하여 빼앗고 (　　)들을 탐하여 차지하니 그들이 남자와 그의 집과 사람과 그의 (　　)을 강탈하도다 (2:1-2)

6. 미가는 야곱의 우두머리들과 이스라엘 족속의 통치자들을 책망하면서 무엇이 그들의 본분이라고 하였는가? (3:1-3)

7. 내 백성을 유혹하는 선지자들은 이에 물 것이 있으면 (　　)을 외치나 그 입에 무엇을 채워 주지 아니하는 자에게는 (　　)을 준비하는도다 이런 선지자에 대하여 야훼께서 이르시되 그러므로 너희가 밤을 만나리니 (　　)을 보지 못할 것이요 어둠을 만나리니 (　　) 치지 못하리라 하셨나니 이 선지자 위에는 해가 져서 낮이 캄캄할 것이라 (3:5-6)

8. 미가는 거짓 선지자들에게 어떤 심판이 내릴 것이라고 예언하였는가? (3:5-6)

9. 오직 나는 야훼의 영으로 말미암아 (　　)과 (　　)와 (　　)로 충만해져서 야곱의 허물과 이스라엘의 죄를 그들에게 보이리라 (3:8)

10. 미가서에서 야곱의 우두머리들과 이스라엘의 통치자들의 죄로 말미암아 시온과 예루살렘과 성전이 받게 될 벌은? (3:12)

11. 곧 많은 이방 사람들이 가며 이르기를 오라 우리가 야훼의 산에 올라가서 야곱의 하나님의 (　　)에 이르자 그가 그의 도를 가지고 우리에게 가르치실 것이니라 우리가 그의 길로 행하리라 하리니 이는 율법이 (　　)에서부터 나올 것이요 야훼의 말씀이 (　　)에서부터 나올 것임이라 (4:2)

12. 미가서에서 메시야가 나실 장소로 예언된 곳은? (5:2)

13. 미가는 천천의 숫양이나 만만의 강물 같은 기름보다 야훼께서 더 기뻐하시는 것이 무엇이라고 하였는가? (6:7-8)

14. 사람아 주께서 (　　　　　　)이 무엇임을 네게 보이셨나니 야훼께서 네게 구하시는 것은 오직 (　　　)를 행하며 (　　　)를 사랑하며 겸손하게 네 하나님과 함께 행하는 것이 아니냐 (6:8)

Nahum 나훔

[선택형 문제]

1. 나훔서는 무엇을 경고한 예언서인가? (1:1)
   가. 니느웨의 멸망　　나. 유다의 멸망
   다. 사마리아의 멸망　　라. 이스라엘의 회복

2. "야훼는 질투하시며 보복하시는 하나님이시니라"고 말한 예언자는? (1:2)
   가. 요엘　　나. 오바댜　　다. 나훔　　라. 하박국

3. 나훔서에서 우상 숭배를 열국에 이식시킨 곳으로 지목된 도시는? (3:4)
   가. 다메섹　　나. 사마리아　　다. 시돈　　라. 니느웨

Nahum

[단답형 문제]

1. 야훼는 (　　　)하시며 (　　　)하시는 하나님이시니라 야훼는 보복하시며 진노하시되 자기를 거스르는 자에게 야훼는 보복하시며 자기를 대적하는 자에게 진노를 품으시며 (1:2)

2. 나훔서에 의하면 야훼는 환난 날에 무엇이 되어주시는가? (1:7)

3. 화 있을진저 피의 성이여 그 안에는 (   )이 가득하고 (   )이 가득하며 탈취가 떠나지 아니하는도다 (3:1)

4. 나훔서에서 마술에 능숙한 미모의 음녀로 비유된 도시는? (3:4)

5. 나훔서에서 앗수르의 수도인 니느웨의 멸망 소식을 듣는 자가 다 기뻐 손뼉 치는 이유는? (3:18-19)

Habakkuk 하박국

[선택형 문제]

1. 왜 하나님은 갈대아 사람(바벨론)을 택하여 유다를 멸망케 하셨는가? (1:12)
   가. 바벨론이 막강한 군사력을 보유하고 있기 때문에
   나. 유다를 심판하고 경계하기 위하여
   다. 바벨론이 더 의로웠기 때문에
   라. 바벨론 왕이 하나님께 구하였으므로

2. 다음과 같이 하나님께 질문한 사람은? (1:13)

> "주께서는 눈이 정결하시므로 악을 차마 보지 못하시며 패역을 차마 보지 못하시거늘 어찌하여 거짓된 자들을 방관하시며 악인이 자기보다 의로운 사람을 삼키는데도 잠잠하시나이까"

   가. 스바냐　　나. 아모스
   다. 예레미야　　라. 하박국

3. 구약에서 "의인은 그의 믿음으로 말미암아 살리라"는 말씀이 있는 곳은?
   가. 사 26:7　　나. 합 2:4
   다. 호 14:9　　라. 말 3:18

Habakkuk

[단답형 문제]

1. 하박국서에서 갈대아 사람들의 성품은 어떻게 묘사되고 있나? (1:6)

2. 하박국이 야훼의 응답을 기다린 곳은? (2:1)

3. 야훼께서 하박국에게 묵시를 기록하여 판에 명백히 새기게 하신 이유는 무엇인가? (2:2)

4. 이 묵시는 정한 때가 있나니 그 (　　　)이 속히 이르겠고 결코 거짓되지 아니하리라 비록 더딜지라도 기다리라 지체되지 않고 반드시 응하리라 보라 그의 마음은 교만하며 그 속에서 정직하지 못하나 의인은 그의 (　　　)으로 말미암아 살리라 (2:3-4)

5. 야훼여 내가 주께 대한 소문을 듣고 놀랐나이다 야훼여 주는 주의 일을 이 수년 내에 (　　　)하게 하옵소서 이 수년 내에 나타내시옵소서 진노 중에라도 (　　　)을 잊지 마옵소서 (3:2)

6. 비록 무화과나무가 무성하지 못하며 포도나무에 (　　　)가 없으며 감람나무에 소출이 없으며 밭에 먹을 것이 없으며 우리에 양이 없으며 외양간에 소가 없을지라도 나는 야훼로 말미암아 즐거워하며 나의 (　　　)의 하나님으로 말미암아 기뻐하리로다 (3:17-18)

7. 하박국은 야훼 하나님을 자신의 무엇이라고 고백하고 있는가? (3:19)

Zephaniah

스바냐

[선택형 문제]

1. 스바냐가 활동하던 시대의 유다 왕은? (1:1)
   가. 히스기야　　나. 므낫세
   다. 여호아하스　　라. 요시야

2. 스바냐의 출신 신분은? (1:1)
   가. 평민　　나. 제사장
   다. 군인　　라. 왕족

3. 스바냐서에 나오는 야훼의 날에 대한 표현이 아닌 것은? (1:15)
   가. 분노의 날
   나. 황폐와 패망의 날
   다. 통곡의 날
   라. 구름과 흑암의 날

4. 스바냐서에서 이스라엘의 남은 자에 대한 설명이 아닌 것은? (3:13)
   가. 악을 행하지 아니함
   나. 거짓을 말하지 아니함
   다. 입에 거짓된 혀가 없음
   라. 화를 당할까 두려워 함

Zephaniah

[단답형 문제]

1. 스바냐서에서 거듭해서 언급되는 "그 날"은 어떤 날을 말하는가? (1:14)

2. 야훼의 큰 날이 가깝도다 가깝고도 빠르도다 야훼의 날의 소리로다 용사가 거기서 심히 슬피 우는도다 그날은 (　　)의 날이요 환난과 고통의 날이요 황폐와 패망의 날이요 캄캄하고 어두운 날이요 구름과 (　　)의 날이요 (1:14-15)

3. 그들의 은과 금이 야훼의 분노의 날에 능히 그들을 건지지 못할 것이며 이 온 땅이 야훼의 (　　)의 불에 삼켜지리니 이는 야훼가 이 땅 모든 주민을 멸절하되 놀랍게 멸절할 것임이라 (1:18)

4. 스바냐가 야훼의 규례를 지키는 자들을 향하여 야훼의 분노의 날이 이르기 전에 찾고 구하라고 한 것은 무엇인가? (2:3)

5. 스바냐서에서 야훼께서 모압과 암몬을 멸하시는 이유는? (2:8-10)

6. 스바냐서에서 심판의 날에 야훼께서 남겨 두어 보호하실 자들은? (3:12)

7. 너의 하나님 야훼가 너의 가운데에 계시니 그는 구원을 베푸실 (　　)이시라 그가 너로 말미암아 기쁨을 이기지 못하시며 너를 잠잠히 (　　)하시며 너로 말미암아 즐거이 부르며 기뻐하시리라 하리라 (3:17)

Haggai

학개

[선택형 문제]

1. 다음은 영적 태만에 빠진 유다 백성을 책망하는 야훼의 말씀이다. 어느 선지자를 통해서 하신 말씀인가? (1:6)

> "너희가 많이 뿌릴지라도 수확이 적으며 먹을지라도 배부르지 못하며 마실지라도 흡족하지 못하며 입어도 따뜻하지 못하며 일꾼이 삯을 받아도 그것을 구멍 뚫어진 전대에 넣음이 되느니라"

가. 호세아　　나. 에스라
다. 학개　　라. 아모스

2. 성전 건축을 고무시킨 선지자는? (1:13-14)

가. 스룹바벨　　나. 여호사닥
다. 여호수아　　라. 학개

3. 학개가 활동하던 시기에 성전 건축을 지도했던 유다 총독은? (1:14)

가. 여호사닥　　나. 스룹바벨
다. 느헤미야　　라. 모르드개

Haggai

[단답형 문제]

1. 유다 백성들은 16년 동안(주전 536년~520년경)이나 성전 건축을 재개하지 않았던 것에 대해 어떻게 변명했는가? (1:2)

2. 이 성전이 황폐하였거늘 너희가 이 때에 판벽한 집에 거주하는 것이 옳으냐 그러므로 이제 만군의 야훼가 이같이 말하노니 너희는 너희의 (　　　)를 살필지니라 (1:4-5)

3. 너희는 산에 올라가서 나무를 가져다가 (　　　)을 건축하라 그리하면 내가 그것으로 말미암아 기뻐하고 또 (　　　)을 얻으리라 야훼가 말하였느니라 (1:8)

4. 스룹바벨이 지은 성전이 과거의 솔로몬 성전보다 보잘 것 없음에도 야훼께서 그들에게 약속하신 말씀은? (2:9)

5. 만군의 야훼가 말하노라 스알디엘의 아들 내 종 (　　　　　)아 야훼가 말하노라 그 날에 내가 너를 세우고 너를 인장으로 삼으리니 이는 내가 너를 택하였음이니라 만군의 야훼의 말이니라 하시니라 (2:23)

Zechariah

스가랴

[선택형 문제]

1. 스가랴 선지자와 같은 시대에 같은 장소에서 활동했던 선지자는? (1:1)
   가. 하박국　　나. 학개　　다. 스바냐　　라. 다니엘

2. 스가랴의 아버지는? (1:1)
   가. 아밋대　　나. 부시　　다. 아모스　　라. 베레갸

3. 스가랴의 첫 번째 환상에서 화석류나무 사이에 나타난 말이 아닌 것은? (1:8)
   가. 붉은 말　　나. 흑마　　다. 자줏빛 말　　라. 백마

4. 스가랴가 환상 중에 본 뿔은 모두 몇 개인가? (1:18)
   가. 두 개　　나. 세 개　　다. 네 개　　라. 여섯 개

5. 스가랴가 본 환상에서 측량줄을 들고 있었던 사람은 무엇을 측량하려고 하였는가? (2:2)
   가. 바벨론 성　　나. 예루살렘
   다. 유다의 넓이　　라. 사마리아의 넓이

6. 스가랴의 환상 가운데서 대제사장 여호수아 곁에 서서 하나님께 그를 고발한 자는? (3:1)
   가. 사탄　　나. 스가랴　　다. 느헤미야　　라. 스룹바벨

7. 스가랴 3장에서 대제사장 여호수아 앞에 세운 돌에 눈이 몇 개가 있었는가? (3:9)

가. 5개 나. 7개 다. 12개 라. 24개

8. 스가랴가 본 환상에서 순금 등잔대에 대한 환상을 잘못 설명한 것은? (4:2-3)

가. 순금 등잔대 위에 기름 그릇이 있다
나. 등잔대 좌우에 감람나무가 한 그루씩 있다
다. 기름 그릇 위에 일곱 등잔이 있다
라. 등잔대에 백합 형상이 새겨져 있다

9. 다음과 같은 말씀이 있는 책은? (4:6)

> "만군의 야훼께서 말씀하시되 이는 힘으로 되지 아니하며 능력으로 되지 아니하고 오직 나의 영으로 되느니라"

가. 스가랴 나. 말라기 다. 학개 라. 나훔

10. 날아가는 두루마리 환상을 본 선지자는? (5:1)

가. 나훔 나. 학개 다. 스바냐 라. 스가랴

11. 스가랴가 본 환상 중 에바 속에 앉아있는 여인이 상징하는 것은? (5:7-8)

가. 공의 나. 악
다. 큰 성 라. 하나님의 심판

12. 스가랴가 본 환상에서 날개 달린 두 여인이 에바를 어디로 옮겼는가? (5:9-11)

가. 예루살렘 나. 사해 다. 시날 땅 라. 힛데겔 강

13. 스가랴가 본 네 병거에 대한 환상을 잘못 설명한 것은? (6:1-8)

가. 붉은 말, 검은 말, 흰 말, 어룽지고 건장한 말이 차례로 네 병거를 메었다
나. 북쪽 땅으로 나가는 검은 말을 흰 말이 뒤따랐다
다. 어룽진 말은 남쪽 땅으로 나갔다
라. 서쪽으로 나간 붉은 말들은 야훼를 기쁘시게 했다

14. 스가랴는 바벨론에서 돌아온 자들에게 받은 은과 금으로 면류관을 만들어 누구에게 씌었는가? (6:11)

가. 헬대 나. 도비야 다. 스룹바벨 라. 여호수아

15. 다음과 같은 말씀이 있는 곳은?

> "시온의 딸아 크게 기뻐할지어다 예루살렘의 딸아 즐거이 부를지어다 보라 네 왕이 네게 임하시나니 그는 공의로우시며 구원을 베푸시며 겸손하여서 나귀를 타시나니 나귀의 작은 것 곧 나귀 새끼니라"

가. 호 11:1 나. 슥 9:9 다. 합 2:4 라. 미 5:2

16. 다음 ( )에 들어갈 말이 알맞게 짝지어진 것은? (11:7)

> "내가 잡혀 죽을 양 떼를 먹이니 참으로 가련한 양들이라 내가 막대기 둘을 취하여 하나는 ( )이라 하며 하나는 ( )이라 하고 양 떼를 먹일새"

가. 은총, 연합 나. 기쁨, 믿음
다. 소망, 영광 라. 축복, 명철

17. 스가랴는 품삯으로 받은 돈 얼마를 성전에서 토기장이에게 던졌는가? (11:13)

가. 은 이십 개 나. 은 삼십 개
다. 금 이십 개 라. 금 삼십 개

18. 어느 왕 때 예루살렘에 지진이 일어나서 사람들이 산골짜기로 도망하였는가? (14:5)

가. 아하시야 왕 나. 요아스 왕
다. 아마샤 왕 라. 웃시야 왕

19. 스가랴는 모두 몇 장으로 구성되어 있는가?

가. 8장 나. 13장 다. 14장 라. 15장

Zechariah

[단답형 문제]

1. 스가랴의 첫 번째 환상에서 보았던 말 탄 자들의 임무는? (1:10)

2. 스가랴의 환상에서 화석류나무 사이에 선 야훼의 천사의 말에 의하면 야훼께서 예루살렘과 유다 성읍들에게 노하신 지 몇 년이 되었다고 하였는가? (1:11-12)

3. 환상에서 본 네 뿔들은 어떤 뿔인가? (1:19)

4. 내게 말하는 (　　　)가 내게 이르되 너는 외쳐 이르기를 만군의 야훼의 말씀에 내가 예루살렘을 위하며 시온을 위하여 크게 (　　　)하며 안일한 여러 나라들 때문에 심히 진노하나니 나는 조금 노하였거늘 그들은 힘을 내어 (　　　)을 더하였음이라 (1:14-15)

5. (　　) 안에 공통으로 들어갈 말은? (2:4-5)

> "너는 달려가서 그 소년에게 말하여 이르기를 예루살렘은 그 가운데 사람과 가축이 많으므로 (　　　) 없는 성읍이 될 것이라 하라 야훼의 말씀에 내가 불로 둘러싼 (　　　)이 되며 그 가운데에서 영광이 되리라"

6. 그가 내게 대답하여 이르되 야훼께서 스룹바벨에게 하신 말씀이 이러하니라 만군의 야훼께서 말씀하시되 이는 (　　)으로 되지 아니하며 (　　　)으로 되지 아니하고 오직 나의 (　　)으로 되느니라 (4:6)

7. 만군의 야훼께서 이같이 말씀하시되 보라 (　　)이라 이름하는 사람이 자기 곳에서 돋아나서 야훼의 전을 건축하리라 (6:12)

8. 그들이 듣기를 싫어하여 등을 돌리며 듣지 아니하려고 귀를 막으며 그 마음을 (   ) 같게 하여 율법과 만군의 야훼가 그의 영으로 옛 (   )을 통하여 전한 말을 듣지 아니하므로 큰 진노가 만군의 야훼께로부터 나왔도다 (7:11-12)

9. 만군의 야훼가 이같이 말하노라 보라, 내가 내 백성을 해가 뜨는 땅과 해가 지는 땅에서부터 구원하여 내고 인도하여다가 예루살렘 가운데에 거주하게 하리니 그들은 내 (   )이 되고 나는 (   )와 (   )로 그들의 하나님이 되리라 (8:7-8)

10. 곧 (   )의 씨앗을 얻을 것이라 포도나무가 열매를 맺으며 땅이 산물을 내며 하늘은 (   )을 내리리니 내가 이 남은 백성으로 이 모든 것을 누리게 하리라 (8:12)

11. 유다 족속아, 이스라엘 족속아, 너희가 이방인 가운데에서 (   )가 되었었으나 이제는 내가 너희를 (   )하여 너희가 (   )이 되게 하리니 두려워하지 말지니라 손을 견고히 할지니라 (8:13)

12. 너희가 행할 일은 이러하니라 너희는 이웃과 더불어 (   )를 말하며 너희 성문에서 진실하고 화평한 (   )을 베풀고 마음에 서로 해하기를 도모하지 말며 (   )를 좋아하지 말라 이 모든 일은 내가 미워하는 것이니라 야훼의 말이니라 (8:16-17)

13. 메시아가 나귀 타고 오실 것을 예언한 구약의 선지자는? (9:9, 참조 마 21:5)

14. 시온의 딸아 크게 기뻐할지어다 예루살렘의 딸아 즐거이 부를지어다 보라 네 왕이 네게 임하시나니 그는 (   )로우시며 (   )을 베푸시며 겸손하여서 나귀를 타시나니 나귀의 작은 것 곧 나귀 새끼니라

내가 에브라임의 병거와 예루살렘의 말을 끊겠고 전쟁하는 활도 끊으리니 그가 이방 사람에게 (   )을 전할 것이요 그의 통치는 바다에서 바다까지 이르고 유브라데 강에서 땅 끝까지 이르리라 (9:9-10)

15. 그 날에 생수가 (   )에서 솟아나서 절반은 동해로, 절반은 서해로 흐를 것이라 여름에도 겨울에도 그러하리라 (14:8)

Malachi

말라기

[선택형 문제]

1. 다음 중 말라기서에서 유다 백성이 하나님께 반문한 것에 해당하지 않는 것은? (1:2, 2:17, 3:13)
   가. 주께서 어떻게 우리를 사랑하셨나이까
   나. 우리가 어떻게 야훼를 괴롭혀 드렸나이까
   다. 우리가 무슨 말로 주를 대적하였나이까
   라. 주께서 언제 우리에게 말씀하셨나이까

2. 말라기서에 의하면 하나님은 왜 한 남자의 아내를 한 명으로 제한하셨는가? (2:15)
   가. 경건한 자손을 얻으려고
   나. 가장의 부담을 덜어 주려고
   다. 아내의 질투를 피하기 위해
   라. 배다른 자녀 간의 분쟁을 없애려고

3. 다음과 같은 말씀이 있는 곳은?

> "보라 내가 내 사자를 보내리니 그가 내 앞에서 길을 준비할 것이요 또 너희가 구하는 바 주가 갑자기 그의 성전에 임하시리니 곧 너희가 사모하는 바 언약의 사자가 임하실 것이라"

가. 호 3:4　　나. 사 63:17　　다. 렘 9:24　　라. 말 3:1

4. 온전한 십일조 드릴 것을 강조하는 책은?
가. 스가랴　　나. 말라기　　다. 오바댜　　라. 다니엘

5. 말라기서에서 사람이 하나님을 시험할 수 있는 유일한 경우로 언급되는 것은? (3:10)
가. 사탄의 유혹에 대한 하나님의 도움
나. 물리적 곤경 속에서의 도움
다. 십일조에 따르는 축복
라. 메시야의 재림에 대한 약속

6. 다음 (　)에 들어갈 알맞은 말은? (4:2)

> "내 이름을 경외하는 너희에게는 공의로운 해가 떠올라서 (　　) 광선을 비추리니 너희가 나가서 외양간에서 나온 송아지 같이 뛰리라"

가. 따뜻한　　나. 권능의　　다. 치료하는　　라. 새로운

7. 말라기서의 저자는 야훼의 크고 두려운 날이 이르기 전에 누가 올 것이라고 했는가? (4:5)
가. 모세　　나. 엘리야　　다. 다니엘　　라. 아브라함

Malachi

[단답형 문제]

1. 말라기서에서 제사장들이 야훼의 제단에 드린 것은? (1:7-8)

2. 만군의 야훼가 이르노라 너희가 눈 먼 희생제물을 바치는 것이 어찌 악하지 아니하며 저는 것, 병든 것을 드리는 것이 어찌 악하지 아니하냐 이제 그것을 너희 (　　　)에게 드려 보라 그가 너를 기뻐하겠으며 너를 받아 주겠느냐 (1:8)

3. 말라기서에서 제사장들이 어긴 언약은 무슨 언약인가? (2:5)

4. 제사장의 입술은 지식을 지켜야 하겠고 사람들은 그의 입에서 (　　　)을 구하게 되어야 할 것이니 제사장은 만군의 야훼의 사자가 됨이거늘 (2:7)

5. 말라기서에서 이스라엘 하나님 야훼께서 미워하시는 것은? (2:16)

6. 말라기서에서 이스라엘 백성은 하나님의 것을 도적질 하였다고 책망받는데, 여기서 하나님의 것은 무엇을 가리키는가? (3:8)

7. 만군의 야훼가 이르노라 너희의 (　　　) 십일조를 창고에 들여 나의 집에 양식이 있게 하고 그것으로 나를 (　　　)하여 내가 하늘 문을 열고 너희에게 복을 쌓을 곳이 없도록 붓지 아니하나 보라 (3:10)

8. 그 때에 야훼를 경외하는 자들이 피차에 말하매 야훼께서 그것을 분명히 들으시고 야훼를 경외하는 자와 그 이름을 존중히 여기는 자를 위하여 야훼 앞에 있는 (　　　)에 기록하셨느니라 (3:16)

9. 말라기서에서 야훼 앞에 있는 기념책에 기록된 자들은 어떤 자들인가? (3:16)

10. 말라기서에서 야훼께서 그의 정하신 날에 특별한 소유로 삼으실 사람들은 어떤 자들인가? (3:16-17)

마태복음 – 요한계시록

신 약

The New Testament

Matthew

마태복음

[선택형 문제]

1. 예수의 족보 중 마태복음에서 예수의 조상으로 가장 중요하게 언급되고 있는 두 사람은? (1:1)
   가. 아담과 다윗　　나. 아브라함과 다윗
   다. 다윗과 솔로몬　　라. 아담과 요셉

2. 마태복음에서 주의 사자는 누구에게 예수의 탄생을 알려주었는가? (1:18-20)
   가. 마리아　　나. 요셉
   다. 마리아와 요셉　　라. 헤롯

3. 요셉은 마리아가 잉태한 것을 알고 난 후에 어떻게 하려 했는가? (1:19)
   가. 결혼을 서둘렀다　　나. 돌로 정죄하려 했다
   다. 애굽으로 데려가려고 했다　　라. 소문나지 않게 파혼하려 했다

4. '예수' 라는 이름이 나타내는 뜻은 무엇인가? (1:21)
   가. 하나님의 아들　　나. 다윗의 자손
   다. 하나님이 함께 하심　　라. 백성을 그들의 죄에서 구원하심

5. '임마누엘' 이란 말의 뜻은 무엇인가? (1:23)
   가. 하나님께서 하신 일　　나. 하나님이 우리와 함께 계심
   다. 이스라엘의 왕　　라. 새로이 태어난 왕

6. 예수가 탄생하신 곳은? (2:1)
   가. 베들레헴　　나. 나사렛　　다. 가버나움　　라. 예루살렘

7. 예수가 태어났을 때 유대 나라를 다스리던 왕의 이름은? (2:1)
가. 빌라도 나. 베스도 다. 헤롯 라. 아그립바

8. 동방 박사들이 예수께 드린 예물이 아닌 것은? (2:11)
가. 황금 나. 유향 다. 진주 라. 몰약

9. 요셉과 마리아가 헤롯을 피하여 아기 예수를 데리고 도망갔던 곳은? (2:14)
가. 유대 광야 나. 가버나움 다. 갈릴리 라. 애굽

10. 헤롯왕의 뒤를 이어 유대 땅을 다스렸던 사람은? (2:22)
가. 빌라도 나. 빌립 다. 아켈라오 라. 아그립바

11. 예수가 애굽으로부터 돌아와 성장하신 장소는? (2:23)
가. 나사렛 나. 가버나움
다. 베들레헴 라. 디베랴

12. "광야에 외치는 자의 소리"는 누구를 의미하는가? (3:3-4)
가. 호세아 나. 예수 다. 스가랴 라. 침례 요한

13. 침례 요한은 메시야가 오시면 무엇으로 침례를 준다고 말했는가? (3:11)
가. 물 나. 성령과 불 다. 능력 라. 심판

14. 침례 받으러 나오는 예수를 향해 요한은 무슨 말을 했는가? (3:14)
가. 보라 세상 죄를 지고 가는 하나님의 어린 양이로다
나. 내가 당신에게서 침례를 받아야 할 터인데 당신이 내게로 오시나이까
다. 이 사람을 보라 진실로 하나님의 아들이로다
라. 이는 내 사랑하는 아들이요 내 기뻐하는 자로다

15. 예수는 누구로부터 침례를 받았는가? (3:15)
가. 가브리엘 나. 요한 다. 안드레 라. 베드로

16. 예수가 침례를 받을 때 성령이 임한 모양은? (3:16)
가. 불 나. 구름 다. 갈라지는 불 라. 비둘기

17. 예수가 광야에서 금식하신 기간은? (4:2)
가. 21일 나. 30일 다. 40일 라. 50일

18. 예수는 마귀의 시험을 무엇으로 이기셨는가? (4:1-11)
가. 권능 나. 성령 다. 기도 라. 말씀

19. 예수께서 사역 초기에 옮겨 다닌 곳이 아닌 지역은? (4:13-16)
가. 예루살렘 나. 가버나움 다. 나사렛 라. 갈릴리

20. 예수님이 선포하신 첫 말씀은 무엇인가? (4:17)
가. 성령을 받으라
나. 나는 하나님의 아들이요, 하나님의 기뻐하는 자라
다. 회개하라 천국이 가까이 왔느니라
라. 너희 아버지께 영광을 돌리게 하라

21. 예수가 갈릴리 해변에서 처음으로 불렀던 제자가 아닌 사람은? (4:18-22)
가. 안드레 나. 유다 다. 요한 라. 베드로

22. 야고보와 요한의 아버지의 이름은? (4:21)
가. 시므온 나. 알패오 다. 요게벳 라. 세베대

23. 예수는 산상수훈에서 누가 하나님을 볼 수 있다고 했는가? (5:8)
가. 애통하는 자 나. 화평하게 하는 자
다. 마음이 청결한 자 라. 의를 위하여 박해를 받은 자

24. 예수의 오심과 율법의 관계는? (5:17)
가. 율법을 완전하게 하려 함 나. 율법을 더욱 굳게 함
다. 율법의 시대가 끝나게 함 라. 율법을 폐함

25. “살인하지 말라”는 계명 대신 요구한 것은? (5:21-22)
가. 노하지 말라 나. 사랑하라
다. 생각하지 말라 라. 미워하지 말라

26. “간음하지 말라”는 계명 대신에 요구한 것은? (5:27-28)
가. 도리어 사랑하라 나. 음욕을 품지 말라
다. 생각하지도 말라 라. 바라보지도 말라

27. “헛 맹세를 하지 말라”는 계명 대신에 요구한 것은? (5:33-34)
가. 도무지 맹세하지 말라 나. 진실된 맹세만 하라
다. 맹세한 것은 지키라 라. 지킬 수 있는 것만 맹세하라

28. 마태복음에서 주기도문이 기록된 장은?
가. 6장 나. 7장 다. 8장 라. 9장

29. 구제에 대한 예수의 교훈은? (6:2-4)
가. 사랑의 마음으로 하라 나. 은밀하게 하라
다. 진실된 마음으로 하라 라. 하나님께 하듯 하라

30. 기도할 때 중언부언하지 말아야 하는 이유는? (6:7-8)
가. 기도는 간단해야 하니까 나. 기도 듣기에 어려우므로
다. 하나님이 아시니까 라. 하나님은 진실된 기도를 원하니까

31. 말씀을 듣고 행하지 않는 자에 대한 비유는? (7:24-27)
가. 강가 위에 집을 지은 자 나. 모래 위에 집을 지은 자
다. 언덕 위에 집을 지은 자 라. 반석 위에 집을 지은 자

32. 백부장이 자기 종을 고쳐달라고 부탁했을 때 예수께서 하신 말씀은? (8:10)
가. 나는 오직 이스라엘의 잃은 자에게만 보냄을 받았노라
나. 가라 네 믿음대로 될지어다
다. 이스라엘 중 아무에게서도 이만한 믿음을 보지 못하였노라
라. 하나님을 믿으라 그리하면 너와 네 집이 구원을 얻으리라

33. 예수님이 세상에서 죄를 사하는 권능을 갖고 계셨음을 보여주신 사건은? (9:1-8)

가. 귀신을 쫓아내실 때　　나. 중풍병자를 고치실 때
다. 삭개오와 식사하실 때　　라. 변화산에서 계셨을 때

34. 세관에 앉았다가 "나를 따르라"는 부르심을 받고 예수를 따른 사람은? (9:9)

가. 삭개오　　나. 알패오　　다. 유다　　라. 마태

35. 예수님께서 생베 조각과 새 포도주의 비유를 들어 대답하신 문제는? (9:14-17)

가. 혼인 문제　　나. 금식 문제　　다. 안식일 문제　　라. 기도 문제

36. 예수의 옷 끝을 만져 혈루증이 나은 여인은 몇 해 동안이나 그 병을 앓았는가? (9:20)

가. 12년　　나. 18년　　다. 38년　　라. 10년

37. 예수가 제자들을 파송할 때 마치 양을 무엇 가운데 보냄과 같다고 하셨나? (10:16)

가. 강도　　나. 삯꾼　　다. 사자　　라. 이리

38. 여인이 낳은 자 중에 가장 큰 인물이라고 언급된 사람은? (11:11)

가. 모세　　나. 예수　　다. 엘리야　　라. 침례 요한

39. 예수가 권능을 많이 행하였으나 회개하지 아니하므로 책망 받은 고을이 아닌 것은? (11:20-24)

가. 고라신　　나. 벳새다　　다. 시돈　　라. 가버나움

40. 마태복음에서는 예수를 "~보다 더 큰 이"로 묘사하고 있다. 다음 중 비교 대상이 아닌 것은? (12:6,41-42)

가. 회당　　나. 요나　　다. 성전　　라. 솔로몬

41. 귀신의 왕 이름은 무엇인가? (12:24)

가. 바알세불 나. 사탄 다. 레기온 라. 디아볼로

42. 예수가 "내 형제요 자매요 어머니"라고 말씀하셨는데 이는 누구를 가리키는가? (12:50)

가. 자신을 따르는 제자

나. 자신을 찾아온 자신의 형제와 자매와 모친

다. 자신에게 신앙 고백을 한 사람

라. 하나님의 뜻대로 하는 자

43. 길가에 떨어진 씨가 열매를 맺지 못한 원인은? (13:4)

가. 흙이 얕은 돌밭이므로 나. 새들이 와서 먹어버림

다. 싹의 기운을 막기 때문에 라. 사람의 발에 밟혀서

44. 아래의 보기에서 관계있는 것을 고르시오. (13:18-23)

가. 길가에 뿌려진 씨 – ( )

나. 돌밭에 뿌려진 씨 – ( )

다. 가시 떨기에 뿌려진 씨 – ( )

[보 기]

a. 말씀을 잘 받아들이지만 환난이나 박해가 일어날 때 곧 넘어지는 자
b. 세상의 염려와 재물의 유혹에 말씀이 막혀 결실하지 못하는 자
c. 악한 자가 와서 그 마음에 뿌려진 것을 빼앗아 간 자

45. 예수가 배척을 받은 고향은? (13:57, 2:23)

가. 베들레헴 나. 나사렛 다. 가버나움 라. 갈릴리

46. 침례 요한이 옥에 갇히게 된 이유는? (14:3-4)

가. 무리가 요한을 선지자로 여기기 때문에

나. 헤롯이 동생 빌립의 아내를 취한 것을 비난했기 때문에

다. 무리를 선동하여 반란을 일으켰기 때문에

라. 물로 침례를 베풀었기 때문에

47. 물 위로 걸어오시는 예수를 보고 배 안에 있던 제자들은 뭐라고 말했나? (14:26)

가. 참으로 하나님의 아들이로다　나. 주님이시다

다. 저가 뉘기에 물 위를 걷는고　라. 유령이다

48. '베드로' 란 이름의 뜻은? (16:18)

가. 교회　나. 반석　다. 바요나　라. 시몬

49. 예수가 베드로에게 "사탄아 물러가라"고 말한 이유는 무엇인가? (16:22-23)

가. 하늘나라의 열쇠를 탐냄으로

나. 하늘과 땅의 모든 권세를 요구함으로

다. 예수의 고난을 말림으로

라. 예수를 부인함으로

50. 예수가 변화산에 올라갈 때 함께 동행한 제자가 아닌 사람은? (17:1)

가. 야고보　나. 빌립　다. 요한　라. 베드로

51. 예수 당시 유대인들이 성전세로 내는 돈은? (17:24-27)

가. 두 렙돈　나. 반 세겔　다. 한 고드란트　라. 한 세겔

52. 이혼에 대한 예수님의 교훈을 볼 때 어떤 경우에만 이혼이 가능한가? (19:9)

가. 이혼 증서를 줄 경우　나. 대제사장의 허락

다. 나병 발병　라. 음행

53. 영생을 얻기를 원했던 부자 청년이 근심하며 간 까닭은? (19:22)

가. 계명을 다 지키지 않았기 때문에

나. 이웃 사랑을 실천하지 않았기 때문에

다. 계명을 다 지켰다고 자만해 있었기 때문에

라. 재물을 포기할 수 없었기 때문에

54. 예수에게 주의 나라에서 그의 우편과 좌편 자리를 달라고 부탁했던 사람은 누구인가? (20:20-21)

가. 빌립과 유다　　나. 세배대의 아들의 어머니
다. 베드로와 안드레　　라. 알패오의 아들의 어머니

55. 예수가 나귀 새끼를 타게 될 것을 예언한 구약의 선지자는? (21:4-5)

가. 예레미야　　나. 미가　　다. 스가랴　　라. 호세아

56. 예수의 혼인 잔치 비유에서 잔치에 참석했다가 나중에 손발이 묶인 채 쫓겨난 사람은 왜 쫓겨났는가? (22:11-13)

가. 본래 부름을 받았던 사람이 아니기 때문에
나. 예복을 입지 않았기 때문에
다. 주인의 잔치 자리를 모독했기 때문에
라. 적절한 예물을 준비하지 못했기 때문에

57. 부활이 없다고 주장하는 사람들은? (22:23)

가. 바리새인　　나. 사두개인　　다. 유대 랍비　　라. 서기관

58. 인자가 재림하는 그 날과 그 때를 누가 알고 있는가? (24:36)

가. 천사　　나. 보혜사 성령
다. 예수 그리스도　　라. 하나님

59. 예수의 열 처녀 비유에서 미련한 다섯 처녀가 혼인 잔치에 참석하지 못한 이유는? (25:1-13)

가. 졸았기 때문에　　나. 예복을 입지 않았기 때문에
다. 등을 준비하지 않았기 때문에　　라. 기름을 준비하지 않았기 때문에

60. 예수의 달란트 비유에서 한 달란트 맡은 종이 나중에 책망을 받은 이유는? (25:24-28)

가. 다섯 달란트와 두 달란트 받은 종들을 질투했기 때문에
나. 받은 달란트를 모두 탕진했기 때문에
다. 아무 일도 하지 않았기 때문에
라. 한 달란트를 나쁜 일에 사용했기 때문에

61. 베다니 시몬의 집에서 한 여자가 예수의 머리에 매우 귀한 향유 한 옥합을 부은 것의 의미는? (26:12)
가. 예수에 대한 사랑의 표징으로
나. 예수의 장례를 위하여
다. 주인인 시몬이 예수의 발을 씻겨주지 않았기 때문에
라. 예수에 대한 예배의 표식으로

62. 예수는 자신이 부활한 후에 제자들보다 먼저 어디로 갈 것이라고 말하였는가? (26:32)
가. 베들레헴　나. 가버나움
다. 겟세마네　라. 갈릴리

63. 대제사장들은 유다가 성소에 던져 넣은 돈을 가지고 토기장이의 밭을 사서 무엇으로 사용했는가? (27:7)
가. 나그네의 묘지　나. 유다의 묘지
다. 이방인의 거주지　라. 성전의 터

64. 빌라도에게 예수는 옳은 사람이므로 아무 상관도 하지 말라고 충고한 사람은? (27:19)
가. 대제사장　나. 천사
다. 총독의 아내　라. 총독의 친구

65. 십자가에 달리신 예수의 머리 위 죄패에 기록된 말은? (27:37)
가. 자칭 왕 그리스도　나. 유대인의 왕 예수
다. 하나님의 아들 예수　라. 이스라엘의 왕 예수

66. 예수가 십자가에 달려있는 동안 그를 모욕하며 조롱했던 사람이 아닌 자들은? (27:39-44)
가. 대제사장들과 서기관들과 장로들　나. 지나가는 자들
다. 총독의 군병들　라. 십자가에 함께 못 박힌 강도들

67. 예수가 십자가 위에서 마지막 외치신 말씀을 주변에 섰던 사람들은 무슨 말로 잘못 오해하였는가? (27:46-47)

가. 하나님을 부르는 말　　　나. 성령을 부르는 말
다. 모세를 부르는 말　　　라. 엘리야를 부르는 말

68. 예수가 십자가에서 운명하셨을 때 일어난 일이 아닌 것은? (27:51-53)

가. 땅이 진동함　　　나. 성소 휘장이 찢어짐
다. 무덤들이 열림　　　라. 천사의 나타남

69. 예수의 시체를 장사 지내준 사람은? (27:57-60)

가. 아리마대의 부자 요셉　　　나. 구레네 시몬
다. 니고데모　　　라. 막달라 마리아

70. 경비병을 두어 예수의 무덤을 지키게 한 이유는? (27:64)

가. 예수의 제자들이 시체를 도둑질하여 부활했다고 말할까 봐
나. 적대자들이 예수의 시체에 몹쓸 짓을 할까 봐
다. 죽은 사람의 무덤을 3일간 지키는 것은 관례이기 때문에
라. 예수가 중요한 인물이었기 때문에

Matthew

[단답형 문제]

1. 마태복음에 기록된 예수 그리스도의 계보에 있는 이방 여인을 모두 쓰시오. (1:1-16)

2. 아브라함으로부터 예수까지는 총 몇 대인가? (1:17)

3. 주의 사자가 요셉의 꿈에 나타나 알려준 예수의 다른 이름과 그 뜻을 쓰시오. (1:23)

4. 예수의 탄생지는? (2:1)

5. 예수가 애굽으로 피난할 것을 예언했던 선지자는? (2:14-15)

6. 침례 요한이 광야에서 외친 말을 쓰시오. (3:2)

7. 요한의 침례와 예수의 침례를 비교하시오. (3:11)

8. 예수께서 마귀에게 받으셨던 시험을 순서대로 쓰시오. (4:1-11)
(가) 성전 꼭대기에서 뛰어내리라
(나) 이 돌들로 떡덩이가 되게 하라
(다) 내게 엎드려 경배하면 이 모든 것을 네게 주리라

9. 예수가 금식하신 날 수는? (4:2)

10. 예수가 갈릴리 해변에서 부르신 4명의 제자를 쓰시오. (4:18-22)

11. 예물을 제단에 드리기 전에 먼저 해야 할 것은? (5:24)

12. 마태복음에서 주기도문이 기록된 장과 절은?

13. 음식과 의복보다 중요한 것은? (6:25)

14. 마태복음 6장 33절 말씀을 쓰시오.

15. 양의 옷을 입었으나 속은 노략질하는 이리이므로 삼가야 할 자들은? (7:15)

16. 천국에 들어갈 수 있는 자는? (7:21)

17. 나병환자가 예수님께 병을 고쳐달라고 할 때 한 말은? (8:2)

18. "이스라엘 중 아무에게서도 이만한 믿음을 보지 못하였다"라는 예수의 말씀은 누구에 대한 것인가? (8:5-13)

19. 마태의 직업은? (9:9)

20. 마태의 집에서 예수는 누구와 함께 음식을 잡수셨는가? (9:11)

21. 야이로의 집으로 가시는 예수의 겉옷을 만져 고침 받은 여인의 병명과 앓았던 기간은? (9:20)

22. 예수는 열두 제자를 파송하면서 제자들로 하여금 그들이 머물 집으로 들어갈 때 무엇을 빌라고 했는가? (10:12)

23. 예수님은 제자들에게 무엇과 같이 지혜롭고 무엇과 같이 순결하라 했는가? (10:16)

24. 예수의 이름으로 인하여 미움을 받지만, 어떤 사람이 구원을 얻는다고 했는가? (10:22)

25. 내가 세상에 (　　)을 주러 온 줄로 생각하지 말라 (　　)이 아니요 (　　)을 주러 왔노라 (10:34)

26. 너희를 영접하는 자는 (　　)를 영접하는 것이요 (　　)를 영접하는 자는 (　　　　)를 영접하는 것이니라 (10:40)

27. 천국이 침노 당하기 시작한 것은 누구 때부터인가? (11:12)

28. 메시아가 오시기 전에 먼저 오리라 예언된 엘리야는 결국 누구를 말하는가? (11:13-14)

29. 심판 날에 (　　)와 (　　)이 너희보다 견디기 쉬우리라 (11:22)

30. 나는 (　　)를 원하고 (　　)를 원하지 아니하노라 (12:7)

31. (　　)는 안식일의 주인이니라 (12:8)

32. 예수님이 어떤 병자를 고치실 때 안식일에 병 고치는 것이 옳은가에 대한 논쟁이 일어났는가? (12:9-13)

33. 상한 (　　)를 꺾지 아니하며 꺼져가는 (　　)를 끄지 아니하시기를 심판하여 이길 때까지 하리니 (12:20)

34. 사함을 얻지 못하는 죄 두 가지는? (12:31-32)

35. 표적을 구하는 서기관과 바리새인들에게 예수님이 제시하신 표적은? (12:38-39)

36. 천국에 대한 비유는 마태복음 몇 장에 기록되었는가?

37. 가라지를 뽑지 못하게 한 이유는? (13:29)

38. 가라지의 비유에서 가라지를 뿌린 자는 누구를 말하는가? (13:39)

39. 예수가 고향에서 많은 능력을 행하지 아니한 까닭은? (13:58)

40. 침례 요한이 옥에 갇힌 이유는? (14:3-4)

41. 가나안 여인의 딸을 고치실 때, 예수가 하신 말씀은? (15:28)

42. 4,000명을 먹이시고 남은 조각은 몇 광주리였는가? (15:37)

43. 마태복음 16장 16절 말씀을 쓰시오.

44. 사람들은 예수를 누구라 하였는가? (16:14)

45. 예수가 그리스도이심을 베드로에게 알게 하신 이는? (16:17)

46. 베드로의 뜻은 무엇인가? (16:18)

47. 변화산에 예수와 함께 올라간 제자 3명은 누구인가? (17:1)

48. 변화산에서 예수와 더불어 말한 다른 두 사람은? (17:3)

49. 천국에서 가장 큰 자는 누구인가? (18:4)

50. 예수는 몇 번까지 용서하라 하셨는가? (18:22)

51. 어린 아이들을 (　　)하고 내게 오는 것을 금하지 말라 (　　)이 이런 사람의 것이니라 (19:14)

52. 부자 청년이 근심하여 돌아간 이유는? (19:22)

53. 포도원 품꾼의 비유는 무엇을 가르치기 위함인가? (20:16)

54. 마태복음 20장에서 인사 청탁을 한 사람은 누구인가? (20:20-21)

55. 마태복음에서 예수님이 성전을 깨끗케 하신 사건이 기록된 장은?

56. 부활이 없다고 주장하는 사람들은 누구인가? (22:23)

57. 예수가 온 율법과 선지자의 강령이라고 말씀하신 두 가지 계명을 쓰시오. (22:37-40)

58. 예수님께서 "뱀들아 독사의 새끼들아" 하며 책망하신 자들은? (23:29-33)

59. 멸망의 가증한 것이 거룩한 곳에 설 것이라고 예언한 선지자는 누구인가? (24:15)

60. 마태복음 25장에 나타난 천국 비유 세 가지를 쓰시오.

61. 달란트 비유에서 주인은 다섯 달란트와 두 달란트 받은 자들에게 어떤 칭찬의 말을 하였는가? (25:14-23)

62. 예수가 수난 당한 때의 유대인의 절기는? (26:2)

63. 한 여자가 예수께 나아와 향유를 부은 장소는? (26:6-7)

64. 가룟 유다는 예수를 얼마에 넘겨 주기로 하였나? (26:15)

65. 예수를 잡은 자들은 누구에게로 먼저 예수를 끌고 갔는가? (26:57)

66. 예수의 십자가를 억지로 지고 간 사람은 누구인가? (27:32)

67. 예수는 몇 시간동안 십자가에 달려 계셨는가? (27:46; 막15:25,34)

68. 예수가 운명하셨을 때 "이는 진실로 하나님의 아들이었도다"라고 고백한 사람은 누구인가? (27:54)

69. 예수를 무덤에 장사한 사람은 누구인가? (27:57-60)

70. 예수가 제자들에게 하신 최후 명령을 쓰시오. (28:18-20)

Mark

마가복음

[선택형 문제]

1. 다음 중 침례 요한의 역할이 아닌 것은? (1:3-8)
   가. 주의 길을 예비하는 자
   나. 메시야의 증거자
   다. 물로 침례를 베푸는 자
   라. 죄 사함을 선포하는 자

2. 마가복음에서 침례 요한이 예수에 대해 증거한 것이 아닌 것은? (1:7-8)
   가. 능력 많으신 이
   나. 성령으로 침례를 베푸실 분
   다. 신발끈을 풀기도 감당하지 못할 분
   라. 하나님의 어린 양

3. 예수가 광야로 시험을 받으러 나가게 된 것은? (1:12)
   가. 하나님의 뜻을 이루기 위해서
   나. 공생애를 앞두고 정신적인 준비를 갖추기 위해서
   다. 성경에 기록된 것을 이루시려고
   라. 성령의 인도에 의해서

4. 예수가 처음으로 하나님의 복음을 전파한 곳은? (1:14)
   가. 예루살렘　　나. 광야
   다. 갈릴리　　라. 가버나움

5. 마가복음에서 예수가 첫 번째로 행하신 이적은? (1:21-28)
가. 물로 포도주를 만든 이적
나. 오병이어로 5,000명을 먹인 이적
다. 더러운 귀신 들린 사람을 고친 이적
라. 시몬의 장모를 고친 이적

6. 예수가 맨 처음으로 제자를 부르신 곳은? (1:16-18)
가. 갈릴리 해변 나. 가버나움 회당
다. 예루살렘 성전 라. 베들레헴

7. 마가복음에서 예수가 처음으로 부른 4명의 제자에 속하지 않는 사람은? (1:16-20)
가. 나다나엘 나. 시몬 다. 안드레 라. 야고보

8. 시몬의 장모가 앓고 있던 병은? (1:30)
가. 열병 나. 나병
다. 손 마름병 라. 간질병

9. 예수가 4명의 친구들에 의해 들려온 중풍병자를 고친 곳은? (2:1-4)
가. 나사렛 나. 두로
다. 베들레헴 라. 가버나움

10. 예수가 중풍병자를 고치시면서 하셨던 말씀은? (2:5)
가. 네 믿음이 크도다
나. 네 친구의 믿음이 너를 낫게 했느니라
다. 네 죄 사함을 받았느니라
라. 네 믿음대로 되었으니 평안히 갈지어다

11. 세관에 앉아 있다가 부름을 받아 예수의 제자가 된 레위의 아버지 이름은? (2:14)
가. 세베대 나. 알패오 다. 보아너게 라. 요나

12. 예수가 귀신의 왕을 힘입어 귀신을 쫓아낸다고 주장한 사람들은 누구인가? (3:22)

가. 사두개인들 나. 관원들
다. 요한의 제자들 라. 서기관들

13. 영원히 사함을 받지 못하는 죄는? (3:29)

가. 하나님을 믿지 않는 죄 나. 하나님을 모독한 죄
다. 예수를 모독한 죄 라. 성령을 모독한 죄

14. 예수는 어떤 사람이 자신의 형제요 자매요 어머니라고 말했는가? (3:35)

가. 자신의 가족과 12제자 나. 자신을 믿고 따르는 자
다. 하나님의 뜻대로 행하는 자 라. 자신의 뜻을 행하는 자

15. 예수님께서는 말씀으로 인하여 환난이나 핍박이 일어나는 때에 곧 넘어지는 자를 무엇으로 비유하셨는가? (4:5-6,16-17)

가. 길 가에 뿌려진 씨 나. 돌밭에 뿌려진 씨
다. 가시떨기 위에 뿌려진 씨 라. 좋은 땅에 뿌려진 씨

16. 예수님께서 항상 비유로 말씀하신 이유는 무엇인가? (4:33-34)

가. 여러 가지 해석이 가능함으로 나. 이해를 돕기 위해서
다. 듣는 자가 지루하지 않게 라. 외인은 깨닫지 못하게

17. 예수님이 큰 광풍을 꾸짖어 잔잔케 하시자 이를 본 제자들의 반응은? (4:40-41)

가. 예수를 찬양함 나. 심히 두려워함
다. 믿음이 더욱 견고해짐 라. 환호성을 지름

18. 거라사 지방에서 무덤에 거처하는 귀신 들린 자의 귀신 이름은? (5:9)

가. 바알세불 나. 군대
다. 디아볼로 라. 디몬

19. 더러운 귀신들이 나와서 돼지 속으로 들어갔을 때 바다에 몰살한 돼지의 수는? (5:13)

가. 2,000마리 나. 3,000마리 다. 4,000마리 라. 5,000마리

20. 예수는 회당장의 딸을 살렸는데 그 회당장의 이름은? (5:22)

가. 레기온 나. 야이로 다. 바디매오 라. 알패오

21. 예수가 회당장의 딸을 고쳐주기 위해 그의 집으로 가는 도중에 고쳐준 여인과 관계가 없는 것은? (5:25-29)

가. 열병을 앓고 있었다

나. 12년을 앓아 왔다

다. 많은 의사에게 치료를 받았으나 낫지 않았다

라. 예수의 옷에만 손을 대어도 나을 것이라고 생각했다

22. 예수가 회당장의 딸을 살릴 때 하신 말씀이 아닌 것은? (5:35-43)

가. 두려워하지 말고 믿기만 하라 나. 달리다굼

다. 먹을 것을 주라 라. 에바다

23. 예수가 살려 준 회당장의 딸의 나이는? (5:42)

가. 10살 나. 12살 다. 15살 라. 17살

24. 예수의 고향에서 있었던 일이 아닌 것은? (6:1-6)

가. 고향 사람들은 예수를 배척했다

나. 많은 사람들이 예수의 가르침을 듣고 놀랐다

다. 소수의 병자만이 고침 받았다

라. 믿지 않으므로 심판 받았다

25. 예수의 본래 직업은? (6:3)

가. 어부 나. 천막을 짓는 사람

다. 랍비 라. 목수

26. 다음 중 예수의 육신의 형제가 아닌 사람은? (6:3)

가. 요한 나. 요셉 다. 시몬 라. 유다

27. 열두 제자를 파송할 때 있었던 일이 아닌 것은? (6:7-13)
가. 심판하는 권세를 주었다
나. 귀신을 제어하는 권능을 주었다
다. 회개할 것을 전파하게 하였다
라. 두 사람이 한 조가 되었다

28. 침례 요한은 누구에 의해 처형되었는가? (6:16)
가. 가이사 나. 빌라도 다. 헤롯 라. 빌립

29. 예수가 오천 명을 먹이실 때 제자들은 얼마의 떡을 사야한다고 말했는가? (6:37)
가. 300데나리온 나. 200데나리온
다. 300달란트 라. 200달란트

30. 오천 명을 먹이신 사건과 관계없는 것은? (6:38-44)
가. 백 명씩 또는 오십 명씩 앉았다
나. 남은 것이 일곱 바구니에 찼다
다. 떡을 먹은 남자가 오천 명이었다
라. 떡 다섯 개와 물고기 두 마리를 가지고 행한 이적이었다

31. 게네사렛에서 있었던 일이 아닌 것은? (6:45-56)
가. 병든 자를 침상째로 메고 예수께 나아왔다
나. 예수의 옷 가에 손을 대는 자는 다 성함을 얻었다
다. 유대인의 회당에서 가르치셨다
라. 가는 도중에 예수는 바다 위를 걸으셨다

32. 더러운 귀신 들린 딸을 고침 받은 이방 여인은 어디 사람인가? (7:26)
가. 두로와 시돈 나. 가나안 다. 수로보니게 라. 수리아

33. 예수가 귀먹고 어눌한 자를 고치실 때 하신 말씀은? (7:34)
가. 달리다굼 나. 에바다
다. 귀신아 그 사람에게서 나오라 라. 들을지어다

34. 예수가 사천 명을 먹이신 사건과 관계가 없는 것은? (8:2-10)
가. 큰 무리가 4일을 예수와 함께 있었다
나. 그 일은 광야에서 발생했다
다. 떡 일곱 개와 작은 생선 두어 마리를 가지고 행하신 이적이었다
라. 그 후 달마누다 지방으로 가셨다

35. 예수가 떡 일곱 개와 작은 생선 두어 마리로 사천 명을 먹이셨을 때 먹고 남은 조각의 양은? (8:8)
가. 12광주리　　나. 10광주리
다. 7광주리　　라. 5광주리

36. 예수는 벳새다 맹인을 어떻게 고치셨는가? (8:22-26)
가. 눈에 안수하자 즉시로 보였다
나. 눈에 침을 뱉고 안수하자 즉시로 보였다
다. 말씀으로 고치셨다
라. 두 번째 안수를 통해서 완전히 보게 되었다

37. 가이사랴 빌립보에서 예수가 "사람들이 나를 누구라고 하느냐"라고 물었을 때 나온 대답이 아닌 것은? (8:28)
가. 메시야　　나. 엘리야
다. 침례 요한　　라. 선지자 중 하나

38. 가이사랴 빌립보에서의 베드로의 신앙 고백 내용은? (8:29)
가. 나의 주, 나의 하나님이시니이다
나. 주는 하나님의 거룩한 자니이다
다. 주는 하나님의 거룩한 아들이니다
라. 주는 그리스도시니이다

39. 예수와 함께 변화산에 올라가지 않았던 제자는? (9:2-3)
가. 베드로　　나. 안드레
다. 요한　　라. 야고보

40. 변화산에서 베드로는 초막 셋을 짓자고 했는데 이와 관련이 없는 사람은? (9:5)

가. 모세　　나. 엘리야　　다. 엘리사　　라. 예수

41. 변화산에 있을 때 구름 속에서 들려온 소리의 내용은? (9:7)

가. 이는 내 사랑하는 아들이니 너희는 그의 말을 들으라

나. 그가 너희를 구원하리라

다. 너는 내 사랑하는 아들이라 내가 너를 기뻐하노라

라. 회개하라 천국이 가까웠느니라

42. 예수는 변화산에서 내려오면서 제자들에게 그들이 본 것을 언제까지 아무에게도 이르지 말라고 했는가? (9:9)

가. 예수가 재림할 때까지　　나. 예수가 십자가에 달릴 때까지

다. 예수가 부활할 때까지　　라. 그들에게 허락할 때까지

43. "할 수 있거든이 무슨 말이냐 믿는 자에게는 능히 하지 못할 일이 없느니라"는 누구를 고칠 때 하신 말씀인가? (9:17-23)

가. 눈먼 자를 고칠 때

나. 혈루증 앓는 여인을 고칠 때

다. 말 못하게 귀신 들린 아들을 고칠 때

라. 야이로의 딸을 살릴 때

44. 귀신을 쫓아내는 능력은 무엇으로부터 오는가? (9:29)

가. 방언　　나. 예언　　다. 안수　　라. 기도

45. 예수께 나아와 영생의 길을 물었던 청년이 예수를 따르지 못하고 떠난 이유는? (10:22)

가. 가족을 떠날 수 없어서

나. 재물이 많아서

다. 계명을 다 지키지 못해서

라. 하늘의 보화를 원치 않아서

46. 맹인 거지 바디매오가 예수를 만나 고침을 받은 곳은? (10:46)
가. 베다니 나. 벳바게 다. 예루살렘 라. 여리고

47. 예수가 예루살렘에 입성하셨다가 날이 저문 후 찾아가신 곳은? (11:11)
가. 여리고 나. 베다니 다. 벳바게 라. 감람산

48. 예수는 성전을 어떤 곳이라고 했나? (11:17)
가. 기도하는 곳 나. 예배하는 곳
다. 번제 드리는 곳 라. 교제하는 곳

49. 납세의 문제에 대한 예수님의 답변은 무엇인가? (12:17)
가. 하나님은 산 자의 하나님이시다
나. 각 사람은 위에 있는 권세들에게 복종하라
다. 가이사의 것은 가이사에게, 하나님의 것은 하나님께 바치라
라. 두려워할 자를 두려워하며 존경할 자를 존경하라

50. 부활을 부정한 사람들은 누구인가? (12:18)
가. 서기관들 나. 율법사들
다. 바리새파 사람들 라. 사두개인들

51. 한 가난한 과부가 성전 헌금함에 넣은 두 렙돈은 얼마에 해당되는가? (12:42)
가. 한 앗사리온 나. 한 데나리온
다. 한 세겔 라. 한 고드란트

52. 마가복음에서 말세의 일들을 기록하고 있는 장은 몇 장인가?
가. 11장 나. 12장 다. 13장 라. 14장

53. 대제사장들과 서기관들이 예수를 흉계로 잡아 죽일 방도를 구하기 시작한 때는? (14:1)
가. 유월절 다음날에 나. 유월절과 무교절 첫날에
다. 유월절 전날에 라. 유월절과 무교절 이틀 전에

54. 한 여인이 옥합을 깨뜨려 예수의 머리에 향유를 부은 사건이 있었던 곳은? (14:3)

가. 베다니의 한 바리새인의 집　나. 베다니 나병환자 시몬의 집

다. 갈릴리 한 바리새인의 집　라. 갈릴리 나병환자 시몬의 집

55. 여인이 예수의 머리에 부은 향유는 대략 얼마의 값이 나가는가? (14:5)

가. 200데나리온　나. 300데나리온

다. 400데나리온　라. 500데나리온

56. 옥합을 깨뜨린 여인의 행동은 무엇을 의미하는가? (14:8)

가. 예수의 장례　나. 두려워하지 말라

다. 기도 응답　라. 믿음에 굳게 서라

57. 예수는 닭이 몇 번을 울기 전에 베드로가 자신을 세 번 부인할 것이라고 말했는가? (14:30)

가. 한 번　나. 두 번

다. 세 번　라. 네 번

58. 예수가 겟세마네에서 기도할 때 동행한 제자가 아닌 사람은? (14:33)

가. 요한　나. 베드로　다. 빌립　라. 야고보

59. 예수가 겟세마네에서 기도하실 때 그 내용은? (14:36)

가. 나의 원대로 마시옵고 아버지의 원대로 하옵소서

나. 내 잔이 넘치나이다

다. 저들을 사하여 주옵소서

라. 아버지여 영광 받으시옵소서

60. 예수가 겟세마네 동산에서 기도할 때 제자들은 무엇을 했나? (14:37)

가. 예수의 신변을 보호하였다

나. 예수와 함께 기도하였다

다. 예수의 수난에 대해 염려하고 있었다

라. 잠자고 있었다

61. 예수가 겟세마네 동산에서 자는 제자들에게 강조한 말씀은? (14:38)
가. 깨어 있어 기도하라 나. 두려워하지 말라
다. 평안하라 라. 믿음에 굳게 서라

62. 예수가 체포당할 때 제자들이 취한 행동은? (14:50)
가. 예수와 함께 공회 앞에 섰다
나. 예수를 구하기 위해 계획했다
다. 예수를 버리고 도망하였다
라. 예수를 적극적으로 고발하였다

63. 예수가 대제사장과 온 공회 앞에서 심문 받을 때 거짓 증인들의 증언은? (14:58)
가. 손으로 짓지 아니한 다른 성전을 사흘 동안에 짓겠다고 했다
나. 세금을 내지 말라고 했다
다. 백성들에게 자신이 왕이라고 미혹했다
라. 자신을 하나님의 아들이라고 했다

64. 빌라도가 바라바를 놓아주고 예수를 십자가에 못 박게 한 까닭은? (15:15)
가. 무리에게 만족을 주고자 하여
나. 예수가 스스로를 왕이라고 주장하니까
다. 예수가 세금을 금하기 때문에
라. 예수와 그의 제자들의 세력을 꺾기 위해

65. 예수가 십자가에 못 박힌 곳은? (15:22)
가. 골고다 나. 예루살렘 성문 밖
다. 빌라도 법정의 처형장 라. 감람산 꼭대기

66. 예수가 십자가에 못 박힌 시간은? (15:25)
가. 제 삼시 나. 제 육시
다. 제 구시 라. 제 십시

67. 예수가 운명하시면서 하신 말씀을 마가복음은 어떻게 기록하고 있나? (15:34-37)
가. 오늘 네가 나와 함께 낙원에 있으리라
나. 아버지여 저들을 사하여 주옵소서
다. 엘리 엘리 라마 사박다니
라. 아버지 내 영혼을 아버지 손에 부탁하나이다

68. 예수의 시체를 장사지내 준 사람은? (15:43-47)
가. 요한 나. 아리마대 사람 요셉
다. 구레네 시몬 라. 시몬 베드로

69. 여인들은 빈 무덤에서 흰 옷 입은 한 청년으로부터 제자들이 부활하신 주님을 어디서 만나 뵐 수 있다고 들었는가? (16:7)
가. 갈릴리 나. 예루살렘
다. 베다니 라. 감람산

70. 마가복음에서 예수의 부활하심을 처음으로 목격한 사람은? (16:9)
가. 시몬 베드로 나. 시골로 가던 두 제자
다. 제자들 라. 막달라 마리아

Mark

[단답형 문제]

1. "보라 내가 내 사자를 네 앞에 보내노니 그가 네 길을 준비하리라"는 말씀은 어느 선지자의 글에 기록되어 있는가? (1:2)

2. '광야에 외치는 자'는 누구를 가리키는가? (1:3-4)

3. 예수님이 요단강에서 침례 받으실 때 성령은 어떤 모양으로 임했는가? (1:10)

4. 예수가 침례를 받으실 때 하늘로부터 난 소리는? (1:11)

5. 예수를 광야로 몰아낸 이는 누구인가? (1:12)

6. 마가복음에서 예수가 시험 당하신 장소는? (1:13)

7. 마가복음에서 예수의 첫 기적은 무엇인가? (1:21-28)

8. 가버나움의 회당에 있던 더러운 귀신 들린 사람은 예수를 누구라고 하였는가? (1:24)

9. 나병환자가 예수에게 한 말은 무엇이며 이에 대한 예수의 대답은? (1:40-41)

10. 지붕에서 달아 내려온 중풍병자에게 예수께서 하신 말씀은? (2:5)

11. 마가복음에서 예수에 의해 부름 받은 세리는 누구인가? (2:13-17)

12. 레위의 부친은 누구인가? (2:14)

13. 예수는 레위가 어디에 있는 것을 보시고 부르셨는가? (2:14)

14. 마가복음 2장 17절 말씀을 쓰시오.

15. 마가복음 2장에서 금식에 관한 논쟁이 있었을 때 예수님이 비유로 든 세 가지는? (2:18-22)

16. 예수와 제자들이 금식하지 않는 이유는 무엇인가? (2:19)

17. 다윗 시대의 대제사장은? (2:26)

18. 안식일은 누구를 위하여 있는가? (2:27)

19. 사람들이 예수가 안식일에 병을 고치는가를 엿보았는데 그 이유는? (3:2)

20. 더러운 귀신들이 예수를 보면 그 앞에 엎드려 한 말은? (3:11)

21. 12제자를 세우신 목적 세 가지를 쓰시오. (3:14-15)

22. '보아너게'는 누구를 이르는 말이며 그 뜻은? (3:17)

23. 예수는 어떤 사람이 자신의 형제요, 자매요, 어머니라고 했는가? (3:35)

24. '씨 뿌리는 자의 비유'는 마가복음 몇 장에 있는가?

25. 좋은 땅에 뿌려진 씨가 맺는 열매의 배수는? (4:20)

26. 광풍이 일 때 예수께서는 어디에서 주무시고 계셨는가? (4:38)

27. 광풍이 일 때 제자들이 책망 받은 이유는 무엇인가? (4:40)

28. 예수가 군대 귀신을 물리치신 곳은? (5:1)

29. 마가복음 5장 25절에서 여자가 혈루증 앓은 기간은?

30. 마가복음에서 처음으로 죽었다 살아난 사람은? (5:35-42)

31. 예수가 야이로의 죽은 딸에게 하신 말씀은 무엇이며, 그 뜻은? (5:41)

32. 예수님께서 전도하러 가는 제자들에게 주신 권능은? (6:7)

33. 예수님께서는 제자들을 파송하실 때 몇 명씩 보내셨는가? (6:7)

34. 침례 요한은 무슨 일로 감옥에 갇혔는가? (6:18)

35. 예수님의 옷 가에라도 손을 대는 자는 다 성함을 얻었던 지방은 어디인가? (6:53-56)

36. '고르반'의 뜻은? (7:11)

37. 두로 지경에서 귀신 들린 딸을 고침 받은 여인은 어느 족속의 여인인가? (7:26)

38. '에바다'의 뜻은 무엇인가? (7:34)

39. 삼가 ( )의 누룩과 ( )의 누룩을 주의하라 (8:15)

40. 사람들은 예수를 누구라고 하였는가? (8:28)

41. 누구든지 자기 목숨을 구원하고자 하면 잃을 것이요 누구든지 ( )와 ( )을 위하여 자기 목숨을 잃으면 구원하리라 (8:35)

42. 변화산에서 초막 셋을 짓자고 말했던 제자는? (9:5)

43. 마가복음 9장 23절 말씀을 쓰시오.

44. 모세가 이혼을 허락한 이유는 무엇인가? (10:5)

45. 예수는 영생을 얻고자 한 부자 청년에게 부족한 것이 있으므로 어떻게 하라고 했는가? (10:21)

46. 주의 영광 중에 자기들을 각각 주의 좌우편에 앉게 해달라고 간청한 사람들은? (10:35-37)

47. 인자가 이 땅에 오신 목적은 무엇인가? (10:45)

48. 여리고 성에서 예수께 고침을 받아 눈을 뜨게 된 맹인 거지의 이름은? (10:46-52)

49. 예수가 성전에서 소란을 일으킨 이유는? (11:15-18)

50. 성전은 본래 무엇을 하는 곳인가? (11:17)

51. 우리가 우리의 허물을 사함 받으려면? (11:25)

52. 마가복음에서 '악한 포도원 농부의 비유'는 몇 장에 나오는가?

53. 예수께서 말씀하신 큰 두 계명을 쓰시오. (12:29-31)

54. 가난한 과부가 헌금한 돈은 얼마인가? (12:42)

55. 말세의 때를 알고 있는 이는 누구인가? (13:32)

56. 마가복음 14장 22-25절에 나타난 기독교의 예식은?

57. 예수는 부활 후 제자들보다 먼저 어느 곳으로 가겠다고 하셨는가? (14:28)

58. 예수가 겟세마네로 기도하러 가실 때 동행한 제자들은 누구인가? (14:33)

59. 베 홑이불을 두르고 예수를 따라가다가 무리에게 잡히자 벗은 몸으로 도망갔다는 한 청년의 기사가 나오는 복음서는?

60. 대제사장은 예수의 죄가 무엇이라고 했는가? (14:64)

61. "네가 유대인의 왕이냐?"는 누구의 심문인가? (15:2)

62. 바라바의 죄목은 무엇인가? (15:7)

63. 예수가 십자가에 못 박히신 때와 운명하신 때는 각각 몇 시인가? (15:25-34)

64. 마가복음에서는 예수의 운명 후 무슨 일이 일어났다고 기록하는가? (15:38)

65. 마가복음 16장 17-18절 말씀을 쓰시오.

Luke

누가복음

[선택형 문제]

1. 공관복음 가운데 누가복음에만 기록된 사건을 모두 고르시오.
   가. 동방박사 이야기
   나. 예수님께서 열두 살 때에 성전에 올라간 이야기
   다. 침례 요한의 전도 장면
   라. 침례 요한의 잉태

2. 누가복음은 누구에게 보낸 글인가? (1:3)
   가. 데오빌로 나. 사가랴 다. 엘리사벳 라. 요한

3. 엘리야의 심령과 능력으로 주 앞에 먼저 와서 아버지의 마음을 자식에게로 돌아오게 할 자는? (1:13-17)
   가. 엘리사벳 나. 엘리사 다. 침례 요한 라. 엘리

4. 천사의 말을 믿지 않아 잠시 벙어리가 된 사람은? (1:18-22)
   가. 엘리사벳 나. 마리아 다. 사가랴 라. 시므온

5. 침례 요한의 이름은 출생 후 며칠 만에 지었는가? (1:59)
   가. 5일 나. 6일 다. 7일 라. 8일

6. 예수께서 출생한 베들레헴은 누구의 동네로 불리었는가? (2:4,11)
   가. 사무엘 나. 야곱 다. 다윗 라. 요셉

7. 아기 예수를 제일 먼저 찾아와 경배한 자는? (2:8-20)
   가. 동방박사들 나. 제사장들 다. 목자들 라. 아구스도

8. 의롭고 경건하여 이스라엘의 위로를 기다리는 자로 아기 예수를 그리스도로 알아본 사람은 누구인가? (2:25)
가. 엘리사벳　나. 시므온　다. 안나　라. 사가랴

9. 안나 선지자는 과부가 되고 몇 세가 될 때 그리스도를 만났는가? (2:37)
가. 30세　나. 32세　다. 48세　라. 84세

10. 열두 살의 소년 예수는 어느 절기에 예루살렘에 갔는가? (2:41-42)
가. 유월절　나. 초막절　다. 오순절　라. 나팔절

11. 예수의 부모가 잃었던 예수를 다시 찾은 곳은? (2:46)
가. 집　나. 길가　다. 성전　라. 다락

12. 요한이 침례를 베풀던 당시의 정치, 종교적 인물이 잘못 연결된 것은? (3:1-3)
가. 로마황제－디베료　나. 유대총독－본디오 빌라도
다. 갈릴리 분봉왕－빌립　라. 대제사장－안나스, 가야바

13. 하나님의 말씀은 어디에서 침례 요한에게 임했는가? (3:2)
가. 성전　나. 회당　다. 다락　라. 빈 들

14. 누가복음 3장에서 침례 요한에게 나아와 "우리가(는) 무엇을 하리이까"라고 물었던 세 부류의 사람이 아닌 것은? (3:7-14)
가. 무리　나. 세리들　다. 바리새인들　라. 군인들

15. 예수는 언제 성령을 받으셨는가? (3:21-22)
가. 침례를 받으러 나아오실 때
나. 침례를 받으시고 기도하실 때
다. 침례를 받으시고 환상을 보셨을 때
라. 침례를 받으시고 찬양하실 때

16. 예수께서 가르치기 시작하신 것은 몇 살 때쯤이었는가? (3:23)
가. 20세　나. 30세　다. 33세　라. 40세

17. 누가복음에서 예수의 가계는 어디까지 거슬러 올라가는가? (3:23-38)
가. 므두셀라 나. 아브라함 다. 다윗 라. 하나님

18. 예수께서 광야에서 시험받으실 때 누구에게 이끌리셨는가? (4:1)
가. 마귀 나. 천사 다. 요한 라. 성령

19. 예수는 무엇에 의해 갈릴리에 돌아가셨나? (4:14)
가. 말씀의 능력 나. 성령의 능력
다. 천사의 도움 라. 제자들의 도움

20. 예수가 안식일에 나사렛 회당에서 읽으신 말씀은? (4:16-19)
가. 시편 110편 나. 시편 2편
다. 이사야 61장 라. 이사야 40장

21. 예수께서 귀신에 대해 취하신 태도는? (4:35)
가. 대화 나. 조롱 다. 꾸짖음 라. 무관심

22. 예수는 시몬의 장모의 무슨 병을 고쳐주셨나? (4:38)
가. 나병 나. 열병 다. 혈루병 라. 눈병

23. 밤이 맞도록 수고하였지만 고기를 잡지 못했던 어부는? (5:5)
가. 야고보 나. 요한 다. 유다 라. 시몬

24. 예수가 가르치실 때 병을 고치는 무엇이 예수와 함께 하였는가? (5:17)
가. 주의 능력 나. 주의 지혜 다. 주의 말씀 라. 주의 사랑

25. 지붕에서 침상째로 예수 앞에 달아 내려와 고침을 받은 병자는? (5:18-20)
가. 나병환자 나. 손마른자 다. 중풍병자 라. 장님

26. 예수께서 제자들을 택하시기 전에 무엇을 하셨는가? (6:12-13)
가. 감사 나. 찬양 다. 치료 라. 기도

27. 셀롯(열심당원)이었던 예수님의 제자는 누구인가? (6:15)
가. 시몬 나. 마가 다. 도마 라. 마태

28. 마태복음의 산상수훈과 비슷한 누가복음의 평지설교는 어디에 기록되어 있는가?
가. 4장 나. 6장 다. 7장 라. 8장

29. 이스라엘 중에서도 이만한 믿음은 만나보지 못했다고 예수님께 칭찬받은 자는 누구인가? (7:2-10)
가. 천부장 나. 백부장 다. 베드로 라. 고넬료

30. 예수께서 아들을 죽음에서 살려준 과부가 살던 곳은? (7:11-12)
가. 나인성 나. 여리고성 다. 벳새다 라. 요단

31. 예수께서 죽음에서 살리신 자가 아닌 자는?
가. 가버나움의 어린 딸 나. 나인성 과부의 아들
다. 나사로 라. 회당장 야이로의 딸

32. 하나님께서 '사자를 보내어 예수의 길을 준비하리라'는 예언의 말씀이 기록된 성경은? (7:27)
가. 이사야 나. 예레미야 다. 스가랴 라. 말라기

33. 여자가 낳은 자 중에 가장 큰 자는 누구인가? (7:28)
가. 아브라함 나. 엘리야 다. 침례 요한 라. 모세

34. 예수의 복음 전파를 도와준 여인이 아닌 자는? (8:2-3)
가. 글로바 나. 막달라 마리아
다. 요안나 라. 수산나

35. 예수님은 풍랑 만나 두려워하는 제자들에게 무엇이 없다고 꾸짖으셨는가? (8:22-25)
가. 인내심 나. 협력심 다. 믿음 라. 게으름

36. 야이로의 딸을 살리기 위해 예수와 함께 들어간 자가 아닌 사람은? (8:51)

가. 요한　　나. 안드레　　다. 베드로　　라. 야고보

37. 예수는 야이로의 딸의 손을 잡고 무엇이라 말씀하셨는가? (8:54)

가. 아이야 걸어라　　나. 아이야 일어나라

다. 아이야 뛰어라　　라. 아이야 눈을 뜨라

38. 누가복음에서 예수가 처음으로 인자의 죽음과 부활에 대해 제자들에게 알려준 때는 언제인가? (9:18-22)

가. 변화산에서 용모가 변한 후에

나. 사마리아인의 한 마을에서 배척당하신 후에

다. 베드로의 고백을 들으신 후에

라. 제자들에게 기도를 가르치신 후에

39. 70인의 제자들의 전도 활동은 누가복음 몇 장에 기록되어 있는가?

가. 9장　　나. 10장　　다. 12장　　라. 14장

40. 예수님께 보냄 받은 70인은 무엇으로 귀신들을 항복시켰는가? (10:17)

가. 성령　　나. 말씀　　다. 주의 지혜　　라. 주의 이름

41. '강도 만난 자'의 비유에서 '이웃'은 누구인가? (10:29-37)

가. 레위인　　나. 제사장　　다. 율법사　　라. 사마리아인

42. 누가복음에서 주님이 가르쳐주신 기도문은 어디에 기록되어 있는가?

가. 눅 10:1-3　　나. 눅 11:2-4

다. 눅 11:17-20　　라. 눅 12:1-3

43. 누가복음에 의하면 하늘 아버지께서는 구하는 자에게 무엇을 주시는가? (11:13)

가. 사랑　　나. 은혜　　다. 성령　　라. 재물

44. 지식의 열쇠를 가져가서 자신들도 천국에 들어가지 않고 또 들어가고자 하는 자도 막는 사람은? (11:52)

가. 율법교사 나. 바리새인 다. 사두개인 라. 열심당원

45. 다음 중 사하심을 받지 못하는 사람은? (12:10)

가. 성령을 모독하는 자 나. 계명을 어기는 자

다. 말로 인자를 거역하는 자 라. 사람 앞에서 예수를 부인하는 자

46. 예수가 무엇을 먹을까 무엇을 마실까 염려하지 말 것을 말씀하시면서 예로 들지 않은 것은? (12:23-31)

가. 무화과나무 나. 까마귀 다. 백합화 라. 들풀

47. 실로암 망대가 무너져 죽은 사람의 수는? (13:4)

가. 12명 나. 18명 다. 20명 라. 28명

48. 18년 동안 귀신 들려 앓으며 꼬부라져 조금도 펴지 못한 여자는 어떤 날에 예수께 고침을 받았는가? (13:10-14)

가. 안식일 나. 오순절 다. 나팔절 라. 속죄일

49. 큰 잔치에 아직 자리가 비었을 때 주인은 종에게 무엇이라 말했나? (14:23)

가. 그냥 놔두어라

나. 사람을 설득하여 데려오라

다. 사람이 없으니 잔치를 취소하라

라. 사람을 강권하여 데려다가 내 집을 채우라

50. 탕자의 비유는 누가복음 몇 장에 기록되어 있는가?

가. 13장 나. 14장 다. 15장 라. 16장

51. 부자와 거지 나사로의 비유는 누가복음 몇 장에 기록되어 있는가?

가. 14장 나. 15장 다. 16장 라. 17장

52. 예수께 깨끗함을 받은 열 명의 나병환자 중 예수께 돌아와 감사를 드린 유일한 사람은? (17:16)
가. 사마리아 사람 나. 갈릴리 사람 다. 수리아 사람 라. 레위인

53. 예수께서 항상 기도하고 낙심하지 말아야 할 것을 말씀하실 때 비유로 든 것은? (18:1-8)
가. 불의한 재판관을 찾아간 과부 나. 세리의 기도
다. 불의한 청지기 라. 겨자씨

54. 예수는 하나님의 나라가 어떤 자의 것이라고 하셨나? (18:16-17)
가. 선지자 나. 어린 아이 다. 과부 라. 제사장

55. 삭개오의 이야기는 누가복음 몇 장에 기록되어 있는가?
가. 19장 나. 20장 다. 21장 라. 24장

56. 삭개오는 만일 누구의 것을 속여 빼앗은 일이 있으면 몇 갑절을 갚겠다고 약속하였나? (19:8)
가. 한 갑절 나. 두 갑절 다. 세 갑절 라. 네 갑절

57. 예수는 성전을 무슨 집이라고 하셨나? (19:45-46)
가. 기도하는 집 나. 찬양하는 집 다. 교제하는 집 라. 구제하는 집

58. 가이사의 형상과 글이 새겨있는 화폐는? (20:24)
가. 므나 나. 세겔 다. 데나리온 라. 드라크마

59. 부활이 없다고 주장하는 자들은? (20:27)
가. 바리새인 나. 사두개인 다. 에센파 라. 열심당

60. 예수께서 습관을 따라 감람산에 가셨을 때 무엇을 하셨나? (22:39-40)
가. 주무심 나. 병자를 치료하심
다. 복음을 전파하심 라. 기도하심

61. 베드로는 예수를 몇 번 부인하였나? (22:61)
가. 1번 나. 2번 다. 3번 라. 4번

62. 원수지간이었던 헤롯과 빌라도는 누구로 인해 서로 친구가 되었는가? (23:11-12)

가. 무리들　나. 대제사장　다. 서기관　라. 예수님

63. 십자가 상에 달려있는 예수님을 의인으로 고백한 사람은? (23:47)

가. 수산나　나. 구사　다. 백부장　라. 요안나

64. 예수를 무덤에 장사한 아리마대 요셉은 누구인가? (23:50)

가. 로마군대장　나. 공회 의원　다. 내시　라. 백부장

65. 누가복음에서 예수의 선교위임이 기록된 장은?

가. 1장　나. 11장　다. 21장　라. 24장

66. 엠마오 도상에서 부활하신 예수님을 만난 자는? (24:13-18)

가. 글로바　나. 베드로　다. 요안나　라. 수산나

67. 죄 사함을 얻게 하는 회개가 누구에게 전파될 것이 기록되었는가? (24:47)

가. 유대인　나. 로마인　다. 모든 족속　라. 이방인

68. 부활하신 예수께서는 제자들에게 누구를 보낼 것을 약속하셨나? (24:49)

가. 천사　나. 모세　다. 엘리야　라. 성령

69. 예수님께서 승천하시기 전에 하신 일은? (24:50)

가. 기도하심　나. 하나님을 찬양하심

다. 눈물을 흘리심　라. 축복하심

70. 예수님의 승천을 목도한 사람들은 예루살렘에 돌아가 성전에서 무엇을 하였는가? (24:53)

가. 모여 기도함　나. 복음을 전도함

다. 하나님을 찬송함　라. 금식함

Luke

[단답형 문제]

1. 누가복음의 기록자는?

2. 누가복음의 수신자는? (1:3)

3. 침례 요한의 부모는? (1:5)

4. 사가랴가 속한 제사장 반열은? (1:5)

5. 성소에서 사가랴에게 엘리사벳의 수태 소식을 전해준 천사는? (1:19)

6. 예수의 탄생 당시 로마 황제는? (2:1)

7. 요셉은 누구의 집 족속인가? (2:4)

8. 지극히 높은 곳에서는 (　　　　　　)이요 땅에서는 하나님이 기뻐하신 사람들 중에 (　　)로다 하니라 (2:14)

9. 예수는 몇 세에 유월절을 지키러 예루살렘에 가셨는가? (2:41-42)

10. 누가복음 2장 52절 말씀을 쓰시오.

11. 침례 요한은 요단강 근처에서 무엇을 전파했나? (3:3)

12. 이사야가 예언한 광야에서 외치는 자의 소리는 누구를 가리키는가? (3:4)

13. 요한이 말한 자기보다 능력이 많으신 이는 누구를 가리키는가? (3:16)

14. 요한은 자기보다 능력이 많으신 이가 와서 무엇으로 침례를 베풀 것이라고 했는가? (3:16)

15. 요한을 옥에 가둔 자는? (3:19-20)

16. 백성이 다 침례를 받을새 예수도 침례를 받으시고 ( )하실 때에 하늘이 열리며 성령이 비둘기 같은 ( ) 그의 위에 강림하시더니 하늘로부터 소리가 나기를 너는 내 사랑하는 아들이라 내가 너를 기뻐하노라 하시니라 (3:21-22)

17. 예수께서 ( )을 입어 요단 강에서 돌아오사 광야에서 사십 일 동안 성령에게 ( ) (4:1)

18. 예수에 대한 마귀의 첫 시험은? (4:3)

19. 예수에 대한 마귀의 마지막 시험은? (4:9)

20. 예수께서 마귀의 시험을 이기실 때 사용한 구약성경은?

21. 예수께서 안식일에 나사렛 회당에서 읽으신 구약성경은? (4:17-19)

22. 누가복음 4장 18절과 19절 말씀을 쓰시오.

23. 예수님께 중한 열병을 고침 받은 사람은? (4:38-39)

24. 게네사렛 호숫가에서 예수께서 베드로에게 깊은 데로 가서 고기를 잡으라고 하셨을 때, 베드로는 어떻게 반응하였나? (5:5)

25. 제사장에게 몸을 보이고 예물을 드려 몸이 깨끗하게 되었음을 입증하는 병명은 무엇인가? (5:12-14)

26. 예수께서는 누구의 믿음을 보시고 중풍병자를 고치셨나? (5:18-20)

27. 예수께서 세리 레위에게 나를 좇으라고 하셨을 때 그의 반응은? (5:27-28)

28. 안식일의 주인은 누구인가? (6:5)

29. 예수께서는 오른손 마른 사람을 언제 고치셨나? (6:6-10)

30. 예수께서는 12제자를 택하시기 전에 무엇을 하셨나? (6:12-13)

31. 누가복음 6장 38절 말씀을 쓰시오.

32. 이스라엘 중에서도 이만한 믿음은 만나보지 못하였다고 예수님께 칭찬받은 자는 누구인가? (7:2-9)

33. 예수께서 나인성 과부의 독자를 살리실 때 하신 말씀은? (7:14)

34. 예수의 씨 뿌리는 비유에서 씨는 무엇을 가리키나? (8:11)

35. 회당장의 딸이 죽었다는 소식을 들었을 때 예수께서 하신 말씀은? (8:50)

36. 예수께서는 복음을 전파하라고 12제자들을 파송하실 때 무엇을 주셨나? (9:1)

37. 예수께서 오병이어의 이적을 일으키신 곳은? (9:10)

38. 예수께서 "너희는 나를 누구라 하느냐"고 물었을 때 베드로의 대답은? (9:20)

39. 예수께서 산에서 기도하실 때 예수에게 어떤 변화가 일어났는가? (9:29)

40. 예수께서 70인에게 주신 것은? (10:19)

41. 전도 여행을 갔던 70인이 귀신들이 항복했다며 기뻐하는 것을 보고 예수께서 하신 말씀은? (10:20)

42. 예수의 비유에서 강도 만난 자의 이웃은 누구인가? (10:33-37)

43. 누가복음 11장 13절 말씀을 쓰시오.

44. 예수께서 하나님의 손을 힘입어 귀신을 쫓아내는 것이 곧 무슨 증거라고 하셨나? (11:20)

45. 참새 다섯 마리는 얼마에 팔리는가? (12:6)

46. 겨자씨와 누룩은 예수께서 무엇을 비유한 것인가? (13:18-21)

47. 돌아오는 탕자를 본 아버지의 태도는? (15:20)

48. 예수님께서 겸하여 섬길 수 없다고 말한 것은 무엇인가? (16:13)

49. 율법과 선지자는 (   )까지요 그 후부터는 하나님 나라의 복음이 전파되어 사람마다 그리로 침입하느니라 (16:16)

50. 부자와 나사로는 죽어 각각 어디로 갔는가? (16:22-23)

51. 예수께서는 어떤 믿음이 있으면 뽕나무더러 뿌리가 뽑혀 바다에 심기어라하면 순종할 것이라 하셨는가? (17:6)

52. 종이 명령받은 것을 다 행한 후에 할 말은? (17:10)

53. 삭개오는 어디에 올라가 지나가시는 예수님을 보았는가? (19:4)

54. (　　)가 온 것은 잃어버린 자를 찾아 구원하려 함이니라 (19:10)

55. 예수께서 나귀를 타시고 예루살렘에 입성하실 때 온 무리가 기뻐하며 큰 소리로 외친 말은? (19:38)

56. 예수께서 무엇 때문에 예루살렘 성을 보고 우셨는가? (19:41-44)

57. 예수께서는 세를 바치는 문제에 대해 어떤 말씀을 하셨는가? (20:25)

58. 가난한 과부는 얼마의 헌금을 드렸는가? (21:2)

59. 이르시되 미혹을 받지 않도록 주의하라 많은 사람이 (　　　)으로 와서 이르되 내가 그라 하며 (　)가 가까이 왔다 하겠으나 그들을 따르지 말라 (21:8)

60. 제자들이 박해를 당할 때, 예수께서 주시겠다고 약속하신 것은? (21:15)

61. 장차 닥쳐올 모든 일을 능히 피하고 인자 앞에 서기 위해 행할 것은? (21:36)

62. 예수께서 낮에는 성전에서 가르치시고 밤에는 어디에서 쉬셨는가? (21:37)

63. 예수께서 감람 산에서 간절히 기도하실 때 일어났던 일은? (22:44)

64. 예수의 십자가를 대신 지고 간 사람은? (23:26)

65. 십자가에 달린 한편 강도가 예수께 부탁한 것은? (23:42)

66. 부활하신 예수께서는 자신의 죽음과 부활이 곧 무엇의 성취라고 하셨는가? (24:44)

67. 백부장이 그 된 일을 보고 하나님께 영광을 돌려 이르되 이 사람은 정녕 (   )이었도다 하고 (23:47)

68. 또 그의 이름으로 죄 사함을 받게 하는 회개가 (   )에서 시작하여 모든 족속에게 전파될 것이 기록되었으니 너희는 이 모든 일의 (   )이라 (24:47-48)

69. 예수께서 손을 들어 축복하시고 승천하신 곳은? (24:50)

70. 누가복음은 몇 장으로 구성되어 있는가?

John

요한복음

[선택형 문제]

1. 요한복음 서론에서 언급된 "말씀"은 무엇을 가리키는 것인가? (1:1-18)
   가. 구약　　나. 선지자들의 예언
   다. 예수 그리스도　　라. 예수의 말씀

2. 말씀의 내용 중 사실이 아닌 것은? (1:1-14)
   가. 태초부터 계셨다
   나. 육신이 되셨다
   다. 백성이 영접하였다
   라. 우리가 그의 영광을 볼 수 있었다

3. 침례 요한이 온 목적은? (1:6-7)
   가. 침례를 베풀러
   나. 예수를 증언하러
   다. 회개시키기 위해
   라. 죄 사함의 침례를 베풀러

4. 요한복음에서는 어떤 자들에게 하나님의 자녀가 되는 권세를 주셨다고 했는가? (1:12)
   가. 하나님을 사랑하는 자
   나. 하나님을 믿는 자
   다. 예수 그리스도를 영접하고 그 이름을 믿는 자
   라. 예수 그리스도를 섬기는 자

5. 유대 사람들이 침례 요한에게 질문한 내용이 아닌 것은? (1:19-21)
가. 네가 빛이냐 나. 네가 그리스도냐
다. 네가 엘리야냐 라. 네가 그 선지자냐

6. 침례 요한이 예수에 대해 한 말이 아닌 것은? (1:26-34)
가. 나는 그의 신발끈을 풀기도 감당하지 못하겠노라
나. 보라 세상 죄를 지고 가는 하나님의 어린 양이로다
다. 내가 보매 성령이 비둘기 같이 하늘로부터 내려와서 그의 위에 머물렀더라
라. 나의 주 나의 하나님이시니이다

7. 침례 요한이 예수를 증거하던 곳은? (1:28)
가. 요단강 나. 예루살렘 다. 베다니 라. 유대 광야

8. "보라 세상 죄를 지고 가는 하나님의 어린 양이로다"라고 말한 사람은? (1:29)
가. 침례 요한 나. 예수 다. 베드로 라. 마리아

9. 요한복음에서 맨 처음으로 예수의 제자가 된 사람은? (1:40)
가. 베드로 나. 안드레 다. 요한 라. 야고보

10. 침례 요한의 제자였으나 나중에 예수님의 제자가 된 자는? (1:35-40)
가. 안드레 나. 시몬 다. 도마 라. 야고보

11. 베드로는 누구를 통해서 예수를 알게 되었는가? (1:40-42)
가. 안드레 나. 나다나엘 다. 유다 라. 요한

12. 다음 이름 중 동일인이 아닌 것은? (1:42)
가. 시몬 나. 게바 다. 바돌로매 라. 베드로

13. 빌립, 안드레, 베드로는 모두 어느 동네 사람인가? (1:44)
가. 나사렛 나. 가버나움 다. 벳새다 라. 예루살렘

14. 나다나엘은 누구를 통해서 예수를 알게 되었는가? (1:45)

가. 안드레　　나. 빌립　　다. 글로바　　라. 베드로

15. "나사렛에서 무슨 선한 것이 날 수 있느냐"라고 말한 사람은 누구인가? (1:46)
가. 바리새인　　나. 침례 요한　　다. 빌립　　라. 나다나엘

16. 요한복음에서 최초로 예수를 하나님의 아들로 고백한 사람은? (1:49)
가. 베드로　　나. 안드레　　다. 침례 요한　　라. 나다나엘

17. 가나는 어느 지역인가? (2:1)
가. 갈릴리　　나. 사마리아　　다. 유대　　라. 데가볼리

18. 요한복음에서 예수의 첫 표적은 무엇인가? (2:1-11)
가. 나병환자를 고치심　　나. 더러운 귀신을 쫓아냄
다. 물로 포도주를 만드심　　라. 베드로의 장모를 고치심

19. 요한복음에서 예수가 첫 표적을 행하신 곳은 어디인가? (2:11)
가. 예루살렘　　나. 나사렛　　다. 베들레헴　　라. 가나

20. 예수는 성전에서 소란을 일으키셨는데 이 성전은 몇 년 동안 건축된 것인가? (2:20)
가. 26년　　나. 36년　　다. 46년　　라. 56년

21. 예수께서 사흘 만에 세우겠다고 말씀하신 성전은 무슨 성전을 뜻하는가? (2:21)
가. 영적인 성전　　나. 마음속의 성전
다. 자기 육체　　라. 하늘의 성전

22. 니고데모와 상관이 없는 것은? (3:1-2, 19:39)
가. 유대인의 지도자였다
나. 밤에 예수를 찾아왔다
다. 예수의 시체를 위해 몰약과 침향 섞은 것을 가져왔다
라. "갈릴리에서 무슨 선한 것이 나겠느냐" 라는 말을 하였다

23. 하나님의 나라에 들어갈 수 있는 자는? (3:5)
가. 예수를 믿는 자 나. 하나님을 믿는 자
다. 물과 성령으로 난 자 라. 이웃을 사랑하는 자

24. 광야에서 뱀을 들었던 사람은? (3:14)
가. 엘리야 나. 모세 다. 아론 라. 아비후

25. 하나님이 세상을 사랑하사 그 아들 예수 그리스도를 통해 주신 것은? (3:16-17)
가. 복음과 천국 나. 은혜와 진리
다. 영생과 구원 라. 은혜와 복음

26. "그는 흥하여야 하겠고 나는 쇠하여야 하리라"는 누구의 말인가? (3:27-30)
가. 베드로 나. 안드레 다. 침례 요한 라. 예수

27. 수가는 어느 지역에 위치하고 있는가? (4:5)
가. 갈릴리 나. 유대 다. 데가볼리 라. 사마리아

28. 예수가 수가 동네에서 사마리아 여인을 만났던 우물의 이름은? (4:6)
가. 요셉의 우물 나. 야곱의 우물
다. 아브라함의 우물 라. 유다의 우물

29. 수가 동네에서 만났던 여인에게는 몇 명의 남편이 있었는가? (4:18)
가. 2명 나. 3명 다. 4명 라. 5명

30. 예수가 말씀하신 너희가 알지 못하는 먹을 양식이란? (4:34)
가. 예수를 보내신 이의 뜻을 행하며 그의 일을 온전히 이루는 것
나. 성령
다. 기적과 표적을 행하는 것
라. 신령과 진정으로 예배하는 것

31. 예수가 사마리아 동네에 머문 기간은? (4:40)
가. 하루　나. 이틀　다. 사흘　라. 나흘

32. 예수는 갈릴리에서 영접을 받았는데 그 이유는? (4:45)
가. 가나에서 행하셨던 표적 때문에
나. 사마리아에서 있었던 일이 전해졌기 때문에
다. 선지자가 갈릴리에서 난다는 믿음 때문에
라. 명절 중 예루살렘에서 하신 모든 일을 보았기 때문에

33. 예수가 갈릴리 가나에서 행한 두 번째 표적은? (4:46-54)
가. 더러운 귀신을 회당에서 쫓아낸 표적
나. 왕의 신하의 아들을 고친 표적
다. 극심한 나병환자를 고친 표적
라. 베데스다 연못의 38년 된 병자를 고친 표적

34. 가나에서의 두 번째 표적은 무엇으로 이루셨는가? (4:50)
가. 안수하심으로　나. 말씀으로
다. 기도하심으로　라. 만지심으로

35. 베데스다 연못은 어느 곳에 있는가? (5:2)
가. 갈릴리　나. 사마리아
다. 예루살렘　라. 나사렛

36. 베데스다 연못에서 고침 받은 병자는 몇 년 동안 그 병을 앓고 있었는가? (5:5)
가. 18년　나. 28년　다. 38년　라. 48년

37. 베데스다의 병자를 예수는 어떠한 방법으로 고치셨는가? (5:8-9)
가. 안수하심으로　나. 기도하심으로
다. 말씀하심으로　라. 침을 뱉으심으로

38. 유대인들이 베데스다 연못에서 병자를 고친 것 때문에 예수는 박해를 당했는데 그 이유가 아닌 것은? (5:10-18)

가. 하나님을 자기의 친아버지라고 했기 때문에

나. 하나님과 자신을 동등으로 삼았기 때문에

다. 안식일에 병을 고치는 일을 하기 때문에

라. 하나님만이 하실 수 있는 일을 하기 때문에

39. 예수께서 오천 명의 무리를 먹였던 장소는? (6:1-15)

가. 게네사렛 호숫가 나. 유대 광야

다. 디베랴의 갈릴리 바다 건너편 라. 요단강 근처

40. 예수께서 오천 명의 무리를 먹이신 때는? (6:4)

가. 유월절 가까운 때 나. 유월절 전날

다. 유월절 라. 유월절이 지난 직후

41. 각 사람으로 조금씩 받게 할지라도 오천 명이 먹기에는 이백 데나리온의 떡이 부족할 것이라고 말한 사람은? (6:7)

가. 빌립 나. 베드로 다. 안드레 라. 요한

42. 보리떡 다섯 개와 물고기 두 마리를 가진 아이를 예수 앞으로 인도했던 사람은? (6:8-9)

가. 빌립 나. 베드로 다. 안드레 라. 요한

43. 오천 명을 먹이신 사건과 관계가 없는 것은? (6:12-15)

가. 남은 조각을 거두어 보니 일곱 광주리였다

나. 사람들이 "이는 참으로 세상에 오실 그 선지자라" 고 했다

다. 사람들이 예수를 붙들어 임금을 삼으려고 했다

라. 예수는 혼자 산으로 떠나셨다

44. 제자들이 어디로 가고 있을 때 예수는 바다 위로 걸어서 따라 오셨는가? (6:17-19)

가. 베다니 나. 벳새다 다. 가버나움 라. 갈릴리

45. 생명의 떡과 관계가 없는 것은? (6:48-51,59)
가. 세상에게 생명을 주는 것이다
나. 예수가 곧 생명의 떡이다
다. 영원히 살게 하는 것이다
라. 이 가르침을 준 곳은 예루살렘 성전이다

46. 예수의 형제들이 예수에게 유대로 가서 일을 행하여 자신을 나타내라고 말한 것은 어느 때의 일인가? (7:2-3)
가. 장막절이 가까웠을 때 나. 초막절이 가까웠을 때
다. 수전절이 가까웠을 때 라. 유월절이 가까웠을 때

47. 간음하다가 현장에서 잡힌 여인에게 돌로 치려고 하던 일은 어디서 있었는가? (8:2-4)
가. 감람산 가까이 나. 성전
다. 가버나움 회당 라. 갈릴리 가나

48. 다음 중 예수가 자신에 대해 말한 것이 아닌 것은? (6:48, 8:12, 10:7)
가. 나는 세상의 빛이니 나. 나는 양의 문이라
다. 내가 곧 생명의 떡이니라 라. 나는 하늘의 영생이니

49. 날 때부터 맹인 된 사람과 관계가 없는 것은? (9:1-38)
가. 땅에 침을 뱉어 진흙을 이겨 그의 눈에 발랐다
나. 그가 맹인인 것은 그의 죄 때문이었다
다. 그의 부모는 출교를 무서워하고 있었다
라. 그가 예수를 다시 만나 "주여 내가 믿나이다" 라고 말하였다

50. 나사로가 살던 곳은? (11:1)
가. 나인성 나. 가버나움 다. 나사렛 라. 베다니

51. 예수는 나사로를 죽은 지 며칠 만에 다시 살리셨는가? (11:17)
가. 하루 나. 이틀 다. 사흘 라. 나흘

52. 예수 당시의 유대 대제사장의 이름은? (11:49)
가. 가야바 나. 헤롯 다. 시므온 라. 빌라도

53. 나사로를 살린 후의 상황과 맞지 않는 것은? (11:47-57)
가. 대제사장들과 바리새인들은 공회를 열었다
나. 이날부터 예수를 죽이려는 모의가 시작되었다
다. 이 일이 발생한 것은 유월절이었다
라. 대제사장들과 바리새인들은 예수를 잡으라는 공포를 하였다

54. 예수의 발에 향유를 부은 사건에 대한 요한복음의 증언과 다른 것은? (12:3-8)
가. 나사로가 있는 베다니에서 발생하였다
나. 향유를 부은 여인은 마리아였다
다. 유다는 이 향유를 팔아서 가난한 자들을 돕길 원했다
라. 예수께서는 이 일이 자신의 장례할 날을 위함이라고 말씀하셨다

55. 예루살렘에 입성할 때 무리들이 예수를 향해 외친 말은? (12:13)
가. 다윗의 자손 나. 이스라엘의 왕
다. 다윗의 왕 라. 이스라엘의 자손

56. 명절에 예루살렘에 예배하러 올라온 사람 중 빌립과 안드레를 통해 예수를 만나보기 원했던 사람들은? (12:20-22)
가. 바리새인 나. 유대인
다. 헬라인 라. 로마 백부장의 하인

57. 관리 중에도 예수를 믿는 사람들이 많았는데 그들이 드러나게 말하지 못한 이유는? (12:43)
가. 사람의 영광을 하나님의 영광보다 더 사랑하였기 때문에
나. 아직 때가 이르지 않았기 때문에
다. 예수께서 비밀히 하라고 하셨기 때문에
라. 성령을 받지 못하였기 때문에

58. 예수께서 제자들의 발을 씻어준 때는? (13:1)
가. 유월절 나. 유월절 전 다. 무교절 라. 무교절 전

59. 세족시 이를 거부했던 제자는? (13:8)
가. 유다 나. 도마
다. 베드로 라. 안드레

60. 예수가 제자들에게 주신 새 계명은? (13:34)
가. 큰 자가 작은 자를 섬겨라 나. 원수를 사랑하라
다. 이웃을 도와줘라 라. 서로 사랑하라

61. 요한복음에서 말하는 가장 큰 사랑은? (15:13)
가. 하나님을 사랑하는 것
나. 이웃을 자신처럼 사랑하는 것
다. 원수를 사랑하는 것
라. 친구를 위하여 자기 목숨을 버리는 것

62. 요한복음에서 "영생"의 의미는? (17:3)
가. 하나님과 예수 그리스도를 섬기는 것
나. 하나님과 예수 그리스도를 경배하는 것
다. 하나님과 예수 그리스도를 아는 것
라. 하나님과 예수 그리스도를 믿는 것

63. 빌라도에게 예수의 시체 가져가기를 구했던 사람은? (19:38)
가. 막달라 마리아 나. 구레네 사람 시몬
다. 아리마대 사람 요셉 라. 니고데모

64. 부활하신 예수가 제자들에게 나타나서 하신 말씀이 아닌 것은? (20:19-29)
가. 성령을 받으라
나. 아버지께서 나를 보내신 것 같이 나도 너희를 보내노라
다. 내가 너희를 사랑한 것 같이 너희도 서로 사랑하라
라. 보지 못하고 믿는 자들은 복되도다

65. 부활하신 예수는 제자들에게 나타나신 후 며칠 만에 도마에게 나타나셨는가? (20:26)

가. 3일　　나. 4일　　다. 7일　　라. 8일

66. 도마가 부활한 주님을 보고 고백한 말은? (20:28)

가. 나의 주님이시요 나의 하나님이시니이다
나. 하나님의 아들이시오 이스라엘의 왕이시니이다
다. 그리스도시요 살아 계신 하나님의 아들이니이다
라. 참으로 거룩한 자니이다

67. 요한복음을 기록한 목적은? (20:31)

가. 예수의 행적과 말씀이 어떠했음을 알게 하려 함
나. 예수께서 하나님의 아들 그리스도이심을 믿게 하려 함
다. 예수께서 행하신 이적과 표적을 전해주기 위함
라. 예수의 말씀과 행적을 보전하기 위함

68. 부활하신 예수께서 디베랴 호수에 나타나셨을 때에 그를 가장 먼저 알아본 제자는? (21:7)

가. 베드로　　나. 도마
다. 안드레　　라. 사랑하시는 제자

John

[단답형 문제]

1. 요한복음 1장 1절 말씀을 쓰시오.

2. 하나님께로부터 보내심을 받은 사람의 이름은? (1:6)

3. 요한복음 1장 12절 말씀을 쓰시오.

4. 율법은 모세로 말미암아 주어진 것이요 (　　　)와 (　　　)는 예수 그리스도로 말미암아 온 것이라 (1:17)

5. 예수께서 침례 받으시러 나오심을 보고 침례 요한이 한 말은? (1:29)

6. 요한복음에 의하면 예수님을 제일 먼저 좇은 제자는 누구인가? (1:40-41)

7. 나다나엘을 전도한 이는 누구인가? (1:45)

8. "이는 참으로 이스라엘 사람이라 그 속에 간사한 것이 없도다"는 누가 누구를 가리켜 한 말인가? (1:47)

9. 요한복음에서 예수가 하나님의 아들임을 최초로 고백한 사람은? (1:49)

10. 요한복음에서 최초의 이적 사건은 무엇인가? (2:9)

11. 예수님의 성전 정화 기사는 요한복음 몇 장에 기록되어 있는가?

12. 예루살렘 성전은 몇 년간 지어졌는가? (2:20)

13. 예수를 밤중에 찾아와 영생에 대해 질문한 관리는 누구인가? (3:1)

14. 예수는 니고데모에게 어떤 사람이 하나님의 나라에 들어가지 못한다고 했는가? (3:5)

15. 악을 행하는 자마다 빛을 미워하는데 그 이유는? (3:20)

16. 야곱의 우물이 있는 사마리아 동네의 이름은? (4:5-6)

17. 요한복음 4장 24절 말씀을 쓰시오.

18. 예수님은 누구에게 처음으로 자신이 그리스도임을 밝혔는가? (4:25-26)

19. 예수가 사마리아에 유하신 기간은? (4:40)

20. 갈릴리 가나에서 두 번째로 행하신 기적은? (4:46-50)

21. 베데스다 못에서 고침 받은 병자는 몇 년 동안 그 병을 앓고 있었는가? (5:5)

22. 선한 일을 행한 자는 (　　)의 부활로, 악한 일을 행한 자는 (　　)의 부활로 나오리라 (5:29)

23. 보리떡 다섯 개로 오천 명이 배부르게 먹고 남은 조각은 얼마나 되었는가? (6:13)

24. 하나님의 일은 무엇이라 했는가? (6:29)

25. 아버지를 본 자는 누구인가? (6:46)

26. 참된 양식에 대한 가르침은 어디에서 주어졌는가? (6:55-59)

27. 가룟 유다의 아버지 이름은? (6:71)

28. 대제사장과 바리새인들이 예수님에 대해 아랫사람들과 쟁론할 때 예수님을 변호했던 사람은? (7:50)

29. 간음한 여인을 고발했던 사람들이 흩어진 이유는? (8:7-9)

30. 남의 종이 된 일이 없는 유대인들이 죄의 종이 되는 경우는 어떠한 경우인가? (8:33-34)

31. 예수는 자신이 세상에 있는 동안 무엇이라 하셨는가? (9:5)

32. '실로암' 은 무슨 뜻인가? (9:7)

33. 예수님이 맹인의 눈에 진흙을 발라 그 눈을 뜨게 하신 날은? (9:14)

34. 양과 선한 목자의 비유가 기록된 곳은?

35. 선한 목자의 특징은? (10:11)

36. 나는 선한 (   )라 선한 (   )는 양들을 위하여 목숨을 버리거니와 (10:11)

37. 요한복음 11장 25-26절 말씀을 쓰시오.

38. 나사로는 죽은 지 며칠 만에 다시 살아났는가? (11:39-44)

39. 마리아가 예수의 발에 부었던 것은? (12:3)

40. 마리아가 예수의 발에 향유를 붓는 것을 보고 "이 향유를 어찌하여 삼백 데나리온에 팔아 가난한 자들에게 주지 아니하였느냐"고 말한 자는 누구인가? (12:4-5)

41. 예수님의 예루살렘 입성을 큰 무리는 무슨 나뭇가지를 들고 마중하였는가? (12:13)

42. 예수님이 제자들의 발을 씻기신 기사가 나오는 복음서는?

43. 유월절 전에 예수님께서 제자들에게 섬김의 본을 보이기 위해 하신 일은? (13:4-15)

44. 예수님의 제자들 중에서 돈궤를 맡았던 제자는 누구인가? (13:29)

45. "주여 주께서 어디로 가시는지 우리가 알지 못하거늘 그 길을 어찌 알겠사옵나이까"는 누구의 말인가? (14:5)

46. 예수에게 "주여 아버지를 우리에게 보여 주옵소서"라고 청한 제자는? (14:8)

47. 내가 아버지께 구하겠으니 그가 (   )를 너희에게 주사 영원토록 너희와 함께 있게 하리니 (14:16)

48. '참 포도나무의 비유'가 나오는 것은 어느 복음서이며 몇 장인가?

49. 너희는 내가 명하는 대로 행하면 곧 나의 (   )라 (15:14)

50. 그가 와서 (   )에 대하여, (   )에 대하여, (   )에 대하여 세상을 책망하시리라 (16:8)

51. 예수의 대제사장적 기도는 요한복음 몇 장에 기록되어 있는가?

52. 요한복음에서 영생의 의미는? (17:3)

53. 베드로가 칼로 오른편 귀를 베어버린 대제사장의 종은 누구인가? (18:10)

54. 군대와 천부장과 유대인의 아랫사람들은 예수를 잡은 후 누구에게 먼저 끌고 갔는가? (18:12-13)

55. 히브리말로 '가바다'는 무슨 뜻인가? (19:13)

56. 예수의 십자가 위에 붙인 패에 죄명을 쓴 자는? (19:19)

57. 예수께서 자기의 어머니를 누구에게 부탁하셨는가? (19:26-27)

58. 예수님께서 신 포도주를 받으신 후 십자가 상에서 마지막으로 하신 말씀은? (19:30)

59. 운명하신 예수의 시체를 누가 요구하였는가? (19:38)

60. 운명하신 예수의 몸에 바를 몰약과 침향 섞은 것을 가져온 자는? (19:39)

61. 안식 후 첫날 일찍이 처음으로 예수의 무덤에 간 사람은? (20:1)

62. 예수의 무덤에 남아 있던 것은? (20:5)

63. 막달라 마리아가 동산지기인 줄 알았던 부활하신 예수를 알아보고 부른 호칭은 무엇인가? (20:16)

64. 예수께서 부활하셔서 제자들을 찾으셨을 때 그 자리에 없었던 제자는? (20:24)

65. 요한복음을 쓴 목적은 무엇이라고 기록되었는가? (20:31)

66. 부활하신 예수가 세 번째로 나타나신 곳은? (21:1,14)

67. 시몬 베드로가 부활하신 예수님의 말씀하신 대로 그물을 던져 잡은 큰 물고기의 수는? (21:11)

68. 베드로의 아버지의 이름은? (21:15)

69. 요한복음 21장 15-20절 사이에 예수께서 베드로에게 세 번에 걸쳐 하신 물음은?

70. "예수께서 행하신 일이 이 외에도 많으니 만일 낱낱이 기록된다면 이 세상이라도 이 기록된 책을 두기에 부족할 줄 아노라"는 말로 끝맺고 있는 복음서는?

Acts 사도행전

[선택형 문제]

1. 사도행전 1장 1절에서의 "먼저 쓴 글"은 무엇을 가리키는가?
가. 요한복음 나. 누가복음
다. 마가복음 라. 마태복음

2. 예수께서는 택한 사도들에게 무엇을 통해 명하셨나? (1:2)
가. 기도 나. 증인 다. 성령 라. 천사

3. 예수께서는 부활하신 후 얼마 동안 세상에 계시다가 승천하셨는가? (1:3)
가. 20일 나. 30일 다. 40일 라. 50일

4. 부활하신 예수께서 제자들에게 무엇을 기다리라고 하셨나? (1:4-5)
가. 재림 나. 심판 다. 환란 라. 성령

5. 다락방에 모인 제자들은 무엇을 하였나? (1:14)
가. 기도 나. 성경공부 다. 친교 라. 떡을 뗌

6. 예수 승천 후 다락방에 모인 제자의 수는? (1:15)
가. 약 20명 나. 약 50명 다. 약 120명 라. 약 230명

7. 다윗의 입을 통하여 가룟 유다에 대해 미리 말한 자는? (1:16)
가. 선지자 나. 예수 다. 베드로 라. 성령

8. 가룟 유다 대신 사도로 선택된 자는? (1:26)
가. 맛디아 나. 바나바 다. 유스도 라. 요셉

9. 약속된 성령이 제자들에게 임한 날은? (2:1)
가. 유월절 나. 초막절 다. 안식일 라. 오순절

10. 2장의 성령강림의 결과 나타난 현상이 아닌 것은? (2:2-4)
가. 급하고 강한 바람 같은 소리
나. 비둘기 같은 성령
다. 불의 혀처럼 갈라지는 것들
라. 다른 언어들로 말함

11. 베드로는 오순절 사건을 구약 예언자 누구의 예언 성취라고 선포했는가? (2:16)
가. 이사야 나. 미가 다. 요엘 라. 에스겔

12. 베드로의 설교를 듣고 그 날에 침례를 받은 자는? (2:41)
가. 500명 나. 1,000명 다. 3,000명 라. 5,000명

13. 베드로가 솔로몬의 행각에서 설교하므로 구원받은 남자의 수는? (4:4)
가. 약 1,000명 나. 약 3,000명
다. 약 5,000명 라. 약 7,000명

14. 미문이라는 성전 문에서 고침 받은 사람의 나이는? (4:22)
가. 30여 세 나. 40여 세 다. 50여 세 라. 60여 세

15. 밭을 팔아 그 값을 사도들 발 앞에 둔 자는? (4:36-37)
가. 바나바 나. 레위 다. 사울 라. 마가

16. '바나바' 라는 이름을 번역하면? (4:36)
가. 도움의 손길 나. 위로의 아들
다. 위로의 손길 라. 도움의 아들

17. 소유를 팔아 일부를 감추고 사도들에게 가져온 자는? (5:1-2)
가. 아나니아와 삽비라 나. 바나바
다. 마가 라. 사가랴와 엘리사벳

18. 베드로는 아나니아가 누구를 속였다고 했는가? (5:3)
가. 베드로 나. 요한 다. 천사 라. 성령

19. 침대와 요 위에 누운 병든 사람들은 누구의 그림자라도 덮이기를 바랐는가? (5:15)
가. 바나바 나. 요한 다. 베드로 라. 안드레

20. 사도들이 갇혀있는 옥문을 열고 끌어내 준 자는? (5:19)
가. 예루살렘의 여인 나. 주의 사자
다. 이스라엘의 원로 라. 관원

21. 베드로와 사도들은 예수의 죽음과 부활의 증인으로 자신들 외에 누구를 언급했는가? (5:32)
가. 하나님 나. 천사 다. 성령 라. 인자

22. 드다를 따랐던 사람들의 수는? (5:36)
가. 약 100명 나. 약 200명
다. 약 300명 라. 약 400명

23. 호적할 때에 백성을 꾀어 자기를 따르게 했던 갈릴리 사람은? (5:36-37)
가. 유다 나. 드다
다. 가말리엘 라. 바라바

24. 사도들은 누구의 이름을 위하여 능욕 받는 일에 합당한 자로 여김을 기뻐했는가? (5:40-41)
가. 교회 나. 성도 다. 천국 라. 예수

25. 초대교회 당시 제자의 수가 많아졌을 때, 자기의 과부들이 매일의 구제에 빠진다고 불평을 제기했던 사람들은? (6:1)
가. 헬라파 유대인 나. 히브리파 사람
다. 헬라인 라. 예루살렘 사람

26. 사도들은 무엇에만 전념하겠다고 하였는가? (6:4)
가. 기도와 찬송 사역　　나. 찬송과 말씀 사역
다. 구제와 치유 사역　　라. 기도와 말씀 사역

27. 다음 중 사도들을 대신하여 접대의 일을 맡기기 위해 뽑은 일곱 사람(집사)에 들지 않는 자는? (6:5)
가. 뵈뵈　　나. 스데반　　다. 빌립　　라. 디몬

28. 스데반의 얼굴은 누구의 얼굴과 같다고 하였는가? (6:15)
가. 예수　　나. 천사　　다. 성령　　라. 모세

29. 스데반의 설교를 기록하고 있는 장은?
가. 5장　　나. 7장　　다. 9장　　라. 11장

30. 스데반의 설교 속에 언급되지 않은 사람은? (7:2-47)
가. 아브라함　　나. 모세　　다. 사무엘　　라. 솔로몬

31. 스데반은 공회에 모인 자들을 향해 너희 조상과 같이 항상 누구를 거스른다고 하였는가? (7:51)
가. 성령　　나. 하나님　　다. 인자　　라. 선지자

32. 초대교회가 유대와 사마리아 지역으로 흩어지게 된 원인은? (8:1)
가. 교회의 정책　　나. 교회의 화목
다. 교회의 박해　　라. 스데반의 유언

33. 빌립이 복음을 전파했던 곳은? (8:5)
가. 갈릴리　　나. 유대　　다. 사마리아　　라. 소아시아

34. 마술을 행하여 사마리아에서 자칭 큰 자였으나 침례를 받고 빌립을 따른 자는? (8:9-13)
가. 유다　　나. 간다게　　다. 시몬　　라. 엘루마

35. 사마리아 사람들은 무엇을 통해 성령을 받았는가? (8:17)
가. 물 침례 나. 말씀 경청 다. 안수 라. 회개함

36. 빌립이 에디오피아 내시에게 다가갔을 때 그가 읽고 있던 책은? (8:28)
가. 이사야 나. 시편 다. 에스겔 라. 다니엘

37. 내시가 침례를 받고 물에서 올라올 때 빌립을 이끌어간 자는? (8:39)
가. 주의 천사 나. 주의 말씀 다. 주 예수 라. 주의 영

38. 사울의 회개 이야기가 기록되어 있는 장은?
가. 8장 나. 9장 다. 10장 라. 13장

39. 사울은 어디 근처에서 예수를 만났는가? (9:3)
가. 욥바 나. 시돈 다. 마가단 라. 다메섹

40. 사울은 얼마 동안 먹지도 마시지도 아니하였는가? (9:9)
가. 1일 나. 3일 다. 5일 라. 7일

41. 사울을 예루살렘의 사도들에게 소개한 사람은? (9:27)
가. 아나니아 나. 브리스가 다. 바나바 라. 아볼로

42. 베드로가 고친 룻다에 사는 8년 된 중풍병자는? (9:33)
가. 도르가 나. 다비다 다. 뵈뵈 라. 애니아

43. 고넬료에 대한 설명 중 틀린 것은? (10:1-2)
가. 가이사랴에 거주하였다
나. 하나님을 경외하고 항상 기도하였다
다. 백성들을 많이 구제하였다
라. 로마의 원로원 의원이었다

44. 고넬료와 그 가족은 무엇을 통해 성령을 받았는가? (10:44)
가. 기도 나. 안수 다. 침례 라. 말씀 전파

45. 제자들은 어디에서 비로소 그리스도인이라고 일컬어졌는가? (11:26)
가. 안디옥 나. 가이사랴 다. 욥바 라. 사마리아

46. 바나바와 사울은 안디옥에서 얼마 동안 큰 무리를 가르쳤는가? (11:26)
가. 1년 나. 2년 다. 3년 라. 5년

47. 예루살렘에서 안디옥에 와서 천하에 크게 흉년이 들 것을 예언한 사람은? (11:28)
가. 니게르 나. 아가보 다. 마나엔 라. 루기오

48. 헤롯 왕의 손에 순교당한 제자는? (12:1-2)
가. 야고보 나. 요한 다. 베드로 라. 안디옥

49. 하나님께 영광을 돌리지 않은 헤롯은 어떻게 죽었는가? (12:23)
가. 자살 나. 아내가 살해
다. 불에 타서 라. 벌레에게 먹혀

50. 안디옥 교회가 금식할 때, 바나바와 사울을 따로 세우라고 명령한 자는? (13:2)
가. 성령 나. 부활하신 예수
다. 주의 천사 라. 베드로

51. 바나바와 사울이 살라미에 이르러 여러 회당에서 말씀을 전할 때, 누구를 수행원으로 두었는가? (13:5)
가. 요한 나. 루디아 다. 아볼로 라. 아굴라

52. 예루살렘 회의가 기록된 곳은?
가. 13장 나. 15장 다. 16장 라. 18장

53. 예루살렘 회의의 결과를 안디옥에 알리기 위해 파송된 자가 아닌 사람은? (15:22)
가. 마가(요한) 나. 바사바(유다) 다. 바나바 라. 바울

54. 바울은 마가 대신 누구를 택하여 제2차 선교여행을 떠났는가? (15:40)
가. 바나바 나. 아굴라 다. 실라 라. 바사바

55. 바울이 디모데를 만난 곳은? (16:1)
가. 브루기아 나. 마게도냐 다. 빌립보 라. 루스드라

56. 바울이 마게도냐로 건너갈 것을 환상으로 본 곳은? (16:8-9)
가. 비두니아 나. 더베 다. 드로아 라. 에베소

57. 데살로니가 사람들보다 더 너그러워서 간절한 마음으로 말씀을 받고 날마다 성경을 상고하는 사람들은? (17:11)
가. 두란노에 있는 사람들 나. 베뢰아에 있는 사람들
다. 에베소에 있는 사람들 라. 두아디라에 있는 사람들

58. 에베소 제자들에게 임한 성령강림 사건과 관계없는 것은? (19:6-7)
가. 안수 나. 방언 다. 치유 라. 12명

59. 바울이 에베소 교회의 장로들과 이별한 곳은? (20:17)
가. 드로아 나. 구브로 다. 고스 라. 밀레도

60. 바울은 에베소에서 몇 년간 사역했는가? (20:31)
가. 1년 나. 2년 다. 3년 라. 5년

61. 일곱 집사 중 한 사람으로서 딸 넷이 예언하는 처녀였던 자는? (21:8-9)
가. 아가보 나. 빌립 다. 니골라 라. 디몬

62. 바울의 띠로 자기 수족을 잡아매고 바울이 예루살렘에서 결박당할 것을 예언한 자는? (21:10-11)
가. 두로의 제자 나. 아가야
다. 아가보 라. 니게르

63. 공회 앞에 선 바울을 심문한 당시의 대제사장은 누구인가? (23:2)
가. 안나스 나. 아나니아 다. 가야바 라. 알렉산더

64. 바울 일행이 광풍에서 구원을 얻은 후에 도착한 섬은? (28:1)
가. 그레데 나. 멜리데
다. 살라미 라. 키프로스

65. 사도행전은 어떤 내용으로 끝을 맺고 있는가? (28:31)
가. 바울의 죽음 나. 바울의 재판
다. 바울의 기도 라. 바울의 복음 전파

Acts

[단답형 문제]

1. 사도행전의 저자는?

2. 예수께서 말씀하신 "아버지께서 약속하신 것"은 무엇인가? (1:4-5)

3. 요한은 ( )로 침례를 베풀었으나 너희는 몇 날이 못되어 ( )으로 침례를 받으리라 하셨느니라 (1:5)

4. 사도행전 1장 8절 말씀을 쓰시오.

5. '아겔다마' 란 뜻은? (1:19)

6. 항상 우리와 함께 다니던 사람 중에 하나를 세워 우리와 더불어 예수께서 ( )을 증언할 사람이 되게 하여야 하리라 하거늘 (1:22)

7. 사도행전 2장 4절 말씀을 쓰시오.

8. 하나님이 말씀하시기를 ( )에 내가 내 영을 모든 육체에 부어 주리니 너희의 자녀들은 ( )할 것이요 너희의 젊은이들은 ( )을 보고 너희의 늙은이들은 ( )을 꾸리라 (2:17)

9. 베드로가 이르되 너희가 ( )하여 각각 예수 그리스도의 이름으로 침례를 받고 ( )을 받으라 그리하면 ( )의 선물을 받으리니 (2:38)

10. 미문이라는 성전 문에서 베드로와 요한은 앉은뱅이를 무엇으로 고쳤는가? (3:6)

11. 사도행전 4장 12절 말씀을 쓰시오.

12. 빌기를 다하매 모인 곳이 진동하더니 무리가 다 성령이 충만하여 담대히 ( )을 전하니라 (4:31)

13. 대제사장과 사두개파가 사도들을 죽이려고 할 때, 그들을 설득한 사람은? (5:34)

14. 접대(또는 재정출납)를 맡기기 위해 택한 일곱 집사의 자격조건은? (6:3)

15. 스데반이 ( )와 ( )으로 말함을 그들이 능히 당하지 못하여 (6:10)

16. 목이 곧고 ( )과 ( )에 할례를 받지 못한 사람들아 너희도 너희 조상과 같이 항상 ( )을 거스르는도다 (7:51)

17. 스데반의 순교 때 증인들이 옷을 벗어 누구의 발 앞에 두었는가? (7:58)

18. 스데반이 순교할 때 마지막으로 드렸던 두 가지 기도는? (7:59-60)

19. 빌립이 사마리아 성에서 그리스도를 전파하고 많은 사람들에게 축귀와 치유의 역사가 일어나자 그 성에 무엇이 있었다고 성경은 말하는가? (8:5-8)

20. 예루살렘에 있던 사도들이 사마리아도 하나님의 말씀을 받았다 함을 듣고 파송했던 두 사람은? (8:14)

21. 빌립이 내시에게 침례를 베풀었을 때 주의 영은 빌립을 어디로 이끌어 갔는가? (8:39-40)

22. 눈이 먼 사울은 유다의 집에서 무엇을 하고 있었는가? (9:11)

23. 사울은 누구에게 침례를 받았는가? (9:17-18)

24. 경건하여 온 집과 더불어 하나님을 경외하며 구제하고 항상 기도했던 가이사랴의 백부장은? (10:1-2)

25. 하늘로부터 온갖 짐승이 담긴 그릇이 내려오는 환상을 본 사람은? (10:9-16)

26. 베드로가 고넬료의 집에서 설교할 때 성령이 임한 사건은 사도행전 몇 장에 기록되어 있는가?

27. 고넬료와 그 일가에게 성령이 임했을 때 나타난 표적은? (10:46)

28. 헬라인에게도 복음이 전파되자 예루살렘 교회는 안디옥에 누구를 파송했는가? (11:22)

29. '천하에 흉년이 들리라'는 아가보의 예언은 언제 성취되었는가? (11:28)

30. 예수님의 제자(사도) 중 첫 번째 순교자는? (12:1-2)

31. 안디옥 교회에 있었던 선지자들과 교사들의 이름을 쓰시오. (13:1)

32. 안디옥 교회에서 성령의 지시로 파송한 두 선교사는? (13:2)

33. 주를 섬겨 금식할 때에 (　　)이 이르시되 내가 불러 시키는 일을 위하여 바나바와 사울을 따로 세우라 하시니 이에 (　　)하며 (　　)하고 두 사람에게 안수하여 보내니라 (13:2-3)

34. 바울이 바보에서 만난 유대인 거짓 선지자는? (13:6)

35. 밤빌리아에 있는 버가에서 바울 일행을 떠나 예루살렘으로 돌아간 사람은? (13:13)

36. 바울이 루스드라에서 행한 기사는? (14:8-10)

37. 루스드라 사람들은 나면서 걷지 못하는 자를 고친 바울과 바나바를 각각 누구라 불렀는가? (14:11-12)

38. 예루살렘 회의의 안건은? (15:1-21)

39. 예루살렘 회의에서 유대인이나 이방인이나 동일하게 주 예수의 은혜로 구원을 받는 줄을 믿는다고 말한 사람은? (15:7-11)

40. 예루살렘 회의에서 이방인에게 멀리하라고 결정한 4가지는? (15:29)

41. 바울과 바나바가 2차 선교여행에서 갈라서게 된 원인은? (15:36-41)

42. 바울이 마게도냐로 건너갈 것을 환상으로 본 곳은? (16:8-10)

43. 두아디라 시에 있는 자색 옷감 장사로서 하나님을 섬기고 바울을 집으로 초청한 여자는? (16:14-15)

44. 바울과 실라는 빌립보 감옥에서 무엇을 하였는가? (16:25)

45. 사도행전 16장 31절 말씀을 쓰시오.

46. 우상이 가득하고 범사에 종교심이 많은 도시는? (17:16,22)

47. 바울은 아덴에서 어떤 철학자들과 쟁론하였는가? (17:18)

48. 바울이 아덴에서 전도할 때에 복음을 받아들인 아레오바고 관원은 누구인가? (17:34)

49. 바울이 고린도에서 만난 직업이 같았던 사람은? (18:2-3)

50. 시험 삼아 바울을 흉내내다가 악귀에게 억압당한 사람들은? (19:14-16)

51. 사도행전 20장 24절 말씀을 쓰시오.

52. 여러분은 자기를 위하여 또는 온 양 떼를 위하여 삼가라 성령이 그들 가운데 여러분을 (　　)로 삼고 하나님이 자기 피로 사신 (　　)를 보살피게 하셨느니라 (20:28)

53. 바울을 죽이기 전에는 먹지도 마시지도 않겠다고 맹세한 유대인은 모두 몇 명인가? (23:13)

54. 바울의 로마행 수송을 맡은 백부장은 누구인가? (27:1)

55. 바울을 태운 배에 불어닥친 태풍의 이름은 무엇인가? (27:14)

Romans
로마서

[선택형 문제]

1. 복음은 누구에 관한 것인가? (1:2)
   가. 하나님의 천사　　나. 선지자들
   다. 하나님의 아들　　라. 다윗

2. 복음에는 무엇이 나타나 있는가? (1:17)
   가. 하나님의 의　　나. 천사
   다. 하나님의 진노　　라. 불의

3. 오직 의인은 무엇으로 살아야 하나? (1:17)
   가. 사랑　　나. 소망　　다. 믿음　　라. 구제

4. 율법 없는 이방인을 심판할 때 무엇이 증거가 되는가? (2:14-15)
   가. 선행　　나. 양심　　다. 세상법　　라. 종교성

5. 바울은 할례를 어디에 한다고 말했는가? (2:29)
   가. 몸　　나. 가문　　다. 마음　　라. 우상

6. 바울은 로마서에서 율법으로는 무엇을 깨닫는다고 하였는가? (3:20)
   가. 죄　　나. 의
   다. 하나님　　라. 다른 사람과의 관계

7. 사람이 의롭다 하심을 얻는 것은 무엇으로 되는가? (3:28)
   가. 양심　　나. 구제　　다. 믿음　　라. 경건한 삶

8. 할례자는 어떻게 의롭게 되는가? (3:30)
가. 할례를 행함 나. 율법준수
다. 구제와 선행 라. 믿음

9. 아브라함이 그에게 의로 여겨질 정도로 믿었던 하나님의 약속은 무엇인가? (4:13-18)
가. 많은 부의 축복을 누리리라는 약속
나. 병들지 않고 강건하리라는 약속
다. 많은 민족의 조상이 되리라는 약속
라. 그리스도가 탄생하리라는 약속

10. 사람이 의롭게 될 수 있는 길은? (5:1)
가. 구제 나. 공로 다. 율법준수 라. 믿음

11. 환난 중에 이루는 것이 아닌 것은? (5:3-4)
가. 연단 나. 소망 다. 인내 라. 사랑

12. 무엇으로 인해 하나님의 사랑이 우리 마음에 부어지는가? (5:5)
가. 믿음 나. 헌신 다. 선교 라. 성령

13. 모든 사람들이 사망에 이르게 된 이유는? (5:12)
가. 율법 나. 병 다. 죄 라. 환난

14. 오실 자의 모형은 누구인가? (5:14)
가. 아브라함 나. 아담 다. 모세 라. 엘리야

15. 우리가 예수의 죽으심에 연합되었다면 또한 그의 무엇에도 연합한 자가 되는가? (6:5)
가. 고난 나. 부활 다. 가난 라. 장사

16. 성도는 무엇에 대하여 죽은 자로 여겨야 하는가? (6:11)
가. 죄 나. 율법 다. 선행 라. 하나님

17. 다시 산 자는 그 지체를 무엇으로 하나님께 드려야하는가? (6:13)

가. 구제의 도구　　나. 의의 무기
다. 율법의 증표　　라. 사랑의 제물

18. 죄의 삯은 무엇인가? (6:23)

가. 고통　　나. 저주　　다. 질병　　라. 사망

19. 바울이 원하지 아니하는 것을 행하는 자는? (7:17,20)

가. 바울 자신　　나. 마귀　　다. 죄　　라. 율법

20. 바울에 있어서 마음으로 섬기는 하나님의 법과 상반되는 것은? (7:25)

가. 율법　　나. 죄의 법　　다. 성령의 법　　라. 할례

21. 죄와 사망의 법에서 우리를 해방한 것은? (8:2)

가. 마음의 법　　나. 율법
다. 생명의 성령의 법　　라. 구전

22. 영의 생각은 무엇인가? (8:6)

가. 희생과 사랑　　나. 해방과 자유
다. 구제와 봉사　　라. 생명과 평안

23. 아빠 아버지라고 부를 수 있는 것은 무엇을 받았기 때문인가? (8:15)

가. 축복　　나. 사랑　　다. 종의 영　　라. 양자의 영

24. 우리의 연약함을 도울 이는? (8:26)

가. 목회자　　나. 교회　　다. 성령　　라. 친구

25. 바울이 말하는 토기장이는 누구를 가리키는가? (9:19-21)

가. 예수　　나. 하나님　　다. 성령　　라. 교회

26. 이방인들은 무엇을 통해 의를 얻게 되었는가? (9:30)

가. 행위　　나. 율법　　다. 믿음　　라. 양심

27. 바울은 무엇을 들어야 믿음이 생긴다고 하였나? (10:17)
가. 모세오경 나. 성령의 음성
다. 선지자의 글 라. 그리스도의 말씀

28. 바울이 속한 유대 지파는? (11:1)
가. 레위 나. 단 다. 스불론 라. 베냐민

29. 돌감람나무는 누구를 가리키는가? (11:11-24)
가. 유대인 나. 이방인
다. 이스라엘의 조상 라. 바울의 대적자

30. 너희 몸을 영적 예배로 드리라는 로마서의 실천편은 몇 장에서부터 시작되는가?
가. 9장 나. 11장 다. 12장 라. 13장

31. 로마서에 기록된 은사가 아닌 것은? (12:6-8)
가. 방언 나. 예언 다. 가르침 라. 구제

32. 바울은 무엇으로 악을 이기라고 말하고 있나? (12:21)
가. 인내 나. 사랑 다. 관용 라. 선

33. 모든 권세는 누가 정하는가? (13:1)
가. 세상의 주관자 나. 왕
다. 하나님 라. 관원

34. 피차 무슨 빚 외에는 아무에게든지 아무 빚도 지지 말라고 하였나? (13:8)
가. 구제 나. 국세 다. 사랑 라. 담보

35. 율법의 완성은 무엇인가? (13:10)
가. 구원 나. 사랑 다. 계명 라. 악

36. 바울이 말한 하나님의 나라는? (14:17)
가. 믿음, 소망, 사랑 나. 사랑, 희락, 인내
다. 의, 평강, 희락 라. 의, 평강, 절제

37. 바울이 복음을 전하지 않기 위해 힘쓴 지역은? (15:20)
가. 성령이 여러 번 막았던 곳
나. 그리스도의 이름을 부르는 곳
다. 박해가 심한 곳
라. 범사에 종교심이 많은 곳

38. 바울이 로마 성도에게 추천한 자매는? (16:1)
가. 드루배나 나. 뵈뵈 다. 버시 라. 브리스가

39. 바울의 목숨을 위하여 자기들의 목까지라도 내놓은 자들은? (16:3-4)
가. 뵈뵈, 버시 나. 우르바느, 스다구
다. 누기오, 야손 라. 브리스가, 아굴라

40. 바울이 자신의 어머니로도 부른 사람은? (16:13)
가. 브리스가 나. 뵈뵈
다. 루포의 어머니 라. 드루배나

Romans

[단답형 문제]

1. 로마서의 저자는? (1:1)

2. 로마서에서 바울은 무엇으로 부르심을 받았다고 하는가? (1:1)

3. 예수는 어느 혈통에서 나왔나? (1:3)

4. 로마서 1장 16절 말씀을 쓰시오.

5. 왜 바울은 복음을 부끄러워하지 않는다고 하였는가? (1:16)

6. 복음에는 무엇이 나타나 있는가? (1:17)

7. 사람이 마음에 누구를 두기 싫어할 때 온갖 합당하지 못한 일을 하게 되는가? (1:28)

8. 악을 행하는 자에 대한 보응은? (2:9)

9. 선을 행하는 자에 대한 보응은? (2:10)

10. 하나님 앞에서 의롭다 하심을 얻는 자는? (2:13)

11. 오직 이면적 유대인이 유대인이며 할례는 (   )에 할지니 영에 있고 (   )에 있지 아니한 것이라 그 칭찬이 사람에게서가 아니요 다만 (   )에게서니라 (2:29)

12. '의인은 없나니 하나도 없으며' 라는 말씀이 기록되어 있는 곳은?

13. 율법으로는 무엇을 깨달을 뿐인가? (3:20)

14. 모든 사람은 왜 하나님의 영광에 이르지 못하는가? (3:23)

15. 사람이 의롭다 하심을 얻는 길은? (3:28)

16. 로마서 4장에서 믿음으로 의롭다 하심을 얻은 대표적인 예로 언급된 구약의 인물은?

17. 믿음으로 의롭다 하심을 얻은 자들은 하나님과 함께 무엇을 누릴 수 있나? (5:1)

18. 우리가 환난 중에도 즐거워 할 수 있는 것은? (5:3-4)

19. 소망이 우리를 부끄럽게 하지 아니함은 우리에게 주신 (　　)으로 말미암아 (　　　　　)이 우리 마음에 부은 바 됨이니 (5:5)

20. 하나님께서는 우리에 대한 그의 사랑을 어떻게 확증하셨나? (5:8)

21. 이와 같이 너희도 너희 자신을 (　　)에 대하여는 죽은 자요 그리스도 예수 안에서 (　　)께 대하여는 살아 있는 자로 여길지어다 (6:11)

22. 믿는 자는 그 지체를 무엇으로 하나님께 드려야 하는가? (6:13)

23. 왜 죄가 성도를 더 이상 주장하지 못하는가? (6:14)

24. 로마서 7장 24절 말씀을 쓰시오.

25. 우리 주 예수 그리스도로 말미암아 하나님께 감사하리로다 그런즉 내 자신이 마음으로는 (　　)의 법을 육신으로는 (　)의 법을 섬기노라 (7:25)

26. 원하는 선은 행하지 않고 원하지 않는 악을 행하는 바울의 갈등이 로마서 몇 장에 표현되어 있는가?

27. 로마서 8장 1-2절 말씀을 쓰시오.

28. 그러므로 이제 그리스도 예수 안에 있는 자에게는 결코 (　　　)이 없나니 (8:1)

29. 죄와 사망의 법에서 그리스도 안에 있는 자를 해방시킨 것은? (8:2)

30. 바울은 영의 생각을 무엇이라고 하였나? (8:6)

31. 너희가 육신대로 살면 반드시 죽을 것이로되 (　　　　) 몸의 행실을 죽이면 살리니 (8:13)

32. 바울은 어떤 사람을 하나님의 아들이라고 했는가? (8:14)

33. 너희는 다시 무서워하는 종의 영을 받지 아니하고 (　　　　)을 받았으므로 우리가 아빠 아버지라고 부르짖느니라 (8:15)

34. 로마서 8장 26절 말씀을 쓰시오.

35. 마음을 살피시는 이가 (　　　　)을 아시나니 이는 (　　)이 하나님의 뜻대로 성도를 위하여 간구하심이니라 (8:27)

36. 로마서 8장 28절 말씀을 쓰시오.

37. 자기 (　　)을 아끼지 아니하시고 우리 모든 사람을 위하여 내주신 이가 어찌 그 아들과 함께 (　　　)을 우리에게 주시지 아니하겠느냐 (8:32)

38. 높음이나 깊음이나 다른 어떤 피조물이라도 우리를 우리 주 그리스도 예수 안에 있는 (　　　　　)에서 끊을 수 없으리라 (8:39)

39. 하나님이 하시는 일을 사람은 반문할 수 없다고 말하기 위해 바울은 하나님을 무엇으로 비유하였는가? (9:19-24)

40. 모든 믿는 자에게 의를 이루기 위하여 율법의 마침이 되신 이는? (10:4)

41. 사람이 (　　)으로 믿어 의에 이르고 (　)으로 시인하여 구원에 이르느니라 (10:10)

42. 그러므로 (　　)은 들음에서 나며 들음은 (　　　　　)으로 말미암았느니라 (10:17)

43. 하나님의 (　　)와 (　　)에는 후회하심이 없느니라 (11:29)

44. 바울이 말하는 영적 예배란? (12:1)

45. 로마서 12장 2절 말씀을 쓰시오.

46. 내게 주신 은혜로 말미암아 너희 각 사람에게 말하노니 마땅히 생각할 그 이상의 생각을 품지 말고 오직 하나님께서 각 사람에게 나누어 주신 (　　)의 분량대로 지혜롭게 생각하라 (12:3)

47. 구제하는 자는 어떻게 해야 하는가? (12:8)

48. 사랑에는 무엇이 없는가? (12:9)

49. 바울은 악에게 지지 말고 무엇으로 악을 이기라고 권면하는가? (12:21)

50. 권세를 거스르는 자는 곧 무엇을 거스르는 것인가? (13:2)

51. 우리는 살아도 누구를 위하여 살고, 죽어도 누구를 위하여 죽어야 하나? (14:8)

52. 로마서 14장 17절 말씀을 쓰시오.

53. 바울이 의심하고 먹는 자는 정죄되었다고 말한 까닭은? (14:23)

54. 또 내가 그리스도의 이름을 부르는 곳에는 복음을 전하지 않기를 힘썼노니 이는 (   ) 위에 건축하지 아니하려 함이라 (15:20)

55. 예루살렘의 가난한 성도들을 위해 구제헌금을 한 자들은? (15:26)

56. 바울은 로마 성도들에게 나아갈 때에 무엇을 가지고 갈 것이라고 하였나? (15:29)

57. 로마서를 대서한 사람은? (16:22)

1 Corinthians
고린도전서

[선택형 문제]

1. 고린도전서에서 고린도 교회의 문제점으로 기록된 것들에 속하지 않는 것은?
가. 음행 나. 성도들의 소송 사건
다. 영지주의 라. 파당

2. 고린도 교회에 있었던 분파가 아닌 것은? (1:12)
가. 그리스도 파 나. 바울 파 다. 게바 파 라. 요한 파

3. 고린도 교회에서 바울에게 침례를 받지 않은 사람은? (1:14-16)
가. 그리스보 나. 가이오
다. 소스데네 라. 스데바나 집 사람

4. 헬라인은 지혜를 찾고, 유대인은 무엇을 구하는가? (1:22)
가. 율법 나. 하나님 다. 십자가 라. 표적

5. 하나님께서 세상의 '있는 것'들을 폐하시기 위해 선택한 것들이 아닌 것은? (1:28)
가. 미련한 것 나. 천한 것 다. 멸시 받는 것 라. 없는 것

6. 하나님의 깊은 것까지라도 통달하시는 자는? (2:10)
가. 천사 나. 성령 다. 바울 라. 선지자

7. 바울은 고린도 교인들이 왜 육신에 속한 자라고 하였나? (3:3)
가. 시기와 분쟁 나. 정욕 추구 다. 먹기에 힘씀 라. 불의를 행함

8. 오직 자라나게 하시는 이는? (3:6)
가. 바울 나. 아볼로 다. 게바 라. 하나님

9. 바울은 고린도 교인들을 '하나님의 무엇'이라 비유하였나? (3:9)
가. 바다 나. 밭, 집 다. 광촌 라. 도시

10. 바울이 지혜로운 건축자와 같이 닦아둔 터는 무엇인가? (3:11)
가. 교회 나. 이방선교
다. 예수 그리스도 라. 유대선교

11. 바울은 고린도 교인들을 무엇이라고 말하였나? (3:16)
가. 하나님의 능력 나. 하나님의 의
다. 하나님의 성전 라. 하나님의 마음

12. 그리스도의 일꾼이요 하나님의 비밀을 맡은 자들에게 구할 것은? (4:2)
가. 충성 나. 인내 다. 믿음 라. 소망

13. 바울은 무엇으로서 고린도 성도들의 아버지가 되었다고 말하나? (4:15)
가. 사랑 나. 복음 다. 예정 라. 교제

14. 주 안에서 바울의 신실한 아들이 된 자는 누구인가? (4:17)
가. 아굴라 나. 디모데 다. 바나바 라. 마가

15. 하나님의 나라는 말에 있지 않고 무엇에 있다고 말하였나? (4:20)
가. 행함 나. 윤리 다. 도덕 라. 능력

16. 고린도 교회 내에 음행한 자에 대한 바울의 권고는? (5:13)
가. 적극적으로 사귀라 나. 함께 먹으라
다. 회유하라 라. 내쫓으라

17. 다음 중 자기 몸에 죄를 범하는 것은? (6:18)
가. 시기 나. 다툼 다. 음행 라. 우상숭배

18. 고린도전서에서 결혼에 대한 바울의 교훈이 있는 곳은?
가. 5장 나. 6장 다. 7장 라. 8장

19. 바울의 사도직을 의심하고 그를 비판한 자들이 있는 교회는? (9:1-18)
가. 안디옥 교회 나. 데살로니가 교회
다. 고린도 교회 라. 빌라델비아 교회

20. 주께서는 복음 전하는 자들은 무엇으로 말미암아 살리라고 명하셨나? (9:14)
가. 복음 나. 교회의 도움
다. 성도의 도움 라. 자비량

21. 성도는 먹든지 마시든지 무엇을 하든지 다 무엇을 위하여 해야 하나? (10:31)
가. 이웃의 유익 나. 자신의 건강
다. 국가의 번영 라. 하나님의 영광

22. 각 남자의 머리는 누구인가? (11:3)
가. 여자 나. 천사 다. 그리스도 라. 하나님

23. 고린도전서 12장에 나타난 은사가 아닌 것은? (12:8-10)
가. 지식의 말씀 나. 구제 다. 믿음 라. 영들 분별함

24. 각 사람에게 은사를 나눠 주시는 분은? (12:11)
가. 목사 나. 교회 공동체 다. 예언자 라. 성령

25. 바울이 말한 가장 좋은 길은 무엇을 가리키나? (12:31-13:1)
가. 사랑 나. 믿음 다. 소망 라. 희생

26. 고린도전서에서 '사랑'에 대해 다룬 장은?
가. 12장 나. 13장 다. 14장 라. 15장

27. 바울이 사랑을 설명하기 위하여 비교하고 있지 않은 것은? (13:1-3)
가. 천사의 말　나. 예언　다. 복음전파　라. 구제

28. 바울은 모든 사람보다 무엇을 더 말하므로 하나님께 감사한다고 하였나? (14:18)
가. 예언　나. 지식　다. 지혜　라. 방언

29. 고린도전서에서 '부활'에 대해 다룬 장은?
가. 13장　나. 14장　다. 15장　라. 16장

30. 바울은 고린도 교회에게 언제 연보를 모아 두라고 하였나? (16:2)
가. 매주 첫날　나. 매주 마지막 날
다. 매달 첫날　라. 매달 마지막 날

1 Corinthians

[단답형 문제]

1. 고린도전서의 발신자는? (1:1)

2. 바울이 글로에의 집 편으로 들은 고린도 교회의 소식은 무엇인가? (1:11)

3. 그리스도께서 나를 보내심은 침례를 베풀게 하려 하심이 아니요 오직 복음을 전하게 하려 하심이로되 말의 지혜로 하지 아니함은 그리스도의 (　　)가 헛되지 않게 하려 함이라 (1:17)

4. 고린도전서 1장 18절 말씀을 쓰시오.

5. 이 세상이 자기 지혜로 하나님을 알지 못하므로 믿는 자들을 어떠한 방법으로 구원하시는가? (1:21)

6. 우리는 십자가에 못 박힌 (　　　　)를 전하니 유대인에게는 거리끼는 것이요 이방인에게는 미련한 것이로되 (1:23)

7. 오직 부르심을 받은 자들에게도 그리스도는 하나님의 무엇인가? (1:24)

8. 내 말과 내 전도함이 설득력 있는 지혜의 말로 하지 아니하고 다만 (　　　　　　　)과 능력으로 하여 (2:4)

9. 고린도전서 2장 10절 말씀을 쓰시오.

10. 모든 것을 판단하지만 아무에게도 판단을 받지 아니하는 자는? (2:15)

11. 우리는 하나님의 동역자들이요 너희는 하나님의 (　　)이요 하나님의 (　　)이니라 (3:9)

12. 고린도전서 3장 16절 말씀을 쓰시오.

13. 하나님의 성전인 성도 안에는 누가 거하시나? (3:16)

14. 하나님의 비밀을 맡은 자들에게 요청되는 것은? (4:2)

15. 우리 몸은 오직 누구를 위하여 있는가? (6:13)

16. 너희 몸은 너희가 하나님께로부터 받은 바 너희 가운데 계신 (　　　　)

인 줄을 알지 못하느냐 너희는 너희 자신의 것이 아니라 (6:19)

17. 우상의 제물에 대하여는 우리가 다 지식이 있는 줄을 아나 ( )은 교만하게 하며 ( )은 덕을 세우나니 (8:1)

18. 바울은 왜 복음을 전할지라도 자랑할 것이 없고 부득불 해야 된다고 하는가? (9:16)

19. 바울은 모든 사람에게서 자유로우나 왜 스스로 모든 사람에게 종이 되었나? (9:19)

20. 그런즉 선 줄로 생각하는 자는 ( ) 조심하라 (10:12)

21. 바울서신에 있는 유일한 주의 만찬 본문은?

22. 내가 너희에게 전한 것은 ( )이니 곧 주 예수께서 잡히시던 밤에 떡을 가지사 축사하시고 떼어 이르시되 이것은 너희를 위하는 ( )이니 이것을 행하여 나를 기념하라 하시고 식후에 또한 그와 같이 잔을 가지시고 이르시되 이 잔은 내 피로 세운 ( )이니 이것을 행하여 마실 때마다 나를 기념하라 하셨으니 너희가 이 떡을 먹으며 이 잔을 마실 때마다 ( )을 그가 오실 때까지 전하는 것이니라 (11:23-26)

23. 누구든지 무엇에 의하지 않고는 예수를 주시라고 할 수 없는가? (12:3)

24. ( )는 여러 가지나 성령은 같고 ( )은 여러 가지나 주는 같으며 또 ( )은 여러 가지나 모든 것을 모든 사람 가운데서 이루시는 하나님은 같으니 (12:4-6)

25. 각 사람에게 성령을 나타내시는 이유는? (12:7)

26. 이 모든 일은 같은 한 성령이 행하사 ( ) 각 사람에게 나누어 주시는 것이니라 (12:11)

27. 고린도전서 13장 1-3절 말씀을 쓰시오.

28. 내가 내게 있는 모든 것으로 ( )하고 또 내 몸을 불사르게 내줄지라도 ( )이 없으면 내게 아무 유익이 없느니라 (13:3)

29. 예언도 지식도 폐하나 언제까지나 떨어지지 않는 것은? (13:8)

30. 고린도전서 13장 13절 말씀을 쓰시오.

31. ( )을 말하는 자는 사람에게 하지 아니하고 하나님께 하나니 이는 알아 듣는 자가 없고 영으로 ( )을 말함이라 (14:2)

32. 방언을 말하는 자와 예언하는 자는 각각 무슨 덕을 세우게 되나? (14:4)

33. 바울은 악에는 어린 아이가 되고 지혜에는 어떤 사람이 되라고 했나? (14:20)

34. 바울은 예언하기를 사모하며 무엇을 금하지 말라고 하였나? (14:39)

35. 죽은 자 가운데서 다시 살아나사 잠자는 자들의 첫 열매가 되신 이는? (15:20)

36. "나는 날마다 죽노라"고 고백한 사람은? (15:31)

37. 사망아 너의 승리가 어디 있느냐 사망아 네가 쏘는 것이 어디 있느냐 사망이 쏘는 것은 ( )요 죄의 권능은 ( )이라 (15:55-56)

38. 바울이 고린도 교회에게 누구를 멸시하지 말고 평안히 자신에게 보내라고 부탁했는가? (16:10-11)

39. 깨어 ( )에 굳게 서서 남자답게 강건하라 너희 모든 일을 ( )으로 행하라 (16:13-14)

40. 바울이 전도한 아가야의 첫 열매는? (16:15)

2 Corinthians
고린도후서

[선택형 문제]

1. 고린도후서의 발신자는? (1:1)
   가. 바울　　나. 디모데
   다. 바울과 디모데　　라. 바울과 소스데네

2. 고린도후서의 수신자는? (1:1)
   가. 고린도 교회와 온 아가야에 있는 모든 성도
   나. 고린도 교회와 성도들
   다. 고린도 교회와 마게도냐 교회들
   라. 고린도 교회와 갈라디아 교회의 성도

3. 바울 일행이 아시아에서 당한 환난의 목적은? (1:8-9)
   가. 복음 증거는 어려운 사명이라는 것을 알려주기 위해서
   나. 오직 하나님만 의지하게 하기 위해서
   다. 바울의 행동을 세상에 널리 전하기 위해서
   라. 고통 후에 영광이 있다는 것을 보여주기 위해서

4. 바울은 예수의 날에 자신의 성도가 자신에게 무엇이 되기를 원하고 있는가? (1:14)
   가. 열매　　나. 상급　　다. 면류관　　라. 자랑

5. 다음 중 고린도에서 하나님의 아들 예수 그리스도를 전파한 사람이 아닌 것은? (1:19)
   가. 디모데　　나. 바울　　다. 실루아노　　라. 바나바

6. 바울이 고린도에 방문할 계획을 취소한 이유는? (1:23-2:3)
가. 바울의 일정이 바빠서
나. 고린도 교회의 문제가 이미 해결되어서 갈 필요가 없었기 때문에
다. 근심 중에 방문하여 성도들을 근심하게 할까 염려해서
라. 고린도 교회 성도들이 간곡히 부탁했기 때문에

7. 바울이 많은 눈물로 고린도 교회에 편지한 까닭은? (2:4)
가. 고린도 교회가 바울을 배반했기 때문에
나. 고린도 교회 성도들을 근심하게 하려고
다. 고린도 교회에 대한 바울의 넘치는 사랑을 알게 하려고
라. 고린도 교회의 믿음과 선행에 대한 소식을 듣고 감격해서

8. 바울은 교회의 근심을 불러일으킨 자를 용서하라고 했는데 그 이유는? (2:5-7)
가. 그가 너무 많은 근심에 잠길까 두려워하여
나. 예수께서 원수라도 용서하라고 하셨기 때문에
다. 마지막 심판의 때에 그들이 벌 받을 것이기 때문에
라. 그가 충분히 회개했으므로

9. 바울은 기독교인들이 구원 받는 자들에게나 망하는 자들에게나 무엇이라 했는가? (2:15)
가. 그리스도의 증인
나. 그리스도의 향기
다. 그리스도의 편지
라. 그리스도의 제자

10. 모세가 얼굴에 수건을 쓴 이유는 무엇인가? (3:13)
가. 이스라엘 자손들을 이방인들과 구별하기 위해서
나. 장차 없어질 것의 결국을 주목치 못하게 하기 위해서
다. 광야의 모래 바람의 피해를 막기 위해서
라. 이스라엘 자손들이 자신의 빛나는 얼굴을 보지 못하게 하려고

11. 믿지 아니하는 자들의 마음을 혼미하게 하여 그리스도의 영광의 복음의 광채가 비치지 못하게 하는 것은? (4:4)
가. 사단 나. 마귀
다. 이 세상 정욕 라. 이 세상의 신

12. 우리가 항상 예수의 죽음을 몸에 짊어지는 이유는? (4:10)
가. 우리 몸에 십자가가 있다는 사실을 항상 깨닫기 위해
나. 능력이 오직 그리스도께만 있음을 알기 위해
다. 그리스도의 종이라는 사실을 알기 위해
라. 예수의 생명이 우리 몸에 나타나게 하기 위해

13. 죽을 것이 생명에 삼킨 바 되게 하기 위해서 하나님이 우리에게 보증으로 주신 것은? (5:4-5)
가. 성령 나. 예수 다. 침례 라. 성만찬

14. 우리는 언제 새로운 피조물이 되는가? (5:17)
가. 믿음을 가졌을 때 나. 성령 안에 있을 때
다. 침례를 받았을 때 라. 그리스도 안에 있을 때

15. 하나님이 그리스도 안에서 세상과 자신을 화목하게 하기 위해 우리에게 주신 직분은? (5:18)
가. 복음을 전하는 직분 나. 이웃을 사랑하는 직분
다. 화목하게 하는 직분 라. 그리스도를 사랑하는 직분

16. 바울이 말하는 은혜와 구원을 받을 만한 때는? (6:2)
가. 하나님이 그의 아들을 보내신 날
나. 우리가 회개하고 믿는 날
다. 지금
라. 예수 재림의 날

17. 바울은 믿지 않는 자와 멍에를 함께 메지 말라고 하면서 그리스도와 무엇이 서로 조화될 수 없기 때문이라고 말했는가? (6:15)
가. 그모스 나. 마귀 다. 우상 라. 벨리알

18. 바울의 일행이 마게도냐에 이르러 사방으로 환난을 당할 때 바울에게 위로가 되었던 것은? (7:5-7)

가. 고린도 교인들의 기도　　나. 고린도 교인들의 선물
다. 성령께서 함께 하심　　라. 디도가 도착한 것

19. 하나님의 뜻대로 하는 근심은 우리에게 무엇을 가져다 주는가? (7:10)

가. 구원에 이르게 하는 회개　　나. 구원에 이르게 하는 믿음
다. 구원에 이르게 하는 침례　　라. 구원에 이르게 하는 성령

20. 바울은 어느 지방이 1년 전부터 연보를 준비해 왔다고 자랑했는가? (9:2)

가. 아가야　　나. 마게도냐　　다. 무시아　　라. 갈라디아

21. 바울이 자신의 권위에 대한 확신을 설명하면서 옳다 인정함을 받는 자는 어떠한 사람이라고 했나? (10:18)

가. 믿음이 있는 자　　나. 행함이 있는 자
다. 주께서 칭찬하시는 자　　라. 주께서 인정하신 자

22. 바울이 사도로서 받은 고난에 대한 기록 중 잘못된 것은? (11:24-25)

가. 유대인들에게 사십에 하나 감한 매를 네 번 맞았으며
나. 세 번 태장으로 맞고
다. 한 번 돌로 맞고
라. 세 번 파선하고 일 주야를 깊은 바다에서 지냈으며

23. 바울이 광주리를 타고 성벽을 내려가 체포를 면했던 곳은? (11:32-33)

가. 예루살렘　　나. 다메섹　　다. 안디옥　　라. 에베소

24. 바울이 자랑을 하고자 하여도 어리석은 자가 되지 않는 이유는? (12:6)

가. 그가 사도이기 때문에
나. 그가 참말을 하기 때문에
다. 그가 지혜 있는 자이기 때문에
라. 그가 주 안에서 자랑하기 때문에

25. 하나님께서는 바울의 육체에 가시를 주셨는데 바울은 이것을 무엇이라 고 했는가? (12:7)

가. 사탄의 사자　　나. 육체의 올무
다. 하나님의 은혜　　라. 하나님의 시험

26. 하나님께서 바울의 육체에 가시를 준 이유는? (12:7)

가. 너무 자만하지 않게 하시려고
나. 활동 영역을 제한하시려고
다. 누구나 결점이 있음을 알리시려고
라. 평생 바울을 쓰시기 위해

27. 바울은 자신에게 있던 육체의 가시를 없애기 위해 주께 몇 번 간구했나? (12:8)

가. 한 번　　나. 두 번　　다. 세 번　　라. 네 번

28. 바울이 그리스도를 위하여 약한 것들과 능욕과 궁핍과 박해와 곤고를 기뻐한 이유는? (12:10)

가. 그가 약한 그 때에 강하기 때문에
나. 그런 것들이 그를 자만하지 않도록 하기 때문에
다. 하나님께서 주시는 시련이기 때문에
라. 그런 것들이 자신이 사도 됨을 증거하기 때문에

29. 바울에게 사도의 표가 된 것은? (12:12)

가. 다메섹 도상에서의 체험
나. 다른 사도들보다도 더욱 많은 고난과 고통을 당한 것
다. 모든 참음과 표적과 기사와 능력을 행한 것
라. 예루살렘 총회 때 다른 사도들이 인정한 것

30. 고린도 교회 방문을 앞둔 바울이 염려하고 있는 것이 아닌 것은? (12:20-21)
가. 바울이 오는 것을 물질적 이득을 얻기 위함이라고 오해할까 두려워함
나. 다툼과 시기와 분냄과 당 짓는 것과 비방과 수군거림 등이 있을까 두려워함
다. 하나님이 바울을 고린도 교인들 앞에서 낮추실까 두려워함
라. 전에 죄를 지은 사람이 그 행한 바를 회개하지 아니함 때문에 슬퍼할까 두려워함

2 Corinthians

[단답형 문제]

1. 고린도후서에서 바울과 함께 성도들에게 인사하고 있는 사람은? (1:1)

2. 그리스도의 고난이 우리에게 넘친 것 같이 우리가 받는 (   )도 그리스도로 말미암아 넘치는도다 (1:5)

3. 바울은 하나님께서 우리를 어디에서 건지셨고 건지실 것이며 이 후에도 건지시기를 바란다고 했는가? (1:10)

4. 교회에서 문제를 일으켜 교회를 근심케 하였던 사람들에게 나타내야 할 것은? (2:8)

5. 바울이 드로아에 이르렀을 때 심령이 편하지 못했던 이유는? (2:13)

6. ( ) 안에 공통으로 들어갈 말은? (3:8-9)

> "영의 직분은 더욱 ( )이 있지 아니하겠느냐 정죄의 직분도 ( ) 이 있은즉 의의 직분은 ( )이 더욱 넘치리라"

7. 주는 영이시니 주의 영이 계신 곳에는 ( )가 있느니라 (3:17)

8. 만일 우리의 복음이 가리었으면 ( )들에게 가리어진 것이라 (4:3)

9. 하나님께서 우리의 마음에 비추신 빛은 무슨 빛인가? (4:6)

10. 우리의 ( )은 낡아지나 우리의 ( )은 날로 새로워지도다 (4:16)

11. 만일 땅에 있는 우리의 ( )이 무너지면 하나님께서 지으신 집 곧 손으로 지은 것이 아니요 하늘에 있는 ( )이 우리에게 있는 줄 아느니라 (5:1)

12. 하나님이 죄를 알지도 못하신 예수를 우리를 대신하여 죄로 삼으신 이유는? (5:21)

13. 극심한 가난에도 힘에 지나도록 자원하여 헌금을 드린 교회는? (8:1-3)

14. 부요하신 예수 그리스도께서 가난하게 되신 이유는? (8:9)

15. 바울이 "나의 동료요 너희를 위한 나의 동역자" 라고 소개한 사람은? (8:23)

16. 억지가 아닌 참 연보다운 연보란 어떤 것을 말하는가? (9:5)

17. "그의 편지들은 무게가 있고 힘이 있으나 그가 몸으로 대할 때는 약하고 그 말도 시원하지 않다"라는 말씀에서 '그'는 누구를 말하는가? (10:10)

18. 바울은 자신 속에 눌리는 일이 있다고 했는데 이는 무엇을 말하는가? (11:28)

19. 몸 안에 있었는지 몸 밖에 있었는지 알지 못한 채 셋째 하늘에 이끌려 간 자는? (12:2)

20. 고린도후서 13장 13절 말씀을 쓰시오.

Galatians

갈라디아서

[선택형 문제]

1. 바울이 그리스도 예수의 사도 된 것은 무엇을 통해서인가? (1:1)
가. 성도들로부터 인정을 받아서 나. 교회의 권위로 말미암아
다. 하나님 아버지로 말미암아 라. 사도들의 추천을 받아서

2. 바울이 갈라디아 교회를 이상하게 여긴 것은 무엇 때문인가? (1:6)
가. 교회에 분열이 있는 것 나. 다른 복음을 따르는 것
다. 자신의 믿음을 자랑하는 것 라. 과거의 습관을 따르는 것

3. 바울은 갈라디아서의 서두에서 누가 저주를 받을 것이라고 했는가? (1:9)
가. 다른 복음을 전하는 자들 나. 다른 복음을 따르는 자들
다. 율법주의자들 라. 바울의 적대자들

4. 바울은 자신이 어떤 복음을 전한다고 했는가? (1:12)
가. 예수 그리스도의 계시를 통해 받은 복음
나. 예루살렘 교회로부터 받은 복음
다. 사도들에게서 받은 복음
라. 율법 교사에게서 배운 복음

5. 바울이 택정 받고 부르심을 받은 때는 언제부터인가? (1:15)
가. 다메섹 도상에서 예수를 만났을 때부터
나. 아나니아를 통해 침례 받았을 때부터
다. 어머니의 태로부터
라. 교회의 인정을 받았을 때부터

6. 부름 받은 이후 바울이 가서 3년 동안 머물렀던 곳은? (1:17-18)
가. 예루살렘 나. 다메섹 다. 안디옥 라. 아라비아

7. 바울은 누구를 방문하기 위해 예루살렘으로 올라갔는가? (1:18)
가. 게바 나. 야고보 다. 바나바 라. 디모데

8. 예루살렘으로 간 바울이 게바와 함께 머물렀던 기간은? (1:18)
가. 3일 나. 7일 다. 10일 라. 15일

9. 바울이 다시 예루살렘을 찾은 것은 몇 년 후였는가? (2:1)
가. 7년 나. 12년 다. 10년 라. 14년

10. 바울이 다시 예루살렘을 찾았을 때 누구와 함께 갔는가? (2:1)
가. 바나바와 실라 나. 바나바와 디도
다. 디모데와 디도 라. 바나바와 디모데

11. 바울이 게바를 대면하여 책망했다고 하였는데, 그 이유는? (2:14)
가. 이방 지역인 안디옥에 내려왔기 때문에
나. 선교 지역 할당에 관한 약속을 어겼기 때문에
다. 이방 사람들과 함께 음식을 먹었기 때문에
라. 유대인답게 살지 않으면서 이방인을 유대인답게 살게 하려고 했기 때문에

12. 바울이 율법으로 말미암아 율법에 대하여 죽은 이유는? (2:19)
가. 오직 믿음으로 살려고 했기 때문에
나. 율법은 그리스도가 오심으로 완성되었기 때문에
다. 율법은 사람을 종으로 만들기 때문에
라. 하나님에 대하여 살려고 하기 때문에

13. 바울이 말하는 참 아브라함의 자손이란? (3:7)
가. 믿음으로 말미암은 자 나. 유대인
다. 이스라엘 혈족을 가진 자 라. 모세의 계명을 따르는 자

14. 율법의 행위에 속한 자들이 있는 곳은? (3:10)
가. 아브라함의 복 아래 나. 저주 아래
다. 육체 아래 라. 복음 아래

15. 바울은 율법이 주어진 때를 언제라고 말했는가? (3:16-17)
가. 모세가 십계명을 받은 때로부터 430년 후
나. 하나님께서 아브라함과 약속하신 때로부터 430년 후
다. 창조로부터 430년 후
라. 그리스도가 오시기 430년 전

16. 바울에 의하면 하나님의 유업은 누구를 통해 주신 것인가? (3:18)
가. 모세 나. 천사 다. 요셉 라. 아브라함

17. 율법에 대한 바울의 설명이 아닌 것은? (3:19-29)
가. 범법하므로 더하여진 것이다
나. 그리스도께로 인도하는 초등교사이다
다. 천사들을 통하여 중보자의 손으로 베푸셨다
라. 믿음이 온 후로도 함께 한다

18. 유대인이나 헬라인이나 종이나 자유인이나 남자나 여자나 하나가 되는 곳은? (3:28)
가. 율법 아래에서 나. 죄 아래에서
다. 성찬 안에서 라. 그리스도 예수 안에서

19. 바울이 갈라디아를 위해서 한 자신의 수고가 헛될까 두려워한 이유는? (4:10-11)
가. 사람들의 박해 때문에
나. 다른 사람을 따르기 때문에
다. 바울을 사도로 인정하지 않게 때문에
라. 갈라디아 교인들이 날과 달과 절기와 해를 지키기 때문에

20. 바울이 갈라디아 교회를 위해 해산하는 수고를 하는 이유는? (4:19)
가. 땅 끝까지 복음을 전하기 위해
나. 서로 더불어 종노릇하기 위해
다. 바울 스스로 사도로 인정받기 위해
라. 그리스도의 형상을 이루기 위해

21. 율법 아래 있지 않기 위해 해야 하는 것은? (5:18)
가. 율법을 폐하는 것
나. 성령의 인도함을 받는 것
다. 믿음으로 자유롭게 행하는 것
라. 율법을 완전히 이행하는 것

22. 바울은 자신의 몸에 무엇을 지니고 있다고 말했는가? (6:17)
가. 예수의 형상
나. 예수의 사랑
다. 예수의 마음
라. 예수의 흔적

Galatians

[단답형 문제]

1. 바울이 갈라디아 교회에 대해 이상하게 여겼던 것은? (1:6)

2. 바울 일행이 전하는 복음 외에 다른 복음을 전하는 자가 받게 될 벌은? (1:7-9)

3. 바울이 받은 복음은 어디로 말미암은 것인가? (1:11-12)

4. 그리스도의 복음을 위하여 바울을 택정하신 때는? (1:15)

5. 바울과 함께 복음을 전하고 있었으나 할례를 받지 않았던 헬라인은? (2:3)

6. 바울과 바나바는 누구에게 복음을 전하라는 위임을 받았는가? (2:7-9)

7. 예루살렘 교회의 기둥과 같았던 사람들은? (2:9)

8. 바울이 게바(베드로)를 면책했던 사건이 일어난 도시는? (2:11)

9. 율법을 향해 죽는 목적은 무엇인가? (2:19)

10. 갈라디아서 2장 20절 말씀을 쓰시오.

11. 율법 행위에 속한 자들은 어디에 있는 자라고 했는가? (3:10)

12. 갈라디아서에서 말하는 율법의 역할은? (3:24)

13. 너희가 아들이므로 하나님이 그 아들의 (　　)을 우리 마음 가운데 보내사 (　　) 아버지라 부르게 하셨느니라 (4:6)

14. "눈이라도 빼어줄 수 있을 만큼" 바울을 사랑한 교회는? (4:15)

15. 갈라디아 교회에 있는 바울의 적대자들의 목적은 무엇인가? (4:17)

16. 바울은 갈라디아 교회 교인들을 무엇이라고 불렀는가? (4:19)

17. 기독교인으로서 할례를 받는다면 무슨 의무를 갖는 것이 되는가? (5:3)

18. 그리스도 예수 안에서는 할례나 무할례나 효력이 없으되 사랑으로써 역사하는 (   )뿐이니라 (5:6)

19. 성령의 열매를 쓰시오. (5:22-23)

20. 서로 짐을 지는 것은 무엇을 성취하는 것이 되는가? (6:2)

21. 육체를 위하여 심는 자와 성령을 위하여 심는 자가 각각 거두어들이는 것은? (6:8)

22. 주제와 내용에 있어서 로마서와 가장 가까운 바울의 서신은?

Ephesians

에베소서

[선택형 문제]

1. 에베소서의 수신 대상은? (1:1)
   가. 에베소에 있는 성도들을 핍박하는 자들
   나. 에베소에 있는 여러 교회들과 그리스도를 영접치 않은 자들
   다. 에베소에 있는 성도들과 그리스도 예수 안에 있는 신실한 자들
   라. 에베소 인근 지역에 있는 교회들과 데오빌로 각하

2. 바울은 에베소 교회에게 자신을 누구라고 소개했나? (1:1)
   가. 그리스도 예수의 일꾼　　나. 그리스도 예수의 사도
   다. 하나님의 종　　라. 하나님의 부르심을 받은 사도

3. 하나님이 우리를 택하신 목적이 아닌 것은? (1:4-7)
   가. 거룩하고 흠이 없게 하시려고
   나. 자기의 아들들이 되게 하시려고
   다. 은혜의 영광을 찬송하게 하려고
   라. 착한 행실로 속량함을 받게 하려고

4. 에베소 교인들이 그리스도 안에서 들었던 진리의 말씀은 무엇인가? (1:13)
   가. 새 율법　　나. 구원의 복음　　다. 성령의 열매　　라. 영광과 평화

5. 바울은 에베소서에서 교회를 무엇이라고 했는가? (1:23)
   가. 성도들의 모임　　나. 말씀의 선포 장소
   다. 봉사와 나눔의 장　　라. 그리스도의 몸

6. 예수 믿기 이전의 우리 모습이 아닌 것은? (2:2-3)
가. 세상 풍조를 따랐다　　나. 공중의 권세 잡은 자를 따랐다
다. 육체의 욕심을 따라 지냈다　　라. 본질상 하나님의 자녀였다

7. 예수 믿기 이전 상태의 에베소 성도들을 표현한 말이 아닌 것은? (2:11-12)
가. 하나님이 없는 자　　나. 소망이 없는 자
다. 할례 받지 않은 자　　라. 율법에 능한 자

8. 전에는 멀리 있던 에베소 성도들이 이제 그리스도 안에서 가까워진 것은 무엇을 인함인가? (2:13)
가. 그리스도의 피　　나. 성도간의 사랑
다. 교통의 발달　　라. 세상의 박해

9. 교회를 건물에 비유할 때 그리스도는 무엇에 비유되었나? (2:20)
가. 반석　　나. 좁은 문
다. 모퉁잇돌　　라. 기둥

10. 바울은 자신이 에베소 성도들을 위해 당하는 환난을 무엇이라고 했나? (3:13)
가. 에베소 교인들의 영광　　나. 자신의 사명
다. 생명의 면류관　　라. 축복의 수단

11. 바울이 에베소서 4장에서 '하나'라고 말한 것에 포함되지 않는 것은? (4:3-6)
가. 소망　　나. 믿음　　다. 침례　　라. 은사

12. 에베소서에서 봉사의 일을 위해 세우신 일꾼들에 속하지 않는 사람은? (4:11)
가. 복음 전하는 자　　나. 구제하는 자
다. 목사　　라. 교사

13. 그리스도의 장성한 분량이 충만한 데까지 이른 사람이란? (4:13)
가. 세워진 일과 봉사의 일에 전무한 사람
나. 말씀을 증거 하기에 목숨을 아깝게 여기지 않는 사람
다. 하나님의 아들을 믿는 것과 아는 일에 하나가 된 사람
라. 성령의 은사가 여러 모양으로 나타는 사람

14. 성도가 그 이름조차도 부르지 말아야 할 3가지에 속하지 않는 것은? (5:3)
가. 비방 나. 음행
다. 탐욕 라. 온갖 더러운 것

15. 다음 중 빛의 열매가 아닌 것은? (5:9)
가. 착함 나. 의로움 다. 은밀함 라. 진실함

16. 바울이 아내들에게 강조한 남편에 대한 덕목은? (5:22,24)
가. 복종 나. 사랑 다. 헌신 라. 희생

17. 바울은 남편과 아내의 관계를 무슨 관계와 비교하였는가? (5:23-33)
가. 하나님과 예수의 관계 나. 바울과 에베소 성도의 관계
다. 그리스도와 교회의 관계 라. 연인 관계

18. 부모를 공경하라는 계명을 지켰을 때의 결과는? (6:3)
가. 천국의 면류관 나. 황충이 들지 않는 축복
다. 마음의 평안 라. 잘되고 땅에서 장수하는 축복

19. 바울이 말한 성령의 검이란? (6:17)
가. 하나님의 말씀 나. 기도와 간구
다. 담대함 라. 성령의 은사

20. 바울의 모든 사정을 에베소 성도들에게 알려줄 사람으로 파송된 일꾼은? (6:21)
가. 디모데 나. 디도 다. 두기고 라. 바나바

Ephesians

[단답형 문제]

1. 하나님이 우리를 택하시려고 예정한 것은 언제부터인가? (1:4)

2. 복음의 비밀을 우리에게 알리시는 이유는 무엇인가? (1:10)

3. (　　)는 그의 몸이니 (　　) 안에서 (　　)을 충만하게 하시는 이의 충만함이라 (1:23)

4. 예수의 은혜가 있기 이전에 인간은 모두 죽었던 자인데 그 이유는? (2:1)

5. 에베소서는 하나님께서 우리를 지으신 목적이 무엇이라고 말하는가? (2:10)

6. 하나님과 멀리 있었던 우리가 무엇으로 말미암아 가까워졌는가? (2:13)

7. 하나님과의 막힌 담을 자기 육체로 허신 이는? (2:14)

8. 하나님과의 화목을 위해 원수된 것을 무엇으로 소멸하였는가? (2:16)

9. 하나님께서 사도 바울을 택하신 목적 두 가지는 무엇인가? (3:8-9)

10. 바울의 환난은 에베소 성도에게 있어서 무엇인가? (3:13)

11. 땅에 내리셨던 그리스도가 하늘에 오르신 이유는? (4:10)

12. 성도를 온전하게 하여 봉사의 일을 하게 하며 그리스도의 몸을 세우기 위해 주신 직분은 무엇인가? (4:11)

13. 범사에 그리스도에게까지 자랄 수 있기 위해 해야 하는 것은? (4:15)

14. 분을 내어도 죄를 짓지 말며 해가 지도록 분을 품지 말아야 하는 까닭은? (4:26-27)

15. 누추함과 어리석은 말이나 희롱의 말 대신 해야 하는 것은? (5:4)

16. 하나님의 진노는 누구에게 나타나는가? (5:6)

17. 에베소서 5장 18절 말씀을 쓰시오.

18. 바울이 명한 부부의 도는 무엇인가? (5:22-25)

19. 자녀들에게 있어서 약속이 있는 첫 계명은 무엇인가? (6:2)

20. 에베소서는 아비들에게 오직 무엇과 무엇으로 자녀를 양육하라고 교훈하는가? (6:4)

21. 마귀의 간계를 능히 대적하기 위해 입어야 하는 것은? (6:11)

22. 믿는 자들이 씨름하여야 할 대상자는 누구인가? (6:12)

23. 그런즉 서서 (　　)로 너희 허리띠를 띠고 (　　)의 호심경을 붙이고 (　　)의 복음이 준비한 것으로 신을 신고 모든 것 위에 (　　)의 방패를 가지고 이로써 능히 악한 자의 모든 불화살을 소멸하고 (　　)의 투구와 (　　)의 검 곧 (　　)을 가지라 (6:14-17)

Philippians

빌립보서

[선택형 문제]

1. 빌립보서의 발신자는? (1:1)
   가. 바울과 실라　　나. 바울과 디모데
   다. 바울과 실루아노　　라. 바울과 소스데네

2. 바울이 빌립보 교회에 대해 기쁨을 가지고 있는 이유는? (1:5)
   가. 믿음이 날로 성장한다는 기쁜 소식 때문에
   나. 교회가 분쟁함 없이 평안하다는 소식 때문에
   다. 첫날부터 이제까지 복음을 위한 일에 참여하고 있기 때문에
   라. 그리스도께서 시작하신 착한 일이 그들 가운데서 이루어졌기 때문에

3. 바울이 옥에 갇힌 것으로 빌립보 교회가 받은 영향은? (1:12)
   가. 사랑을 실천하는 계기가 되었다 나. 기도하는 열심이 생기었다
   다. 복음 전파에 진전이 되었다　　라. 하나가 되었다

4. 바울이 죽는 것도 유익하다고 말한 이유는? (1:21)
   가. 죽는 것이 축복을 받는 길이기에
   나. 죽는 것이 하나님께 갈 수 있는 길이기에
   다. 바울에게 있어서 사는 것이 그리스도이기에
   라. 그의 죽음이 더 많은 복음의 열매를 가져올 것이기에

5. 우리의 마음 안에 품어야 할 것은? (2:5)
   가. 그리스도 예수의 사랑　　나. 그리스도 예수의 마음
   다. 그리스도 예수의 계명　　라. 그리스도 예수의 가르침

6. 바울이 빌립보 교회에 디모데를 보내려고 했던 이유는? (2:19)
가. 자신이 없는 동안 자기를 대신할 수 있게 하기 위해
나. 디모데를 통해서 빌립보 교인들을 양육하려고
다. 디모데를 통해서 빌립보 교회 사정을 알고 안위를 받기 위해
라. 빌립보 교회가 디모데를 보기 원했기 때문에

7. 바울이 디모데를 칭찬하는 이유는? (2:22)
가. 디모데가 바울과 더불어 복음을 위해 수고했기 때문에
나. 디모데가 바울을 사랑으로 섬겼기 때문에
다. 빌립보 교인들을 향한 디모데의 사랑이 극진했기 때문에
라. 빌립보 교인들을 위한 디모데의 희생적인 봉사 때문에

8. 에바브로디도에 대한 설명으로 틀린 것은? (2:25-28)
가. 바울은 그를 형제라고 했다
나. 그는 바울과 함께 군사 된 자이다
다. 바울을 돕기 위해 빌립보 교인들이 보낸 사람이다
라. 그는 병이 들어 빌립보에 갈 수 없었다

9. 바울이 빌립보 교인들에게 삼가라고 말한 대상이 아닌 것은? (3:2)
가. 음행하는 자　　　　나. 개들
다. 행악하는 자　　　　라. 몸을 상해하는 일

10. 바울이 말하는 할례파에 대한 설명이 아닌 것은? (3:3)
가. 하나님의 성령으로 봉사하는 자
나. 율법을 지키는 자
다. 그리스도 예수로 자랑하는 자
라. 육체를 신뢰하지 않는 자

11. 바울이 빌립보서에서 자신의 신분을 소개하며 말한 내용이 아닌 것은? (3:5)
가. 이스라엘 족속　　　　나. 아브라함의 자손
다. 베냐민 지파　　　　라. 히브리인 중의 히브리인

12. 바울이 빌립보서에서 자신에 대해 말한 내용이 아닌 것은? (3:5-6)
가. 가말리엘 문하생　　나. 율법의 의로는 흠이 없는 자
다. 열심으로는 교회를 박해한 자　　라. 히브리인 중의 히브리인

13. 복음 전파 사역을 위한 바울의 자세가 아닌 것은? (3:12-14)
가. 복음 전할 때마다 자신이 로마 시민이라는 사실을 내세웠다
나. 온전히 이루었다고 생각하지 않았다
다. 하나님이 부르신 부름의 상을 위하여 복음을 전했다
라. 이미 했던 일은 잊어버리고 앞으로 달렸다

14. 바울이 빌립보 교인들을 가리켜 한 말이 아닌 것은? (4:1)
가. 나의 기쁨　　나. 나의 면류관
다. 나의 사랑하는 자들　　라. 나의 믿음의 형제들

15. 빌립보 교인들이 바울의 쓸 것을 돕기 위해서 누구를 통해 지원했는가? (4:18)
가. 디모데　　나. 에바브로디도　　다. 디도　　라. 실라

Philippians

[단답형 문제]

1. 빌립보서의 수신자는? (1:1)

2. 복음을 위하여 바울이 당한 고난의 결과는 무엇인가? (1:12)

3. 투기와 분쟁으로 혹은 착한 뜻으로 그리스도를 전파하는 이들에 대한 바울의 견해는? (1:18)

4. 그리스도를 위하여 믿는 자에게 은혜를 주신 이유는? (1:29)

5. "너희 안에 이 마음을 품으라"에서 '이 마음'이란? (2:5)

6. 그는 근본 하나님의 (　　)시나 하나님과 동등됨을 취할 것으로 여기지 아니하시고 오히려 자기를 비워 (　　)의 형체를 가지사 사람들과 같이 되셨고 사람의 모양으로 나타나사 자기를 낮추시고 죽기까지 (　　)하셨으니 곧 십자가에 죽으심이라 (2:6-8)

7. 바울의 동역자로 병들어 죽게 되었다가 하나님의 긍휼로 살아난 사람은? (2:25-27)

8. 바울이 스스로에게 유익하던 모든 것을 해로 여긴 이유는? (3:8)

9. 바울이 가진 의는 어디에서 난 것인가? (3:9)

10. 그리스도의 십자가에 대해 원수로 행하는 자들의 마침은 무엇인가? (3:19)

11. 믿는 사람의 시민권은 어디에 있는가? (3:20)

12. 바울이 자신의 동역자들의 이름이 어디에 기록되어 있다고 했는가? (4:3)

13. 빌립보서 4장 6-7절 말씀을 쓰시오.

14. 복음에 대해 배우고 받고 듣고 본 바를 행하면 어떻게 되는가? (4:9)

15. 바울이 마게도냐를 떠날 때, 바울의 선교를 위해 후원한 교회는? (4:15)

16. 빌립보 교회가 보낸 선교헌금에 대해 바울은 무엇이라고 말했나? (4:18)

Colossians

골로새서

[선택형 문제]

1. 골로새서의 발신자는? (1:1)
   가. 바울과 실라　　나. 바울과 디모데
   다. 바울과 디도　　라. 바울과 하나님

2. 골로새서에서 바울은 디모데를 가리켜 무엇이라고 불렀나? (1:1)
   가. 믿음의 아들　　나. 형제　　다. 동역자　　라. 복음의 일꾼

3. 바울은 에바브라를 가리켜 무엇이라고 불렀나? (1:7)
   가. 믿음의 아들　　나. 형제
   다. 함께 종 된 자　　라. 함께 복음을 전한 자

4. 에바브라에 대한 설명으로 맞지 않는 것은? (1:7-8)
   가. 바울과 함께 그리스도의 종 된 자이다
   나. 바울과 함께 감옥에 갇혀 편지를 쓴 사람이다
   다. 골로새 교회에서 복음을 가르친 자이다
   라. 골로새 교인들의 사랑을 바울에게 알려준 사람이다

5. 하나님이 우리를 흑암의 권세로부터 어디로 옮기셨는가? (1:13)
   가. 그의 사랑의 아들의 나라　　나. 축복의 나라
   다. 영생의 나라　　라. 빛의 나라

6. 우리가 하나님 아들 안에서 얻은 것은? (1:14)
   가. 속량 곧 죄 사함　　나. 속량 곧 생명
   다. 속량 곧 구원　　라. 속량 곧 영생

7. 바울이 말하는 하나님의 비밀은 무엇을 뜻하는가? (1:27)
가. 이방인의 구원 계획 나. 그리스도
다. 하나님의 경륜 라. 능력

8. 바울이 예수를 전파하여 모든 지혜로 사람을 가르치는 목적을 무엇이라고 말했는가? (1:28)
가. 세상 속에서 참된 인간을 이루기 위해서
나. 그리스도 안에서 완전한 자로 세우기 위해서
다. 불의한 세상을 변화시키기 위해서
라. 지식과 지혜가 충만하여 철학과 속임수를 이기기 위해서

9. 하나님의 비밀인 그리스도 안에 감추어져 있는 것은? (2:3)
가. 능력과 권세 나. 총명 다. 지혜와 지식 라. 철학

10. 바울이 골로새 교인들에게 철학과 헛된 속임수에 사로잡힘을 경계하라고 명한 이유는? (2:8)
가. 율법에 반하기 때문에
나. 그리스도를 따르는 것이 아니기 때문에
다. 교회 지도자들의 치리에 어려움을 주기 때문에
라. 교회를 분열시키는 원인이 되기 때문에

11. 바울이 말한 손으로 하지 아니한 할례란? (2:11)
가. 성령의 은사를 받는 것
나. 교회의 직분을 받는 것
다. 육의 몸을 벗는 것이요 그리스도의 할례
라. 히브리인의 전통으로 하는 할례

12. 하나님의 진노를 임하게 하는 것이 아닌 것은? (3:5-6)
가. 육신의 할례 나. 음란과 부정
다. 악한 정욕 라. 우상숭배인 탐심

13. 바울과 함께 하나님 나라를 위해 일했던 할례파가 아닌 사람은? (4:10-11)
가. 아리스다고 나. 바나바 다. 마가 라. 유스도

14. 편지를 맺으면서 골로새 교인들이 생각해야 한다고 한 것은? (4:18)
가. 그리스도의 마음 나. 하나님의 구원
다. 영생을 사모하는 것 라. 바울이 매인 것

Colossians

[단답형 문제]

1. 골로새서의 발신자는 바울과 누구인가? (1:1)

2. 그(=하나님의 아들 예수 그리스도)는 보이지 아니하는 하나님의 ( ) 이시요 모든 ( )보다 먼저 나신 이시니 (1:15)

3. 만물은 누구를 위하여 창조되었는가? (1:16)

4. 하나님 앞에 흠 없고 책망할 것이 없는 자로 서기 위해서는 어떻게 해야 하나? (1:23)

5. 바울이 예수를 각 사람에게 권하고 가르친 목적은 무엇인가? (1:28)

6. 바울은 무엇을 따라 힘을 다해 수고하였는가? (1:28-29)

7. 철학과 헛된 속임수는 무엇을 따르고 있는가? (2:8)

8. 너희가 ( )로 그리스도와 함께 장사되고 또 죽은 자들 가운데서 그를 일으키신 하나님의 역사를 ( )으로 말미암아 그 안에서 함께 일으키심을 받았느니라 (2:12)

9. 절기나 초하루나 안식일은 무엇의 그림자인가? (2:16-17)

10. ( )을 생각하고 ( )을 생각하지 말라 (3:2)

11. 이는 너희가 죽었고 너희 생명이 ( )와 함께 하나님 안에 감추어졌음이라 (3:3)

12. 오직 그리스도는 ( )시요 ( ) 안에 계시니라 (3:11)

13. 이 모든 것 위에 ( )을 더하라 이는 온전하게 매는 띠니라 (3:14)

14. 골로새서 3장 15절 말씀을 쓰시오.

15. 또 무엇을 하든지 ( )에나 ( )에나 다 주 예수의 이름으로 하고 그를 힘입어 하나님 아버지께 감사하라 (3:17)

16. 아내는 남편에게, 남편은 아내에게 해야 하는 것은? (3:18-19)

17. 무슨 일을 하든지 마음을 다하여 ( )께 하듯 하고 ( )에게 하듯 하지 말라 (3:23)

18. 바울이 골로새 교회를 위해 파송한 두 사람은? (4:7-9)

1 Thessalonians
데살로니가전서

[선택형 문제]

1. 데살로니가전서의 발신자는? (1:1)
   가. 바울과 에바브로디도　　　나. 바울과 디모데와 디도
   다. 바울과 실루아노와 디모데　　라. 바울과 소스데네와 디모데

2. 데살로니가 교회가 마게도냐와 아가야에 있는 모든 믿는 자에 본이 된 것은 무엇인가? (1:6)
   가. 믿는 자의 열심을 보여 주었다
   나. 성령을 충만히 체험하고 있었다
   다. 복음을 전하는데 열심이 있었다
   라. 환난 가운데서도 복음을 받았다

3. 데살로니가 교인들은 누구에게 본이 되었는가? (1:7)
   가. 믿지 않는 데살로니가 사람들
   나. 새로이 믿게 된 이방인 개종자들
   다. 마게도냐와 아가야의 모든 백성들
   라. 마게도냐와 아가야의 모든 믿는 자들

4. 바울이 데살로니가 교회에 대해 들은 것의 내용이 아닌 것은? (1:9-10)
   가. 우상을 버렸다
   나. 살아 계시고 참되신 하나님을 섬기고 있다
   다. 율법에 순종하는 자들이 늘었다
   라. 하나님의 아들이 하늘로부터 강림하실 것을 기다리고 있다

5. 바울이 빌립보에서 고난과 능욕을 당하면서도 데살로니가 교인에게 전한 것은? (2:2)
가. 하나님의 복음　나. 빌립보의 사정
다. 고난의 신비　라. 성령의 능력

6. 바울이 데살로니가 교인에게 복음뿐만 아니라 목숨까지 주고자 했는데 그 이유는? (2:8)
가. 데살로니가 교인들의 고난의 동참하기를 원하기 때문에
나. 데살로니가 교인들이 바울의 사랑하는 자가 되었기 때문에
다. 데살로니가 교인들이 거룩한 삶을 살았기에
라. 데살로니가 교인들이 말씀을 잘 받아들였기 때문에

7. 바울은 하나님의 말씀이 어떤 사람에게 역사한다고 했는가? (2:13)
가. 믿는 자　나. 사모하는 자
다. 묵상하는 자　라. 듣는 자

8. 바울이 데살로니가 교인들을 가리켜 한 말이 아닌 것은? (2:17-20)
가. 너희 얼굴 보기를 열정으로 힘썼다
나. 사탄은 우리를 막지 못했다
다. 너희는 우리의 영광이다
라. 너희는 우리의 기쁨이다

9. 바울이 디모데를 데살로니가에 보낼 때 그는 어디에 머물러 있었는가? (3:1-2)
가. 아덴　나. 빌립보　다. 고린도　라. 에베소

10. 바울이 디모데를 데살로니가 교회에 보낸 이유가 아닌 것은? (3:2-5)
가. 데살로니가 교인들을 굳건하게 하려고
나. 데살로니가 교인들이 여러 환난 중에 흔들리지 않게 하려고
다. 데살로니가 교인들의 믿음을 알기 위하여
라. 데살로니가 교인들을 다스리기 위하여

11. 바울이 주야로 데살로니가 교인들을 위해 간구한 것은? (3:10)
가. 그들이 찾아오기를
나. 그들의 교회가 마게도냐에서 모범이 되기를
다. 그들의 얼굴을 보고 그들의 믿음이 부족한 것을 보충하기를
라. 그들에게 믿음의 시련과 어려움이 없게 되기를

12. 바울이 데살로니가 교회를 향해 이야기한 하나님의 뜻이 아닌 것은? (4:3-6)
가. 거룩함 나. 음란을 버리는 것
다. 형제를 해하지 않는 것 라. 이방인과 함께하는 것

13. 천사장의 소리와 하나님의 나팔 소리는 무엇과 관련된 말인가? (4:16)
가. 마지막 심판 나. 주의 강림
다. 마지막 부활 라. 성도들의 부활

14. 주의 날이 오는 것과 관련된 표현이 아닌 것은? (5:2-3)
가. 도둑 같이 나. 해산의 고통이 이름과 같이
다. 아침 같이 라. 갑자기

15. 영적인 무장에서 바울이 말하는 호심경은? (5:8)
가. 믿음과 사랑 나. 믿음과 소망
다. 사랑과 소망 라. 영과 진리

16. 영적인 무장에서 바울이 말하는 투구는? (5:8)
가. 구원의 믿음 나. 구원의 소망
다. 구원의 성령 라. 구원의 진리

1 Thessalonians

[단답형 문제]

1. 너희의 믿음의 (　　)와 사랑의 (　　)와 우리 주 예수 그리스도에 대한 소망의 (　　)를 우리 하나님 아버지 앞에서 끊임없이 기억함이니 (1:3)

2. 이는 우리 복음이 너희에게 (　　)로만 이른 것이 아니라 또한 (　　)과 (　　)과 (　　)으로 된 것임이라 (1:5)

3. 마게도냐와 아가야의 모든 믿는 자의 본이 되고 또 믿음의 소문이 각처에 퍼진 교회는? (1:7-8)

4. 이와 같이 말함은 (　　)을 기쁘게 하려 함이 아니요 오직 우리 마음을 감찰하시는 (　　)을 기쁘시게 하려 함이라 (2:4)

5. 바울 자신이 밤낮으로 일하면서 복음을 전한 이유가 무엇이라고 했나? (2:9)

6. 유대인들의 죄는 무엇인가? (2:15)

7. 형제들아 우리가 잠시 너희를 떠난 것은 (　　)이요 (　　)은 아니니 너희 얼굴 보기를 열정으로 더욱 힘썼노라 (2:17)

8. 바울이 데살로니가 교회에 가고자 할 때 누가 막았는가? (2:18)

9. 바울의 소망이나 기쁨이나 자랑의 면류관은 무엇인가? (2:19)

10. 바울 자신이 데살로니가 교회에 갈 수 없어 대신 보낸 사람은? (3:2)

11. 데살로니가 교회에 대한 하나님의 뜻은 무엇인가? (4:3)

12. 사람을 저버리는 자는 사람을 저버리는 것이 아니고 무엇을 저버리는 것이라고 했나? (4:8)

13. '손으로 일하기를 힘쓰라'는 이유는? (4:11-12)

14. 주께서 강림하실 때까지 우리 살아 남아 있는 자도 (　　)보다 결코 앞서지 못하리라 (4:15)

15. 데살로니가전서 5장 16-18절 말씀을 쓰시오

2 Thessalonians
데살로니가후서

[선택형 문제]

1. 데살로니가후서의 발신자는? (1:1)
   가. 바울과 디도 나. 바울과 디모데
   다. 바울과 실루아노와 디모데 라. 바울과 실루아노

2. 바울이 여러 교회에서 데살로니가 교인들을 자랑하는 이유는? (1:4)
   가. 모든 박해와 환난 중에서 인내하고 믿음을 지켰기 때문에
   나. 교회의 성장과 풍성한 사랑 때문에
   다. 그들의 교회에 넘친 하나님의 은혜와 평강 때문에
   라. 깨끗한 양심을 가졌기 때문에

3. '멸망의 아들'에 대한 설명이 아닌 것은? (2:4)
   가. 대적하는 자
   나. 박해하는 자
   다. 숭배함을 받는 것에 대항하는 자
   라. 자기를 하나님이라고 내세우는 자

4. 악한 자가 임할 때 함께 나타나는 것이 아닌 것은? (2:9)
   가. 복음 나. 모든 능력 다. 표적 라. 거짓 기적

5. 바울이 데살로니가 교인들에게 기도해 달라고 부탁한 것이 아닌 것은? (3:1-2)
   가. 주의 말씀이 퍼져나가도록
   나. 데살로니가 교인들을 다시 만날 수 있게 되기를
   다. 주의 말씀의 퍼져나감으로 영광스럽게 되도록
   라. 부당하고 악한 사람들에게서 건지도록

6. 바울은 데살로니가 교인들에게 본받으라고 말한 것이 아닌 것은? (3:7-9)
   가. 무질서하게 행하지 아니한 것
   나. 음식을 값없이 먹지 않은 것
   다. 조급하게 행동하지 않은 것
   라. 주야로 일하여 아무에게도 폐를 끼치지 않은 것

7. 바울은 자신의 편지에서 지시한 말을 순종하지 않는 사람들을 어떻게 하라고 하였는가? (3:14)
   가. 형제같이 권면하지 말라　　나. 지목하여 사귀지 말라
   다. 부끄럽게 하지 말라　　라. 원수같이 생각하라

8. 바울이 편지의 끝 부분에 쓴 말은? (3:18)
   가. 거역하는 자를 온유함으로 훈계할지어다
   나. 나의 사랑이 그리스도 예수 안에서 너희와 함께 할지어다
   다. 아멘 주 예수여 오시옵소서
   라. 우리 주 예수 그리스도의 은혜가 너희 무리에게 있을지어다

2 Thessalonians

[단답형 문제]

1. 데살로니가 교회가 고난을 받는 이유는 무엇인가? (1:5)

2. 너희로 환난을 받게 하는 자들에게는 (　　)으로 갚으시고 환난을 받는 너희에게는 우리와 함께 (　　)으로 갚으시는 것이 하나님의 공의시니 (1:6-7)

3. ( )으로나 또는 ( )로나 또는 우리에게서 받았다 하는 (   )로나 주의 날이 이르렀다고 해서 쉽게 마음이 흔들리거나 두려워하거나 하지 말아야 한다는 것이라 (2:2)

4. 주의 강림 전에 불법의 사람이 나타난다고 했는데, 그는 누구인가? (2:3)

5. 불의의 모든 속임으로 멸망하는 자들이 구원을 얻지 못하는 이유는? (2:10)

6. 하나님이 미혹의 역사를 그들에게 보내어 거짓 것을 믿게 하시는 이유는? (2:12)

7. 주께서 사랑하시는 형제들아 우리가 항상 너희에 관하여 마땅히 하나님께 감사할 것은 하나님이 처음부터 너희를 택하사 (   )하게 하심과 (   )으로 구원을 받게 하심이니 (2:13)

8. 주께서 너희 마음을 인도하여 하나님의 (   )과 그리스도의 (   )에 들어가게 하시기를 원하노라 (3:5)

9. 바울은 데살로니가 교인들에게 어떠한 사람들로부터 떠나라고 했는가? (3:6)

10. 바울 일행이 스스로 돈을 벌며 아무에게도 폐를 끼치지 아니하고 선교한 이유는 무엇인가? (3:9)

1 Timothy 디모데전서

[선택형 문제]

1. 바울은 디모데에게 하나님을 누구라고 소개했나? (1:1, 2:3, 4:10)
가. 우리 아버지 나. 우리 창조주
다. 우리 구주 라. 우리 구원자

2. 바울은 디모데전서 첫머리에서 그리스도 예수를 어떻게 묘사했는가? (1:1)
가. 우리 소망 나. 우리 구주
다. 우리 주님 라. 우리 하나님

3. 바울은 그리스도 예수의 명령을 따라 무엇이 되었다고 하였나? (1:1)
가. 사도 나. 제자 다. 아들 라. 종

4. 율법이 세워진 목적은? (1:9)
가. 선한 사람들로 하여금 하나님의 뜻이 무엇인지 알게 하려고
나. 믿는 자들로 하여금 하나님의 뜻을 올바르게 행하게 하려고
다. 불법한 자와 복종하지 아니하는 죄인들을 위하여
라. 깊이 있는 교훈을 따르게 하기 위하여

5. 바울이 자신의 과거 모습에 대해 언급한 것이 아닌 것은? (1:13)
가. 비방자 나. 박해자 다. 폭행자 라. 직분자

6. 디모데전서에서 바울이 하나님의 속성으로 언급한 것이 아닌 말은? (1:17)
가. 영원하신 왕 나. 의로 심판하시는 분
다. 썩지 아니하시는 분 라. 보이지 아니하시는 분

7. 임금들과 높은 지위에 있는 사람을 위해 기도하고 감사해야 하는 이유는? (2:2)
가. 그들은 하나님이 세우신 사람들이므로
나. 그들이 하나님의 뜻을 잘 이룰 수 있게 하기 위해
다. 고요하고 평안한 생활을 하기 위하여
라. 그들과 좋은 관계를 맺기 위하여

8. 바울이 자신에게 있어서 세우심을 입은 직분에 대해 말한 것이 아닌 것은? (2:7)
가. 복음 전도자 나. 이방인의 스승
다. 그리스도의 종 라. 사도

9. 다음 중 바울이 여자에게 허락하지 않은 일은? (2:12)
가. 복음 전파하는 일 나. 가르치는 일
다. 교회를 섬기는 일 라. 길에서 남자에게 말을 거는 일

10. 바울이 여자에게 남자를 주관하지 못하게 한 이유는? (2:13)
가. 남자는 여자의 머리이기 때문에
나. 남자는 하나님의 형상이기 때문에
다. 남자가 여자보다 먼저 창조되었기 때문에
라. 남자가 여자를 주관하도록 창조되었기 때문에

11. 다음 중 감독의 자격과 관련이 없는 것은? (3:2-4)
가. 가르치기를 잘 해야 한다 나. 돈을 사랑하지 말아야 한다
다. 자기 집을 잘 다스려야 한다 라. 믿음의 본이 되어야 한다

12. 다음 중 집사의 자격과 관련이 없는 것은? (3:8-10)
가. 깨끗한 양심을 가져야 한다
나. 더러운 이를 탐하지 말아야 한다
다. 믿음의 비밀을 가져야 한다
라. 가르치기를 잘 해야 한다

13. 바울이 디모데에게 자기가 갈 때까지 전념하라고 지시한 일이 아닌 것은? (4:13)

가. 읽은 것　　나. 권하는 것
다. 기도하는 것　　라. 가르치는 것

14. 자기 가족을 돌보지 않는 사람을 어떤 사람이라고 했는가? (5:8)

가. 교회를 가족으로 삼은 사람
나. 믿음을 배반한 사람
다. 죽도록 충성하는 사람
라. 하나님으로부터 버림을 받을 사람

15. 과부로 등록될 여자의 자격이 아닌 것은? (5:9-10)

가. 나이가 육십이 넘는 자
나. 한 남편의 아내였던 자
다. 자녀가 없는 자
라. 모든 선한 일을 행한 자

16. 배나 더 존경해야 할 장로들은 어떤 사람이어야 하는가? (5:17)

가. 많은 사람들에게 믿음의 본을 보인 장로
나. 잘 다스리며 말씀과 가르침에 수고하는 장로
다. 교회를 위해 모든 것을 헌신하는 장로
라. 자기보다 교회를 더 사랑하는 마음이 있는 장로

17. 바울이 디모데에게 권면한 것이 아닌 것은? (5:21-22)

가. 다른 사람을 지켜 정결하게 하라
나. 편견이 없이 말씀을 지켜 불공평하게 하지 말라
다. 아무에게나 경솔히 안수하지 말라
라. 다른 사람의 죄에 간섭하지 말라

18. 하나님의 사람이 따라야 할 것이 아닌 것은? (6:11)

가. 의와 경건　　나. 공의와 심판
다. 믿음과 사랑　　라. 인내와 온유

19. 디모데전서 6장 16절에서 하나님을 묘사한 말이 아닌 것은?
가. 오직 그에게만 죽지 아니함이 있으신 분
나. 가까이 가지 못할 빛에 거하시는 분
다. 지극히 높은 곳에 계신 분
라. 볼 수가 없으신 분

20. 바울이 부자에게 준 명령이 아닌 것은? (6:17-18)
가. 재물에 소망을 두지 말라 나. 마음을 높이라
다. 나누어 주기를 좋아하라 라. 선한 사업을 많이 하라

1 *Timothy*

[단답형 문제]

1. 디모데전서는 누구에게 보낸 편지인가? (1:2)

2. 바울이 마게도냐로 갈 때 디모데에게 머물라고 한 곳은? (1:3)

3. 바울이 디모데에게 전한 교훈의 목적은 무엇인가? (1:5)

4. 그러나 율법은 사람이 그것을 적법하게만 쓰면 ( ) 것임을 우리는 아노라 (1:8)

5. 바울은 디모데에게 어떤 양심을 가지라고 했나? (1:19)

6. 그러므로 내가 첫째로 권하노니 모든 사람을 위하여 간구와 기도와 (　　　)와 감사를 하되 (2:1)

7. 하나님은 모든 사람이 (　　)을 받으며 (　　)를 아는 데에 이르기를 원하시느니라 (2:4)

8. 남자들은 어떤 모습으로 기도해야 하나? (2:8)

9. 여자들이 만일 정숙함으로써 (　　)과 (　　)과 (　　　)에 거하면 그의 해산함으로 구원을 얻으리라 (2:15)

10. 여자 집사의 자격은? (3:11)

11. 후일에 믿음에서 떠나 미혹케 하는 영과 귀신의 가르침을 좇는 자가 있다고 했는데 그들은 누구인가? (4:2)

12. 누구든지 네 연소함을 업신여기지 못하게 하고 오직 (　　　)과 (　　)과 (　　)과 (　　)과 (　　)에 있어서 믿는 자에게 본이 되어 (4:12)

13. 늙은이를 꾸짖지 말고 권하되 (　　　　)에게 하듯 하며 젊은이에게는 (　　)에게 하듯 하고 (5:1)

2 Timothy 디모데후서

[선택형 문제]

1. 하나님이 우리에게 주신 마음이 아닌 것은? (1:7)
   가. 능력 나. 사랑 다. 두려움 라. 절제

2. 하나님이 우리에게 능력과 사랑과 절제하는 마음을 주신 목적은? (1:7-8)
   가. 하나님 앞에 올바로 서기 위해서
   나. 하나님의 구원을 받기에 합당케 하기 위해서
   다. 하나님의 능력을 따라 복음과 함께 고난 받게 하기 위해
   라. 믿지 않는 사람의 빛이 되게 하기 위해서

3. 하나님의 구원과 부르심의 근거가 되는 것은? (1:9)
   가. 우리의 행위 나. 하나님의 성품
   다. 하나님의 뜻과 은혜 라. 하나님의 약속

4. 바울이 로마의 옥에 갇혀 있을 때에 자주 찾아 격려했던 사람은? (1:16-17)
   가. 오네시보로 나. 디모데
   다. 디도 라. 바나바

5. 바울이 복음을 인하여 고난을 받으면서도 참은 목적은? (2:10)
   가. 자신의 구원을 이루기 위해
   나. 하나님의 상급을 얻기 위해
   다. 택하신 자들의 구원을 함께 받기 위해
   라. 택하신 자들에게 모범을 보이기 위해

6. “어리석고 무식한 변론을 버리라”고 권한 이유는? (2:23)
   가. 이길 수 없기 때문에
   나. 다툼의 원인의 되기 때문에
   다. 자신에게 덕이 되지 않기 때문에
   라. 올바른 재판이 있기 때문에

7. 다음 중 주의 종에 대한 성격과 관련이 없는 것은? (2:24-26)
   가. 다투지 말아야 한다　　나. 온유함으로 훈계해야 한다
   다. 가르치기를 잘해야 한다　　라. 거역하는 자를 책망해야 한다

8. 바울이 기술한 성경의 특징과 거리가 먼 것은? (3:16-17)
   가. 하나님의 감동으로 된 것이다
   나. 사도들을 교육하기 위하여 기록된 책이다
   다. 교훈과 책망과 바르게 함과 의로 교육하기에 유익하다
   라. 하나님의 사람으로 온전하게 하는 것이다

9. 이 세상을 사랑하여 바울을 버리고 데살로니가로 떠나간 사람은? (4:10)
   가. 데마　　나. 누가　　다. 브리스가　　라. 알렉산더

10. 바울을 떠나 달마디아로 가버린 사람은? (4:10)
   가. 데마　　나. 누가　　다. 그레스게　　라. 디도

11. 바울이 디모데에게 올 때 데리고 오라고 말한 사람은? (4:11)
   가. 디도　　나. 데마　　다. 마가　　라. 오네시모

12. 바울이 에베소로 보냈던 사람은? (4:12)
   가. 디도　　나. 두기고　　다. 누가　　라. 데마

2 Timothy

[단답형 문제]

1. 디모데의 외조모는? (1:5)

2. 디모데의 어머니의 이름은? (1:5)

3. 내가 이 복음을 위하여 (　　　)와 (　　)와 (　　)로 세우심을 입었노라 (1:11)

4. 바울은 자신의 고난을 부끄러워하지 않는다고 했는데, 그 이유는? (1:12)

5. 아시아에 있는 사람들 중 바울을 버린 대표적인 인물 두 사람의 이름은? (1:15)

6. 그리스도 예수의 좋은 병사는 어떠한 사람인가? (2:4)

7. 디모데후서 2장 5절 말씀을 쓰시오.

8. 바울은 택함 받은 자들을 위하여 모든 것을 참는다고 했는데, 그 이유는? (2:10)

9. 말다툼의 결과는 무엇인가? (2:14)

10. 망령되고 헛된 말을 하는 사람 중 대표적인 두 사람의 이름은? (2:16-17)

11. 주의 이름을 부르는 자마다 (　　)에서 떠날지어다 하였느니라 (2:19)

12. 바울이 디모데에게 청년의 정욕을 피하고 깨끗한 마음으로 주를 부르는 자들과 함께 추구할 것으로 언급한 네 가지 덕목은? (2:22)

13. 경건의 ( )은 있으나 경건의 ( )은 부인하니 이같은 자들에게서 네가 돌아서라 (3:5)

14. 무릇 그리스도 예수 안에서 경건하게 살고자 하는 자는 ( )를 받으리라 (3:12)

15. 모든 성경은 하나님의 감동으로 된 것으로 ( )과 ( )과 ( )과 ( )에 유익하니 (3:16)

Titus

디도서

[선택형 문제]

1. 바울은 디도서의 앞부분에서 자신을 무엇이라고 소개하고 있는가? (1:1)
   가. 하나님의 종이요 예수 그리스도의 사도
   나. 그리스도 예수의 종
   다. 그리스도 예수의 명령을 따라 된 사도
   라. 하나님의 뜻을 따라 된 사도

2. 디도서에서 바울은 수신자인 디도를 가리켜 어떻게 말하고 있는가? (1:4)
   가. 같은 소망을 가진 자　　나. 나의 참 아들
   다. 나의 복음의 동역자　　라. 함께 고난당하는 자

3. 바울이 디도를 떨어뜨려 놓은 곳은? (1:5)
   가. 다소　　나. 그레데　　다. 안디옥　　라. 살라미

4. 디도서에서 장로의 자격으로 언급되지 않은 것은? (1:6)
   가. 나그네를 대접해야 한다　　나. 책망할 것이 없어야 한다
   다. 한 아내의 남편이어야 한다　　라. 믿는 자녀를 두어야 한다

5. 디도서에서는 감독의 자격으로 언급되지 않은 것은? (1:7-9)
   가. 책망할 것이 없어야 한다
   나. 급히 분내지 아니해야 한다
   다. 술을 즐기지 아니해야 한다
   라. 믿는 자녀를 두어야 한다

6. 헛된 말을 하며 속이는 말을 하는 자들이 특히 어떤 사람들 가운데 많은가? (1:10)

가. 게바파 나. 사두개인파
다. 할례파 라. 바리새인파

7. 디도서에서 늙은 남자에게 권한 바른 교훈에 합당하지 않는 것은? (2:2)

가. 절제하라 나. 경건하라
다. 신중하라 라. 거룩하라

8. 디도서에서 늙은 여자에게 권한 바른 교훈에 합당하지 않는 것은? (2:3)

가. 행실이 거룩하라 나. 술의 종이 되지 말라
다. 선한 것을 가르치라 라. 인내하라

9. 디도서에서 젊은 여자에게 권한 바른 교훈에 합당하지 않는 것은? (2:4-5)

가. 모함하지 말라 나. 남편과 자녀를 사랑하라
다. 신중하며 순전하라 라. 남편에게 복종하라

10. 디도서에서 젊은 남자에게 권한 바른 교훈에 합당하지 않는 것은? (2:6-8)

가. 술의 종이 되지 말라 나. 선한 일의 본을 보이라
다. 단정하라 라. 바른 말을 하게 하라

11. 예수 그리스도께서 우리를 대신하여 자신을 주신 이유가 아닌 것은? (2:14)

가. 모든 불법에서 속량하시고
나. 죄에 대해 깨끗하게 하시려고
다. 업신여김을 받게 하시려고
라. 선한 일을 열심히 하는 자기 백성이 되게 하시려고

12. 바울은 이단에 속한 사람들에게 어떻게 하라고 했는가? (3:10)

가. 한두 번 훈계한 후에 멀리하라
나. 상종도 하지 마라
다. 형제와 같이 항상 품고 기도하라
라. 끊임없이 변론하고 권고하라

13. 바울이 디도서를 쓰면서 겨울을 나기 위해서 머물러 있던 곳은? (3:12)
가. 그레데
나. 니고볼리
다. 데가볼리
라. 길리기아

Titus

[단답형 문제]

1. 영생은 언제부터 약속하신 것인가? (1:2)

2. 바울은 디도를 누구라고 하였나? (1:4)

3. 바울이 디도를 그레데에 남겨 둔 이유는 무엇인가? (1:5)

4. 디도서에서 장로의 자격은 무엇인가? (1:6)

5. '불순종하고 헛된 말을 하며 속이는 자'가 특히 많았던 사람들은? (1:10)

6. "항상 거짓말쟁이며 악한 짐승이며 배만 위하는 게으름뱅이라"는 한 선지자의 말은 누구를 가리켜 한 말인가? (1:12)

7. 디도서 2장 7-8절 말씀을 쓰시오.

8. 모든 사람에게 구원을 주시는 하나님의 (　)가 나타나 우리를 양육하시되 경건하지 않은 것과 이 세상 정욕을 다 버리고 (　　)과 (　　)과 (　　)으로 이 세상에 살고 (2:11-12)

Philemon

빌레몬서

[선택형 문제]

1. 빌레몬서의 발신자는? (1:1)

가. 바울　　나. 바울과 디모데

다. 바울과 실루아노 디모데　　라. 바울과 소스데네와 디모데

2. 빌레몬은 바울과 디모데에게 어떤 사람인가? (1:1)

가. 복음의 전도자　　나. 그리스도의 병사

다. 사랑을 받는 자요 동역자　　라. 신실한 일꾼

3. 빌레몬서의 수신자는 누구인가? (1:2)

가. 빌레몬

나. 빌레몬과 그의 교회

다. 빌레몬과 그의 가족

라. 빌레몬과 압비아와 아킵보와 빌레몬의 집에 있는 교회

4. 바울이 기도할 때 빌레몬으로 인해 감사드린 이유는? (1:5)

가. 그의 믿음이 놀랍게 자란 것 때문에

나. 주 예수와 및 모든 성도에 대한 사랑과 믿음 때문에

다. 가정과 교회를 잘 돌본 것 때문에

라. 바울과 그의 일행을 위해 보인 사랑 때문에

5. 오네시모는 빌레몬과 어떤 관계였는가? (1:16)
가. 주인과 종　　나. 성도와 성도
다. 형제와 형제　　라. 유대인과 이방인

6. 다음 중 바울의 동역자로서 빌레몬에게 문안한 사람이 아닌 자는? (1:24)
가. 마가　　나. 아리스다고　　다. 데마　　라. 디모데

Philemon

[단답형 문제]

1. 내가 (　　　) 안에서 아주 담대하게 네게 마땅한 일로 명할 수도 있으나 도리어 (　)으로써 간구하노라 (1:8-9)

2. 바울은 오네시모를 가리켜 누구라고 했는가? (1:10)

3. 오네시모를 빌레몬에게 돌려보내는 이유는? (1:14)

4. 바울은 빌레몬이 종인 오네시모를 어떻게 받아들이기를 원했는가? (1:16)

5. 바울이 빌레몬서를 쓸 때 함께 갇혀 있었으면서 빌레몬에게 문안한 사람은? (1:23)

Hebrews

히브리서

[선택형 문제]

1. 하나님이 옛적에는 우리 조상들에게 누구를 통해 말씀하셨는가? (1:1)
가. 천사들 나. 족장들 다. 모세 라. 선지자들

2. 하나님이 말세에는 누구를 통해 말씀하시는가? (1:2)
가. 천사들 나. 성령
다. 아들 라. 하나님의 사람들

3. 다음 중 하나님의 아들에 대한 묘사가 아닌 것은? (1:2-3)
가. 만유의 상속자 나. 천사와 같은 이
다. 하나님의 영광의 광채 라. 하나님의 본체의 형상

4. 예수께서 범사에 형제들과 같이 되신 이유는? (2:17)
가. 백성의 죄를 속량하시려고
나. 낮아짐의 본을 보이시려고
다. 인간들을 자신처럼 사랑하셨기 때문에
라. 우리와 하나가 되기 위해서

5. 이스라엘이 약속된 안식에 들어가지 못한 이유는? (3:18-19)
가. 순종치 않고 믿지 않기 때문에 나. 율법을 지키기 때문에
다. 우상을 숭배했기 때문에 라. 광야에서 범죄했기 때문에

6. 히브리서에서 하나님의 말씀에 대한 묘사가 아닌 것은? (4:12)
가. 살아 있다 나. 활력이 있다
다. 혼과 영에 평안을 준다 라. 마음의 생각과 뜻을 판단한다

7. 예수는 어떤 대제사장으로 묘사되고 있는가? (5:10)
가. 하늘의 반차를 따른 대제사장
나. 아론의 반차를 따른 대제사장
다. 멜기세덱의 반차를 따른 대제사장
라. 모세의 반차를 따른 대제사장

8. 한 번 하늘의 은사를 맛보고 타락한 자들이 다시 회개할 수 없는 이유는? (6:6)
가. 하나님이 두 번의 기회를 주시지는 않기 때문에
나. 스스로 회개의 길을 버렸기 때문에
다. 하나님의 정하신 뜻대로 되었기 때문에
라. 하나님의 아들을 다시 십자가에 못 박아 욕되게 하기 때문에

9. 하나님께서 아브라함에게 축복을 주시겠다고 맹세하실 때에 누구를 가리켜 맹세하셨는가? (6:13)
가. 하나님 나. 아브라함 다. 천사 라. 아들 예수

10. 멜기세덱이 하나님의 아들과 비슷한 이유가 아닌 것은? (7:2-3)
가. 의의 왕이며 평강의 왕이다 나. 시작한 날도 생명의 끝도 없다
다. 족보도 없다 라. 항상 족장으로 있다

11. 예수는 어느 지파로부터 나셨는가? (7:14)
가. 레위 나. 유다 다. 베냐민 라. 요셉

12. 예수가 다른 제사장과 다른 이유가 아닌 것은? (7:22-28)
가. 하늘보다 높이 되신 자이기 때문에
나. 영원히 계시므로 그 제사장 직분이 갈리지 않기 때문에
다. 죄인과 항상 함께 있기 때문에
라. 백성의 죄를 위하여 날마다 제사 드리는 것과 같이 할 필요가 없기 때문에

13. 지성소라 일컫는 둘째 장막 안에 있는 것이 아닌 것은? (9:3-5)
가. 금 향로 나. 언약궤 다. 영광의 그룹들 라. 분향단

14. 언약궤 안에 들어 있지 않는 것은? (9:4)
가. 만나를 담은 금 항아리 나. 언약의 돌판들
다. 금 향로 라. 아론의 싹난 지팡이

15. 악한 양심으로부터 벗어나고 몸을 맑은 물로 씻음 받은 자의 태도가 아닌 것은? (10:22-25)
가. 참 마음과 온전한 믿음으로 하나님께 나아간다
나. 믿는 도리의 소망을 움직이지 말고 굳게 잡는다
다. 은밀한 중에 홀로 하나님과 만난다
라. 서로 돌아보아 사랑과 선행을 격려한다

16. 히브리서 11장에 언급된 인물이 아닌 자는?
가. 모세 나. 라합 다. 기드온 라. 유다

17. 하나님이 능히 죽은 자 가운데서 다시 살리실 줄로 생각한 사람은? (11:17-19)
가. 모세 나. 여호수아 다. 아브라함 라. 사라

18. 이스라엘 자손들이 떠날 것을 알고 임종시에 자기 뼈를 위하여 명령을 남겼던 사람은? (11:22)
가. 요셉 나. 모세 다. 에녹 라. 아벨

19. 징계를 통해 맺게 되는 열매는 무엇인가? (12:11)
가. 연단의 열매 나. 의와 평강의 열매
다. 의의 면류관 라. 거룩함의 열매

20. 주를 볼 수 있는 자는 누구인가? (12:14)
가. 모든 사람과 더불어 화평함과 거룩함을 좇는 자
나. 하나님의 은혜를 경험한 자
다. 전도의 결과가 많은 자
라. 회개의 열매가 많은 자

21. 하나님에 대한 히브리서의 정의는? (12:29)
가. 빛나는 불빛　　나. 소멸하는 불
다. 생명의 샘　　라. 의의 불

22. 히브리서에서 하나님이 기뻐하시는 제사는? (13:16)
가. 마음과 정성을 다해 드리는 제사
나. 찬미의 제사
다. 선을 행하는 일과 서로 나누어 주는 일
라. 감사와 기쁨의 제사

23. 성도를 인도하는 자들에게 하지 말아야 하는 것은? (13:17)
가. 순종하는 것　　나. 복종하지 않는 것
다. 즐거움으로 인도하게 하는 것　　라. 근심으로 하게 하지 말 것

Hebrews

[단답형 문제]

1. 예수 이전에 하나님의 말씀은 누구를 통해서 전달되었는가? (1:1)

2. 옛적에 선지자들을 통하여 말씀하신 하나님이 이 모든 날 마지막에는 누구를 통하여 말씀하셨는가? (1:2)

3. 모든 천사들은 섬기는 영으로서 구원 받을 (　　　)을 위하여 섬기라고 보내심이 아니냐 (1:14)

4. 하나님의 아들이 누구보다 잠깐 동안 못하게 되었나? (2:7)

5. 히브리서에서 모세가 '하나님의 온 집의 ( )' 으로 비유될 때 그리스도는 '하나님의 집의 ( )' 로 비유되고 있다 (3:5-6)

6. '그리스도와 함께 참여한 자' 가 되기 위해서 해야 할 것은? (3:14)

7. 히브리서 4장 12절 말씀을 쓰시오.

8. 예수는 누구의 반차를 따르는 제사장인가? (5:6)

9. 우리가 그리스도께 순종한다면 그는 우리의 무엇이 되는가? (5:8-9)

10. 하나님께서 아브라함에게 주신 약속은 무엇인가? (6:14)

11. 모든 것의 십분의 일을 멜기세덱에게 나누어 준 사람은? (7:2)

12. 그(=멜기세덱) 이름을 해석하면 먼저는 ( )의 왕이요 그 다음은 ( ) 왕이니 곧 ( )의 왕이요 (7:2)

13. 이전에 주어졌던 언약보다 더 좋은 언약의 보증은 누구인가? (7:22)

14. 히브리서에서 멜기세덱에 대해 자세히 설명하고 있는 장은?

15. 히브리서 8장 10절에서 이스라엘 집과 맺을 언약은 무엇인가?

16. 언약궤 안에 들어 있는 것들은 무엇인가? (9:4)

17. 구약의 제사장들은 염소와 송아지의 피로 제사를 드렸으나 예수는

( )로 영원한 속죄를 이루셨다 (9:12)

18. 예수께서 죽으심으로 새 언약을 이루셨는데 그 '새 언약'의 목적은? (9:15)

19. 율법을 따라 거의 모든 물건이 ( )로써 정결하게 되나니 ( )이 없은즉 사함이 없느니라 (9:22)

20. 우리가 거룩함을 얻은 것은 무엇으로 말미암음인가? (10:10)

21. 그러므로 너희 ( )을 버리지 말라 이것이 큰 상을 얻게 하느니라 (10:35)

22. 히브리서 11장 1-2절 말씀을 쓰시오.

23. 아벨은 누구보다 더 나은 제사를 하나님께 드렸는가? (11:4)

24. 히브리서 11장에 언급된 구약의 인물들 중에서 죽음을 보지 않고 하늘로 옮김을 받은 사람은? (11:5)

25. 히브리서 11장에 언급된 구약의 인물들 중에서 '하나님을 기쁘시게 하는 자'라는 증거를 받았던 사람은? (11:5)

26. 히브리서 11장 6절 말씀을 쓰시오.

27. 히브리서 11장에 언급된 구약의 인물들 중에서 '세상을 정죄하고 믿음을 따르는 의의 상속자'가 된 사람은? (11:7)

28. 히브리서 11장에 언급된 구약의 인물들 중에서 믿음으로 '장래의 유업으로 받을 땅'을 향해 나아간 사람은? (11:8)

29. 히브리서 11장에 언급된 구약의 인물들 중에서 그리스도를 위하여 받는 수모를 애굽의 모든 보화보다 더 큰 재물로 여겼던 사람은? (11:24-26)

30. 새 언약의 중보자이신 (　　)와 및 (　　)보다 더 나은 것을 말하는 뿌린 피니라 (12:24)

31. 히브리서 13장 8절 말씀을 쓰시오.

James

야고보서

[선택형 문제]

1. 야고보서의 저자 야고보는 자신을 누구라고 소개했나? (1:1)
가. 하나님과 주 예수 그리스도의 종
나. 하나님과 주 예수 그리스도의 비밀을 맡은 자
다. 하나님과 예수 그리스도의 일꾼
라. 하나님의 종과 예수 그리스도의 형제

2. 하나님이 피조물 중에 우리로 한 첫 열매가 되게 하시려고 우리를 무엇으로 낳으셨는가? (1:18)
가. 성령 나. 말씀 다. 진리 라. 진리의 말씀

3. 말씀을 듣고 행하지 아니하는 자를 무엇에 비유했나? (1:22-23)
가. 모래 위에 집을 짓는 어리석은 건축자
나. 거울로 자기의 얼굴을 보는 자
다. 자신을 속이는 자
라. 어리석은 자

4. 야고보서에서 하나님 앞에 정결하고 더러움이 없는 경건이 아닌 것은? (1:27)
가. 고아를 돌보는 것
나. 과부를 돌보는 것
다. 율법을 주야로 묵상하는 것
라. 자기를 지켜 세속에 물들지 않는 것

5. 야고보서에서 왜 성도들이 사람을 차별하여 대하지 말라고 강조하는가? (2:1)
가. 모든 사람이 다 하나님의 형상으로 지음 받았기에
나. 사람을 차별하면 교회에 덕이 되지 않기에
다. 하나님은 외모로 사람을 취하시는 분이 아니기에
라. 우리 주 예수 그리스도에 대한 믿음을 가졌기에

6. 행함으로 의롭다함을 얻는다는 것을 증명하기 위해 야고보가 성경에서 인용한 것은? (2:21)
가. 모세를 따라 출애굽 한 이스라엘 민족의 행동
나. 아브라함이 이삭을 제단에 드린 행동
다. 인내의 삶을 산 욥의 행동
라. 엘리야의 간절한 기도로 땅에 비가 내린 사건

7. 야고보는 온전한 믿음이 무엇으로 인해서 이루어진다고 보았는가? (2:22)
가. 말씀과 기도를 통하여
나. 믿음이 행함과 함께 일함으로
다. 말에 실수가 없는 것으로
라. 세상과 벗하지 아니함으로

8. 야고보는 사람의 혀를 무엇에 비유했나? (3:4-6)
가. 배의 키와 불
나. 칼과 불
다. 물과 불
라. 불과 연기

9. 한 입으로 찬송과 저주를 낼 수 없음을 비교한 것이 아닌 것은? (3:11-12)
가. 한 샘에서 단 물과 쓴 물이 나올 수 없다
나. 무화과나무가 감람 열매를 맺을 수 없다
다. 양의 무리에서 염소가 나올 수 없다
라. 짠 물이 단 물을 낼 수 없다

10. 위로부터 난 지혜가 아닌 것은? (3:17)
가. 성결
나. 화평
다. 관용
라. 판단

11. 우리 중의 다툼과 싸움을 일으키는 것은? (4:1)
가. 자존감
나. 의지
다. 정욕
라. 간구

12. 서로 비방하거나 판단하지 말아야 할 이유가 아닌 것은? (4:11-12)
   가. 천국의 지혜가 없기 때문에
   나. 율법을 비방하고 판단하는 것이기 때문에
   다. 인간은 율법의 준행자이기 때문에
   라. 하나님만이 재판관이기 때문에

13. 야고보서가 밝힌 죄에 대한 정의는? (4:17)
   가. 율법을 어기는 것
   나. 하나님의 선하신 뜻을 범하는 것
   다. 이웃을 비방하거나 판단하는 일
   라. 선을 행할 줄 알고도 행하지 않는 것

14. 다음 중 바르지 않게 연결된 것은? (5:13-14)
   가. 고난 당하는 자 – 기도할 것이요
   나. 즐거워하는 자 – 찬송할 것이요
   다. 병든 자 – 교회의 장로들을 청할 것이요
   라. 애통하는 자 – 회개할 것이요

James

[단답형 문제]

1. 야고보서의 수신자는? (1:1)

2. 시험을 당할 때 온전히 기뻐해야 할 이유는? (1:3)

3. 인내를 온전히 이루어야 하는 이유는? (1:4)

4. 사람이 시험을 받는 이유는? (1:14)

5. 욕심이 잉태한즉 (　　)를 낳고 죄가 장성한즉 (　　)을 낳느니라 (1:15)

6. 사람마다 속히 해야 하는 것과 더디 해야 하는 것은? (1:19)

7. 사람이 (　　　) 것이 하나님의 의를 이루지 못함이라 (1:20)

8. 야고보서에서 말하는 정결하고 더러움이 없는 경건이란? (1:27)

9. 사람을 차별하여 대하는 사람을 율법은 무엇이라 정죄하는가? (2:9)

10. 야고보서에서 믿음의 증거는 무엇이라고 했나? (2:18)

11. 야고보서에서 말하는 온전한 사람은 어떠한 사람인가? (3:2)

12. 야고보서에서 기술하고 있는 혀의 속성은? (3:6)

13. 땅 위의 것, 정욕의 것, 귀신의 것인 지혜는 어떠한 것인가? (3:14-15)

14. 싸움과 다툼은 어디로부터 난 것인가? (4:1)

15. '스스로 하나님과 원수 되는 자'는 어떤 자들인가? (4:4)

16. 하나님은 어떠한 자에게 은혜를 주신다고 하였는가? (4:6)

17. 주의 강림하시기까지 길이 참을 것을 무엇으로 비유하고 있는가? (5:7)

18. 인내하는 자의 모범으로 제시된 구약의 인물은? (5:11)

19. 기도하는 자의 모범으로 제시된 구약의 인물은? (5:17)

1 Peter

베드로전서

[선택형 문제]

1. 여러 가지 시험이 있을 때의 태도가 아닌 것은? (1:6-7, 1:13)
   가. 마음의 허리를 동이고 더욱 근신한다
   나. 근심 중에서 오히려 크게 기뻐한다
   다. 예수님의 나타나실 때의 은혜를 온전히 바란다
   라. 자신의 잘못이 무엇인지 깊게 살펴본다

2. 믿음의 확실함으로 인하여 예수 그리스도께서 나타나실 때에 받게 되는 것은? (1:7)
   가. 칭찬과 능력과 기쁨　　나. 영광과 기쁨과 존귀
   다. 칭찬과 영광과 존귀　　라. 존귀와 능력과 칭찬

3. 하나님 아버지께서 사람을 판단하시는 기준은? (1:17)
   가. 믿음　　나. 중심　　다. 행위　　라. 마음

4. 우리의 거듭난 것은 썩지 아니할 씨로 되었다고 했는데 여기서 '씨'는 무엇을 가리키는 것인가? (1:23)
   가. 하나님이 베풀어 주신 은사
   나. 선한 행실
   다. 형제를 사랑하는 마음
   라. 살아 있고 항상 있는 하나님의 말씀

5. 베드로전서는 모든 육체를 무엇에 비유했나? (1:24)
   가. 풀　　나. 안개　　다. 꽃　　라. 거품

6. 베드로전서에서의 '산 돌'은 무엇을 뜻하나? (2:4)
가. 교회의 머릿돌　나. 모퉁이 돌
다. 새 계명　라. 예수 그리스도

7. 베드로전서의 저자가 믿는 자들을 가리켜 표현한 말이 아닌 것은? (2:9)
가. 택하신 족속　나. 왕 같은 제사장
다. 하나님의 아들　라. 거룩한 나라

8. 아내가 남편에게 순복해야 할 이유는? (3:1)
가. 남편이 아내의 머리가 되니까
나. 아내의 행실로 말미암아 구원을 받게 하려고
다. 예수 그리스도가 명하셨기 때문에
라. 그래야 남편의 사랑을 요구할 수 있기에

9. 베드로전서 저자가 구약에서 남편에게 순종한 여인을 누구라 말했나? (3:6)
가. 하와　나. 사라　다. 한나　라. 밧세바

10. 남편이 아내를 귀히 여겨야 할 이유는? (3:7)
가. 함께 동거할 자격을 갖추기 위해
나. 아내의 순종을 받을 자격을 갖추기 위해
다. 함께 유업을 받기 위해
라. 기도가 막히지 않게 하기 위해

11. 다음 중 틀린 것은? (3:12)
가. 주의 눈은 의인을 향함
나. 주의 귀는 의인의 간구에 기울이심
다. 주의 얼굴은 악행하는 자들을 대하심
라. 주의 입은 악행하는 자에게 말하심

12. 우리를 구원하는 표가 되는 물은 무엇을 말하는가? (3:21)
가. 침례　나. 성령
다. 포도주　라. 예수님의 보혈

13. 베드로전서 4장에서 복이 있는 사람이란? (4:14)
가. 그리스도의 이름으로 치욕을 받는 자
나. 시험을 당하나 즐거워하는 자
다. 죄인들과 함께 하지 않는 자
라. 고난을 받으나 부끄러워하지 않는 자

14. 양 무리의 본이 된 목자에게 주어질 상은? (5:4)
가. 영원한 생명　　나. 의의 관
다. 영광의 관　　라. 기쁨의 관

1 Peter

[단답형 문제]

1. 시험으로 받는 잠깐의 근심을 오히려 크게 기뻐하는 이유는? (1:5-7)

2. 없어질 금보다 더 귀한 것은? (1:7)

3. 믿음의 결국은 무엇인가? (1:9)

4. 외모로 보시지 않는 하나님은 무엇으로 심판하시나? (1:17)

5. 진리를 순종함으로 도달한 것은? (1:22)

6. 모든 육체와 그 모든 영광은 무엇과 같은가? (1:24)

7. 순전하고 신령한 젖을 사모하라고 한 이유는? (2:2)

8. 육체의 정욕을 제어해야 할 이유는? (2:11-12)

9. 부당하게 받는 고난이 아름답게 되는 것은 어떠한 경우인가? (2:19)

10. 선한 양심을 가져야 하는 이유는? (3:16)

11. 그리스도께서 육체로 고난을 받는 이유는? (4:1-2)

12. 만물의 마지막에 정신을 차리고 근신하여 해야 하는 것은? (4:7)

13. 그리스도의 이름으로 치욕을 받는 자가 복이 있는 이유는? (4:14)

14. 근신하라 깨어라 너희 대적 마귀가 우는 (   ) 같이 두루 다니며 삼킬 자를 찾나니 너희는 (   )을 굳건하게 하여 그를 대적하라 (5:8-9)

15. 베드로는 누구의 도움을 받아 베드로전서를 썼는가? (5:12)

2 Peter

베드로후서

[선택형 문제]

1. 베드로후서의 저자가 거룩한 산에 있을 때 하늘로부터 들은 것은? (1:17)
   가. 이는 내 사랑하는 아들이요 내 기뻐하는 자라
   나. 이는 내 사랑하는 아들이니 저의 말을 들으라
   다. 이는 내 사랑하는 아들이요 내가 저를 기뻐하노라
   라. 이는 내가 사랑하며 기뻐하는 아들이니라

2. 하나님이 범죄한 천사들을 언제까지 지옥에 던져두시나? (2:4)
   가. 심판 때까지　　나. 회개할 때까지
   다. 재림 때까지　　라. 멸망할 때까지

3. 베드로후서에서 소돔과 고모라 성의 멸망에 대한 교훈은 무엇인가? (2:6)
   가. 두 성의 죄악이 가득 찼기 때문에
   나. 의인이 아무도 없었기 때문에
   다. 하나님의 의를 나타내기 위해서
   라. 후세에 경건하지 아니할 자들에게 본을 삼기 위해서

4. 의인이 죄인 중에 거하면서 의로운 심령을 상하게 되는 이유는? (2:8)
   가. 죄인들이 의인의 말을 듣지 않기 때문에
   나. 날마다 불법한 행실을 보고 들어야 하기 때문에
   다. 죄인들의 멸망을 목격해야 하기 때문에
   라. 죄인들의 조롱과 핍박을 받아야 하기 때문에

5. 주의 날이 더디 오는 이유는? (3:9)
가. 하나님의 시간과 인간의 시간 개념이 다르기 때문에
나. 하나님이 오래 참으사 다 회개하기를 바라기 때문에
다. 주의 강림이 없다고 생각하기 때문에
라. 심판과 멸망의 날을 보존하여 두셨기 때문에

6. 마지막 때에 대한 베드로의 권면이 아닌 것은? (3:14-17)
가. 주 앞에서 점도 없고 흠도 없이 평강 가운데 있으라
나. 우리 주의 오래 참으심이 구원이 될 줄로 여기라
다. 무법한 자들의 미혹에 끌리지 않게 조심하라
라. 알기 어려운 편지 내용을 풀어 이해하기에 힘쓰라

2 Peter

[단답형 문제]

1. 신성한 성품에 참여한 자가 힘써야 할 것 8가지는? (1:5-7)

2. 베드로후서에 나타난 거짓 선지자와 거짓 선생의 특징은? (2:1)

3. 주께서 시험에서 건지실 자와 형벌 아래 둘 자는 각각 누구인가? (2:9)

4. 불의의 삯을 사랑하다가 불법으로 말미암아 책망 받은 선지자는? (2:15-16)

5. 예수님을 앎으로 세상의 더러움을 피한 후에 다시 그 중에 얽매일 때의 형편은? (2:20)

1 John

요한1서

[선택형 문제]

1. 요한1서에서 태초부터 있었다고 말하는 것은? (1:1)
가. 기쁨의 말씀 나. 영원한 말씀
다. 진리의 말씀 라. 생명의 말씀

2. 요한1서의 발신자는 자신이 보고 들은 바를 왜 수신자들에게 전한다고 했는가? (1:3)
가. 성령의 충만함이 있게 하려고
나. 그들과 사귐이 있게 하려고
다. 성도들의 믿음을 굳건케 하려고
라. 그리스도를 아는 지식이 충만하게 하려고

3. 우리를 모든 죄에서 깨끗하게 할 수 있는 것은? (1:7)
가. 선한 행실 나. 율법
다. 예수의 피 라. 성령의 은사

4. 예수는 누구의 죄를 위한 화목 제물인가? (2:2)
가. 믿는 자들 나. 죄인들
다. 온 세상 라. 유대인

5. 요한1서에서 우리가 어떻게 해야 예수 그리스도를 안다고 할 수 있는가? (2:3)
가. 성령의 은사를 받으면 나. 침례를 받으면
다. 예수님의 계명을 지키면 라. 성찬에 참여하면

6. 요한1서에는 어떤 자를 적그리스도라고 말하는가? (2:22)
가. 믿는 자들을 시험하는 자
나. 사탄으로부터 보냄을 받은 자
다. 예수님의 부활을 부인하는 자
라. 하나님과 예수를 부인하는 자

7. 요한1서에서 하나님 안에 거하는 이들에게 주시기로 하신 약속은 무엇인가? (2:25)
가. 평화 나. 영원한 생명
다. 말씀 라. 성령의 은사

8. 요한1서에서 하나님의 아들이 나타나신 것은 무엇을 하기 위함인가? (3:8)
가. 우리의 죄를 없애려고
나. 믿는 자들에게 생명을 얻게 하려고
다. 세상의 어둠을 없애려고
라. 마귀의 일을 멸하려고

9. 하나님께로부터 난 자가 죄를 짓지 아니하는 이유는? (3:9)
가. 하나님은 사랑이시기 때문에
나. 세상을 이겼기 때문에
다. 그 속에 죄가 없기 때문에
라. 하나님의 씨가 그 속에 있기 때문에

10. 요한1서에서 하나님께 속한 영인지를 분별할 수 있는 기준은? (4:1-3)
가. 하나님의 존재를 알고 있는가
나. 기적과 능력을 행할 수 있는가
다. 착한 말과 행실을 하고 있는가
라. 예수 그리스도께서 육체로 오신 것을 시인하는가

11. 하나님을 사랑하는 자가 해야 될 것은 구체적으로 무엇인가? (4:21)
가. 형제를 사랑하는 것 나. 하나님의 계명을 지키는 것
다. 예수 그리스도를 믿는 것 라. 예수 그리스도를 사랑하는 것

12. 요한1서에는 어떤 자가 세상을 이기는 자인가? (5:5)
가. 성령을 받은 자
나. 예수님이 하나님의 아들이심을 믿는 자
다. 형제를 사랑하는 자
라. 기도와 말씀에 힘쓰는 자

13. 다음 중 예수 그리스도를 증언하는 이는? (5:6)
가. 성도 나. 사도 다. 성령 라. 천사

1 John

[단답형 문제]

1. 태초부터 있는 생명의 말씀에 관하여는 우리가 ( ) 바요 ( ) 바요 자세히 보고 우리의 ( ) 바라 (1:1)

2. 우리가 그에게서 듣고 너희에게 전하는 소식은 이것이니 곧 하나님은 ( )이시라 그에게는 ( )이 조금도 없으시다는 것이니라 (1:5)

3. 범죄한 우리를 위해 하나님 앞에서 대언해 주시는 분은? (2:1)

4. 적그리스도란 누구를 말하는 것인가? (2:22)

5. 그가 우리에게 약속하신 것은 이것이니 곧 영원한 ( )이니라 (2:25)

6. 자녀들아 우리가 말과 혀로만 사랑하지 말고 ( )과 ( )으로 하자 (3:18)

7. 요한1서에서는 예수를 시인하지 않는 영을 누구의 영이라고 했는가? (4:3)

8. 두려움을 내쫓을 수 있는 것은? (4:18)

9. 무릇 하나님께로부터 난 자마다 세상을 이기느니라 세상을 이기는 승리는 이것이니 우리의 ( )이니라 (5:4)

10. 예수께서 그리스도이심을 증언하는 세 가지는 무엇인가? (5:8)

11. 아들이 있는 자에게는 ( )이 있고 하나님의 아들이 없는 자에게는 ( )이 없느니라 (5:12)

12. 응답받는 기도는 어떠한 기도인가? (5:14)

13. 우리가 참된 자 곧 그의 아들 예수 그리스도 안에 있는 것이니 그는 ( )이시요 ( )이시라 (5:20)

2 John

요한2서

[선택형 문제]

1. 요한2서의 발신자의 직분은 무엇인가? (1:1)
가. 집사　나. 사도　다. 장로　라. 교사

2. 그리스도의 교훈을 가지지 않고 나아오는 자들에게는 어떻게 대해야 하는가? (1:10)
가. 집에 들여 쟁론하여 가르치라
나. 인사는 하되 집으로는 들이지 말라
다. 성도와 같이 대하라
라. 집에 들이지도 말고 인사도 하지 말라

2 John

[단답형 문제]

1. 요한2서의 수신자는? (1:1)

2. 요한2서에서 말하는 사랑은 무엇인가? (1:6)

3. 미혹하는 자와 적그리스도는 무엇을 부인하는 자인가? (1:7)

3 John 요한3서

[선택형 문제]

1. 요한3서의 수신자는 누구인가? (1:1)
   가. 데오빌로 나. 가이오
   다. 디모데 라. 빌레몬

2. 요한3서에서 책망을 들은 디오드레베의 잘못에 해당하지 않는 것은? (1:9-10)
   가. 으뜸되기를 좋아함
   나. 악한 말로 비방함
   다. 형제들을 맞아들이지도 않고 오히려 맞아들이고자 하는 자를 금하여 교회에서 내쫓음
   라. 교회에서 분쟁을 일으킴

3. 요한3서에서 칭찬을 받은 자는? (1:12)
   가. 데메드리오 나. 실루아노
   다. 두기고 라. 스데바나

3 John

[단답형 문제]

1. 요한3서에서 '내가 참으로 사랑하는 자'는 누구를 말하는가? (1:1)

2. 요한3서 2절 말씀을 쓰시오.

3. 사랑하는 자여 악한 것을 본받지 말고 선한 것을 본받으라 (　　　　)는 하나님께 속하고 (　　　　)는 하나님을 뵈옵지 못하였느니라 (1:11)

Jude

유다서

[선택형 문제]

1. 자기 지위를 지키지 않는 천사들에 대한 형벌이 기록된 곳은?
가. 유 1:6　　나. 벧후 3:10
다. 딤전 2:4　　라. 골 4:1

2. 천사장 미가엘은 무엇에 관하여 마귀와 다투어 변론했는가? (1:9)
가. 욥의 일　　나. 모세의 시체
다. 이삭　　라. 재림 문제

3. 유다서에서 교회에 가만히 들어와서 성도들을 미혹케 하는 자들을 비유한 말이 아닌 것은? (1:12-13)
가. 바람에 불려가는 물 없는 구름
나. 수치의 거품을 뿜는 바다의 거친 물결
다. 죽고 또 죽어 뿌리까지 뽑힌 고목나무
라. 영원히 예비된 캄캄한 흑암으로 돌아갈 유리하는 별

Jude

[단답형 문제]

1. 유다서의 저자는 자신을 누구라고 소개했나? (1:1)

2. 자기 지위를 지키지 아니하고 자기 처소를 떠난 천사들이 받은 형벌은? (1:6)

3. 화 있을진저 이 사람들이여, (　　)의 길에 행하였으며 삯을 위하여 (　　)의 어그러진 길로 몰려 갔으며 (　　)의 패역을 따라 멸망을 받았도다 (1:11)

4. 사랑하는 자들아 너희는 너희의 지극히 거룩한 (　　) 위에 자신을 세우며 (　　)으로 기도하며 하나님의 (　　) 안에서 자신을 지키며 영생에 이르도록 우리 주 예수 그리스도의 (　　)을 기다리라 (1:20-21)

Revelation
요한계시록

[선택형 문제]

1. 요한이 편지한 일곱 교회들은 어디에 위치해 있었는가? (1:4)
   가. 아시아　　나. 마게도냐　　다. 이달리야　　라. 중동지역

2. 요한계시록에 나타난 하나님에 대한 묘사가 아닌 것은? (1:8)
   가. 지극히 높은 자
   나. 알파와 오메가
   다. 이제도 있고 전에도 있었고 장차 올 자
   라. 전능한 자

3. 요한이 예수님에 대해 묘사한 것이 아닌 것은? (1:17-18)
   가. 처음이요 마지막
   나. 하늘 보좌에 앉으신 자
   다. 사망과 음부의 열쇠를 가진 자
   라. 세세토록 살아계신 자

4. 에베소 교회에게 주어진 약속은? (2:7)
   가. 낙원에 있는 생명나무의 열매를 주어 먹게 하리라
   나. 그 이름을 생명책에 영원히 기록하리라
   다. 생명의 면류관을 주리라
   라. 새벽 별을 주리라

5. 요한계시록에서 교회들에게 말씀하시는 이는? (2:7,11,17, ...)
   가. 임금　　나. 천사　　다. 성령　　라. 요한

6. 몇 사람이 옥에 던져짐을 받아 십 일 동안 환난을 당하게 될 교회는? (2:10)
가. 에베소 교회　　나. 사데 교회
다. 버가모 교회　　라. 서머나 교회

7. 죽도록 충성하면 생명의 관을 받을 것이라는 약속이 주어진 교회는? (2:10)
가. 에베소 교회　　나. 버가모 교회
다. 서머나 교회　　라. 두아디라 교회

8. 이기는 자는 둘째 사망의 해를 받지 않을 것이라는 말씀이 주어진 교회는? (2:11)
가. 에베소 교회　　나. 버가모 교회
다. 두아디라 교회　　라. 서머나 교회

9. '충성된 증인 안디바'가 속해 있던 교회는? (2:13)
가. 사데 교회　　나. 버가모 교회
다. 두아디라 교회　　라. 서머나 교회

10. 발람의 교훈과 니골라 당의 교훈을 지키는 자들이 있었던 교회는? (2:14-15)
가. 사데 교회　　나. 버가모 교회
다. 두아디라 교회　　라. 서머나 교회

11. "자칭 선지자라 하는 여자 이세벨을 용납함"으로 행음하게 된 교회는? (2:20)
가. 두아디라 교회　　나. 버가모 교회
다. 서머나 교회　　라. 사데 교회

12. "나는 사람의 뜻과 마음을 살피는 자인 줄 알지라"는 말이 주어진 교회는? (2:23)
가. 두아디라 교회　　나. 버가모 교회
다. 사데 교회　　라. 서머나 교회

13. "내가 또 그에게 새벽 별을 주리라"는 약속의 말씀이 주어진 교회는? (2:28)

가. 버가모 교회　　나. 서머나 교회
다. 사데 교회　　라. 두아디라 교회

14. "살았다 하는 이름은 가졌으나 죽은 자"라고 책망받은 교회는? (3:1)

가. 빌라델비아 교회　　나. 사데 교회
다. 라오디게아 교회　　라. 두아디라 교회

15. "그 옷을 더럽히지 아니한 합당한 자"들이 있던 교회는? (3:4)

가. 두아디라 교회　　나. 에베소 교회
다. 사데 교회　　라. 라오디게아 교회

16. "네가 작은 능력을 가지고서도 내 말을 지키며 내 이름을 배반하지 아니하였도다"라는 칭찬을 받은 교회는? (3:8)

가. 빌라델비아 교회　　나. 라오디게아 교회
다. 사데 교회　　라. 버가모 교회

17. "네가 나의 인내의 말씀을 지켰은즉 내가 또한 너를 지켜 시험의 때를 면하게 하리니"라는 말씀을 들은 교회는? (3:10)

가. 에베소 교회　　나. 라오디게아 교회
다. 빌라델비아 교회　　라. 버가모 교회

18. 차지도 아니하고 뜨겁지도 아니한 교회는? (3:15)

가. 서머나 교회　　나. 사데 교회
다. 라오디게아 교회　　라. 버가모 교회

19. 다음은 어느 교회에 하신 말씀인가? (3:20)

> "볼지어다 내가 문 밖에 서서 두드리노니 누구든지 내 음성을 듣고 문을 열면 내가 그에게로 들어가 그와 더불어 먹고 그는 나와 더불어 먹으리라"

가. 서머나 교회　　나. 두아디라 교회
다. 버가모 교회　　라. 라오디게아 교회

20. 하늘 보좌에 대한 묘사로 틀린 것은? (4:2-5)
가. 무지개가 있어 보좌에 둘렸다
나. 보좌에 둘려 이십사 보좌들이 있다
다. 보좌로부터 번개와 음성과 우렛소리가 났다
라. 보좌 앞에 켠 등불 일곱이 있는데 그것은 일곱 눈을 의미한다

21. 하늘 보좌 주위에 이십사 보좌에 앉은 것은? (4:4)
가. 장로들 나. 성도들 다. 천사들 라. 하늘의 영들

22. 하늘 보좌 주변에 있는 네 생물이 갖고 있는 날개는 각각 몇 개인가? (4:8)
가. 2개 나. 4개 다. 6개 라. 8개

23. 첫 번째 인을 떼었을 때 나온 '흰 말'에 탄 자가 가지고 있었던 것은? (6:2)
가. 활 나. 큰 칼 다. 저울 라. 방패

24. 두 번째 인을 떼었을 때 나온 '붉은 말'을 탄 자가 갖고 있었던 것은? (6:4)
가. 활 나. 큰 칼 다. 저울 라. 방패

25. 세 번째 인을 떼었을 때 나온 '검은 말'에 탄 자가 손에 가지고 있었던 것은? (6:5)
가. 활 나. 큰 칼 다. 저울 라. 방패

26. 일곱 인들 중 네 번째 인을 떼었을 때 나온 '청황색 말'에 탄 자의 이름은? (6:8)
가. 전쟁 나. 사망 다. 환난 라. 고통

27. 큰 환난에서 나오는 자들이 입은 흰 옷은 무엇에 씻음을 받았나? (7:14)
가. 생명 샘물 나. 요단강 물 다. 어린 양의 피 라. 물두멍의 물

28. 무저갱의 사자 이름이 헬라어로는 '아볼루온'인데 이에 해당하는 히브리어의 이름은? (9:11)
가. 아바돈 나. 바알세블 다. 아마겟돈 라. 아볼로

29. 요한이 받아먹은 작은 두루마리의 맛은? (10:9)
가. 입에는 쓰지만 배에는 달다 나. 입에는 달지만 배에는 쓰다
다. 입에도 배에도 쓰다 라. 입에도 배에도 달다

30. 이방인들이 거룩한 성을 짓밟은 기간은? (11:2)
가. 마흔두 달 나. 서른두 달 다. 마흔두 해 라. 서른두 해

31. 두 감람나무와 두 촛대로 비유되는 두 증인이 하는 일은? (11:3)
가. 심판 나. 회개 다. 전도 라. 예언

32. 하늘 전쟁에서 자기의 사자들과 더불어 용과 싸웠던 자는? (12:7)
가. 어린 양 나. 보좌에 앉으신 이
다. 미가엘 라. 네 생물

33. 요한계시록에서 사탄을 가리키는 것이 아닌 것은? (12:9)
가. 황충 나. 옛 뱀 다. 큰 용 라. 마귀

34. 뱀과 용이 입에서 물을 토해 해산한 여인을 물에 떠내려가게 할 때 여인을 구한 것은? (12:16)
가. 천사 나. 어린 양 다. 땅 라. 큰 독수리

35. 바다에서 나온 짐승에게 경배하는 사람들은 어떤 사람들인가? (13:8)
가. 사탄으로 말미암은 자들
나. 창세 이후로 생명책에 기록되지 못한 자
다. 멸망 당하기에 합당한 자들
라. 어린 양 반대편에 선 자들

36. '십사만 사천' 명에 대한 설명으로 틀린 것은? (14:1)
가. 그들의 이마에는 어린 양의 이름을 쓴 사람이 있다
나. 그들의 이마에는 하나님의 이름을 쓴 사람이 있다
다. 시온 산에서 어린 양과 서 있는 자들이다
라. 천사와 같은 얼굴을 하고 서 있다

37. 일곱 천사의 일곱 대접에 담겨져 있는 것은? (15:7, 16:1)

가. 하나님의 진노 나. 그리스도의 구원

다. 죄에 대한 형벌 라. 축복

38. 요한계시록의 '개구리 같은 세 더러운 영'이 나온 곳이 아닌 것은? (16:13)

가. 용의 입 나. 사탄의 입

다. 짐승의 입 라. 거짓 선지자의 입

39. '아마겟돈'과 관련이 있는 것은? (16:13-16)

가. 저주받은 사탄이 던져질 곳

나. 귀신의 영들이 모여 사는 곳

다. 거짓 선지자들의 집결지

라. 귀신의 세 영이 전쟁을 위해 왕들을 모으는 곳

40. 큰 음녀가 타고 있는 짐승의 구체적인 모습이 아닌 것은? (17:3)

가. 두 개의 머리가 있다

나. 붉은 빛이다

다. 몸에는 하나님을 모독하는 이름들이 가득하다

라. 열 뿔이 있다

41. '큰 음녀'에 대한 설명으로 틀린 것은? (17:3-6)

가. 붉은 빛 짐승을 탔다

나. 자주 빛과 붉은 빛 옷을 입고 있다

다. 성도들의 피와 예수의 증인들의 피에 취했다

라. 그의 이마에 형상이 새겨져 있다

42. 음녀가 타고 있는 짐승의 일곱 머리가 뜻하는 것은? (17:9-10)

가. 일곱 바다와 일곱 왕 나. 일곱 성읍과 일곱 왕

다. 일곱 산과 일곱 왕 라. 일곱 뱀과 일곱 왕

43. '큰 성 바벨론'에 대한 묘사가 아닌 것은? (18:2)
가. 귀신의 처소
나. 각종 더러운 영이 모이는 곳
다. 음녀의 처소
라. 각종 더럽고 가증한 새들이 모이는 곳

44. 백마 탄 자와 관련이 없는 것은? (19:11-16)
가. 그 이름은 충신과 진실이다
나. 피 뿌린 옷을 입었는데 그 이름은 하나님의 말씀이다
다. 그 옷과 다리에는 만왕의 왕, 만주의 주라고 쓰여 있다
라. 그는 하늘에 있는 군대들과 싸우고 있다

45. 사탄이 무저갱에 갇혀 있게 될 기간은? (20:3)
가. 천 일 나. 천 년
다. 십사만 사천 일 라. 십사만 사천 년

46. 살아서 그리스도와 더불어 천 년 동안 왕 노릇 할 자에 대한 묘사가 아닌 것은? (20:4)
가. 하나님의 말씀을 인하여 목 베임을 당한 자들의 영혼
나. 짐승과 그의 우상에게 경배하지 않은 자들
다. 심령이 깨끗하고 온유한 자들
라. 이마와 손에 짐승의 표를 받지 않은 자들

47. 불못에 던져지게 될 사람들은? (20:15)
가. 믿음을 끝까지 지키지 못한 자
나. 그 행위가 악한 자
다. 우상과 짐승의 표를 받은 자
라. 생명책에 기록되지 못한 자

48. 또 내가 새 하늘과 새 땅을 보니 처음 하늘과 처음 땅이 없어졌고 (　　) 도 다시 있지 않더라 (21:1)
가. 광야　　나. 산　　다. 바다　　라. 초장

49. 새 예루살렘의 아름다움을 무엇에 비유했는가? (21:2)
가. 에덴 동산　　나. 단장한 신부　　다. 꽃밭　　라. 황금길

50. 거룩한 성 새 예루살렘의 성곽에 어린 양의 열두 사도의 이름들이 기록된 곳은? (21:14)
가. 열두 기초석　　나. 열두 보석　　다. 열두 문　　라. 열두 나무

51. 거룩한 성 새 예루살렘 안에 성전이 없는 이유는? (21:22)
가. 더 이상 예배와 제사가 필요하지 않기 때문에
나. 새 예루살렘 성 자체가 곧 성전이기에
다. 하나님과 어린 양이 곧 성전이기에
라. 성도들과 하나님의 만남이 곧 성전이기에

52. 새 예루살렘 성에 들어갈 수 있는 자는? (21:27)
가. 어린 양의 생명책에 기록된 자
나. 끝까지 믿음을 지킨 자
다. 죽도록 충성한 자
라. 어린 양의 신부가 된 자

53. 생명나무에 대한 설명이 틀린 것은? (22:2)
가. 생명수 강 좌우에 있다
나. 매일 그 열매를 맺는다
다. 열두 가지 열매를 맺는다
라. 잎사귀들은 만국을 치료하기 위해 있다

54. 예수께서 자신을 소개한 칭호가 아닌 것은? (22:13)
가. 알파와 오메가　　나. 처음과 마지막
다. 시작과 마침　　라. 창조와 심판

55. 요한계시록 마지막 장 마지막 절 말씀은? (22:21)
가. 저희가 세세토록 왕 노릇 하리로다
나. 내가 진실로 속히 오리라 하시거늘 아멘 주 예수여 오시옵소서
다. 원하는 자는 값없이 생명수를 받으라 하시더라
라. 주 예수의 은혜가 모든 자들에게 있을지어다 아멘

Revelation

[단답형 문제]

1. 예수 그리스도의 ( )라 이는 하나님이 그에게 주사 ( ) ( ) 일어날 일들을 그 종들에게 보이시려고 그의 천사를 그 종 요한에게 보내어 알게 하신 것이라 (1:1)

2. 요한계시록의 저자가 증언하고 있는 것은? (1:2)

3. 요한계시록에서 복이 있다고 한 사람은? (1:3)

4. 요한계시록 1장 8절 말씀을 쓰시오.

5. 요한이 계시를 받은 곳은? (1:9)

6. 요한은 주의 날에 무엇에 감동되어 나팔 소리 같은 큰 음성을 들었나? (1:10)

7. 요한이 편지를 보낸 일곱 교회를 쓰시오. (1:11)

8. 일곱 금 촛대 사이에 있는 인자 같은 이가 가지고 있는 열쇠는 무슨 열쇠인가? (1:18)

9. 일곱 별과 일곱 금 촛대의 의미는? (1:20)

10. 일곱 교회 중 책망받지 않고 칭찬만 받은 두 교회는? (2:1-3:22)

11. 일곱 교회 중에서 악한 자들을 용납하지 아니하고 하나님 이름을 위하여 견디고 게으르지 아니한 것으로 인해 칭찬을 받은 교회는? (2:2-3)

12. 에베소 교회가 받은 책망은? (2:4)

13. 자칭 유대인이라고 하는 사탄의 회당으로부터 환난과 궁핍을 당한 교회는? (2:9)

14. 네가 죽도록 충성하라 그리하면 내가 (　　　)을 네게 주리라 (2:10)

15. 사탄과 싸워 이기는 자가 받게 되는 것 두 가지는? (2:17)

16. 이기는 자와 끝까지 하나님의 일을 지키는 자가 받을 것 두 가지는? (2:26-28)

17. 빌라델비아 교회에 약속한 축복은? (3:12)

18. 요한계시록 3장 20절 말씀을 쓰시오.

19. 라오디게아 교회에 약속한 축복은? (3:21)

20. (　) 있는 자는 성령이 교회들에게 하시는 말씀을 들을지어다 (3:22)

21. 보좌 앞에 켜진 일곱 등불이 의미하는 것은? (4:5)

22. 보좌 가운데와 보좌 주위에 있는 것은? (4:6)

23. 여섯 날개를 가진 네 생물이 밤낮 쉬지 않고 외치는 내용은? (4:8)

24. 하늘 보좌에 앉으신 이의 오른손에 있는 두루마리와 그 일곱 인을 떼시기에 합당한 자는 누구인가? (5:1-5)

25. 보좌와 네 생물과 장로들 사이에 서 있는 어린 양에게 일곱 뿔과 일곱 눈이 있다고 했는데, 이 눈들은 무엇인가? (5:6)

26. 이십사 장로들은 거문고와 향이 가득한 금 대접을 가지고 있는데 이 향의 의미는? (5:8)

27. 보좌와 생물들과 장로들을 둘러 선 많은 천사가 외치고 있는 내용은? (5:12)

28. 인침을 받은 자의 수는? (7:4)

29. 어린 양의 보좌 앞에서 구원받은 이들이 입은 옷의 색은? (7:9)

30. 큰 소리로 외쳐 이르되 구원하심이 보좌에 앉으신 우리 하나님과 (　　　)에게 있도다 하니 (7:10)

31. 아래의 보기 중에서 각 나팔을 불 때 일어난 현상을 고르시오. (8:6-9:21, 11:15-19)

가. 첫째 나팔 – (　　)　　나. 둘째 나팔 – (　　)
다. 셋째 나팔 – (　　)　　라. 넷째 나팔 – (　　)
마. 다섯째 나팔 – (　　)　　바. 여섯째 나팔 – (　　)
사. 일곱째 나팔 – (　　)

[보 기]

a. 큰 별(쓴 쑥)이 강들의 삼분의 일과 여러 물샘에 떨어져서 그 물이 쓴 물이 됨
b. 피 섞인 우박과 불이 나와서 땅에 쏟아지매 땅의 삼분의 일이 타 버림
c. 큰 강 유브라데에 결박한 네 천사가 놓임을 받음
d. 하늘에 큰 음성들이 나고 이십사 장로가 엎드려 하나님께 경배함
e. 땅에 떨어진 별 하나가 무저갱의 열쇠를 받아 여니 황충들이 땅 위에 나옴
f. 해와 달과 별들의 삼분의 일이 타격을 받아 어두워짐
g. 불 붙는 큰 산과 같은 것이 바다에 던져지매 바다의 삼분의 일이 피가 됨

32. 천사가 향로를 가지고 단 위의 불을 담아다가 땅에 쏟을 때 일어난 일은? (8:5)

33. 무저갱에서 나온 황충 무리의 왕 이름은? (9:11)
히브리어 – (　　　　)　　　　헬라어 – (　　　　)

34. 성전 바깥 마당은 측량하지 말라고 한 이유는? (11:2)

35. 두 증인, 즉 두 감람나무와 두 촛대가 죽은 곳은? (11:8)

36. 죽은 두 감람나무와 두 촛대가 다시 살아나는 것은 얼마 후인가? (11:11)

37. 세상 나라가 우리 주와 그의 (　　　　　　)가 되어 그가 세세토록 왕 노릇 하시리로다 (11:15)

38. 하늘에서 미가엘과 그의 사자들이 용과 그의 사자들과 싸운 결과는? (12:7-9)

39. "지금 이후로 주 안에서 죽은 자들은 복이 있도다"라고 말한 이유는? (14:13)

40. 붉은 짐승을 타고 있는 음녀는 무엇인가? (17:18)

41. 어린 양의 혼인 잔치에서 신부가 입은 세마포 옷은 무엇을 의미하나? (19:8)

42. 나는 너와 및 예수의 증언을 받은 네 형제들과 같이 된 종이니 삼가 그리하지 말고 오직 하나님께 경배하라 예수의 증언은 예언의 ( ) 이라 하더라 (19:10)

43. 요한계시록 19장의 백마와 그 탄 자의 이름은? (19:11)

44. 요한계시록 19장의 백마 탄 자의 옷과 다리에 쓰여진 이름은? (19:16)

45. 사탄의 최후의 운명은? (20:10)

46. 불과 유황으로 타는 못에 던져지는(둘째 사망) 자들은 어떤 자들인가? (21:8)

47. 예수께서 다시 오실 때 복을 얻을 자는 누구인가? (22:7)

48. 천사가 요한에게 두루마리의 예언의 말씀을 인봉하지 말라고 한 이유는? (22:10)

49. 광명한 새벽 별은 누구를 가리키는 말인가? (22:16)

50. 만일 누구든지 이 두루마리의 예언의 말씀에서 제하여 버리면 하나님이 이 두루마리에 기록된 ( )와 및 ( )에 참여함을 제하여 버리시리라 (22:19)

성경해답집

한세대학교 신학부 교수진 편저

한세대학교출판부

구 약

1. 창세기

[선택형 문제]

1. 나	2. 가	3. 라	4. 라	5. 나
6. 다	7. 가	8. 나	9. 라	10. 라
11. 가	12. 라	13. 다	14. 나	15. 가
16. 가	17. 나	18. 라	19. 가	20. 라
21. 다	22. 가	23. 나	24. 다	25. 다
26. 다	27. 다	28. 라	29. 가	30. 다
31. 라	32. 가	33. 나	34. 라	35. 가
36. 가	37. 다	38. 나	39. 나	40. 나
41. 라	42. 가	43. 다	44. 나	45. 나
46. 가	47. 나	48. 다	49. 라	50. 가
51. 다	52. 라	53. 가	54. 라	55. 라

[단답형 문제]

1. 태초에 하나님이 천지를 창조하시니라 2. 생명 나무, 선악을 알게 하는 나무 3. 반드시 죽으리라 4. 아담 5. 먹음직, 보암직, 지혜롭게 6. 사람, 생명 7. 네가 어디 있느냐 8. 가죽옷 9. 가인 10. 라멕 11. 20대 12. 정결한 것 암수 일곱, 부정한 것 암수 둘 13. 1년 14. 아라랏 산 15. 감람나무 새 잎사귀 16. 무지개 17. 니므롯 18. 이름을 내고 온 지면에 흩어짐을 면하기 위해 19. 갈대아인의 우르 20. 하란 21. 25년

22. 애굽 **23**. 브엘라해로이 **24**. 99세 **25**. 여러 민족의 아버지, 여러 민족의 어머니 **26**. 팔 일 **27**. 소알 **28**. 모압, 암몬 **29**. 모압, 벤암미 **30**. 아내를 누이라고 속임 **31**. 웃는 자 **32**. 야훼의 산에서 준비되리라 **33**. 리브가 **34**. 리브가 **35**. 네 자손을 하늘의 별과 같이 번성하게 하며 이 모든 땅을 네 자손에게 주리니 네 자손으로 말미암아 천하 만민이 복을 받으리라 **36**. 이방인 아내를 맞이함 **37**. 야훼께서 나의 하나님이 되실 것이요 내가 기둥으로 세운 이 돌이 하나님의 집이 될 것이요 하나님께서 내게 주신 모든 것에서 십분의 일을 내가 반드시 하나님께 드리겠나이다 **38**. 벧엘 **39**. 14년 **40**. 합환채 **41**. 드라빔 **42**. 에서가 와서 한 떼를 치면 남은 한 떼는 피하려고 **43**. 지팡이 **44**. 이스라엘 **45**. 네가 하나님과 및 사람들과 겨루어 이겼음 **46**. 하나님의 얼굴 **47**. 엘엘로헤이스라엘 **48**. 드보라, 벧엘 아래에 있는 상수리나무 밑 **49**. 베냐민 **50**. 단, 납달리 **51**. 180세, 헤브론 **52**. 세일 산 **53**. 37장 **54**. 꿈꾸는 자 **55**. 유다 **56**. 오난 **57**. 다말 **58**. 베레스 **59**. 사브낫바네아 **60**. 30세 **61**. 므낫세, 에브라임 **62**. 시므온 **63**. 베냐민 **64**. 바로, 나그네 길, 백삼십 **65**. 제사장의 토지를 제외한 애굽의 모든 토지를 바로의 소유로 사들이고 그 토지에서 난 수확의 오분의 일을 바로에게 상납하게 함, 남은 오분의 사는 경작자의 생계가 됨 **66**. 17년, 147세 **67**. 내가 조상들과 함께 눕거든 너는 나를 애굽에서 메어다가 조상의 묘지에 장사하라 **68**. 40일, 70일 **69**. 마므레 앞 막벨라 밭 굴 **70**. 선, 구원

2. 출애굽기

[선택형 문제]

1. 라	2. 나	3. 다	4. 다	5. 가
6. 나	7. 라	8. 라	9. 다	10. 라
11. 다	12. 가	13. 나	14. 다	15. 라
16. 나	17. 다	18. 나	19. 가	20. 다
21. 다	22. 라	23. 가	24. 나	25. 가
26. 가	27. 가	28. 나	29. 다	30. 가
31. 라	32. 가	33. 라	34. 나	35. 가
36. 가	37. 나	38. 나	39. 나	40. 나
41. 다	42. 라	43. 가	44. 라	45. 나
46. 가	47. 나	48. 나	49. 라	50. 다
51. 다	52. 다	53. 나	54. 다	55. 라
56. 다	57. 나	58. 라	59. 다	60. 다
61. 나	62. 가	63. 가	64. 다	65. 나

[단답형 문제]

1. 비돔, 라암셋 2. 십브라, 부아 3. 물에서 건져 냄 4. 미디안 땅 5. 십보라 6. 게르솜 7. 호렙산 8. 스스로 있는 자 9. 모세 10. 80세 11. 고센 12. 애굽 땅에 있는 모든 처음 난 것들의 죽음 13. 열 번째 14. 피, 피, 넘어가리니 15. 이레, 무교병, 유교병 16. 문 인방과 좌우 문설주의 피 17. 숙곳 18. 430년 19. 할례 20. 엑소도스 21. 야훼께서 모세에게 일러 이르시되 이스라엘 자손 중에서 사람이나 짐승을 막론하고 태에서 처음 난 모든 것은 다 거룩히 구별하여 내게 돌리라 이는 내 것이니라 하시니라 22. 24장 23. 그들 앞에 가시며 낮에는 구름 기둥으

로, 밤에는 불 기둥으로 인도하심 **24**. 구원, 애굽 **25**. 15장 **26**. 힘, 노래, 구원, 아버지 **27**. 미리암 **28**. 이르시되 너희가 너희 하나님 나 야훼의 말을 들어 순종하고 내가 보기에 의를 행하며 내 계명에 귀를 기울이며 내 모든 규례를 지키면 내가 애굽 사람에게 내린 모든 질병 중 하나도 너희에게 내리지 아니하리니 나는 너희를 치료하는 야훼임이라 **29**. 먹을 양식이 없으므로 **30**. 다음 날이 안식일이므로 **31**. 아론, 훌 **32**. 야훼 닛시 **33**. 언약, 소유, 제사장 나라 **34**. 출애굽기 20장 1-17절 **35**. 하나님과 인간: 1-4계명, 인간과 인간: 5-10계명 **36**. ① 너는 나 외에는 다른 신들을 네게 두지 말라 ② 너를 위하여 새긴 우상을 만들지 말고 또 위로 하늘에 있는 것이나 아래로 땅에 있는 것이나 땅 아래 물 속에 있는 것의 어떤 형상도 만들지 말며 그것들에게 절하지 말며 그것들을 섬기지 말라 ③ 너는 네 하나님 야훼의 이름을 망령되게 부르지 말라 ④ 안식일을 기억하여 거룩하게 지키라 ⑤ 네 부모를 공경하라 ⑥ 살인하지 말라 ⑦ 간음하지 말라 ⑧ 도둑질하지 말라 ⑨ 네 이웃에 대하여 거짓 증거하지 말라 ⑩ 네 이웃의 집을 탐내지 말라 네 이웃의 아내나 그의 남종이나 그의 여종이나 그의 소나 그의 나귀나 무릇 네 이웃의 소유를 탐내지 말라 **37**. 나를 사랑하고 내 계명을 지키는 자에게는 천 대까지 은혜를 베푸느니라 **38**. 유월절(또는 무교병의 절기), 맥추절(또는 칠칠절, 오순절), 수장절(또는 장막절, 초막절) **39**. 우림, 둠밈 **40**. 야훼께 성결 **41**. 이레 **42**. 속전 **43**. 브살렐, 오홀리압 **44**. 이제 그들의 죄를 사하시옵소서 그렇지 아니하시오면 원하건대 주께서 기록하신 책에서 내 이름을 지워 버려 주옵소서 **45**. 모세 **46**. 야훼께서 이르시되 내가 내 모든 선한 것을 네 앞으로 지나가게 하고 야훼의 이름을 네 앞에 선포하리라 나는 은혜 베풀자에게 은혜를 베풀고 긍휼히 여길 자에게 긍휼을 베푸느니라 **47**. 인자, 진실, 천대, 삼사 대 **48**. 질투, 질투 **49**. 구름이 회막에 덮이고 야훼의 영광이 성막에 충만함 **50**. 구름 , 영광

3. 레위기

[선택형 문제]

1. 라	2. 나	3. 가	4. 나	5. 가
6. 다	7. 가	8. 라	9. 다	10. 다
11. 가	12. 다	13. 라	14. 나	15. 나
16. 라	17. 다	18. 가	19. 라	20. 가
21. 나	22. 나	23. 가	24. 나	25. 다
26. 가	27. 라	28. 다	29. 가	30. 다
31. 가	32. 나	33. 가		

[단답형 문제]

1. 번제, 소제, 화목제, 속죄제, 속건제 2. 소제 3. 흠 없는 수송아지로 드리는 속죄제물 4. 속죄제 5. 속건제 6. 아침마다 7. 회막 뜰 8. 흔든 가슴과 든 뒷다리 9. 우림과 둠밈 10. 모세 11. 이레, 이레 12. 9장 13. 제단 사방 14. 나답, 아비후 15. 포도주, 독주 16. 나는 너희의 하나님이 되려고 너희를 애굽 땅에서 인도하여 낸 야훼라 내가 거룩하니 너희도 거룩할지어다 17. 여덟째 날 18. 16장 19. 속죄일 20. 그들이 가증한 일을 행하였고 그 땅도 더러워졌기 때문에 21. 원수를 갚지 말며 동포를 원망하지 말며 네 이웃 사랑하기를 네 자신과 같이 사랑하라 나는 야훼이니라 22. 안식일 23. 너희는 나에게 거룩할지어다 이는 나 야훼가 거룩하고 내가 또 너희를 나의 소유로 삼으려고 너희를 만민 중에서 구별하였음이니라 24. 감람을 찧어낸 순결한 기름 25. 슬로밋의 아들 26. 안식년 27. 오십 년째 해, 그 땅에 있는 모든 주민을 위하여 자유가 공포됨 28. 토지는 다 야훼의 것이므로 29. 규례, 계명 30. 다섯, 백 31. 하나님, 백성 32. 규례, 법도, 계명, 언약 33. 26장

4. 민수기

[선택형 문제]

1. 가	2. 나	3. 가	4. 다	5. 가
6. 나	7. 라	8. 나	9. 가	10. 가
11. 라	12. 가	13. 다	14. 다	15. 가
16. 가	17. 다	18. 가	19. 나	20. 나
21. 다	22. 다	23. 라	24. 다	25. 나
26. 나	27. 다	28. 다	29. 나	30. 가
31. 나	32. 나	33. 라	34. 라	35. 가
36. 나	37. 라	38. 다	39. 다	40. 다
41. 다				

[단답형 문제]

1. 베미드바르, 광야에서 2. 이스라엘 자손이 애굽 땅에서 나온 후 둘째 해 둘째 달 첫째 날 3. 남자의 수, 이십 세 4. 르우벤, 시므온, 유다, 잇사갈, 스불론, 단, 아셀, 갓, 납달리, 에브라임, 므낫세, 베냐민 5. 육십만 삼천오백오십 명 6. 레위인, 레위인 7. 나실인의 서원 8. 복, 은혜, 평강 9. 6장 10. 기름을 발라서 거룩히 구별함 11. 유다 지파 12. 레위지파 13.구름 14. 회중을 소집, 진영들의 행진, 전쟁 수행 15. 둘째 해 둘째 달 스무 날 16. 호밥 17. 야훼의 언약궤 18. 야훼의 불을 그들 중에 붙여서 진영 끝을 사르게 하심 19. 불사름 20. 메추라기 21. 11장 22.온유함 23. 나병 24. 갈렙: 유다 지파 여분네의 아들, 여호수아: 에브라임 지파 눈의 아들 25. 여호수아 26. 포도송이가 달린 가지, 석류, 무화과 27. 아낙 자손 28. 기뻐하시면, 젖과 꿀이 흐르는 땅, 먹이 29. 다만 야훼를 거역하지는 말라 또 그 땅 백성을 두려워하지 말라 그들

은 우리의 먹이라 그들의 보호자는 그들에게서 떠났고 야훼는 우리와 함께 하시느니라 그들을 두려워하지 말라 하나 **30**. 갈렙 **31**. 야훼를 믿지 아니하고 이스라엘 자손의 목전에서 야훼의 거룩함을 나타내지 아니하였으므로 **32**. 에돔 왕 **33**. 호르 산 **34**. 놋뱀 **35**. 시혼, 옥 **36**. 모압 왕 발락, 발람 **37**. 하나님은 사람이 아니시니 거짓말을 하지 않으시고 인생이 아니시니 후회가 없으시도다 어찌 그 말씀하신 바를 행하지 않으시며 하신 말씀을 실행하지 않으시랴 **38**. 발람 **39**. 모압 평지 **40**. 육십만 천칠백 삼십 명 **41**. 제비뽑기 **42**. 속죄일 제사 **43**. 미디안 **44**. 비느하스 **45**. 일곱째 날 **46**. 31장 **47**. 요단강, 가나안, 석상, 우상, 산당
48. 사십 팔 성읍 **49**. 부지중에 살인한 자가 그리로 피하게 하기 위함
50. 여섯 개, 세 성읍은 요단 이쪽(동편)

5. 신명기

[선택형 문제]

1. 나	2. 라	3. 라	4. 나	5. 라
6. 다	7. 라	8. 다	9. 나	10. 나
11. 라	12. 나	13. 다	14. 나	15. 가
16. 가	17. 라	18. 가	19. 가	20. 가
21. 나	22. 가	23. 가	24. 나	25. 라
26. 가	27. 나	28. 다	29. 가	30. 다
31. 가	32. 나	33. 나	34. 라	35. 다
36. 가	37. 가	38. 다	39. 라	40. 다
41. 가	42. 가	43. 나	44. 다	45. 나
46. 가	47. 라	48. 가	49. 가	50. 나
51. 다	52. 라			

[단답형 문제]

1. 아모리 왕 시혼, 바산 왕 옥 2. 천부장, 백부장, 오십부장, 십부장, 조장 3. 이스라엘 백성들 4. 여호수아, 갈렙 5. 에서의 자손 6. 르우벤, 갓, 므낫세 반 지파 7. 여호수아 8. 불, 질투 9. 도피성 10. 하나님을 사랑하고 그의 계명을 지키는 자 11. 공경, 생명, 복 12. 네 부모를 공경하라, 살인하지 말라, 간음하지 말라, 도둑질 하지 말라, 네 이웃에 대하여 거짓 증거하지 말라, 네 이웃의 아내와 모든 소유를 탐내지 말라 13. 마음, 뜻, 힘 14. 하나님 야훼를 경외하여 항상 복을 누리게 하기 위함 15. 헷, 기르가스, 아모리, 가나안, 브리스, 히위, 여부스 16. 이스라엘을 낮추시며 시험하사 그들의 마음이 어떠한지 하나님의 명령을 지키는지 않는지 알려 하심 17. 낮추시며, 주리게, 만나, 떡, 입, 말씀 18. 40년 19. 공의, 정직함, 악함 20. 언약의 두 돌판 21. 이스라엘이 송아지를 만들어서 야훼께서 명령하신 도에서 빨리 떠나는 모습에 분개하여 22. 레위 지파 23. 이스라엘 백성도 전에 애굽 땅에서 나그네 되었기 때문에 24. 경외, 사랑, 마음, 뜻, 명령, 규례 25. 마음 26. 도, 명령, 저주 27. 축복 : 그리심 산, 저주 : 에발 산 28. 피 29. 경외, 명령, 목소리 30. 선지자나 꿈 꾸는 자는 죽이라(사형) 31. 주민과 가축은 칼날로 진멸하고, 성읍과 모든 탈취물 전부를 불살라 야훼께 드리고, 그 성읍은 영구히 폐허로 두어 다시는 건축되지 못함 32. 토지 소산의 십일조 33. 아끼는 마음 34. 흠이 있을 경우 35. 무교병 36. 무교절, 칠칠절, 초막절 37. 죽임(사형) 38. 율법서를 평생에 자기 옆에 두고 읽어 하나님 야훼 경외하기를 배우며 율법의 모든 말과 규례를 지켜 행하여야 한다 39. 무죄한 피 40. 집으로 돌아가게 함 41. 은 오십 세겔 42. 야훼의 총회 43. 암몬, 모압 44. 에돔, 애굽 45. 서원, 죄 46. 자식들, 아버지, 자기 47. 객, 고아, 과부 48. 객(나그네)과 고아와 과부 49. 망 50. 아말렉 51. 손, 팔, 위엄, 이적, 기사 52. 하나님, 도, 소리 53. 민족, 성민 54. 그리심 산 55. 28장 56. 일곱 길 57. 보고, 비, 손, 머리, 꼬리, 위, 아래 58. 모압 땅 59. 시므온 지파 60. 느보 산

6. 여호수아

[선택형 문제]

1. 가	2. 가	3. 라	4. 나	5. 라
6. 가	7. 라	8. 가	9. 나	10. 가
11. 가	12. 나	13. 가	14. 다	15. 다
16. 라	17. 라	18. 나	19. 가	20. 가
21. 라	22. 다	23. 라	24. 가	25. 라
26. 나	27. 라	28. 나	29. 가	30. 라
31. 다	32. 가	33. 다	34. 나	35. 나
36. 라	37. 라	38. 가	39. 가	40. 나
41. 라	42. 가	43. 다	44. 다	45. 가
46. 라	47. 라	48. 다	49. 라	50. 가
51. 가	52. 다	53. 라	54. 가	55. 나
56. 가	57. 가	58. 가	59. 다	60. 나
61. 나	62. 라	63. 다	64. 다	65. 가
66. 나	67. 나	68. 가	69. 라	70. 라
71. 라	72. 나	73. 가	74. 다	75. 가
76. 다	77. 가	78. 라	79. 가	80. 나
81. 가	82. 가			

[단답형 문제]

1. 눈 **2.** 발바닥, 광야, 레바논, 유브라데, 헷 **3.** 담대, 율법, 우, 좌, 형통 **4.** 이 율법책을 네 입에서 떠나지 말게 하며 주야로 그것을 묵상하여 그 안에 기록된 대로 다 지켜 행하라 그리하면 네 길이 평탄하게 될 것이며 네가 형통하리라 **5.** 율법, 묵상, 평탄, 형통 **6.** 라합 **7.** 가나안, 헷, 히위, 브리스, 기르가스, 아모리, 여부스 **8.** 요단 물 곧 위에서부터

흘러내리던 물이 끊어지고 한 곳에 쌓여 서리라 9. 궤를 멘 제사장들의 발이 물가에 잠길 때 10. 이스라엘 모든 백성이 요단 강을 건넌 후 맨 마지막에 11. 야훼의 언약궤를 멘 제사장들이 요단 가운데에서 나오며 그 발바닥으로 육지를 밟는 동시에 12. 요단에서 가져온 그 열두 돌을 길갈에 세움 13. 할례와 유월절 의식 14. 네 발에서 신을 벗으라 15. 엿새, 제사장, 양각 나팔, 일곱, 성벽 16. 기생 라합과 그 집에 동거하는 모든 자 17. 아간 18. 아간의 범죄 19. 시날 산의 아름다운 외투 한 벌, 은 이백 세겔, 무게가 오십 세겔 되는 금덩이 하나 20. 아간의 가족과 소유를 돌로 치고 불사르고 그 위에 돌무더기를 만듦 21. 아이 성 22. 에발 산 23. 절반은 에발 산 앞, 나머지 절반은 그리심 산 앞 24. 그들을 살리리라는 조약을 맺음 25. 아도니세덱 동맹군(예루살렘 왕 아도니세덱, 헤브론 왕 호함, 야르뭇 왕 비람, 라기스 왕 야비아, 에글론 왕 드빌) 26. 여호수아 27. ① 태양, ② 달 28. 아모리 다섯 왕과 그들이 이끌던 가나안 연합군 29. 굴 어귀에 큰 돌을 굴려 막고 사람을 그 곁에 두어 그들을 지키게 함 30. 라기스 31. 해변의 수많은 모래 같음 32. 충성, 기업 33. 아낙 사람 34. 자기 딸 악사를 아내로 주겠다고 선언함 35. 옷니엘 36. 밭과 샘물 37. 므낫세, 에브라임 38. 슬로브핫의 딸들이 이의를 제기하여 기업을 분배받음 39. 므낫세 지파와 에브라임 지파, 요셉 자손 40. 브리스 족속과 르바임 족속의 땅 삼림 41. 남아 있는 미정복지의 땅을 일곱 부분으로 그려서 자신에게로 가져오게 함 42. 일곱 부분으로 그려서 가져온 미정복지의 지도 43. 이스라엘 자손이 그들의 경계를 따라서 기업의 땅 나누기를 마친 후에 44. 부지중에 실수로 사람을 죽인 자를 보호하기 위해서 45. 납달리의 산지 갈릴리 게데스, 에브라임 산지의 세겜, 유다 산지의 기럇 아르바(헤브론) 46. 르우벤 지파 중 평지 광야의 베셀, 갓 지파 중 길르앗 라못, 므낫세 지파 중 바산 골란 47. 르우벤, 갓, 므낫세 반 지파 48. 땅, 성읍, 포도원, 감람원

7. 사사기

[선택형 문제]

1. 나	2. 나	3. 다	4. 가	5. 나
6. 가	7. 나	8. 라	9. 가	10. 가
11. 다	12. 가	13. 가	14. 다	15. 나
16. 라	17. 라	18. 나	19. 라	20. 가
21. 라	22. 다	23. 라	24. 다	25. 가
26. 가	27. 라	28. 나	29. 다	30. 가
31. 다	32. 가			

[단답형 문제]

1. 유다, 시므온 2. 예루살렘, 여부스, 여부스 3. 단 4. 야훼를 알지 못하며 야훼께서 이스라엘을 위하여 행하신 일도 알지 못함 5. 드보라 6. 바락 7. 가나안 군대 장관 시스라 8. 야훼를 돕지 아니하며 야훼를 도와 용사(가나안 군대)를 치지 아니하므로 9. 원수, 사랑하는, 해, 돋음 10. 야훼는 평강이시다 11. 야훼와 기드온의 칼이다 12. 입다 13. 입다 14. 단 15. 들릴라 16. 삼손 17. 왕, 소견 18. 미가

8. 룻기

[선택형 문제]

1. 가	2. 다	3. 가	4. 라	5. 가

6. 다	7. 다	8. 다	9. 가	10. 나
11. 나				

[단답형 문제]

1. 말론, 기룐 2. 남편과 두 아들의 죽음 3. 룻 4. 보아스 5. 보답 6. 혈통승계와 재산(땅)의 회복 7. 보아스 8. 오벳, 다윗

9. 사무엘상

[선택형 문제]

1. 다	2. 다	3. 나	4. 가	5. 라
6. 라	7. 다	8. 가	9. 나	10. 나
11. 나	12. 가	13. 다	14. 가	15. 나
16. 라	17. 가	18. 나	19. 나	20. 가
21. 다	22. 다	23. 가	24. 나	25. 다
26. 가	27. 다	28. 나	29. 라	30. 가
31. 나	32. 나	33. 나	34. 가	35. 라
36. 나	37. 다	38. 다	39. 다	40. 라
41. 다	42. 가	43. 가	44. 라	45. 가
46. 라	47. 다	48. 나	49. 가	50. 나

[단답형 문제]

1. 엘가나 2. 브닌나 3. 홉니, 비느하스 4. 그에 평생에 그를 야훼께 드리고 삭도를 그의 머리에 대지 아니함 5. 술 취한 줄로 생각함 6. 부-엘

가나, 모—한나 7. 내가 야훼께 그를 구하였다. 8. 사무엘 9. 스올, 가난하게, 부하게 10. 야훼의 제사를 멸시함 11. 세마포 에봇 12. 존중히, 존중히, 멸시, 경멸 13. 홉니, 비느하스 14. 엘리의 아들들이 저주를 자청하되 그들의 아버지 엘리가 금하지 아니하였기에 15. 에벤에셀 16. 엘리 17. 벧세메스 사람들 18. 산에 사는 아비나답의 집에 들여놓고 그의 아들 엘리아살을 거룩하게 구별하여 야훼의 궤를 지키게 함 19. 미스바 20. 에벤에셀, 야훼께서 여기까지 우리를 도우셨다 21. 사무엘 22. 요엘, 아비야 23. 왕정제도 24. 기스 25. 기름을 부어 이스라엘의 지도자로 삼으라고 하셨다 26. 사울 27. 나하스 28. 길갈 29. 망령되이 행하였다 30. 요나단 31. 사울 왕 32. 요나단 33. 미갈 34. 이스라엘이 애굽에서 나올 때에 길에서 대적한 일(르비딤 광야에서 기습공격한 일) 때문에 35. 사울 36. 자신을 위하여 기념비를 세움 37. 작게, 머리, 왕 38. 청종, 탈취 39. 사무엘이 이르되 야훼께서 번제와 다른 제사를 그의 목소리를 청종하는 것을 좋아하심 같이 좋아하시겠나이까 순종이 제사보다 낫고 듣는 것이 숫양의 기름보다 나으니 40. 이새 41. 외모, 중심 42. 사무엘에게 기름부음을 받고 난 이후 43. 다윗 44. 골리앗 45. 할례 받지 않은 블레셋 사람이 살아계시는 하나님의 군대를 모욕했기 때문에 46. 큰형 엘리압 47. 막대기, 매끄러운 돌 다섯, 물매 48. 칼, 창, 단창, 야훼, 하나님 49. 요나단 50. 사울이 죽인자는 천천이요 다윗은 만만이로다 51. 블레셋 사람 이백 명을 죽이고 그들의 포피를 가져다가 수대로 왕께 드림 52. 미갈 53. 요나단 54. 아히멜렉 55. 가드 왕 아기스 56. 아둘람 굴 57. 갓 58. 에돔 사람 도엑 59. 85명 60. 에돔 사람 도엑 61. 아비아달 62. 사울의 겉옷 자락을 가만히 벰 63. 야훼의 기름 부음을 받은 자를 치는 것은 야훼께서 금하시는 것이므로 64. 아비가일 65. 나발 66. 엔돌의 신접한 여인 67. 아말렉 68. 길보아산

10. 사무엘하

[선택형 문제]

1. 나	2. 나	3. 나	4. 가	5. 다
6. 라	7. 다	8. 라	9. 다	10. 나
11. 나	12. 가	13. 가	14. 나	15. 라
16. 나	17. 라	18. 가	19. 라	20. 다
21. 다	22. 라	23. 가	24. 다	25. 다
26. 나	27. 라	28. 라	29. 라	30. 가
31. 다	32. 가	33. 나	34. 다	35. 다
36. 가	37. 나	38. 라	39. 라	40. 다
41. 가	42. 다	43. 가	44. 가	45. 다
46. 나	47. 라	48. 다	49. 라	50. 라
51. 가	52. 나	53. 나		

[단답형 문제]

1. 가드, 아스글론 2. 아름다움, 여인 3. 마하나임 4. 헬갓 핫수림 5. 아사헬 6. 암논 7. 리스바 8. 삼십 세 9. 게바에서 게셀까지 10. 아비나답 11. 베레스웃사 12. 가드 13. 나단 14. 하닷에셀 15. 도이 16. 소금 골짜기 17. 시바 18. 헷 19. 암몬 20. 칼이 다윗의 집에서 영원토록 떠나지 않는 것, 다윗의 아내들이 다른 사람들과 백주에 동침하는 것 21. 그술 22. 드고아 23. 길로 24. 사독과 아비아달 25. 후새 26. 바후림의 우물 27. 에브라임 수풀 28. 요압 29. 베냐민 30. 므비보셋 31. 세바 32. 일곱 사람 33. 리스바 34. 곱 35. 요나단 36. 요새, 방패, 뿔, 망대, 피난처 37. 단에서 브엘세바까지 38. 아홉 달 스무 날 39. 팔십만, 오십만 40. 칠만 명 41. 여부스

11. 열왕기상

[선택형 문제]

1. 가	2. 다	3. 다	4. 가	5. 나
6. 가	7. 라	8. 다	9. 가	10. 라
11. 다	12. 나	13. 가	14. 나	15. 가
16. 다	17. 가	18. 다	19. 다	20. 나
21. 가	22. 나	23. 다	24. 다	25. 라
26. 나	27. 가	28. 라	29. 다	30. 가
31. 다	32. 가	33. 다	34. 나	35. 라
36. 라	37. 가	38. 나	39. 가	40. 다
41. 나	42. 다	43. 라	44. 가	45. 나
46. 가	47. 라	48. 다	49. 다	50. 가
51. 나	52. 라	53. 다	54. 나	55. 가
56. 라	57. 나	58. 나	59. 다	60. 가
61. 라	62. 나	63. 가	64. 다	65. 나
66. 나	67. 나	68. 라	69. 다	70. 가
71. 다	72. 가	73. 라		

[단답형 문제]

1. 사독, 나단, 브나야, 사독 2. 바르실래 3. 베냐민 4. 장수, 부, 원수, 지혜 5. 강, 블레셋, 애굽 6. 잠언, 천다섯 7. 사백팔십, 사 8. 야긴, 보아스 9. 스바의 여왕 10. 헷, 아람 11. 아스다롯, 밀곰, 그모스, 몰록 12. 르손 13. 채찍, 전갈 채찍 14. 유다, 베냐민 15. 벧엘, 단 16. 시삭 17. 아사 18. 마아가, 아세라, 산당 19. 라마 20. 게바, 미스바 21. 잇사갈 22. 디브니 23. 아합 24. 이세벨 25. 그릿 시냇가

26. 사르밧 과부 **27**. 갈멜 산 **28**. 450, 400 **29**. 하나님, 바알 **30**. 야곱, 열두, 이스라엘 **31**. 기손 시내 **32**. 로뎀 나무 아래 **33**. 호렙 산 **34**. ① 바람, ② 지진, ③ 불, ④ 세미한 소리 **35**. 하사엘, 예후, 예후, 엘리사 **36**. 열두 겨릿소 **37**. 나봇 **38**. 길르앗 라못 **39**. 시드기야 **40**. 섭정 왕 **41**. 오빌, 에시온게벨 **42**. 여호람

12. 열왕기하

[선택형 문제]

1. 다	2. 가	3. 가	4. 다	5. 나
6. 라	7. 라	8. 가	9. 나	10. 라
11. 가	12. 나	13. 라	14. 다	15. 나
16. 가	17. 라	18. 다	19. 가	20. 나
21. 라	22. 나	23. 다	24. 가	25. 라
26. 라	27. 가	28. 가	29. 나	30. 가
31. 나	32. 라	33. 나	34. 다	35. 다
36. 나	37. 가	38. 나	39. 라	40. 가
41. 가	42. 다	43. 가	44. 라	45. 다
46. 나	47. 라	48. 다	49. 가	50. 나
51. 가	52. 다	53. 라	54. 나	55. 라
56. 라	57. 나	58. 가	59. 가	60. 다
61. 가	62. 라	63. 나	64. 나	65. 라
66. 가	67. 다	68. 라	69. 라	70. 가
71. 나	72. 라	73. 다	74. 나	75. 다
76. 가	77. 라	78. 가	79. 다	80. 라

[단답형 문제]

1. 에그론의 신 바알세붑 2. 병거, 마병 3. 여리고에 있는 선지자의 제자들 4. 골짜기에 개천을 많이 파는 것 5. 요단 강에 몸을 일곱 번 씻는 것 6. 나병 7. 엘리사 8. 도단 9. 불말, 불병거 10. 엘리사 11. 고운 밀가루, 보리 12. 장관 13. 나병환자 네 사람 14. 헷, 애굽 15. 엘리사 16. 립나 17. 오므리 18. 이스르엘 19. 아합 20. 아로엘, 길르앗, 바산 21. 요아스 22. 맛단 23. 사십 년 24. 여호야다 25. 성전 26. 제사장 27. 밀로 궁 28. 요사갈, 여호사바드 29. 여로보암 30. 아람 31. 사마리아 32. 모압 도적 떼 33. 예루살렘 34. 벧세메스 35. 사백 규빗 36. 요나 37. 므나헴 38. 베가 39. 르신, 베가 40. 우리야 41. 느후스단 42. 니스록의 신전 43. 저수지, 수도 44. 산당 45. 여호야김 46. 시드기야

13. 역대상

[선택형 문제]

1. 라	2. 라	3. 라	4. 다	5. 가
6. 다	7. 라	8. 라	9. 다	10. 라
11. 나	12. 가	13. 나	14. 라	15. 다
16. 다	17. 가	18. 나	19. 라	20. 가
21. 나	22. 다	23. 다	24. 나	

[단답형 문제]

1. 니므롯 2. 보아스, 이새 3. 야베스 4. 기스, 요나단 5. 브나야 6. 웃사 7. 석 달 8. 브나야, 야하시엘 9. 십브개 10. 시돈 사람과 두로 사람 11. 게르손, 므라리 12. 엘르아살과 이다말 13. 사독, 아히멜렉 14. 아삽, 헤만, 여두둔 15. 헤만 16. 오벧에돔 17. 그나냐와 그의 아들들 18. 여리야 19. 이만 사천 명 20. 이십 세 21. 이스마엘 22. 솔로몬, 마음, 영원히 23. 솔로몬, 사독

14. 역대하

[선택형 문제]

1. 가	2. 라	3. 라	4. 가	5. 나
6. 다	7. 라	8. 다	9. 나	10. 나
11. 다	12. 나	13. 가	14. 가	15. 라
16. 나	17. 다	18. 가	19. 가	20. 라
21. 라	22. 가	23. 나	24. 가	25. 다
26. 다	27. 나	28. 다	29. 다	30. 가
31. 다	32. 나	33. 가	34. 다	35. 다
36. 나				

[단답형 문제]

1. 애굽과 구에 2. 욥바 3. 십오만 삼천 육백 명 4. 열 개 5. 두 돌판(야훼께서 이스라엘과 언약을 세우실 때에 모세가 호렙에서 언약궤 안에 넣은 것) 6. 솔로몬 7. 칠 일 동안 8. 이십 년(야훼의 전–7년, 궁궐–

13년) 9. 야훼의 궤가 이른 곳은 다 거룩하기 때문 10. 무교절, 칠칠절, 초막절 11. 스바 여왕 12. 다시스 13. 스마야 14. 소금 언약 15. 아사랴 16. 아사 왕 17. 하나니 18. 아드나 19. 시드기야 20. 예후 21. 불의함, 치우침, 뇌물 22. 아마랴, 스바댜 23. 야하시엘 24. 여호사밧 25. 엘리에셀 26. 여호람 27. 여호야다 28. 웃시야 29. 오뎃 30. 사독 31. 므낫세 32. 요시야 33. 예레미야 34. 고레스

15. 에스라

[선택형 문제]

1. 나	2. 다	3. 나	4. 나	5. 다
6. 나	7. 나	8. 다	9. 라	10. 라
11. 나	12. 라	13. 다	14. 나	15. 나
16. 가	17. 나	18. 라	19. 라	20. 가
21. 가	22. 다	23. 나	24. 라	25. 가
26. 나	27. 나	28. 라	29. 나	30. 나
31. 라	32. 나	33. 나	34. 다	35. 가
36. 다	37. 나	38. 나	39. 가	40. 다
41. 나	42. 다	43. 가	44. 다	45. 다

[단답형 문제]

1. 예레미야, 조서 2. 계보에서 그들의 이름을 찾지 못하였기 때문에 그들을 부정하게 여겨서 3. 스룹바벨, 예수아 4. 초막절 5. 백향목 6. 스룹바벨, 예수아, 이십 7. 성전 건축, 이방인 아내를 쫓아냄 8. 성전 건축에 함께 참여하려 하였으나 이를 거절함 9. 방백 르훔과 서기관 심새

10. 다시는 조공과 관세와 통행세를 바치지 않을까봐 **11**. 성을 건축하지 못하게 하고 다시 조서를 내리기를 기다리라 함 **12**. 바사 왕 다리오 제 이년까지 **13**. 학개, 스가랴 **14**. 다리오 왕 **15**. 세스바살 **16**. 다리오 왕 **17**. 각각 60규빗 **18**. 성전건축을 재개하라 **19**. 성전 봉헌식을 행함 **20**. 이스라엘 자손과 제사장들과 레위 사람들과 노래하는 자들과 문지기들과 느디님 사람들 중에 몇 사람 **21**. 첫째, 초하루, 다섯째, 초하루 **22**. 에스라 **23**. 아닥사스다, 에스라 **24**. 하나님의 율법 **25**. 금식, 평탄한 길을 간구 **26**. 세레뱌와 하사뱌와 그의 형제 열 명(총 12명) **27**. 9장 **28**. 예루살렘 백성과 제사장들과 레위 사람들이 가나안 땅 사람들의 가증한 일을 행하여 그들의 딸들과 결혼했기에 **29**. 열째 달 초하루부터 첫째 달 초하루까지(3개월간)

16. 느헤미야

[선택형 문제]

1. 다	2. 라	3. 다	4. 다	5. 가
6. 가	7. 라	8. 가	9. 나	10. 다
11. 가	12. 다	13. 가	14. 다	15. 라
16. 라	17. 다	18. 다	19. 가	20. 나
21. 라	22. 나	23. 라	24. 나	25. 나
26. 다	27. 라	28. 라	29. 다	30. 나

[단답형 문제]

1. 하나니 **2**. 왕의 술 관원 **3**. 아닥사스다 왕 제이십년 니산월 **4**. 유다까지 갈 수 있는 통과 조서, 건축에 필요한 재목 **5**. 양문, 어문, 옛 문,

골짜기 문, 분문, 샘문, 마문, 함밉갓 문 6. 함메아, 하나넬 7. 여우 8. 심히 분노하여 예루살렘을 치고 그 곳을 요란하게 하기로 작정함 9. 아라비아 사람들, 암몬 사람들, 아스돗 사람들 10. 귀족들과 민장들이 백성에게 높은 이자를 취함 11. 유다 땅 총독 12. 십이 년, 백성의 부역이 중하기 때문에 13. 엘룰월 이십오일 14. 오십이 일 15. 하나니, 하나냐 16. 일곱째 달 초하루, 모세의 율법책 17. 학사 에스라가 나무 강단에서 낭독하는 율법을 들음 18. 모든 백성이 일어섬 19. 예수아, 바니, 세레뱌, 야민, 악굽, 사브대, 호디야, 마아세야, 그리다, 아사랴, 요사밧, 하난, 블라야, 레위 사람들 20. 율법의 말씀을 듣고 다 울음 21. 영원부터 영원까지 22. 율법, 율례, 계명 23. 언약, 레위 24. 일곱째 해 25. 십일조의 십분의 일 26. 제비 뽑아 십분의 일은 거룩한 성 예루살렘에서 거주하게 하고 그 십분의 구는 다른 성읍에 거주하게 함 27. 거룩한 성 28. 12장 29. 엘리아십 30. 솔로몬

17. 에스더

[선택형 문제]

1. 가	2. 라	3. 다	4. 다	5. c,d,a,b
6. 나	7. 다	8. 라	9. 가	10. 나
11. 가	12. 나	13. 가	14. 라	15. 가
16. 라	17. 다	18. 가	19. 나	20. 다
21. 나	22. 다	23. 다	24. 나	25. 나
26. 라	27. 가	28. 다	29. 라	30. 라
31. 라	32. 다	33. 다	34. 다	35. 다
36. 다	37. 나	38. 가		

[단답형 문제]

1. 아하수에로 2. 수산 궁 3. 그의 아리따움을 뭇 백성과 지방관들에게 보이려고 4. 와스디 5. 헤개 6. 바벨론 왕 느부갓네살이 예루살렘에서 유다 와 여고냐와 백성을 사로잡아 갈 때 7. 사촌 8. 하닷사 9. 모르드개가 말하지 말라고 명령함 10. 에스더 11. 왕을 모살하려는 내시 빅단과 데레스의 음모를 에스더를 통해 왕에게 고함 12. 궁중 일기 13. 모르드개가 하만에게 무릎을 꿇지도 않고, 절하지도 않아서 14. 모르드개와 모든 유다인들 15. 일만 달란트 16. 아달월 십삼일 17. 크게 애통하여 금식하며 울며 부르짖고 굵은 베 옷을 입고 재에 누웠다 18. 하닥 19. 자신을 위해 밤낮 삼 일 동안 금식할 것 20. 높이가 오십 규빗 되는 나무를 세움 21. 빅단과 데레스가 아하수에로 왕을 암살하려는 음모를 모르드개가 고발한 사실 22. 하르보나 23. 모르드개를 달려 했던 나무에 하만이 달려서 죽음 24. 하만 25. 모르드개를 두려워하므로 26. 죽임을 당한 후 그 시체가 나무에 매달렸다 27. 도리어 유다인에 의하여 유다인들의 대적들이 도륙 당함 28. 부림절 29. 에스더와 모르드개 30. 별

18. 욥기

[선택형 문제]

1. 나	2. 라	3. 라	4. 라	5. 가
6. 다	7. 다	8. 나	9. 라	10. 가
11. 라	12. 다	13. 나	14. 다	15. 다
16. 다	17. 라	18. 나	19. 나	20. 라
21. 가	22. 다	23. 다	24. 다	25. 가
26. 나	27. 가	28. 다	29. 나	30. 나

31. 다	32. 라	33. 나	34. 가	35. 가
36. 가	37. 나	38. 가	39. 라	40. 라
41. 가	42. 나	43. 라	44. 라	45. 나
46. 라	47. 가	48. 다	49. 다	50. 나
51. 라	52. 라	53. 다	54. 다	

[단답형 문제]

1. 온전, 정직, 경외, 악 2. 우스 땅 3. 아들 일곱과 딸 셋 4. 하나님의 아들들 5. 욥의 생명을 해하는 것 6. 질그릇 조각 7. 친구 8. 고생, 불꽃 9. 나의 괴로움을 달아 보며 나의 파멸을 저울 위에 모두 놓을 수 있다면 바다의 모래보다도 무거울 것이라 10. 거룩하신 이의 말씀을 거역하지 아니하였기 때문 11. 수아 사람 빌닷 12. 죄를 지었으므로 13. 인생 14. 나아마 사람 소발 15. 죄 16. 지혜, 명철 17. 권능 18. 욥 19. 여인, 꽃, 그림자 20. 주머니 21. 눈이 멀게 되리라 22. 무덤, 구더기 23. 하나님의 손 24. 너희는 나를 헛되이 위로 하려느냐 너희 대답은 거짓일 뿐이니라 25. 그러나 내가 가는 길을 그가 아시나니 그가 나를 단련하신 후에는 내가 순금 같이 되어 나오리라 26. 하나님의 입의 말씀 27. 나의 온전함 28. 지혜, 명철 29. 처녀에게 주목하지 않기로 30. 엘리후 31. 욥－하나님보다 자기를 의롭다고 함, 세 친구들－능히 대답하지 못하면서도 욥을 정죄함 32. 람 종족 부스 사람 바라겔의 아들 33. 영, 숨결, 지혜, 정의 34. 나는 결코 아첨하지 않는다 35. 영혼, 생명 36. 권능, 정의, 공의 37. 무시하심 38. 욥기, 시편, 잠언, 전도서, 아가 39. 리워야단 40. 여미마, 긋시아, 게렌합북

19. 시편

[선택형 문제]

1. 라	2. 나	3. 가	4. 라	5. 다
6. 라	7. 다	8. 나	9. 나	10. 가
11. 나	12. 나	13. 가	14. 라	15. 가
16. 다	17. 라	18. 라	19. 라	20. 나
21. 나	22. 라	23. 나	24. 라	25. 라
26. 가	27. 다	28. 나	29. 다	30. 나

[단답형 문제]

1. 긴 것-119편, 176절, 짧은 것-117편, 2절 **2.** 복 있는 사람은 악인들의 꾀를 따르지 아니하며 죄인들의 길에 서지 아니하며 오만한 자들의 자리에 앉지 아니하고 오직 야훼의 율법을 즐거워하여 그의 율법을 주야로 묵상하는도다 **3.** 의인-시냇가에 심은 나무, 악인-바람에 나는 겨 **4.** 아들 **5.** 시편 3편 **6.** 방패, 영광 **7.** 열린 무덤 **8.** 사망, 스올 **9.** 이름, 영광 **10.** 공의, 정직 **11.** 압제를 당하는 자 **12.** 흙 도가니에 일곱 번 단련한 은 **13.** 하나님이 없다 하는 자 **14.** 베드로 **15.** 율법, 교훈 **16.** 시편 18편 **17.** 야훼 **18.** 길, 진리 **19.** 뜻, 양심 **20.** 산업, 목자 **21.** 노염, 은총 **22.** 시편 30편 **23.** 야훼 **24.** 그림자 **25.** 고라 자손 **26.** 사슴, 내 영혼 **27.** 인자하심 **28.** 피난처, 도움 **29.** 하나님 **30.** 시편 51편 **31.** 상한 심령 **32.** 혀 **33.** 시편 14편 **34.** 아침, 피난처 **35.** 내가 영원히 주의 장막에 머물며 내가 주의 날개 아래로 피하리이다 **36.** 영혼, 구원, 반석, 요새 **37.** 생명 **38.** 시편 70편 **39.** 이스라엘, 이름, 이새 **40.** 구원 **41.** 고아 **42.** 지존자 **43.** 천, 문지기 **44.** 의, 길 **45.** 하나님 **46.** 성산, 시온 **47.** 눈 **48.** 칠십, 팔십 **49.** 시편 91

편 11-12절 **50**. 안식일 **51**. 야훼 앞 **52**. 발등상 **53**. 하나님, 백성, 양 **54**. 시편 105편 **55**. 마음, 새벽 **56**. 기도 **57**. 시편 110편 **58**. 지혜, 찬양함 **59**. 율법 **60**. 등, 빛 **61**. 환난 **62**. 산, 야훼 **63**. 야훼께서 집을 세우지 아니하시면 세우는 자의 수고가 헛되며 야훼께서 성을 지키지 아니하시면 파수꾼의 깨어 있음이 헛되도다 **64**. 보라 형제가 연합하여 동거함이 어찌 그리 선하고 아름다운고 **65**. 우상 **66**. 시편 137편 **67**. 바로, 인자하심 **68**. 바벨론, 시온 **69**. 낮은, 교만한 **70**. 할렐루야

20. 잠언

[선택형 문제]

1. 다	2. 나	3. 라	4. 가	5. 라
6. 나	7. 가	8. 가	9. 다	10. 가
11. 나	12. 가	13. 나	14. 다	15. 다
16. 나	17. 다	18. 나	19. 가	20. 라
21. 나	22. 가	23. 나	24. 가	25. 라
26. 다	27. 가	28. 가	29. 나	30. 다
31. 다	32. 가	33. 가	34. 가	35. 가
36. 나	37. 다	38. 나	39. 가	40. 나
41. 가	42. 다	43. 다	44. 가	45. 다
46. 다	47. 나	48. 다	49. 가	

[단답형 문제]

1. 솔로몬 **2**. 지혜 **3**. 진리 **4**. 명철 **5**. 은혜 **6**. 마음 **7**. 아내 **8**. 게으른 자 **9**. 빛 **10**. 남의 아내와 통간하는 것 **11**. 악 **12**. 야훼를 경외하는 것이

지혜의 근본이요 거룩하신 자를 아는 것이 명철이니라 **13**. 사랑 **14**. 근심 **15**. 게으른 자 **16**. 구제 **17**. 양약 **18**. 선한 말 **19**. 권면 **20**. 징계 **21**. 그를 지으신 이를 멸시하는 것 **22**. 노 **23**. 기도 **24**. 사람이 마음으로 자기의 길을 계획할지라도 그의 걸음을 인도하시는 이는 야훼시니라 **25**. 교만 **26**. 어떤 길은 사람이 보기에 바르나 필경은 사망의 길이니라 **27**. 말쟁이 **28**. 용사 **29**. 마른 떡 **30**. 마음 **31**. 망대 **32**. 교만 **33**. 혀 **34**. 아내 **35**. 마음 **36**. 재물, 영광, 생명 **37**. 일곱 **38**. 강도 **39**. 칭찬 **40**. 사자 **41**. 기도 **42**. 죄를 자복하고 버리는 자 **43**. 묵시 **44**. 양식 **45**. 아굴 **46**. 르무엘 왕의 어머니

21. 전도서

[선택형 문제]

1. 라	2. 가	3. 다	4. 가	5. 나
6. 라	7. 가	8. 가	9. 나	10. 나
11. 라	12. 라	13. 가	14. 가	15. 나
16. 나	17. 다	18. 다	19. 가	20. 가
21. 다	22. 다	23. 라	24. 라	25. 다
26. 나	27. 다	28. 가	29. 다	30. 가
31. 라	32. 다	33. 나	34. 다	35. 나
36. 라	37. 라			

[단답형 문제]

11. 다섯 번 **2**. 수고 **3**. 12장 **4**. 일반 **5**. 범사에 기한이 있고 천하 만사가 다 때가 있나니 **6**. 영원을 사모하는 마음 **7**. 사람들이 하나님의 앞에서

경외하게 하려고 8. 흙 9. 일 10. 말 11. 서원 12. 꿈, 말 13. 높은 14. 부요함 15. 선물 16. 낙태 17. 잔칫집 18. 정직 19. 스올 20. 죄인 21. 공손함 22. 저주 23. 창조주 24. 본분 25. 심판

22. 아가

[선택형 문제]

1. 가	2. 가	3. 가	4. 가	5. 나
6. 나	7. 가	8. 다	9. 라	10. 가
11. 가	12. 다	13. 나	14. 라	15. 가
16. 가	17. 가			

[단답형 문제]

1. 아가 2. 8장 3. 8장 4. 포도주 5. 가시나무 6. 사랑 7. 포도원

23. 이사야

[선택형 문제]

1. 라	2. 가	3. 가	4. 가	5. 다
6. 나	7. 라	8. 나	9. 라	10. 라
11. 가	12. 라	13. 나	14. 가	15. 가
16. 나	17. 다	18. 가	19. 나	20. 라

21. 라	22. 나	23. 다	24. 다	25. 가
26. 라	27. 나	28. 라	29. 가	30. 가
31. 가	32. 다	33. 라	34. 라	35. 라
36. 다	37. 다	38. 나	39. 나	40. 다
41. 라	42. 라	43. 가	44. 나	45. 다
46. 나	47. 다	48. 다	49. 가	50. 나
51. 나	52. 나	53. 나	54. 다	55. 나
56. 나	57. 나	58. 라	59. 다	60. 다
61. 다	62. 나	63. 다	64. 가	65. 가
66. 다				

[단답형 문제]

1. 아모스 2. 이사야 3. 망대, 원두막, 성읍 4. 눈, 양털 5. 정의, 공의 6. 보습, 낫 7. 시온의 딸들 8. 소멸하는 영 9. 야훼의 포도원, 기뻐하시는 나무 10. 웃시야 왕 11. 자기의 발 12. 거룩하다 거룩하다 거룩하다 만군의 야훼여 그의 영광이 온 땅에 충만하도다 13. 그루터기 14. 르신, 베가 15. 임마누엘 16. 제사장 우리야, 스가랴 17. 마헬살랄하스바스 18. 이사야서 19. 평강의 왕 20. 북이스라엘(에브라임과 사마리아) 21. 남은 자 22. 야훼를 아는 지식 23. 이새 24. 메대 25. 바벨론 왕 26. 블레셋 27. 모압 28. 구스 29. 멸망의 성읍 30. 애굽, 구스 31. 바벨론 32. 셉나 33. 칠십 년 34. 포도원지기 35. 시온 36. 신, 영 37. 랍사게 38. 히스기야 39. 한 뭉치 무화과 40. 므로닥발라단 41. 히스기야 42. 풀은 마르고 꽃은 시드나 우리 하나님의 말씀은 영원히 서리라 하라 43. 언약, 빛 44. 찬송 45. 고레스 46. 구원 47. 벨, 느보 48. 이사야 49. 이방의 빛, 구원 50. 이사야 51. 그가 찔림은 우리의 허물 때문이요 그가 상함은 우리의 죄악 때문이라 그가 징계를 받으므로 우리는 평화를 누리고 그가 채찍에 맞으므로 우리는 나음을 받았도다 52. 속건제물 53. 너희는 야훼를 만날 만한 때에 찾으

라 가까이 계실 때에 그를 부르라 **54.** 생각 **55.** 길, 하늘 **56.** 금식 **57.** 58장 **58.** 죄악 **59.** 중재자 **60.** 빛 **61.** 시온 **62.** 야훼, 하나님 **63.** 헵시바, 쁄라 **64.** 주의 성령 **65.** 진흙, 토기장이 **66.** 하늘, 땅 **67.** 66장 **68.** 나의 보좌, 나의 발판,

24. 예레미야

[선택형 문제]

1. 가	2. 라	3. 다	4. 라	5. 나
6. 나	7. 다	8. 나	9. 나	10. 나
11. 다	12. 가	13. 가	14. 가	15. 나
16. 나	17. 라	18. 가	19. 라	20. 나
21. 가	22. 나	23. 나	24. 가	25. 가
26. 가	27. 다	28. 가	29. 나	30. 다
31. 라	32. 나	33. 가	34. 가	35. 가
36. 나	37. 다	38. 라	39. 다	40. 라
41. 라	42. 가	43. 나	44. 라	45. 가
46. 라	47. 나	48. 나	49. 다	50. 다

[단답형 문제]

1. 힐기야 **2.** 베냐민 **3.** 예레미야 **4.** 요시야 13년 **5.** 예레미야 **6.** 예레미야 **7.** 살구나무 가지 환상 **8.** 끓는 가마 **9.** 간음죄(행음) **10.** 바람 **11.** 할례 **12.** 실로 **13.** 사랑, 정의, 공의 **14.** 마음 **15.** 생수 **16.** 죽임의 골짜기 **17.** 바스홀 **18.** 예레미야 **19.** 의로운 가지 **20.** 갈대아인의 땅에 끌려간 유다포로, 예루살렘에 남은 자와 애굽 땅에 사는 자 **21.**

70년 **22**. 제사장들과 선지자들과 모든 백성 **23**. 미가 **24**. 우리야 **25**. 아히감 **26**. 하나냐 **27**. 엘라사, 그마랴 **28**. 평안 **29**. 스마야 **30**. 에브라임 **31**. 은 십칠 세겔 **32**. 너는 내게 부르짖으라 내가 네게 응답하겠고 네가 알지 못하는 크고 은밀한 일을 네게 보이리라 **33**. 야훼는 우리의 의 **34**. 레위인 **35**. 레갑 **36**. 여호야김 **37**. 두루마리를 낭독한 후 면도칼로 베어 화로 불에 던져서 불사름 **38**. 에벳멜렉 **39**. 예레미야 **40**. 시드기야 **41**. 하맛 땅 립나 **42**. 느부사라단 **43**. 그다랴 **44**. 이스마엘 **45**. 애굽 **46**. 그모스 **47**. 25장 **48**. 31장 **49**. 삼십칠 년 **50**. 에윌므로닥

25. 예레미야애가

[선택형 문제]

1. 라	2. 라	3. 라	4. 가	5. 나
6. 다	7. 가	8. 가	9. 가	10. 다
11. 가				

[단답형 문제]

1. 과부, 공주 **2**. 왕 **3**. 야훼 **4**. 선지자 **5**. 아이 **6**. 성실 **7**. 구원 **8**. 지존자의 입 **9**. 죄 **10**. 타조 **11**. 소돔 **12**. 아궁이 **13**. 5장

26. 에스겔

[선택형 문제]

1. 다	2. 나	3. 라	4. 나, 다	5. 라
6. 나	7. 라	8. 라	9. 나	10. 가
11. 가	12. 라	13. 나	14. 다	15. 다
16. 라	17. 다	18. 나	19. 가	20. 나
21. 다	22. 라	23. 가	24. 다	25. 가, 나
26. 가, 다	27. 나	28. 가	29. 라	30. 나
31. 나	32. 라	33. 가	34. 가	35. 다
36. 다	37. 나	38. 다	39. 가	40. 라
41. 가	42. 가	43. 나	44. 다	45. 나
46. 다	47. 가	48. 라	49. 나	50. 다
51. 라	52. 라	53. 가	54. 가	55. 라
56. 나	57. 라	58. 라	59. 라	60. 나
61. 라	62. 나	63. 나	64. 다	65. 라
66. 가	67. 가	68. 가	69. 라	70. 다
71. 다	72. 가	73. 라	74. 나	

[단답형 문제]

1. 여호야긴, 그발, 제사장, 권능 2. 바퀴 3. 영광 4. 얼굴이 뻔뻔하고 마음이 굳은 자 5. 패역 6. 두루마리 7. 말 8.이스라엘 족속을 깨우치기 위해서 9. 성소, 긍휼, 미약 10. ① 전염병, 기근으로 백성의 삼분의 일이 죽음 ② 칼에 의해 삼분의 일이 죽음 ③ 백성의 삼분의 일이 사방에 흩어지고 칼에 쫓김 11. 묵시, 율법, 책략 12. 태양 13. 먹 그릇, 이마 14. 이마에 표가 있는 자 15. 브니야의 아들 블라댜 16. 성소 17. 선

지자 **18**. 예루살렘 주민 **19**. 여호야긴 왕 **20**. 시드기야 왕 **21**. 의인, 살리라 **22**. 마음, 영 **23**. 이스라엘 고관(왕) **24**. 산당 **25**. 율법, 성물, 안식일 **26**. 애굽, 앗수르 사람 **27**. 애굽, 앗수르, 바벨론 사람 **28**. 오홀라 **29**. 오홀리바 **30**. 유다에게 닥쳐올 비극 **31**. 영광, 기쁨, 자녀 **32**. 암몬 족속 **33**. 바벨론의 느부갓네살 왕 **34**. 27장 **35**. 전염병 **36**. 강 가운데에 누운 큰 악어 **37**. 40년 **38**. 구스 **39**. 앗수르 사람 **40**. 포로 된지 12년 10월 5일 **41**. 목자 **42**. 먹고 남은 꼴을 발로 밟고, 먹고 남음 물을 발로 더럽힌 것 **43**. 마른 뼈 **44**. 생기야 사방에서부터 와서 이 죽음을 당한 자에게 불어서 살아나게 하라 **45**. 절망 속에 있는 이스라엘 백성이 장차 이스라엘로 돌아가 살게 될 것과 이를 통해 그들이 야훼 하나님을 알게 될 것 **46**. 백성이 다시는 둘로 나누이지 않을 것이다 **47**. 화평, 성소, 백성 **48**. 곡 **49**. 하몬곡 골짜기 **50**. 포로 25년 **51**. 좌우 골방 뜰 앞 곧 북쪽과 남쪽에 있는 방들 **52**. 거룩한 것과 속된 것을 구별하는 것 **53**. 하나님, 그발, 성전 **54**. 마음과 몸에 할례를 받지 아니한 이방인 **55**. 사독의 자손 레위사람 제사장들 **56**. 유월절 **57**. 안식일, 초하루 **58**. 북문, 남문 **59**. 군주 (이스라엘 왕) **60**. 성전 문지방 밑에서 나와 동쪽으로 흐르다가 성전 오른쪽 제단 남쪽으로 흘러내리는 물 **61**. 바다의 물이 되살아나고 모든 생물이 살고 강 좌우에서 각종 먹을 과실나무가 자라서 그 잎이 시들지 아니하며 열매가 끊이지 않아 달마다 새 열매를 맺고 그 열매는 먹을 만하고 그 잎사귀는 약 재료가 됨 **62**. 제사장 레위 사람 **63**. 그 땅은 야훼께서 거룩히 구별한 것이기 때문에

27. 다니엘

[선택형 문제]

1. 나	2. 가	3. 나	4. 가	5. 라
6. 나	7. 다	8. 다	9. 가	10. 가
11. 나	12. 가	13. 나	14. 다	15. 가
16. 다	17. 다	18. 나	19. 다	20. 나
21. 가				

[단답형 문제]

1. 느부갓네살 왕 2. 벨드사살 3. 열흘 4. 모든 환상과 꿈 5. 하늘에 계신 하나님 6. 신, 주재 7. 느부갓네살 왕 8. 하나님, 금 신상 9. 공의, 가난한, 평안함 10. 교만 11. 예루살렘 성전에서 탈취하여 온 금, 은 그릇(성전기명) 12. 왕을 저울에 달아 보니 부족함이 보였다 13. 총리 셋 중 하나 14. 삼십일 15. 사자 굴에 던져짐 16. 옛적부터 항상 계신 이 17. 세상에 일어날 네 왕 18. 예레미야 19. 한 이레 20. 힛데겔 강 가 21. 미가엘 22. 헬라의 군주 23. 미가엘 24. 11장 25. 책에 기록된 모든 자 26. 미가엘 27. 다니엘 12장 2절 28. 영생, 빛, 별 29. 마지막 때까지 간수하고 봉함

28. 호세아

[선택형 문제]

1. 라	2. 라	3. 다	4. 가	5. 라

6. 다	7. 다	8. 다	9. 다	10. 라
11. 다	12. 나	13. 나	14. 라	15. 다

[단답형 문제]

1. 호세아 **2.** 여로보암(여로보암 2세) **3.** 브에리 **4.** 음란 **5.** 로루하마 **6.** 바알 **7.** 바알 **8.** 바알들의 이름 **9.** 인애, 하나님을 아는 지식 **10.** 지식 **11.** 지식이 없으므로 **12.** 남자들도 창기와 함께 나가며 음부와 함께 희생을 드리기 때문에 **13.** 야훼께서 이미 그들에게서 떠나셨기 때문에 **14.** 인애, 하나님을 아는 **15.** 인애, 하나님을 아는 것 **16.** 에브라임(이스라엘) **17.** 이스라엘이 야훼의 언약을 어기며 율법을 범했기 때문에 **18.** 왕, 지도자, 우상 **19.** 이스라엘, 가증 **20.** 이스라엘 **21.** 묵은 땅 **22.** 애굽 **23.** 바알들에게 제사하며 아로새긴 우상 앞에서 분향함 **24.** 아드마, 긍휼, 하나님, 사람 **25.** 구원자 **26.** 야훼 하나님 **27.** 야훼 하나님을 대적했기 때문에 **28.** 사마리아 **29.** 반역, 진노 **30.** 도, 의인, 죄인

29. 요엘

[선택형 문제]

1. 가	2. 라	3. 가	4. 라	5. 나

[단답형 문제]

1. 메뚜기, 느치, 황충, 팥중이 **2.** 야훼의 날 **3.** 마음, 뜻 **4.** 자녀들이 장래 일을 말할 것이며 늙은이는 꿈을 꾸며 젊은이는 이상을 볼 것임 **5.** 사도행전 2장 17-21절 **6.** 장래 일, 꿈, 이상 **7.** 구원

30. 아모스

[선택형 문제]

1. 나 2. 다 3. 라 4. 가 5. 가
6. 가 7. 나 8. 가 9. 다 10. 나

[단답형 문제]

1. 시온, 갈멜 2. 다메섹 3. 가사, 두로 4. 암몬 5. 모압 6. 의인, 가난한 자, 아버지, 아들 7. 아모리 사람 8. 죄악 9. 벧엘 10. 힘 없는 자를 학대함, 가난한 자를 압제함, 가장에게 술을 가져다 마시게 하라고 함 11. 벧엘, 길갈 12. 야훼께로 돌아오지 아니함 13. 야훼를 찾는 것 14. 정의, 남은 자 15. 절기, 성회 16. 정의, 공의 17. 이삭의 산당들이 황폐되며 이스라엘의 성소들이 파괴되고 야훼께서 칼로 여로보암의 집을 치시겠다는 의미 18. 야훼의 말씀을 듣지 못한 기갈 19. 양식, 야훼의 말씀 20. 구스

31. 오바댜

[선택형 문제]

1. 다

[단답형 문제]

1. 에돔 2. 형제 야곱에게 행한 포학 때문에 3. 에서 족속

32. 요나

[선택형 문제]

1. 다 2. 가 3. 다 4. 가 5. 라
6. 라 7. 라

[단답형 문제]

1. 큰 성읍 니느웨로 가서 하나님의 말씀을 선포하는 것 2. 다시스 3. 배에 있던 사람들이 요나를 들어 바다에 던짐으로 4. 큰 물고기 뱃속 5. 야훼께 기도함 6. 하나님을 믿고 금식을 선포하고 높고 낮은 자를 막론하고 굵은 베 옷을 입음 7. 뜻을 돌이키사 그들에게 내리리라고 말씀하신 재앙을 내리지 아니하심 8. 야훼께서 뜻을 돌이켜 니느웨에 재앙을 내리지 않으시므로 9. 성읍에 무슨 일이 일어나는가를 보려고 10. 큰 성읍 니느웨에는 좌우를 분변하지 못하는 자가 십이만여 명이요 가축도 많이 있음으로

33. 미가

[선택형 문제]

1. 가(사1:1 참조) 2. 라 3. 가 4. 다(사2:4 참조)
5. 나 6. 나 7. 라

[단답형 문제]

1. 사마리아, 예루살렘 2. 모레셋 3. 사마리아, 예루살렘 4. 들개, 타조 5. 밭, 집, 산업 6. 정의를 아는 것 7. 평강, 전쟁, 이상, 점 8. 밤을

만나 이상을 보지 못하고 어둠을 만나 점치지 못하게 될 것임 **9.** 능력, 정의, 용기 **10.** 시온은 갈아엎은 밭이 되고 예루살렘은 무더기가 되고 성전의 산은 수풀의 높은 곳이 될 것임 **11.** 전, 시온, 예루살렘 **12.** 베들레헴 **13.** 오직 정의를 행하며 인자를 사랑하며 겸손하게 하나님과 함께 행하는 것 **14.** 선한 것, 정의, 인자

34. 나훔

[선택형 문제]

1. 가 2. 다 3. 라

[단답형 문제]

1. 질투, 보복 **2.** 산성 **3.** 거짓, 포악 **4.** 니느웨 **5.** 항상 앗수르에게 행패를 당하였기 때문에

35. 하박국

[선택형 문제]

1. 나 2. 라 3. 나

[단답형 문제]

1. 사납고 성급한 백성 2. 파수하는 곳 성루 3. 달려가면서도 읽을 수 있게 하려고 4. 종말, 믿음 5. 부흥, 긍휼 6. 열매, 구원 7. 주 야훼는 나의 힘이시라

36. 스바냐

[선택형 문제]

1. 라 2. 라 3. 다 4. 라

[단답형 문제]

1. 야훼의 날 2. 분노, 흑암 3. 질투 4. 야훼를 찾고 공의와 겸손을 구하라고 함 5. 만군의 야훼의 백성에 대하여 교만하여졌기 때문에 6. 곤고하고 가난한 백성 7. 전능자, 사랑

37. 학개

[선택형 문제]

1. 다 2. 라 3. 나

[단답형 문제]

1. 야훼의 전을 건축할 시기가 이르지 아니하였다고 함 2. 행위 3. 성전, 영광 4. 이 성전의 나중 영광이 이전 영광보다 클 것이며, 이 곳에 평강을 주겠다고 말씀하심 5. 스룹바벨

38. 스가랴

[선택형 문제]

1. 나(학1:1 참조)	2. 라	3. 나	4. 다	5. 나
6. 가	7. 나	8. 라	9. 가	10. 라
11. 나	12. 다	13. 라	14. 라	15. 나
16. 가	17. 나	18. 라	19. 다	

[단답형 문제]

1. 땅을 두루 살피는 일 2. 칠십 년 3. 유다와 이스라엘과 예루살렘을 헤친 뿔 4. 천사, 질투, 고난 5. 성곽 6. 힘, 능력, 영 7. 싹 8. 금강석, 선지자들 9. 백성, 진리, 공의 10. 평강, 이슬 11. 저주, 구원, 복 12. 진리, 재판, 거짓 맹세 13. 스가랴 14. 공의, 구원, 화평 15. 예루살렘

39. 말라기

[선택형 문제]

1. 라 2. 가 3. 라 4. 나 5. 다
6. 다 7. 나

[단답형 문제]

1. 더러운 떡과 눈 먼 희생제물과 저는 것, 병든 것을 드림 2. 총독 3. 레위와 세운 생명과 평강의 언약 4. 율법 5. 이혼하는 것과 옷으로 학대를 가리는 자 6. 십일조와 봉헌물 7. 온전한, 시험 8. 기념책 9. 야훼를 경외하는 자와 그 이름을 존중히 여기는 자 10. 야훼를 경외하는 자와 그 이름을 존중히 여기는 자

신 약

1. 마태복음

[선택형 문제]

1. 나	2. 나	3. 라	4. 라	5. 나
6. 가	7. 다	8. 다	9. 라	10. 다
11. 가	12. 라	13. 나	14. 나	15. 나
16. 라	17. 다	18. 라	19. 가	20. 다
21. 나	22. 라	23. 다	24. 가	25. 가
26. 나	27. 가	28. 가	29. 나	30. 다
31. 나	32. 다	33. 나	34. 라	35. 나
36. 가	37. 라	38. 라	39. 다	40. 가
41. 가	42. 라	43. 나	44. c, a, b	45. 나
46. 나	47. 라	48. 나	49. 다	50. 나
51. 나	52. 라	53. 라	54. 나	55. 다
56. 나	57. 나	58. 라	59. 라	60. 다
61. 나	62. 라	63. 가	64. 다	65. 나
66. 다	67. 라	68. 라	69. 가	70. 가

[단답형 문제]

1. 다말, 라합, 룻, 우리야의 아내(밧세바) 2. 총 42대 3. 임마누엘, 하나님이 우리와 함께 계시다 4. 유대 베들레헴 5. 호세아 6. 회개하라 천국이 가까이 왔느니라 7. 요한의 침례—물 침례, 예수의 침례—성령과 불 침례 8. 나, 가, 다 9. 40일 10. 시몬(베드로), 안드레, 야고보, 요한

11. 형제와 화목 12. 마태복음 6장 9-13절 13. 목숨과 몸 14. 그런즉 너희는 먼저 그의 나라와 그의 의를 구하라 그리하면 이 모든 것을 너희에게 더하시리라 15. 거짓 선지자들 16. 하늘에 계신 아버지의 뜻대로 행하는 자라야 천국에 들어갈 수 있다 17. 주여 원하시면 저를 깨끗하게 하실 수 있나이다 18. 백부장 19. 세리 20. 세리와 죄인들 21. 혈루증, 열두 해 22. 평안 23. 뱀, 비둘기 24. 끝까지 견디는 자 25. 화평, 화평, 검 26. 나, 나, 나를 보내신 이 27. 침례 요한 28. 침례 요한 29. 두로, 시돈 30. 자비, 제사 31. 인자 32. 손 마른 사람 33. 갈대, 심지 34. ① 성령을 모독하는 것 ② 말로 성령을 거역하는 것 35. 요나의 표적 36. 13장 37. 곡식까지 뽑을까 염려하여 38. 마귀 39. 고향 사람들이 믿지 않음으로 40. 헤롯에게 동생의 여자를 취한 것이 옳지 않다고 했기 때문 41. 여자야 네 믿음이 크도다 네 소원대로 되리라 42. 일곱 광주리 43. 시몬 베드로가 대답하여 이르되 주는 그리스도시요 살아 계신 하나님의 아들이시니이다 44. 침례 요한, 엘리야, 예레미야나 선지자 중의 하나 45. 하늘에 계신 아버지(하나님) 46. 반석 47. 베드로, 야고보, 요한 48. 모세와 엘리야 49. 어린 아이와 같이 자기를 낮추는 사람 50. 일곱 번을 일흔 번까지 51. 용납, 천국 52. 재물이 많으므로 53. 나중 된 자로서 먼저 되고 먼저 된 자로서 나중 되리라 54. 세베대의 아들의 어머니 55. 21장 56. 사두개인들 57. ① 네 마음을 다하고 목숨을 다하고 뜻을 다하여 주 너의 하나님을 사랑하라 ② 네 이웃을 네 자신 같이 사랑하라 58. 외식하는 서기관들과 바리새인들 59. 다니엘 60. 열 처녀 비유, 달란트 비유, 양과 염소 비유 61. 잘하였도다 착하고 충성된 종아 네가 적은 일에 충성하였으매 내가 많은 것을 네게 맡기리니 네 주인의 즐거움에 참여할지어다 62. 유월절 63. 베다니 나병환자 시몬의 집 64. 은 삼십 65. 대제사장 가야바 66. 시몬이란 구레네 사람 67. 6시간 68. 백부장과 함께 예수를 지키던 자들 69. 아리마대의 부자 요셉 70. 하늘과 땅의 모든 권세를 내게 주셨으니 그러므로 너희는 가서 모든 민족을 제자로 삼아 아버지와 아들과 성령의 이름으로 침례를 베풀고 내가 너희에게 분부한 모든 것을 가르쳐 지키게 하라

2. 마가복음

[선택형 문제]

1. 라	2. 라	3. 라	4. 다	5. 다
6. 가	7. 가	8. 가	9. 라	10. 다
11. 나	12. 라	13. 라	14. 다	15. 나
16. 나	17. 나	18. 나	19. 가	20. 나
21. 가	22. 라	23. 나	24. 라	25. 라
26. 가	27. 가	28. 다	29. 나	30. 나
31. 다	32. 다	33. 나	34. 가	35. 다
36. 라	37. 가	38. 라	39. 나	40. 다
41. 가	42. 다	43. 다	44. 라	45. 나
46. 라	47. 나	48. 가	49. 다	50. 라
51. 라	52. 다	53. 라	54. 나	55. 나
56. 가	57. 나	58. 다	59. 가	60. 라
61. 가	62. 다	63. 가	64. 가	65. 가
66. 가	67. 다	68. 나	69. 가	70. 라

[단답형 문제]

1. 이사야 2. 침례 요한 3. 비둘기 4. 너는 내 사랑하는 아들이라 내가 너를 기뻐하노라 5. 성령 6. 광야 7. 더러운 귀신 들린 사람을 고치심 8. 하나님의 거룩한 자 9. 원하시면 저를 깨끗하게 하실 수 있나이다, 내가 원하노니 깨끗함을 받으라 10. 작은 자야 네 죄 사함을 받았느니라 11. 알패오의 아들 레위 12. 알패오 13. 세관 14. 예수께서 들으시고 그들에게 이르시되 건강한 자에게는 의사가 쓸 데 없고 병든 자에게라야 쓸 데 있느니라 나는 의인을 부르러 온 것이 아니요 죄인을 부르러 왔노라 하시니라 15. 혼인집 신랑의 비유, 생베 조각 비유, 새 포도주 비유 16.

신랑인 예수와 함께 있기 때문에 17. 아비아달 18. 사람 19. 예수를 고발하려고 20. 당신은 하나님의 아들이니이다 21. 자기와 함께 있게 하시고 또 보내사 전도도 하며 귀신을 내쫓는 권능도 가지게 하려 하심 22. 야고보와 요한, 우레의 아들 23. 하나님의 뜻대로 행하는 자 24. 4장 25. 삼십 배, 육십 배, 백 배 26. 고물 27. 믿음이 없었으므로 28. 거라사인의 지방 29. 열두 해 30. 회당장 야이로의 딸 31. 달리다굼, 소녀야 일어나라 32. 귀신을 제어하는 권능 33. 둘씩 34. 헤롯에게 동생의 아내를 취한 것이 옳지 않다 하여서 35. 게네사렛 지방 36. 하나님께 드림이 되었다 37. 수로보니게 족속 38. 열리라 39. 바리새인들, 헤롯 40. 침례 요한, 엘리야, 선지자 중 하나 41. 나, 복음 42. 베드로 43. 예수께서 이르시되 할 수 있거든이 무슨 말이냐 믿는 자에게는 능히 하지 못할 일이 없느니라 하시니 44. 마음이 완악함으로 말미암아 45. 가서 네게 있는 것을 다 팔아 가난한 자들에게 주라 그리고 와서 나를 따르라 46. 야고보와 요한 47. 섬김을 받으려 함이 아니라 도리어 섬기려 하고 자기 목숨을 많은 사람의 대속물로 주려고 48. 바디매오 49. 강도의 소굴로 만들었기 때문 50. 만민이 기도하는 집 51. 아무에게나 혐의가 있거든 용서하라 52. 12장 53. 첫째는 네 마음을 다하고 목숨을 다하고 뜻을 다하고 힘을 다하여 주 너의 하나님을 사랑하라 하신 것이요 둘째는 이것이니 네 이웃을 네 자신과 같이 사랑하라 하신 것이라 54. 두 렙돈(한 고드란트) 55. 하나님 56. 성찬식 57. 갈릴리 58. 베드로, 야고보, 요한 59. 마가복음 60. 신성 모독 61. 빌라도 62. 민란을 꾸미고 민란 중에 살인함 63. 제삼시, 제구시 64. 성소 휘장이 위로부터 아래까지 찢어져 둘이 되니라 65. 믿는 자들에게는 이런 표적이 따르리니 곧 그들이 내 이름으로 귀신을 쫓아내며 새 방언을 말하며 뱀을 집어올리며 무슨 독을 마실지라도 해를 받지 아니하며 병든 사람에게 손을 얹은즉 나으리라 하시더라

3. 누가복음

[선택형 문제]

1. 나, 라	2. 가	3. 다	4. 다	5. 라
6. 다	7. 다	8. 나	9. 라	10. 가
11. 다	12. 다	13. 라	14. 다	15. 나
16. 나	17. 라	18. 라	19. 나	20. 다
21. 다	22. 나	23. 라	24. 가	25. 다
26. 라	27. 가	28. 나	29. 나	30. 가
31. 가	32. 라	33. 다	34. 가	35. 다
36. 나	37. 나	38. 다	39. 나	40. 라
41. 라	42. 나	43. 다	44. 가	45. 가
46. 가	47. 나	48. 가	49. 라	50. 다
51. 다	52. 가	53. 가	54. 나	55. 가
56. 라	57. 가	58. 다	59. 나	60. 라
61. 다	62. 라	63. 다	64. 나	65. 라
66. 가	67. 다	68. 라	69. 라	70. 다

[단답형 문제]

1. 누가 2. 데오빌로 3. 사가랴, 엘리사벳 4. 아비야 5. 가브리엘 6. 가이사 아구스도 7. 다윗 8. 하나님께 영광, 평화 9. 12세 10. 예수는 지혜와 키가 자라가며 하나님과 사람에게 더욱 사랑스러워 가시더라 11. 죄 사함을 받게 하는 회개의 침례 12. 침례 요한 13. 예수 14. 성령과 불 15. 분봉 왕 헤롯 16. 기도, 형체로 17. 성령의 충만함, 이끌리시며 18. 돌들에게 명하여 떡이 되게 하라 19. 성전 꼭대기에서 뛰어내리라 20. 신명기 21. 이사야 61장 1-2절 22. 주의 성령이 내게 임하셨으니

이는 가난한 자에게 복음을 전하게 하시려고 내게 기름을 부으시고 나를 보내사 포로 된 자에게 자유를, 눈 먼 자에게 다시 보게 함을 전파하며 눌린 자를 자유롭게 하고 주의 은혜의 해를 전파하게 하려 하심이라 하였더라 **23**. 시몬의 장모 **24**. 말씀에 의지하여 그물을 내림 **25**. 나병 **26**. 중풍병자를 메고 온 사람들의 믿음 **27**. 모든 것을 버리고 일어나 따름 **28**. 인자 **29**. 안식일 **30**. 산으로 가사 밤이 새도록 하나님께 기도함 **31**. 주라 그리하면 너희에게 줄 것이니 곧 후히 되어 누르고 흔들어 넘치도록 하여 너희에게 안겨 주리라 너희가 헤아리는 그 헤아림으로 너희도 헤아림을 도로 받을 것이니라 **32**. 백부장 **33**. 청년아 내가 네게 말하노니 일어나라 **34**. 하나님의 말씀 **35**. 두려워하지 말고 믿기만 하라 그리하면 딸이 구원을 얻으리라 **36**. 모든 귀신을 제어하며 병을 고치는 능력과 권위 **37**. 벳새다 **38**. 하나님의 그리스도시니이다 **39**. 용모가 변화되고 그 옷이 희어져 광채가 남 **40**. 뱀과 전갈을 밟으며 원수의 모든 능력을 제어할 권능 **41**. 귀신들이 너희에게 항복하는 것으로 기뻐하지 말고 너희 이름이 하늘에 기록된 것으로 기뻐하라 **42**. 사마리아 사람 **43**. 너희가 악할지라도 좋은 것을 자식에게 줄 줄 알거든 하물며 너희 하늘 아버지께서 구하는 자에게 성령을 주시지 않겠느냐 하시니라 **44**. 하나님 나라의 임재 **45**. 두 앗사리온 **46**. 하나님의 나라 **47**. 달려가 목을 안고 입을 맞춤 **48**. 하나님과 재물 **49**. 요한의 때 **50**. 부자–음부, 나사로–아브라함의 품 **51**. 겨자씨 한 알만한 믿음 **52**. 우리는 무익한 종이라 우리가 하여야 할 일을 한 것뿐이라 **53**. 돌무화과나무 **54**. 인자 **55**. 찬송하리로다 주의 이름으로 오시는 왕이여 하늘에는 평화요 가장 높은 곳에는 영광이로다 **56**. 장차 있을 예루살렘의 멸망 **57**. 가이사의 것은 가이사에게, 하나님의 것은 하나님께 바치라 **58**. 두 렙돈 **59**. 내 이름, 때 **60**. 구변과 지혜 **61**. 항상 기도하며 깨어 있음 **62**. 감람원이라는 산 **63**. 땀이 땅에 떨어지는 핏방울 같이 됨 **64**. 구레네 사람 시몬 **65**. 예수여 당신의 나라에 임하실 때에 나를 기억하소서 **66**. 모세의 율법, 선지자의 글, 시편에 기록된 것 **67**. 의인 **68**. 예루살렘, 증인 **69**. 베다니 **70**. 24장

4. 요한복음

[선택형 문제]

1. 다	2. 다	3. 나	4. 다	5. 가
6. 라	7. 다	8. 가	9. 나	10. 가
11. 가	12. 다	13. 다	14. 나	15. 라
16. 라	17. 가	18. 다	19. 라	20. 다
21. 다	22. 라	23. 다	24. 나	25. 다
26. 다	27. 라	28. 나	29. 라	30. 가
31. 나	32. 라	33. 나	34. 나	35. 다
36. 다	37. 다	38. 라	39. 다	40. 가
41. 가	42. 다	43. 가	44. 다	45. 라
46. 나	47. 나	48. 라	49. 나	50. 라
51. 라	52. 가	53. 다	54. 다	55. 나
56. 다	57. 가	58. 나	59. 다	60. 라
61. 라	62. 다	63. 다	64. 다	65. 라
66. 가	67. 나	68. 라		

[단답형 문제]

1. 태초에 말씀이 계시니라 이 말씀이 하나님과 함께 계셨으니 이 말씀은 곧 하나님이시니라 2. 침례 요한 3. 영접하는 자 곧 그 이름을 믿는 자들에게는 하나님의 자녀가 되는 권세를 주셨으니 4. 은혜, 진리 5. 보라 세상 죄를 지고 가는 하나님의 어린 양이로다 6. 안드레 7. 빌립 8. 예수님이 나다나엘에게 9. 나다나엘 10. 가나의 혼례잔치에서 물을 포도주로 만든 기적 11. 2장 12. 46년 13. 니고데모 14. 물과 성령으로 나지 아니한 자 15. 그 행위가 드러날까 함이다 16. 수가 17. 하나님은

영이시니 예배하는 자가 영과 진리로 예배할지니라 **18**. 사마리아 여인 **19**. 이틀 **20**. 왕의 신하의 아들을 고치심 **21**. 38년 **22**. 생명, 심판 **23**. 12바구니 **24**. 하나님께서 보내신 이를 믿는 것 **25**. 하나님에게서 온 자 **26**. 가버나움 회당 **27**. 가룟 시몬 **28**. 니고데모 **29**. 너희 중에 죄 없는 자가 먼저 돌로 치라는 말씀을 듣고 **30**. 죄를 범했을 때 **31**. 세상의 빛 **32**. 보냄을 받았다 **33**. 안식일 **34**. 요한복음 10장 **35**. 양들을 위하여 목숨을 버린다 **36**. 목자, 목자 **37**. 예수께서 이르시되 나는 부활이요 생명이니 나를 믿는 자는 죽어도 살겠고 무릇 살아서 나를 믿는 자는 영원히 죽지 아니하리니 이것을 네가 믿느냐 **38**. 나흘 **39**. 나드 한 근 **40**. 가룟 유다 **41**. 종려나무 **42**. 요한복음 **43**. 제자들의 발을 씻기심 **44**. 가룟 유다 **45**. 도마 **46**. 빌립 **47**. 또 다른 보혜사 **48**. 요한복음 15장 **49**. 친구 **50**. 죄, 의, 심판 **51**. 17장 **52**. 유일하신 참 하나님과 그가 보내신 자 예수 그리스도를 아는 것 **53**. 말고 **54**. 안나스 **55**. 돌을 깐 뜰 **56**. 빌라도 **57**. 사랑하시는 제자 **58**. 다 이루었다 **59**. 아리마대 사람 요셉 **60**. 니고데모 **61**. 막달라 마리아 **62**. 세마포 **63**. 랍오니 **64**. 도마 **65**. 예수께서 하나님의 아들 그리스도이심을 믿게 하려 함이요 또 너희로 믿고 그 이름을 힘입어 생명을 얻게 하려 함이니라 **66**. 디베랴 호수 **67**. 백쉰세(153) 마리 **68**. 요한 **69**. 요한의 아들 시몬아 네가 나를 사랑하느냐 **70**. 요한복음

5. 사도행전

[선택형 문제]

1. 나	2. 다	3. 다	4. 라	5. 가
6. 다	7. 라	8. 가	9. 라	10. 나
11. 다	12. 다	13. 다	14. 나	15. 가

16. 나	17. 가	18. 라	19. 다	20. 나
21. 다	22. 라	23. 가	24. 라	25. 가
26. 라	27. 가	28. 나	29. 나	30. 다
31. 가	32. 다	33. 다	34. 다	35. 다
36. 가	37. 라	38. 나	39. 라	40. 나
41. 다	42. 라	43. 라	44. 라	45. 가
46. 가	47. 나	48. 가	49. 라	50. 가
51. 가	52. 나	53. 가	54. 다	55. 라
56. 다	57. 나	58. 다	59. 라	60. 다
61. 나	62. 다	63. 나	64. 나	65. 라

[단답형 문제]

1. 누가 2. 성령 3. 물, 성령 4. 오직 성령이 너희에게 임하시면 너희가 권능을 받고 예루살렘과 온 유대와 사마리아와 땅 끝까지 이르러 내 증인이 되리라 하시니라 5. 피밭 6. 부활하심 7. 그들이 다 성령의 충만함을 받고 성령이 말하게 하심을 따라 다른 언어들로 말하기를 시작하니라 8. 말세, 예언, 환상, 꿈 9. 회개, 죄 사함, 성령 10. 나사렛 예수 그리스도의 이름 11. 다른 이로써는 구원을 받을 수 없나니 천하 사람 중에 구원을 받을 만한 다른 이름을 우리에게 주신 일이 없음이라 하였더라 12. 하나님의 말씀 13. 율법교사 가말리엘 14. 성령과 지혜가 충만하여 칭찬 받는 사람 15. 지혜, 성령 16. 마음, 귀, 성령 17. 사울 18. 주 예수여 내 영혼을 받으시옵소서, 주여 이 죄를 그들에게 돌리지 마옵소서 19. 큰 기쁨 20. 베드로, 요한 21. 아소도 22. 기도 23. 아나니아 24. 고넬료 25. 베드로 26. 10장 27. 방언을 말하며 하나님 높임 28. 바나바 29. 글라우디오 때 30. 야고보 31. 바나바, 시므온, 구레네 사람 루기오, 마나엔, 사울 32. 바울과 바나바 33. 성령, 금식, 기도 34. 바예수 35. (마가) 요한 36. 태어나면서 걷지 못하게 된 사람을 고침 37. 바울-헤르메스, 바나바-제우스 38. 이방인의 구원에 있어서의 할례 문제 39. 베드로 40. 우

상의 제물, 피, 목매어 죽인 것, 음행 **41**. 1차 선교여행 중 돌아간 마가 요한의 문제로 **42**. 드로아 **43**. 루디아 **44**. 기도하고 하나님을 찬송함 **45**. 이르되 주 예수를 믿으라 그리하면 너와 네 집이 구원을 받으리라 하고 **46**. 아덴 **47**. 에피쿠로스와 스토아 철학자들 **48**. 디오누시오 **49**. 아굴라 **50**. 제사장 스게와의 일곱 아들 **51**. 내가 달려갈 길과 주 예수께 받은 사명 곧 하나님의 은혜의 복음을 증언하는 일을 마치려 함에는 나의 생명조차 조금도 귀한 것으로 여기지 아니하노라 **52**. 감독자, 교회 **53**. 40여 명 **54**. 율리오 **55**. 유라굴로

6. 로마서

[선택형 문제]

1. 다	2. 가	3. 다	4. 나	5. 다
6. 가	7. 다	8. 라	9. 다	10. 라
11. 라	12. 라	13. 다	14. 나	15. 나
16. 가	17. 나	18. 라	19. 다	20. 나
21. 다	22. 라	23. 라	24. 다	25. 나
26. 다	27. 라	28. 라	29. 나	30. 다
31. 가	32. 라	33. 다	34. 다	35. 나
36. 다	37. 나	38. 나	39. 라	40. 다

[단답형 문제]

1. 바울 **2**. 사도 **3**. 다윗 **4**. 내가 복음을 부끄러워하지 아니하노니 이 복음은 모든 믿는 자에게 구원을 주시는 하나님의 능력이 됨이라 먼저는 유대인에게요 그리고 헬라인에게로다 **5**. 복음은 모든 믿는 자에게 구원을 주시는 하나님의 능력이 되기 때문 **6**. 하나님의 의 **7**. 하나님 **8**. 환난, 곤고

9. 영광, 존귀, 평강 10. 율법을 행하는 자 11. 마음, 율법 조문, 하나님 12. 로마서 3장 10절 13. 죄 14. 죄를 범하였기 때문에 15. 믿음 16. 아브라함 17. 화평 18. 환난은 인내를, 인내는 연단을, 연단은 소망을 이루는 줄 알기 때문 19. 성령, 하나님의 사랑 20. 우리가 아직 죄인 되었을 때에 그리스도께서 우리를 위하여 죽으심으로 21. 죄, 하나님 22. 의의 무기 23. 은혜 아래에 있기 때문 24. 오호라 나는 곤고한 사람이로다 이 사망의 몸에서 누가 나를 건져내랴 25. 하나님, 죄 26. 7장 27. 그러므로 이제 그리스도 예수 안에 있는 자에게는 결코 정죄함이 없나니 이는 그리스도 예수 안에 있는 생명의 성령의 법이 죄와 사망의 법에서 너를 해방하였음이라 28. 정죄함 29. 그리스도 예수 안에 있는 생명의 성령의 법 30. 생명과 평안 31. 영으로써 32. 하나님의 영으로 인도함을 받는 사람 33. 양자의 영 34. 이와 같이 성령도 우리의 연약함을 도우시나니 우리는 마땅히 기도할 바를 알지 못하나 오직 성령이 말할 수 없는 탄식으로 우리를 위하여 친히 간구하시느니라 35. 성령의 생각, 성령 36. 우리가 알거니와 하나님을 사랑하는 자 곧 그의 뜻대로 부르심을 입은 자들에게는 모든 것이 합력하여 선을 이루느니라 37. 아들, 모든 것 38. 하나님의 사랑 39. 토기장이 40. 그리스도 41. 마음, 입 42. 믿음, 그리스도의 말씀 43. 은사, 부르심 44. 우리 몸을 하나님이 기뻐하시는 거룩한 산 제물로 드리는 것 45. 너희는 이 세대를 본받지 말고 오직 마음을 새롭게 함으로 변화를 받아 하나님의 선하시고 기뻐하시고 온전하신 뜻이 무엇인지 분별하도록 하라 46. 믿음 47. 성실함으로 48. 거짓 49. 선 50. 하나님의 명 51. 주 52. 하나님의 나라는 먹는 것과 마시는 것이 아니요 오직 성령 안에 있는 의와 평강과 희락이라 53. 믿음을 따라 하지 아니하였기 때문에 54. 남의 터 55. 마게도냐와 아가야 사람들 56. 그리스도의 충만한 복 57. 더디오

7. 고린도전서

[선택형 문제]

1. 다	2. 라	3. 다	4. 라	5. 가
6. 나	7. 가	8. 라	9. 나	10. 다
11. 다	12. 가	13. 나	14. 나	15. 라
16. 라	17. 다	18. 다	19. 다	20. 가
21. 라	22. 다	23. 나	24. 라	25. 가
26. 나	27. 다	28. 라	29. 다	30. 가

[단답형 문제]

1. 바울과 소스데네 2. 고린도 교회 내의 분쟁 3. 십자가 4. 십자가의 도가 멸망하는 자들에게는 미련한 것이요 구원을 받는 우리에게는 하나님의 능력이라 5. 전도의 미련한 것 6. 그리스도 7. 능력이요 지혜 8. 성령의 나타나심 9. 오직 하나님이 성령으로 이것을 우리에게 보이셨으니 성령은 모든 것 곧 하나님의 깊은 것까지도 통달하시느니라 10. 신령한 자 11. 밭, 집 12. 너희는 너희가 하나님의 성전인 것과 하나님의 성령이 너희 안에 계시는 것을 알지 못하느냐 13. 하나님의 성령 14. 충성 15. 주 16. 성령의 전 17. 지식, 사랑 18. 복음을 전하지 않으면 내게 화가 있을 것이기 때문에 19. 더 많은 사람을 얻기 위해 20. 넘어질까 21. 고린도전서 11장 23-26절 22. 주께 받은 것, 내 몸, 새 언약, 주의 죽으심 23. 성령 24. 은사, 직분, 사역 25. 유익하게 하려 하심 26. 그의 뜻대로 27. 내가 사람의 방언과 천사의 말을 할지라도 사랑이 없으면 소리 나는 구리와 울리는 꽹과리가 되고 내가 예언하는 능력이 있어 모든 비밀과 모든 지식을 알고 또 산을 옮길 만한 모든 믿음이 있을지라도 사랑이 없으면 내가 아무 것도 아니요 내가 내게 있는 모든 것으로 구제하고 또 내 몸을 불사르게 내줄지라도 사랑이 없으면 내게 아

무 유익이 없느니라 **28**. 구제, 사랑 **29**. 사랑 **30**. 그런즉 믿음, 소망, 사랑, 이 세 가지는 항상 있을 것인데 그 중의 제일은 사랑이라 **31**. 방언, 비밀 **32**. 방언－자기의 덕, 예언－교회의 덕 **33**. 장성한 사람 **34**. 방언 말하기 **35**. 그리스도 **36**. 바울 **37**. 죄, 율법 **38**. 디모데 **39**. 믿음, 사랑 **40**. 스데바나의 집

8. 고린도후서

[선택형 문제]

1. 다	2. 가	3. 나	4. 라	5. 라
6. 다	7. 다	8. 가	9. 나	10. 나
11. 라	12. 라	13. 가	14. 라	15. 다
16. 다	17. 라	18. 라	19. 가	20. 가
21. 다	22. 가	23. 나	24. 나	25. 나
26. 가	27. 가	28. 다	29. 다	30. 가

[단답형 문제]

1. 디모데 2. 위로 3. 큰 사망 4. 사랑 5. 디도를 만나지 못하므로 6. 영광 7. 자유 8. 망하는 자 9. 하나님의 영광을 아는 빛 10. 겉사람, 속사람 11. 장막 집, 영원한 집 12. 예수 그리스도 안에서 하나님의 의가 되게 하려고 13. 마게도냐 교회 14. 믿는 자들을 부요하게 하려고 15. 디도 16. 약속한 연보를 미리 준비하는 것 17. 바울 18. 모든 교회를 위하여 염려하는 것 19. 바울 20. 주 예수 그리스도의 은혜와 하나님의 사랑과 성령의 교통하심이 너희 무리와 함께 있을지어다

9. 갈라디아서

[선택형 문제]

1. 다	2. 나	3. 가	4. 가	5. 다
6. 나	7. 가	8. 라	9. 라	10. 나
11. 라	12. 라	13. 가	14. 나	15. 나
16. 라	17. 라	18. 라	19. 라	20. 라
21. 나	22. 라			

[단답형 문제]

1. 다른 복음을 따르는 것 2. 저주 3. 예수 그리스도의 계시 4. 어머니의 태로부터 5. 디도 6. 이방인(무할례자) 7. 야고보, 게바(베드로), 요한 8. 안디옥 9. 하나님에 대하여 살려함 10. 내가 그리스도와 함께 십자가에 못 박혔나니 그런즉 이제는 내가 사는 것이 아니요 오직 내 안에 그리스도께서 사시는 것이라 이제 내가 육체 가운데 사는 것은 나를 사랑하사 나를 위하여 자기 자신을 버리신 하나님의 아들을 믿는 믿음 안에서 사는 것이라 11. 저주 아래 12. 그리스도께로 인도하는 초등교사 13. 영, 아빠(아바) 14. 갈라디아 교회 15. 이간시켜 너희로 그들에게 대하여 열심을 내게 하려 함이라 16. 나의 자녀들아 17. 율법 전체를 행할 의무 18. 믿음 19. 사랑과 희락과 화평과 오래 참음과 자비와 양선과 충성과 온유와 절제 20. 그리스도의 법 21. 육체로부터 썩어질 것, 성령으로부터 영생 22. 갈라디아서

10. 에베소서

[선택형 문제]

1. 다	2. 나	3. 라	4. 나	5. 라
6. 라	7. 라	8. 가	9. 다	10. 가
11. 라	12. 나	13. 다	14. 가	15. 다
16. 가	17. 다	18. 라	19. 가	20. 다

[단답형 문제]

1. 창세 전 2. 그리스도 안에서 통일되게 하려고 3. 교회, 만물, 만물 4. 허물과 죄 때문에 5. 예수 안에서 선한 일을 위하여 6. 그리스도의 피로 인하여 7. 예수 그리스도 8. 십자가 9. 그리스도의 풍성함을 이방인에게 전하게 하시고, 비밀의 경륜이 어떠한 것을 드러내게 하려 하심 10. 영광 11. 만물을 충만하게 하려고 12. 사도, 선지자, 복음 전하는 자, 목사, 교사 13. 사랑 안에서 참된 것을 하는 것 14. 마귀에게 틈을 주지 않기 위해서 15. 감사하는 말 16. 불순종의 아들들 17. 술 취하지 말라 이는 방탕한 것이니 오직 성령의 충만함을 받으라 18. 아내는 남편에게 복종하고 남편은 아내를 사랑하라 19. 네 아버지와 어머니를 공경하라 20. 주의 교훈과 훈계로 21. 하나님의 전신 갑주 22. 통치자들과 권세들과 이 어둠의 세상 주관자들과 하늘에 있는 악의 영들 23. 진리, 의, 평안, 믿음, 구원, 성령, 하나님의 말씀

11. 빌립보서

[선택형 문제]

1. 나	2. 다	3. 다	4. 다	5. 나
6. 다	7. 가	8. 라	9. 가	10. 나
11. 나	12. 가	13. 가	14. 라	15. 나

[단답형 문제]

1. 빌립보에 사는 모든 성도, 감독들, 집사들 2. 복음 전파에 진전이 됨 3. (전파되는 것은 그리스도니) 기뻐하고 또한 기뻐한다 4. 그(예수)를 믿을 뿐 아니라 또한 그를 위하여 고난도 받게 하시려고 5. 그리스도 예수의 마음 6. 본체, 종, 복종 7. 에바브로디도 8. 주 그리스도 예수를 아는 지식이 가장 고상하기 때문에 9. 오직 그리스도를 믿음으로 10. 멸망 11. 하늘 12. 생명책 13. 아무 것도 염려하지 말고 다만 모든 일에 기도와 간구로, 너희 구할 것을 감사함으로 하나님께 아뢰라 그리하면 모든 지각에 뛰어난 하나님의 평강이 그리스도 예수 안에서 너희 마음과 생각을 지키시리라 14. 평강의 하나님이 함께 계신다 15. 빌립보 교회 16. 향기로운 제물이요 하나님을 기쁘시게 한 것

12. 골로새서

[선택형 문제]

1. 나	2. 나	3. 다	4. 나	5. 가
6. 가	7. 나	8. 나	9. 다	10. 나
11. 다	12. 가	13. 나	14. 라	

[단답형 문제]

1. 디모데 2. 형상, 피조물 3. 하나님의 아들 예수 그리스도 4. 복음의 소망에서 흔들리지 아니 해야 한다 5. 그리스도 안에서 완전한 자로 세우려고 6. 바울의 속에서 능력으로 역사하시는 이의 역사 7. 사람의 전통과 세상의 초등학문 8. 침례, 믿음 9. 장래 일 10. 위의 것, 땅의 것 11. 그리스도 12. 만유, 만유 13. 사랑 14. 그리스도의 평강이 너희 마음을 주장하게 하라 너희는 평강을 위하여 한 몸으로 부르심을 받았나니 너희는 또한 감사하는 자가 되라 15. 말, 일 16. 아내들은 남편에게 복종하고, 남편들은 아내를 사랑하며 괴롭게 하지 말아야 한다 17. 주, 사람 18. 두기고, 오네시모

13. 데살로니가전서

[선택형 문제]

1. 다	2. 라	3. 라	4. 다	5. 가
6. 나	7. 가	8. 나	9. 가	10. 라
11. 다	12. 라	13. 나	14. 다	15. 가
16. 나				

[단답형 문제]

1. 역사, 수고, 인내 2. 말, 능력, 성령, 큰 확신 3. 데살로니가 교회 4. 사람, 하나님 5. 아무에게도 폐를 끼치지 않기 위해 6. 주 예수와 선지자들을 죽이고 우리를 쫓아내고 하나님을 기쁘시게 하지 아니하고 모든 사람에게 대적이 된 것 7. 얼굴, 마음 8. 사탄 9. 데살로니가 교인 10. 디모데 11. 거룩함 12. (성령을 주신) 하나님 13. 외인에 대하여

단정히 행하고 또한 아무 궁핍함이 없게 하려고 14. 자는 자 15. 항상 기뻐하라 쉬지 말고 기도하라 범사에 감사하라 이것이 그리스도 예수 안에서 너희를 향하신 하나님의 뜻이니라

14. 데살로니가후서

[선택형 문제]

1. 다 2. 가 3. 나 4. 가 5. 나
6. 다 7. 나 8. 라

[단답형 문제]

1. 하나님 나라에 합당한 자로 여김을 받게 하려고 2. 환난, 안식 3. 영, 말, 편지 4. 멸망의 아들 5. 진리의 사랑을 받지 아니함으로 6. 진리를 믿지 않고 불의를 좋아하는 모든 자들로 하여금 심판을 받게 하려고 7. 성령의 거룩, 진리를 믿음 8. 사랑, 인내 9. 게으르게 행하고 우리에게서 받은 전통대로 행하지 아니하는 모든 형제 10. 스스로 본을 보여 본받게 하려고

15. 디모데전서

[선택형 문제]

1. 다 2. 가 3. 가 4. 다 5. 라

6. 나	7. 다	8. 다	9. 나	10. 다
11. 라	12. 라	13. 다	14. 나	15. 다
16. 나	17. 가	18. 나	19. 다	20. 나

[단답형 문제]

1. 디모데 2. 에베소 3. 청결한 마음과 선한 양심과 거짓이 없는 믿음에서 나오는 사랑 4. 선한 5. 착한 양심 6. 도고 7. 구원, 진리 8. 분노와 다툼이 없이 거룩한 손을 들어 9. 믿음, 사랑, 거룩함 10. 정숙하고 모함하지 아니하며 절제하며 모든 일에 충성된 자 11. 양심이 화인을 맞아서 외식함으로 거짓말하는 자 12. 말, 행실, 사랑, 믿음, 정절 13. 아버지, 형제

16. 디모데후서

[선택형 문제]

1. 다	2. 다	3. 다	4. 가	5. 다
6. 나	7. 라	8. 나	9. 가	10. 라
11. 다	12. 나			

[단답형 문제]

1. 로이스 2. 유니게 3. 선포자, 사도, 교사 4. 바울 스스로 믿는 자를 알고 또한 의탁한 것을 그 날까지 그가 능히 지키실 줄을 확신함으로 5. 부겔로, 허모게네 6. 자기 생활에 얽매이지 않는 자 7. 경기하는 자가 법대로 경기하지 아니하면 승리자의 관을 얻지 못할 것이며 8. 그리스도 예

수 안에 있는 구원을 영원한 영광과 함께 받게 하려고 **9**. 유익이 없고 듣는 자들을 망하게 한다 **10**. 후메내오, 빌레도 **11**. 불의 **12**. 의, 믿음, 사랑, 화평 **13**. 모양, 능력 **14**. 박해 **15**. 교훈, 책망, 바르게 함, 의로 교육하기

17. 디도서

[선택형 문제]

1. 가	2. 나	3. 나	4. 가	5. 라
6. 다	7. 라	8. 라	9. 가	10. 가
11. 다	12. 가	13. 나		

[단답형 문제]

1. 영원 전부터 **2**. 자신의 참 아들 **3**. 남은 일을 정리하고 각 성에 장로들을 세우게 하려 함 **4**. 책망할 것이 없고 한 아내의 남편이며 방탕하다는 비난을 받거나 불순종하는 일이 없는 믿는 자녀를 둔 자 **5**. 할례파 **6**. 그레데인들 **7**. 범사에 네 자신이 선한 일의 본을 보이며 교훈에 부패하지 아니함과 단정함과 책망할 것이 없는 바른 말을 하게 하라 이는 대적하는 자로 하여금 부끄러워 우리를 악하다 할 것이 없게 하려 함이라 **8**. 은혜, 신중함, 의로움, 경건함

18. 빌레몬서

[선택형 문제]

1. 나	2. 다	3. 라	4. 나	5. 가
6. 라				

[단답형 문제]

1. 그리스도, 사랑 2. 갇힌 중에서 낳은 아들 3. 빌레몬이 선한 일을 자의로 하게 하려고 4. 사랑 받는 형제 5. 에바브라

19. 히브리서

[선택형 문제]

1. 라	2. 다	3. 나	4. 가	5. 가
6. 다	7. 다	8. 라	9. 가	10. 라
11. 나	12. 다	13. 라	14. 다	15. 다
16. 라	17. 다	18. 가	19. 나	20. 가
21. 나	22. 다	23. 나		

[단답형 문제]

1. 선지자들 2. (하나님의 아들) 예수 3. 상속자들 4. 천사 5. 종, 아들 6. 시작할 때에 확신한 것을 끝까지 견고히 잡고 있어야 한다. 7. 하

나님의 말씀은 살아 있고 활력이 있어 좌우에 날선 어떤 검보다도 예리하여 혼과 영과 및 관절과 골수를 찔러 쪼개기까지 하며 또 마음의 생각과 뜻을 판단하나니 **8**. 멜기세덱 **9**. 영원한 구원의 근원 **10**. 내가 반드시 너에게 복 주고 복 주며 너를 번성하게 하고 번성하게 하리라 **11**. 아브라함 **12**. 의, 살렘, 평강 **13**. 예수 **14**. 7장 **15**. 나는 그들에게 하나님이 되고 그들은 내게 백성이 되리라 **16**. 만나를 담은 금 항아리, 아론의 싹난 지팡이, 언약의 돌판들 **17**. 자기의 피 **18**. 첫 언약 때에 범한 죄에서 속량하려고 죽으사 부르심을 입은 자로 하여금 영원한 기업의 약속을 얻게 하려 하심 **19**. 피, 피흘림 **20**. 예수 그리스도의 몸을 단번에 드리심 **21**. 담대함 **22**. 믿음은 바라는 것들의 실상이요 보이지 않는 것들의 증거니 선진들이 이로써 증거를 얻었느니라 **23**. 가인 **24**. 에녹 **25**. 에녹 **26**. 믿음이 없이는 하나님을 기쁘시게 하지 못하나니 하나님께 나아가는 자는 반드시 그가 계신 것과 또한 그가 자기를 찾는 자들에게 상 주시는 이심을 믿어야 할지니라 **27**. 노아 **28**. 아브라함 **29**. 모세 **30**. 예수, 아벨의 피 **31**. 예수 그리스도는 어제나 오늘이나 영원토록 동일하시니라

20. 야고보서

[선택형 문제]

1. 가	2. 라	3. 나	4. 다	5. 라
6. 나	7. 나	8. 가	9. 다	10. 라
11. 다	12. 가	13. 라	14. 라	

[단답형 문제]

1. 열두 지파 **2**. 믿음의 시련이 인내를 만들어내는 줄 알기 때문에 **3**. 온전하고 구비하여 조금도 부족함이 없게 하려고 **4**. 욕심에 끌려 미혹되므

로 5. 죄, 사망 6. 듣기는 속히 하고, 말하기와 성내기는 더디 해야 함 7. 성내는 8. 고아와 과부를 그 환난 중에 돌보고 또 자기를 지켜 세속에 물들지 아니하는 것 9. 범법자 10. 행함 11. 말에 실수가 없는 자 12. 불이요 불의의 세계이며 온 몸을 더럽히고 삶의 수레바퀴를 불사르나니 그 사르는 것이 지옥 불에서 난다 13. 독한 시기, 다툼, 진리를 거스르는 거짓말 14. 싸우는 정욕 15. 세상과 벗이 되고자 하는 자 16. 겸손한 자 17. 농부가 귀한 열매를 바라고 참는 것 18. 욥 19. 엘리야

21. 베드로전서

[선택형 문제]

1. 라	2. 다	3. 다	4. 라	5. 가
6. 라	7. 다	8. 나	9. 나	10. 라
11. 라	12. 가	13. 가	14. 다	

[단답형 문제]

1. 믿음의 확실함을 통해 나중에 칭찬과 영광과 존귀를 얻으므로 2. 믿음의 확실함 3. 영혼의 구원 4. 사람의 행위 5. 거짓이 없이 형제를 사랑함 6. 모든 육체는 풀과 같고 그 모든 영광은 풀의 꽃과 같다 7. 구원에 이르도록 자라게 하려고 8. 행실을 선하게 가져 비방하는 자들로 하여금 하나님께 영광을 돌리게 하려 함 9. 하나님을 생각함으로 슬픔을 참으면 10. 선행을 욕하는 자들로 그 비방하는 일에 부끄러움을 당하게 하려고 11. 사람의 정욕을 따르지 않고 하나님의 뜻을 따라 육체의 남은 때를 살게 하려 함 12. 기도 13. 영광의 영 곧 하나님의 영이 그 위에 계심으로 14. 사자, 믿음 15. 실루아노

22. 베드로후서

[선택형 문제]

1. 가 2. 가 3. 라 4. 나 5. 나
6. 라

[단답형 문제]

1. 믿음, 덕, 지식, 절제, 인내, 경건, 형제 우애, 사랑 2. 자기들을 사신 주를 부인하고 임박한 멸망을 스스로 취함 3. 경건한 자, 불의한 자 4. 브올의 아들 발람 5. 처음보다 더 심하다

23. 요한1서

[선택형 문제]

1. 라 2. 나 3. 다 4. 다 5. 다
6. 라 7. 나 8. 라 9. 라 10. 라
11. 가 12. 나 13. 다

[단답형 문제]

1. 들은, 눈으로 본, 손으로 만진 2. 빛, 어둠 3. 예수 그리스도 4. 아버지와 아들을 부인하는 자 5. 생명 6. 행함, 진실함 7. 적그리스도 8. 온전한 사랑 9. 믿음 10. 성령, 물, 피 11. 생명, 생명 12. 그의 뜻대로 하는 기도 13. 참 하나님, 영생

24. 요한2서

[선택형 문제]

1. 다　　2. 라

[단답형 문제]

1. 택하심을 받은 부녀와 그의 자녀들 2. 계명을 따라 행하는 것 3. 예수 그리스도께서 육체로 오심을 부인함

25. 요한3서

[선택형 문제]

1. 나　　2. 라　　3. 가

[단답형 문제]

1. 가이오 2. 사랑하는 자여 네 영혼이 잘됨 같이 네가 범사에 잘되고 강건하기를 내가 간구하노라 3. 선을 행하는 자, 악을 행하는 자

26. 유다서

[선택형 문제]

1. 가　　2. 나　　3. 다

[단답형 문제]

1. 예수 그리스도의 종이요 야고보의 형제 2. 큰 날의 심판까지 영원한 결박으로 흑암에 갇힘 3. 가인, 발람, 고라 4. 믿음, 성령, 사랑, 긍휼

27. 요한계시록

[선택형 문제]

1. 가	2. 가	3. 나	4. 가	5. 다
6. 라	7. 다	8. 라	9. 나	10. 나
11. 가	12. 가	13. 라	14. 나	15. 다
16. 가	17. 다	18. 다	19. 라	20. 라
21. 가	22. 다	23. 가	24. 나	25. 다
26. 나	27. 다	28. 가	29. 나	30. 가
31. 라	32. 다	33. 가	34. 다	35. 나
36. 라	37. 가	38. 나	39. 라	40. 가
41. 라	42. 다	43. 다	44. 라	45. 나
46. 다	47. 라	48. 다	49. 나	50. 가
51. 다	52. 가	53. 나	54. 라	55. 라

[단답형 문제]

1. 계시, 반드시, 속히 2. 하나님의 말씀과 예수 그리스도의 증거 3. 예언의 말씀을 읽는 자와 듣는 자와 그 가운데에 기록한 것을 지키는 자 4. 주 하나님이 이르시되 나는 알파와 오메가라 이제도 있고 전에도 있었고 장차 올 자요 전능한 자라 하시더라 5. 밧모 섬 6. 성령 7. 에베소, 서머나, 버가모, 두아디라, 사데, 빌라델비아, 라오디게아 교회 8. 사망과 음부의 열쇠 9. 일곱 별-일곱 교회의 사자, 일곱 촛대-일곱 교회 10. 서머나 교회, 빌라델비아 교회 11. 에베소 교회 12. 처음 사랑을 버린 것 13. 서머나 교회 14. 생명의 관 15. 만나, 흰 돌 16. 만국을 다스리는 권세, 새벽 별 17. 이기는 자는 하나님 성전에 기둥이 됨 18. 볼지어다 내가 문 밖에 서서 두드리노니 누구든지 내 음성을 듣고 문을 열면 내가 그에게로 들어가 그와 더불어 먹고 그는 나와 더불어 먹으리라 19. 이기는 자는 보좌에 함께 앉게 하여 줌 20. 귀 21. 하나님의 일곱 영 22. 네 생물 23. 거룩하다 거룩하다 거룩하다 주 하나님 곧 전능하신 이여 전에도 계셨고 이제도 계시고 장차 오실 이시라 24. 예수 그리스도(유대 지파의 사자 다윗의 뿌리) 25. 온 땅에 보내심을 받은 하나님의 일곱 영 26. 성도의 기도들 27. 죽임을 당하신 어린 양은 능력과 부와 지혜와 힘과 존귀와 영광과 찬송을 받으시기에 합당하도다 28. 십사만 사천 29. 흰 옷 30. 어린 양 31. 가-b, 나-g, 다-a, 라-f, 마-e, 바-c, 사-d 32. 우레와 음성과 번개와 지진이 남 33. 아바돈, 아볼루온 34. 이방인에게 주의 거룩한 성을 마흔두 달 동안 짓밟게 하였음으로 35. 주께서 십자가에 못 박히신 곳 36. 삼 일 반 후 37. 그리스도의 나라 38. 큰 용과 그의 사자들이 땅으로 내쫓겼다 39. 저희의 행한 일을 따라 저희 수고를 그치고 쉬기 때문에 40. 땅의 왕들을 다스리는 큰 성 41. 성도들의 옳은 행실 42. 영 43. 충신과 진실 44. 만왕의 왕, 만주의 주 45. 불과 유황 못에 던져짐 46. 두려워하는 자들과 믿지 아니하는 자들과 흉악한 자들과 살인자들과 음행하는 자들과 점술가들과 우상 숭배자들과 거짓말하는 모든 자들 47. 이 두루마리의 예언의 말씀을 지키는 자 48. 때가 가까우므로 49. 예수 그리스도 50. 생명나무, 거룩한 성